한국지성사의 이해

한국지성사의이해편찬위원(가나다순)
강문식, 김문식, 김상엽, 김인호, 김철웅, 노관범, 엄기표, 임근실, 전덕재, 정용욱, 최연식

한국지성사의 이해

2024년 8월 20일 초판 발행
2026년 2월 20일 2쇄 발행

지은이 _ 한국지성사의이해편찬위원회
펴낸이 _ 안순철
기 획 _ 양영유
제 작 _ 성두현
편 집 _ 신성민·이재호
마케팅 _ 박광현
펴낸곳 _ 단국대학교출판부
등 록 _ 1968.2.27 : No. 제03-00095호
주 소 _ 경기도 용인시 수지구 죽전로 152
전 화 _ 031-8005-2405
팩 스 _ 031-8021-7154

값 20,000원

ISBN 978-89-7092-841-8 03900

"이 연구는 2023년도 단국대학교 대학혁신지원사업의 지원을 받았음"

한국 지성사의 이해

한국지성사의이해편찬위원회

nosvos

머리말

지구상에 인류가 출현한 이후 인류의 문명과 문화는 끊임없이 발전을 거듭해 왔다. 이러한 모든 것이 역사이고, 그 바탕에는 보이지 않는 지성이 있었기 때문에 발전이 가능한 일이었다. 지성은 인류 발전의 원동력이었다고 할 수 있다. 최근 들어 과학기술의 발전은 인간의 한계를 넘어서고 있다. 이제는 인간의 한계를 뛰어넘은 로봇과 AI가 인류를 서서히 잠식하고 있는 느낌이다. 그래서 앞으로의 미래가 궁금하기도 하고, 두렵기도 하다.

이러한 변화와 함께 역사교육의 패러다임이 새로운 지향점을 찾아가고 있다. 오늘날은 인터넷 등 각종 매체를 통하여 팩트가 아닌 경우도 있지만, 역사적 사실이나 내용을 쉽고 정확하게 접근할 수 있게 되었다. 굳이 설명을 듣지 않아도, 배우지 않아도 스스로 터득할 수 있는 시대가 되었다. 그래서 역사적 사실이나 지식을 많이 알고 외우는 것이 아닌, 주어진 지식이 아닌, 스스로 생각해 보고, 나름대로의 가치와 의식에 따라 원인과 결과를 분석해 보는 방향으로 나아가고 있다. 올바른 지향점이라 할 수 있다.

이러한 시대사조의 흐름에 따라 인류 역사의 근저를 이루었던 지성의 흐름 즉, 지성사를 철학이나 사상이 아닌 역사학의 입장에서 접근해보고자 하였다. 처음에는 한국 지성사의 흐름과 전개 과정을 통사적으로 서술하고, 지성의 흐름을 관통할 수 있는 원고를 집필하기 위하여 열정을 불태웠지만, 그것은 과분한 일이었다. 최초의 의도와 기대에 미치지 못한 것이 사실이지만, 그래도 앞으로의 한국 지성사를 위하여 용기를 내기로 했다.

이러한 열정과 용기를 가지고 각고의 노력으로 각 장의 집필을 해주신 김상엽, 전덕재, 최연식, 김철웅, 강문식, 김문식, 임근실, 노관범, 김인호, 정용욱 교수님께 진심으로 감사드린다. 다소 촉박한 기일임에도 불구하고 성심성의껏 책임감과 집념을 갖고 집필해 주시었다. 모든 분의 건승을 기원한다.

2024.07

죽전골에서

연구책임 엄기표 씀

■ 일러두기

1. 색인은 생략하였다.
2. 각 장별 필요하다고 생각되는 도판만 제시하였다.
3. 어려운 용어의 경우 괄호 안에 한자를 표기하였다.
4. 개론서의 성격상 주는 참고문헌에 일괄 제시하였다.
5. 중국과 일본의 한자 지명이나 고유명사 등은 한자 독음에 따라 표기하였다.
6. 추가 설명이 필요한 부분은 날개주로 제시하였다.
7. 내용상 잘못된 부분은 메일 등으로 연락하시기 바라며, 불찰 등으로 출처를 표기하지 못한 도판은 추후라도 성심을 다하겠습니다.

목차

머리말 • 4

일러두기 • 6

제1장 지성사란 무엇인가 – 김상엽

1. 지성사의 배경 • 12
2. 초기 지성사 • 14
3. 관념사와 정통 지성사 • 15
4. 지성사의 위기 • 18
5. 지성사 르네상스와 미래의 지성사 • 21
6. 한국사와 지성사 • 24

제2장 도구의 활용과 지성의 탄생 – 엄기표

1. 석기 제작과 지성의 탄생 • 32
2. 불과 토기의 발명 • 40
3. 농경과 생활 문화의 진전 • 44
4. 신앙과 무덤의 탄생 • 50
5. 기술 혁신과 금속 도구의 활용 • 55
6. 지성의 발달을 통한 신시대로의 전환 • 59

제3장 새로운 지성의 도입과 확산 – 전덕재

1. 샤머니즘과 천신신앙 • 66
2. 불교의 수용과 확산 • 71

3. 유교 정치이념의 수용 • 77
4. 유·불교적 윤리의식의 보급과 인간관의 변화 • 83

제4장 지성의 심화와 융합 – 최연식

1. 새로운 불교 사상의 수용과 전개 • 96
2. 원효와 신·구 불교 사상의 회통 • 108
3. 불교 수용층의 확대와 실천 신앙의 발전 • 114
4. 신라 하대 선종의 전래와 수용 • 123
5. 통일신라 불교의 지성사적 의미 • 125

제5장 불교 지성의 전개와 변용 – 김철웅

1. 고려 사회와 불교 • 130
2. 불교 사상의 융화 • 134
3. 불교계의 혁신 운동 • 140
4. 대장경의 조성 • 145
5. 불교의 위기 • 149

제6장 조선 성리학의 탄생과 전개 – 강문식

1. 법제와 예제의 제정 • 156
2. 성리학 연구와 이해의 심화 • 162
3. 예학의 발달과 예송 • 174
4. 주자학 연구의 전통 • 180

제7장 조선 후기의 새로운 학풍 – 김문식

1. 자아 인식의 강화 • 190
2. 서학과 고증학의 도입 • 193
3. 생산기술의 개선 • 198

4. 교통 수단의 혁신 • 203
5. 국토방위의 중요성 • 212

제8장 동학, 농민 운동과 민중 지성 – 임근실

1. 조선 사회의 변화와 민중의 고통 • 220
2. 민간 신앙과 서학의 영향 • 223
3. 동학의 발생과 확산 • 226
4. 농민 민중운동으로의 발전 • 232
5. 갑오농민전쟁과 민중 지성의 개화 • 237

제9장 근대로 가는 지성 – 노관범

1. 신구의 교차 • 248
2. 변법과 자강 • 255
3. 역사와 미래 • 264

제10장 독립국가 건설전략 – 김인호

1. 민족주의 국가건설 전략 • 276
2. 사회주의 국가건설 전략 • 297
3. 좌우 연합의 민족국가 수립 전략 • 302

제11장 민주화와 시민사회의 형성 – 정용욱

1. 해방 직후의 국가 건설 운동과 민주주의 • 322
2. 분단 이후의 민주주의, 4월혁명과 5·16군사쿠데타 • 326
3. 1960~70년대 민주화 운동의 발전 • 332
4. 1980년대 민주화 운동의 대중화와 6월민주항쟁 • 336
5. '촛불혁명'과 민주화 이후의 민주주의 • 339
6. 한국 민주주의의 성격과 특징 • 349

제1장

지성사란 무엇인가?

김상엽(단국대학교 교수)

1. 지성사의 배경
2. 초기 지성사
3. 관념사와 정통 지성사
4. 지성사의 위기
5. 지성사 르네상스와 미래의 지성사
6. 한국사와 지성사

지성사란 지적 흐름을 분석하는 데 초점을 맞추어 연구하는 역사학의 한 분야이다. 지성사는 철학사와 비슷한데 역사학자는 지성사를 사상사에 더 가깝게 생각하고 있다. 사상사는 해당 시대의 역사·사회·문화 등에 내재한 맥락을 소홀히 하지만 지성사는 이를 근본적인 토대로 여긴다. 영국 최초로 지성사 교수직에 취임한 존 버로우는 지성사란 과거의 사람들이 의도하고자 하는 것을 실제로 말한 내용과 그것이 역사적, 사회적, 문화적으로 어떠한 사고에 기반했는지를 복원하는 과정이라고 정의 내렸다. 이것이 지금까지 제시한 지성사의 정의 가운데 가장 적합하다. 존 버로우에 따르면, 지성사 연구자는 과거의 대화를 엿듣는 사람이며 현존하는 문화와 과거의 문화 사이의 의미를 해석한다. 지성사는 전문화와 세분화로 파편화한 분과학문 체계에서 학제 간 소통을 가능하게 하였으며 지성사는 연구 대상과 방법론에서 영역의 폭을 넓혔다. 엘리트, 관념, 고급문화 중심이라고 비판받던 지성사는 이제 민중, 현실, 대중문화도 적극적으로 수용하여 다루기 시작했고 또한 그동안 지성사의 연구 대상으로 삼지 않았던 심리, 감정, 경험 등의 인접 학문도 포용했다. 이처럼 학제 간 연구는 지성사의 중요한 특성이며 지성사는 학문 분과들 사이 경계선을 규정하지 않는다. 따라서 지성사 연구자는 역사학, 철학, 정치학, 국제관계학, 고전학, 신학, 외국어 문학, 경제학, 행정학, 사회학, 인류학 등과 같은 다양한 학문에서 활약한다.

| 1 | 지성사의 배경

현대역사학은 랑케 사학의 비판에서 출발했다. 사상사도 실증적·과학적 역사학의 한계를 극복하고자 연구되었다. 실증적·과학적 역사학은 정치·외교사 연구를 중시했던 반면 인간의 사상과 관념이 역사에 미친 동력을 간과했다. 그러나 정치·사회·문화 제도 등의 외형적 형태인 인간 활동은 정신세계를 소홀히 하면 인식할 수 없다. 그러므로 인간의 사고 및 의식과 무의식의 세계, 관념의 추이, 지성적·감성적 표현 등은 역사 발전의 내적 동력인 사상사 연구를 자극했다. 또한 랑케 사학의 비판과 함께 유물론 역사관의 비판도 더욱더 사상사 연구를 촉발했다.

20세기 전환기 종합 학문으로써 역사학은 역사 연구의 분업화와 전문화로 이어졌다. 이로 말미암아 인간 활동을 경제사, 정치사, 예술사 등으로 분류하여 역사가는 각각의 분야에서 활기찬 활동을 수행했다. 그러나 이는 종합 학문으로써 역사학의 지위를 격하시켰고, 역사학은 인문과학에서 중추적인 역할을 기대할 수 없게 했다. 따라서 역사가는 역사학의 분류화 대신 종합사의 정립을 추구했다. 결국 20세기 역사학은 문화사라는 명제로 역사의 종합화를 지향했으며, 사상사도 역사의 내면적 형성 과정을 종합적으로 이해하고자 했다. 근대 자연과학의 혁신적인 발전은 인간의 물질적 조건을 풍요롭게 하였지만 정신 혁명을 수반하지 못했으므로 인간의 정신 작용 발전에는 이롭지 못했다. 따라서 과학의 발달은 정신적 지주가 될 현재와 미래에 대한 비전을 제시할 시대적 요청이 절실했다. 이 때문에 19세기 말 유럽의 역사학계는 시대정신에 근거한 세계관 확립을 추동하였고 20세기에 이를 본격화했다.

남북전쟁 이후 미국의 역사학계는 지성사를 새로운 각도에서 조명하는 두 개의 변화가 일어났다. 하나는 사회사의 관심 집중으로 지성사 연구를 촉진하였다. 사회사는 모든 계층의 사람이 경험한 외적 환경을 다룬 반면, 지성사는 인간의 사상 발전 과정을 다룬다. 그러나 사회사의 주 연구 대상인 환경과 지성사의 주 연구 대상인 사상은 불가분의 관계이다. 따라서 사회사 연구는 지성사를 새롭게 인식하는 자극제였다. 다른 하나는 근대과학을 숭배하는 경향으로 인간의 사상을 '과학적'으로 다루는 방법이 유행했다. 기존의 실증적·과학적 역사가들은 정확한 사료에 근거한 과거의 재구성과 구체적인 사건 또는 정치·제도사 중심의 역사 연구를 주장하는 것 이상으로 나가지 못했다. 왜냐하면, 미국의 역사가들은 과학적 역사학을 단순화함으로써 많은 오류를 범했기 때문이다. 즉 그들은 실증주의 사관의 배후에 있는 역사에 대한 랑케의 인식과 객관적 사실 중심의 역사관 등과 함께 강조되는 직관적인 이해를 깨닫지 못하였다. 그러므로 과학적 역사가들은 사실에 대한 가치 판단을 배제하고, 인간의 사상에 중점을 두는 지성사를 주관적인 학문으로 평가했다. 그러나 '과학적 연구 방법'이 사상에 도입됨으로써 지성사는 이전의 연구에서 간과한 사상과 환경의 인과관계에 관한 문제를 중요시했다.

| 2 | 초기 지성사

유럽의 지적 전통의 상징인 사상사를 토대로 지성사가 출범한 곳은 아이러니하게도 미국이다. 이러한 지성사의 선구자는 로빈슨과 비어드로 그들은 미국의 '신사학파(New History)'를 주도했다. 로빈슨은 1904년 콜롬비아대학에서 〈유럽 지식 계층의 역사(History of the Intellectual Class in Europe)〉라는 교과목을 개설하여 처음으로 지성사 강의를 시작했고 이 교과목을 통해 역사에서 사상의 기원과 변화를 탐색하여 현재 타당한 사상이 무엇인가를 학생들에게 제시했다. 패링톤은 1927년 지성사의 기원인 『미국 사상의 주류(*Main Currents in American Thought*)』를 출간했다. 그래서 '지성사'라는 용어는 20세기 중반 미국학계에서 연구자들 사이에 일반적으로 유행했다. 이와는 반대로 유럽학계에서 지성사와 유사한 명칭은 실존하지 않았다. 로빈슨이 개설한 지성사 교과목은 '유럽 사상의 역사'가 아니라 '사상의 주역인 지식 계층의 역사'이다. 그는 이 교과목을 통해 '역사에 내재한 사상'의 기원과 변화를 추적하여 현재 적용할 수 있는 사상을 학생들에게 제시하였다. 로빈슨의 교과목명에서 볼 수 있듯이, 미국에서 지성사 연구는 사상이 아닌 '지식 계층'의 활동과 영향에 관한 역사 연구를 출발점으로 삼았다.

칼 벡커(C. L. Becker)는 1930년대와 1950년대의 지성사 초기 단계의 미국 역사학계에서 지성사를 전문 영역으로 발전시켰다. 그는 신사학파는 아니지만 컬럼비아대학 석사과정 중 지도교수인 로빈슨에게 영향을 받아 상대주의 역사관의 관점에서 지성사의 존재 이유를 강력하게 주장했다. 벡커는 1926년 미국 역사학회 연례 발표회에서 "역사적 사실이란 무엇이며 그것은 어디에 있는가?"라는 질문을 제기했다. 그는 "역사적 사실이란 소멸한 사건 자체가 아니라 실존성을 상상적으로 재구성하는 우리의 마음속에서 상징으로 실존한다"고 자문자답했다. 즉, 실증주의자들이 신봉하는 기록과 사료에서 발견되는 역사적 사실은 죽은 사실에 불과하며 과거에 실제로 발생했던 사건이나 행위라고 하더라도 그것이 어떤 사람의 마음에 기억되지 않는다면, 결코 역사적 사실로 환생할 수 없다. 벡커는 1931년 미국 역사학회 회장 취임사인 "Everyman His Own Historian"에서도 이러한 신념을 표출했다. "역사란 궁극적으로 모든 사람이 말하고 행한 것들에 대한 기억이다"라는 연설을 통해 그는 역사적 사실의 상대성을 재확인했다. 이를 통해 그는 '모든 역사는 사상사'라고 유추 해석할 수 있게 했다.

브린턴은 칼 베커의 뒤를 이어 지성사를 정립한 인물 중 가장 중요하다. 지성사가로서 브린턴의 신념은 1950년에 발간된 『사상과 인간(*Ideas and Men*)』이라는 저서로 표출되었다. 이 저서에서 그는 사상이 어떻게 이 세상에서 작용하는가를 살펴보고 사람들의 말과 행동 사이의 관계를 규명하는 작업이 지성사가의 목적임을 역설했다. 또한 위대한 철학자나 유명한 지식인의 저서에 한정하려는 연구 경향을 비판하고 훌륭한 사상뿐만 아니라 여러 편견에도 관심을 가지기를 촉구했다. 이처럼 그는 지성사의 영역을 위로부터 아래로 확장하기 위해서 서재, 실험실, 시장, 클럽, 가정, 법정, 회의장, 전장 등지에서 일상적이며 사회적인 사상의 편린을 수집하고 그 여정을 추적하는 사회사가라 불리는 전문가들의 도움을 받아 일종의 의견의 역사를 서술하기를 제안했다.

| 3 | 관념사와 정통 지성사

브린턴이 신사학파의 영향력 내에서 지성사의 모델을 수립하고자 했다면, 존스 홉킨스 대학의 러브조이는 사상사를 사회사로부터 분리하여 철학사에 포함했다. 그는 신사학파의 역사적 상대주의에 반대했고 사상사를 실증적인 방법으로 연구하기 위해 관념사 클럽(History of Ideas Club)을 설립하고 일반적인 철학 개념, 윤리 사상, 미학적인 유행 등의 발전과 영향을 연구하는 관념사를 주창했다. 이러한 관념사는 역사가들이 주도한 지성사를 철학자의 입장에서 재구축하고자 했으며 관념사는 모든 사상의 배경에 있는 단위 관념(unit-ideas)을 추출하여 관찰한다. 단위 관념은 공동 경험의 특정한 측면에 대한 사상, 묵시적이거나 명백한 가정, 범할 수 없는 신조와 표어, 특정한 철학 정리, 혹은 다양한 학문의 가설, 일반화 혹은 방법론적 가정 등을 내포한다. 또한 단위 관념은 본질을 훼손하지 않고 쪼갤 수 있는 최소한의 기본 단위이고 그래서 기독교와 낭만주의 등과 같은 집단적인 카테고리인 이즘이나 운동과는 구별된다. 이에 러브조이는 단위 관념이 구축한 삶의 궤적을 추적하면 한 시대에 유행한 사상이 왜

다른 시대의 다른 사람들에게는 매력이 없었는지 그 원인과 과정을 이해할 수 있다고 확신했다. 관념사의 치명적인 약점은 지성사에 비해 덜 역사적이라는 점이다. 관념사는 시공간을 초월해서 존재하는 단위 관념의 영속성과 절대성을 강조했던 반면 사상과 권력, 사상과 행위, 사상적 신념과 사회경제적 구조 등 사이의 상호관계성에 소홀했다. 왜냐하면, 관념사는 사상의 역동성을 과대평가함으로써 인간의 주체 행위와 사회경제적 영향력을 역사 변동의 종속 조건으로 과소평가하기 때문이다. 또한 관념사는 다른 차원의 시공간에 내재한 사상들을 인위적으로 통합하려는 과욕으로 때로는 일차원적이며 시대착오적인 일반화로 빠질 위험성이 크다. 이 점을 고려하여 러브조이는 관념사를 시행착오의 역사라고 지적하였는데 이는 단순한 학문적 겸손의 표현이 아니라 관념사의 한계였다.

관념사의 한계를 극복하기 의한 노력은 초기 지성사가 정통 지성사로 도약하는 토대로 발전해갔다. 이러한 시대적 경향에서 브린턴은 1963년 미국역사학회 회장 취임 연설에서 지성사가들의 분발을 독려했다. 그는 미국 역사가들이 비교사, 입법사, 역사철학 등과 같은 세 개 분야에 역점을 두어야 한다고 강조했다. 브린턴의 학문은 휴즈와 매뉴얼(F. Manuel, 1910-2003)에게 계승되어 두 가지 양상으로 발전했다. 휴즈는 사상사에서 사회적 차원의 장기지속적인 강화를 천명했는데 이는 1958년 『의식과 사회』의 발간으로 이어졌다. 여기에서 휴즈는 사회과학의 재구성이라는 방법을 활용하여 세기말 실증주의 위기의 정체성을 시대적 맥락에서 서술했다. 한편 매뉴얼은 휴즈와 문제의식을 공유하긴 했지만 다른 방식으로 브린턴의 학문을 계승했다. 그의 대표저서인 『*Freedom from History and Other Untimely Essays*』의 서문에서 매뉴얼은 경제·정치·외교사의 토양에서 이탈하여 지성사·심리사의 암흑의 환경으로 전향했음을 밝혔다. 특히 매뉴얼은 개인 사상가의 지적 세계를 성장배경, 지적 네트워크, 당대 정치적 이데올로기와의 상관성 등을 중시했다. 특히 그의 대표적인 저서는 프랑스혁명 이후 정치적 혼란기를 반영하여 산업주의, 실증주의, 세속 종교주의 등과 같은 19세기 모든 사회사상을 한 개인의 사상체계에서 구현하고자 했다. 당시 영국과 프랑스의 역사학자들은 장기지속적인 시간에서 사회경제적 구조와 같은 물질적 요소를 중시함으로써 개인과 사건의 역사를 경시했었다는 사실과 비교하면, 역사적 인물의 사상적 전기라는 미국지성사 특유의 독창적인 장르를 개척한 매뉴얼의 업적을 과소평가할 수 없다. 브린턴의 『*Ideas and Men*』이 남긴 숙제를 제자인 매뉴얼이 지적 자서전이란 형식으로 완성했다고도 할 수 있다.

정통 지성사는 브린턴에서 시작하여 휴즈와 매뉴얼로 이어지면서 1950년대-60년대 역사학의 전성기를 구가했는데 정통지성사와 관념사는 두 가지 점에서 구별된다. 첫째, 지성사는 위대한 철학가의 고전에서 반복적으로 표출되는 단위 관념의 생애에 초점을 맞춘 관념사와는 달리 보통 사람들의 세계관을 창출했던 비전형적인 믿음, 형태 없는 견해, 암묵적 가정 등을 연구주제로 삼는다. 즉, 상층 지성사에서 하층 지성사로 이전한 것이다. 둘째, 사상가의 저서에 각인된 사상에 천착하는 관념사에 비해 지성사는 특정 사상의 외적 조건과의 연관성에 관심을 기울인다. 또한, 정통 지성사는 사회 환경 내에 작용하는 사상의 영향력을 분석하여 역사 감각을 부여하는데 이것이야말로 관념사와 구별되는 고유한 특성이다.

또한 반세기 전, 케임브리지 대학교 역사학과에서 포칵(John Pocock), 던(John Dunn), 스키너(Quentin Skinner) 등이 주도한 지성사도 영미 학계에서 인정받는 역사학의 한 분야로 자리매김했다. 이들이 도입한 연구 방법인 언어맥락주의와 그 결과인 공화주의 이론은 정치학계에도 큰 영향을 미쳤다. 케임브리지학파의 기원을 찾기 위해서는 괴팅겐의 역사학파와 랑케의 문제의식에 주목해야 한다. 랑케는 과거를 현재에 종속시키는 사변적인 역사철학에 반대하며 독립된 분과 학문으로서 역사학을 정립하고자 했다. 케임브리지 학파의 지성사는 이와 같은 배경에서 탄생했으며, 제1차 대전 후의 지적 충격 속에서 콜링우드(Robin George Collingwood), 오크쇼트(Michael Joseph Oakeshott), 버터필드(Herbert Butterfield) 등은 휘그적인 역사관과 실증주의 사관을 비판적으로 발전시키며 스키너, 포칵, 던 등이 지성사가로 성장할 수 있는 발판을 마련했다. 이들은 실증주의 사관이 과거의 사고와 언어를 배척한 것을 비판하며, 과거를 현재의 시각에서가 아닌 과거의 시각에서 접근해야 한다고 주장했다. 케임브리지 학파의 언어 맥락주의는 이러한 문제의식을 체계화한 것으로, 역사가 우리가 의도한 대로 흘러가지 않는다는 인식에 기반하고 있다. 이는 과거와 현재를 분리하는 실증주의 사관뿐만 아니라, 과거와 현재를 직결시키는 휘그적인 역사관에 대한 비판에서 출발한다.

케임브리지 학파의 역사주의는 과거의 사건이 필연적 인과 관계가 아니라 수많은 변수의 작동을 통해 우연히 연결된 것이라는 점을 강조한다. 스키너, 포칵, 던 등은 철학과 과학에서 언어적 전환을 받아들이며, 기존의 정치사상사 연구와 마르크스주의 사관을 비판했다. 이들은 정치 담론의 역사에서 맥락을 구성하는 사고의 문법이 급변하는 경우는 드물지만, 정치적인 수사는 상황에 따라 다양하게 조합되고 활용될 수 있다고 보았다. 결국, 케임브리지 학파의 언어적 맥락에 대한 강조는 역사의 본질을 보여주기 위함이며, 과거가 현재와 다르듯 미래도 현재와 다를 것이라는 인식에서 출발한다. 이는 신중하게 새로운 실천을 모색하는 데 있어 중요한 출발점이 된다. 결론적으로, 케임브리지 학파는 휘그적인 역사관의 전면적인 폐기가 아닌 비판적 계승을 통해 역사 연구에서 객관성을 확보하고, 과거와 현재를 필연이 아닌 우연의 고리로 엮어내며 반추의 기회를 제공하는 방도를 모색했다. 이들의 연구는 역사가 결코 의도한 대로 흘러가지 않는다는 깨달음을 바탕으로 하고 있다.

| 4 | 지성사의 위기

20세기 중반 전성기를 구가한 지성사는 1960년대 중반 쇠퇴하고 1970년대 지성사의 위기에 접어들었으며 그 쇠퇴 원인은 여러 가지로 분석된다. 첫째는 내재적 요인으로 지성사가 출범부터 불안정한 학문이었다. 즉, 변하지 않는 '지성'과 변화하는 '역사'라는 상반된 요소를 결합하려는 시도가 지성사의 근본적인 불안정성을 야기했다는 것이다. 지성사는 형이상학적 가치 개념을 역사적 시간의 틀 안에 넣어 분석하려는 비정상적인 연구 분야였다는 견해가 있다. 둘째는 외부적 요인으로 1960년대 후반부터 1970년대까지 사회사의 인기와 영향력에 밀려 지성사는 위축되었다. 사회사는 인구 변화, 경제 성장, 기술 향상 등 구조적 요소와 사회 운동을 연구 주제로 삼고, 지성사는 인성, 의식, 창조물을 연구한다. 사회사는 '진정한 역사'로 평가받으며, 지성사는 비사실적 연구로 폄하되었다. 통계적으로도 1978년 미국에서 사회사는 역사 서술의 53%를 차지했지만 지성사는 25%에도 미치지 못했다. 셋째는 내부 요인으로 지성사 연구자들이 새로운 학문적 경향과 개념에 민감하게 반응하며, 다양한 새로운 용어와 개념에 노출되어 혼란스러워졌다. 이는 지성사의 자율성과 정체성을 위협했고, 방법론적 다원주의와 해석의 다양성을 추구하는 지성사가는 학문적 자신감을 상실하는 경우가 많았다.

이외에도 포스트모더니즘과의 충돌로 포스트모더니즘은 기존의 사고 패턴을 전도시키고, 과학과 모더니즘을 비판하며 역사관에서도 과거의 본질이나 보편적 역사 연구를 불가능하다고 주장한다. 이는 역사를 통합적 학문이 아니라 '역사적인 스크랩'의 수집으로 간주한다. 포스트모더니즘은 역사학의 해체와 파편화를 촉진하며, 전통적 역사학을 비판하고 새로운 역사학의 도래를 주장한다. 새로운 역사학에 대해 비판적 시각을 펼친 일부 학자들은 새로운 역사학이 인종, 젠더, 계급을 동원해 기존 역사를 무자비하게 매도하고, 절대적이고 객관적인 진실을 불가능하게 만든다고 비판한다. 반면 긍정적 시각을 전개한 다른 학자들은 새로운 역사학을 민주주의적 역사로 환영하며, 기존 역사학의 권위주의적 시각을 거부하고 다양한 해석을 수용해야 한다고 주장한다. 새로운 역사학은 지성사의 위기를 가속화할 수도 있지만, 동시에 부활의 기회도 제공할 수 있다. 지성사는 새로운 방법론적 접근과 해체적인 역사 읽기를 통해 기존의 한계를 극복하고 발전할 가능성이 있다.

20세기 초 '신사학파'에 출발한 사상사와 사회사는 학문 영역의 팽창을 위해 경쟁했다. '1968년 혁명'을 전후로 반지성주의와 반전·민권 등을 상징하는 신사회 운동은 지성사의 입지를 축소하고 사회사의 지평을 확장했다. 사상사의 학문 경계와 정체성에 대한 도전들에 직면하여 사상사란 무엇인가라는 질문에 대한 답변은 가장 어려운 문제들 가운데 하나가 되었다. 미국 역사학계를 지배한 지성사는 위기에 직면했는가? 사회사의 공격과 팽창에 직면한 지성사는 존립할 수 없는가? 이와 같은 지성사에 새로운 활로를 제시한 인물은 게이였고 그가 창안해 낸 치유책은 관념의 사회사였다.

게이에 따르면, 관념의 사회사는 관념이 많은 차원을 지니고 있으므로 모든 측면에서 파악해야 한다는 명제에서 출발한다. 사상가가 모순적인 인격을 가진 개인이며 복잡한 사회적 산물이듯이 그의 사상은 당대의 사회제도와 이데올로기의 산물이다. 따라서 관념의 사회사의 목적은 사상과 사회의 상호 작용의 이중성격에 집중하여 문명을 토대로 사상을 파악할 뿐만 아니라 사상을 토대로 문명을 이해하려고도 한다. 사상과 인간, 사회와 사상, 문명과 이데올로기 등 사이의 역동적이며 변증법적인 상호관계를 부각하여 관념의 사회사는 관념사와 지성사 등과는 다른 방법론을 모색했다. 지성사의 구원자로서 게이는 계몽주의에 대한 새로운 해석을 기반으로 관념의 사회사의 유용성을 표출했다. 즉, 그는 자연과 이성에 중점을 둔 계몽주의에 내재한 의미가 시공간의 흐름에 따라 각기 변화되어 감을 강조했으며 역사를 위인의 일대기로 축소하는 계몽주의의 통일성 강조라는 선행연구에 반발하여 다양성의 이해에 역점을 두었다. 게이가 정립한 관념의 사회사를 한층 더 발전시킨 인물은 로버트 단턴이다. 그는 『고양이 대학살』이라는 저서를 통해 출판업자와 검열관, 인쇄업자와 서적상인, 저자와 독자 등이 남긴 각종 사료에 대한 사회사적 분석을 바탕으로 보통 사람들의 세계관을 엿보고자 했다. 단턴은 볼테르와 루소의 저서를 읽는 것으로 계몽주의 시대 일반인들의 지적 삶을 이해하기보다는 아래로부터 계몽주의의 발견을 강조했다.

1960년대 중후반 유행한 관념의 사회사는 두 가지 점에서 정통 지성사와 구별된다. 첫째, 관념의 사회사는 통계자료에 기반한 사회과학의 정확성을 대표하는 사회사에 근거하여 정통 지성사가 표출한 사상과 사회라는 연구 범주의 맹점과 모호함을 인식해냈다. 즉, 사회사는 계층별, 성별, 지역별 등의 구체적인 범주를 연구 대상에 적용했으며 이를 토대로 지성사가 수용한 시대 정신과 지적 풍토 등과 같은 일반화와 통합화에서 비 역사성을 드러냈다. 예컨대, 아메리카 식민지 건설 시대에 뉴잉글랜드 지역의 청교도 정신과 19세기 영국의 빅토리아 여왕 시대의 시대정신 등과 같은 범주는 중상위층 백인의 가치관 반영에 불과했음을 표출했다. 둘째, 관념의 사회사는 일반 대중을 대상으로 사상 전파와 전유 과정에 주목했고 아래로부터의 사회사와 화해하여 공존할 수 있는 여건을 정립했다. 이처럼 관념의 사회사의 등장과 함께 관념사와 지성사가 집착했던 고전과 사상가는 사라지고 아래로부터의 사상만이 남았다. 따라서 '1968년 혁명' 이후 지성사의 위기에 직면하여 게이가 선도하고 단턴이 정립한 관념의 사회사는 정통 지성사를 사회사적 문제의식과 관련시키고자 사상과 경험, 인간과 사회, 지식과 대중 등의 상호작용을 중시하는 사상의 일상화 또는 일상생활의 사상화를 지향했다.

| 5 | 지성사 르네상스와 미래의 지성사

1970년대 이후 서구 지성사는 쇠퇴기였지만 21세기에 이르러 뚜렷한 발전기를 구가했다. 이는 특히 미국 학계에서 두드러지게 나타났고 이러한 상황은 유럽에서도 비슷했다. 이러한 지성사 르네상스는 지성사 연구회, 강연회, 학회 등이 자주 열렸으며, 지성사의 기존 학술지가 활성화되거나 새로운 학술지가 창간되기도 하며, 지성사에 관련된 논문과 책의 출간이 늘어나고, 대학에서 지성사 강좌가 더 많이 개설되고, 학계에서 지성사 연구자들의 채용이 증가하는 등과 같은 획기적인 현상을 반영했다. 이와 같은 계량적 지표보다 더 중요한 것은 방어적이고 부정적인 변명이 아닌 지성사의 필요성과 효용성에 대한 긍정과 자신감이 부활하고 있다는 점이다. 즉, “아이디어는 여전히 실질적인 영향을 미친다”는 자신감은 연구의 양적 증가와 제도적 확장뿐만 아니라 지성사의 부활에도 활기를 불어넣어 주었다.

2004년 지성사에 대한 새로운 관심을 상징적으로 보여주는 것은 지성사 분야의 전문 학술지인 『Modern Intellectual History』의 출범을 들 수 있다. 얼마 전까지 지성사는 많은 사람에게 사라져 버린 한 분야로 여겨졌다. 이러한 위기에 직면한 지성사는 “그것이 기반하고 있는 텍스트와 담론이 역사적으로 다양한 형태로 표출된 인간의 창조성으로 들어가기 위한 여러 입구를 제공하며, 문화적 삶의 성격과 문명 자체의 의미를 이해하기 위해서 필수적인 것”이라는 확신을 표명하며 다시금 이 분야가 “확장되었지만 초점을 유지하며 진행되는 학술 분야”로 부활하였음을 선언하였다. 국제 지성사학회(The International Society for Intellectual History)에서 『Intellectual News』를 학술지로 개편하여 2007년 『Intellectual History Review』로 창간했고 더 나아가 2016년 『Global Intellectual History』도 발간했으며, 기존의 『History of European Ideas』는 1995년, 1940년부터 출간한 『the Journal of the History of Ideas』는 2006년 새롭게 변신하면서 지성사 분야의 학술 활동을 주도했다. 전문 학술지의 증가뿐만 아니라 여러 방면에서 나타난 '지성사 르네상스'의 추세는 당시 영국과 미국 사회의 경향에 비추어보면 경이로운 현상이다. 2016년 영국과 미국에서 발생한 반지성주의로 볼 수 있는 충격적인 사건들을 바라보면 영국과 미국 사회 전반에 만연한 지성에 대한 극단적 경시와 부재는 반대급부적으로 지성사의 부활로 이어졌다. 따라서 영미권 학계에서 지성사의 필요성 증가는 역설적으로 이들 사회와 대학, 학계가 점차 지성사가 다루는 주제들, 대표하고 있는 영역들, 추구하고 제공하는 것 등과 극단적으로 멀어지고 있으며, 단순히 위기의식을 느끼거나 위기를 말하는 것으로는 부족한 현상에 대응하여 실천적으로 무언가를 할 때라는 인식의 확대에 기인한 것으로 보인다.

이러한 문제의식을 잘 드러낸 것은 「공산당선언」의 첫 문장과 끝 문장을 패러디하여 "하나의 유령이 우리 시대를 배회하고 있다. 그것은 단기라는 유령이다"라는 문장으로 시작하여 "만국의 역사가여 단결하라! 얻을 것은 세계이다. 너무 늦기 전에"라는 문장으로 끝내고 있는 『역사 선언 (The History Manifesto)』이라는 책이 불러일으킨 파장이다. 2014년 아미티지와 굴디가 공동으로 집필한 이 책에 대한 학계의 다양한 반응은 만국의 역사가들이 모두 단결하는 일이 발생하지 않긴 했지만, 그것의 파장은 충격적이다. 『공산당선언』을 연상시키는 『역사 선언』이라는 제목에서도 드러나듯, 이 책은 인류의 현실에 대한 역사학의 역할과 참여를 역설했다. 이 책의 논거는 현재의 역사학, 인문학, 대학 등이 직면하고 있는 변화와 위기에서 역사학이 인류의 미래에 책임지는 역할을 다하여 실존성을 증명해야 한다는 점이다. 즉, 현재 인류가 당면하고 있는 글로벌 문제들(기후변화, 국제질서, 불평등 등)의 해결을 위해 장기간에 걸친 인류의 역사 경험을 연구하여 역사학의 공적 유용성에 대한 이해를 재정립하기를 주장한다.

이 책의 저자인 아미티지는 지성사 연구자이긴 하지만, 공적이고 미래 지향적인 역사학의 본연의 역할을 회복하고 인류의 공적 미래에 대하여 책임을 다하기 위해 이 책이 강조하고 있는 역사학 연구의 방향성과 방법론은 지성사와는 거리가 있어 보이기도 한다. 그러나 『역사 선언』이 주장하는 역사학의 역할의 배경과 현황에 대한 진단은 최근 대학과 학계에서 지성사의 관심과 필요 및 지성사의 역할 등에 대해 분석하고 주장하고 있는 논제와 많은 면에서 궤를 같이하고 있다. 이들의 논거에 따르면, 세계를 좌우하는 실제적인 동인은 경제적인 요소라는 일반화한 논지를 거부하고, 그러한 신화가 만들어진 것이 20세기 중반에 지나지 않는다고 비판한다. 또한 이 세계의 주요 동인이 세계은행, IMF, 연방준비제도 이사회 등에서 발표한 통계나 경제적 지표라는 데 찬성하지 않으며, 역사학과 인문학이 연구하는 그리고 연구 결과로 내놓은 '아이디어'가 문화적·정치적 동인이라고 생각한다. 더 나아가 이 세계는 의미와 가치를 중시하지 않는 경제적 동인에 의해 지배되며 자신의 이해득실에 대한 경제적 결정만으로 운용되지 않는다고 주장한다. 따라서 역사학과 인문학은 직면한 문제들에 대해 해결책을 제시해야 하고, 아울러 "과거의 역사를 있는 그대로의 모습의 세계로만 다루는 랑케식 실증주의 역사학 대신 관심 있는 현안들에 대응하는 자의식을 지닌 역사학과 인문학의 욕구"가 지성사 르네상스로 발전했다고 할 수 있다.

이러한 맥락에서 아이디어 연구의 관심은 역사학 분야에서뿐만 아니라 인문학과 사회과학 분야에서도 부활하고 있다. 그중 지성사의 관심이 증가하고 있는 주요 요인은 현재 대학과 학계의 체계 내에서 발현하고 있는 학제적 소통이다. 세분화하고 전문화한 대학과 학계에서 어떤 주제를 다양한 전공의 연구자들이 모여서 함께 논의하는 학제적 소통은 점점 사라져가고 있으며, 경직된 분과학문 체계는 변화무쌍한 지식의 지형도에 효율적으로 대응하는 데 한계가 있다. 이러한 상황에서 지성사의 독특한 학제성은 많은 연구자에게 소통의 장을 열어주었다. 지성사는 다루는 내용이나 방법론 면에서 분과학문과 공통 지점이 많으며 지성사 연구자들은 실제 대학의 여러 학과에서 다양하게 활약할 수도 있다. 지성사 전공자들은 역사학과뿐만 아니라 철학과, 정치학과, 사회학과, 인류학과, 종교학과, 법학과, 영문학과, 각각의 언어별로 구분되는 문학 관련 학과, 문화연구와 연관된 학과, 과학이나 예술 분야의 학과 등에 속할 수 있으며, 연구 업적도 다양한 분야에서 나올 수도 있다. 이렇게 본다면 지성사는 분과학문이라기보다는 다양한 전공에 적용할 연구방식으로 평가할 수 있다. 이러한 지성사의 학제성은 분과학문으로써 정체성 결여보다는 지성사 분야의 개방성과 건전성의 상징이며 최대의 장점이다. 강력한 학제성을 지닌 지성사는 역사학뿐만 아니라 다양한 전공의 연구자들이 학제적 접근을 할 수 있는 소통의 장이다. 인문학과 사회과학 간 접합점의 추구는 현재 학계의 화두이고 지성사는 이들의 접합점을 가장 극대화할 수 있는 분야이기도 하다. 따라서 지성사의 미래는 학제 간의 경계를 초월하며 가치 문제에 관한 주제들(인권, 정의, 평화, 불평등)을 논할 수 있고, 전반적인 사회의 반지성주의, 대학의 상업화 등에 대응하는 지식인의 역할과 대학의 역할에 대한 자기성찰의 장을 마련해 주며, 전문화, 파편화, 경직화한 학문 분과의 엄격한 장벽을 넘을 수 있다.

| 6 | 한국사와 지성사

이러한 지성사의 정의와 흐름을 기반으로 한국사와 접맥시켜 살펴보자. 인류는 선사시대부터 돌, 흙, 나무, 금속 등 다양한 자원을 활용하여 도구를 개발하며 자연에 적응해 왔다. 구석기시대에는 돌을 사용한 초기 기술이 시작되었고, 신석기시대에는 농사 경제와 도구, 농기구의 발전이 이뤄졌다. 청동기시대에는 금속 가공 기술이 도입되고 지역 간 교류가 활발히 일어났다. 철기시대에는 농기구와 무기의 발전으로 농업 생산량이 증가하며 다양한 나라가 형성되었다. 철기문화는 세력 간 다툼과 정복을 촉진시키면서 연맹 국가도 등장했다. 이러한 발전은 문명과 문화의 새로운 전환점을 이끌었고, 지성의 성장과 창의성을 촉진시켰다. 불의 활용과 언어의 사용은 지적 발전과 교류를 촉진하여 다양한 문명과 문화를 창출하는 데 기여했다. 인류의 역사는 생각의 확산과 교류를 통해 다양성과 발전을 거듭하며 진행되어 왔다.

한국사에서 고조선과 삼한 시대에는 샤머니즘과 천신 사상, 불교와 유교의 도입과 확산 등이 이루어진 시기였다. 샤머니즘 세계관에서는 금기와 법을 통해 행동을 통제하던 것과 달리, 유교와 불교의 윤리가 보급되면서 도덕규범이 중요시되었다. 이에 따라 인간의 도덕적 본성에 대한 이해가 변했다. 유교는 도덕성을 강조하며 극기복례를 중시하여 사욕을 이기고 예를 회복하는 것을 강조했다. 불교에서는 모든 사람이 불성을 소유한다는 논쟁이 나왔고, 불성의 회복이 삶의 목표가 될 수 있었다. 이에 따라 삼국시대의 사람들은 본성의 회복을 높은 덕목으로 여겼다. 이는 샤머니즘과의 차이를 강조하며, 본성 회복을 삶의 목표로 삼는 것은 자아의 내면적 양심과 윤리적 각성이 부족했던 샤머니즘과 대조적인 측면으로 주목된다.

통일신라 시기에 들어와서는 불교와 유교에 대한 이해가 심화되면서 한국 사상의 폭이 크게 확대 되어가는 형세였다. 통일신라 시기에는 불교가 한국 사회 전반에 퍼지며 사상의 확장이 이루어졌다. 대승불교의 유식학, 화엄학, 밀교 등이 주목받아 사찰과 왕궁에서 활발한 강의와 저술이 이뤄졌고, 승려들은 중국과 인도로 유학하여 새로운 이론을 도입했다. 대승불교 연구의 심화로 신라 불교계에서는 고유한 사상 형성이 시도되며, 다양한 대승불교 이론들이 융합되어 포괄적인 불교 사상이 발전했다. 불교는 수도부터 일반인까지 널리 받아들여져 대중적인 실천 신앙이 다양하게 발전했으며, 아미타 정토 신앙은 특히 지배층부터 서민까지 퍼져 사후에 아미타불의 극락세계에 태어나기를 바라는 대표적인 신앙으로 자리매김했다. 통일신라 말기에는 명상 수행을 중시하는 선종이 전래되어 새로운 불교 사상이 소개되었다. 이러한 변화와 발전은 한국 사상의 풍요로운 시기를 나타내며, 불교와 유교가 상호작용하면서 다양한 신앙과 이론이 결합되어 발전하였다.

고려시대에는 불교와 유교가 상호 조화로운 공존을 이루며 각각의 역할을 수행했다. 태조는 풍수지리설과 불교를 공존시키고 전쟁 시 불교를 의지하며 안정 시에는 유교로 풍속을 정비하겠다고 언급했다. 최승로는 불교는 수신을, 유교는 치국을 담당한다고 주장하여 두 사상을 구별하였고, 통치 이념에서 불교와 유교의 상호 존중과 역할 분담이 이뤄졌다. 의천은 삼관을 통해 대승불교와 유식을 통합하려 했으나 불교계는 분열을 경험했다. 고려 불교는 화엄종과 법상종이 주를 이루었고, 선종이 귀족 사회에 퍼지면서 교종 간의 대립과 교-선 간 교리적 갈등이 심화했다. 혼란한 시기에는 선·교 일치와 불교 혁신의 시도가 나타났고, 대장경은 거란에 대비하기 위한 군사적 목적으로 제작되었다. 그러나 불교의 성행으로 사회에 부정적 영향이 나타나자 불교에 대한 비판이 증폭되고 유교가 부상했다.

조선시대에는 불교에 대한 비판이 더욱 강화되며, 불교는 정치·사회적으로 기능을 상실하고 유교가 우세해졌다. 최승로는 고려시대 중앙집권적인 유교 귀족정치를 지향하면서 민족 자주성을 강조하고 중국에 대한 무조건적 사대를 피하며 국가의 안정을 위해 무역 감소와 국방 강화를 주장했다. 주자학은 주희를 중심으로 성립된 고려 유학으로, 불교 비판과 민족적 특성 강조를 통해 체계적인 이념을 제시했다. 주자학은 중앙집권화, 지방 분권 운영, 중앙귀족 강화 등을 주장하며, 안향에 의한 국학 중건과 성균관의 중요성이 부각되었다. 조선 초기에는 정도전과 권근이 불교 비판과 불교와의 교류를 통해 유교 중심의 사회 건설을 촉진했다. 유교와 불교 간의 긍정적인 연계를 유지하면서도, 정도전은 척불운동을 주도하며 배불론을 이론화하고 권근은 불교 비판을 통해 독자적인 성리학을 제시했다. 고려 후기에는 공민왕이 성균관을 중영하며 주자학을 중심으로 삼았고, 주자학자들은 명과의 관계 정리 및 불교에 대한 비판적 입장을 표명하면서 주자학의 활성화를 이끌었다.

15세기 조선은 집현전을 중심으로 성리학 연구가 활발히 이뤄졌고, 세조 대에는 '성리대전' 연구가 강조되었다. 16세기 초 신진 관료들은 성리학적 윤리 강조로 도덕적 문제를 비판하며 정치·사회 폐단을 예방하려 노력했다. 김종직, 정여창, 김굉필 등은 '소학'을 기반으로 교육과 성리 실천을 강조했고, 중종 대에는 조광조의 도학정치 정신과 정책이 계승되었다. 16세기 중반에는 이황과 이이 주도로 퇴계학파와 기호학파가 형성되어 성리학이 발전했다. 17세기에는 예학의 시대로 진입하여 성리학 연구와 예 관념의 발전이 이뤄졌으며, 송시열은 '주자대전'을 연구하여 주자학의 위기를 극복하는 데 기여했다.

조선 후기에는 조선의 지식인이 급변하는 국제정세 속에서 자신들의 임무를 명확히 자각하고, 현실에 나타나는 문제들을 해결하기 위해 노력하는 모습의 새로운 학풍이 나타났다. 17세기 말 조선은 왜란과 호란의 여파로 국가가 위기에 처해 있었고, 피신한 인조가 삼전도에서 청에 항복하면서 국민들은 상처를 입었다. 정부는 예치(禮治)를 통해 성리학적 이념을 실천하고 북벌론, 존주론을 추진했지만, 북벌론은 어려워지자 내수외양론으로 전환되었고, 존주론은 명에 대한 의리론으로 변했다. 조선 중화주의가 강조되며 송과 명의 역사를 새롭게 편찬하였고, 서양 문물 수용과 과학기술 발전도 이뤄졌다. 지식인들은 청의 발전을 살펴 국가를 부강하기 위한 방안을 모색했고, 선박과 수레 혁신, 청 제도 도입 등을 통해 국가의 경제적 문제를 해결하려는 시도가 있었다. 또한 청과의 우호 관계 불안정성을 고려하여 국방력 강화와 외적 침입 대비를 위한 전략을 제시했다.

19세기 조선에서는 지배 질서의 혼란으로 인해 민중은 "정감록"과 미륵 신앙 등의 새로운 사상을 통해 어려움을 극복하길 기대했다. 이는 불교의 영향을 받았고, “정감록”은 미래 예언을 통해 새로운 왕조 설립을 예언하여 민중에게 위안을 주었다. 그러나 이러한 기대는 현실적으로 이루어지지 않았고, 동시에 천주교와 서학의 영향도 민중에게 전파되었다. 1860년에는 동학이라는 새로운 종교가 등장하여 농민들의 사회개혁과 외세 배척을 주장했다. 동학은 교리적으로는 불교, 유교, 도교, 민간 무속신앙, 그리고 천주교의 영향을 받았고, 민중에게 희망과 위로를 제공하여 광범위하게 확산되었다. 1894년의 갑오농민전쟁은 동학이 농민들의 항쟁을 이끌며 사회적 모순과 개혁의 필요성을 드러내는 중요한 사건으로 작용했다. 고종 황제는 대한제국 시기에 갑오개혁을 통해 국가를 혁신하고자 했다. ‘구본신참’의 원칙으로 신구의 교차를 시도하며, ‘혁구도신’을 통해 근대 서양 문명을 모델로 삼아 대한제국을 문명화하려는 의지를 나타냈다. 그러나 언론 반응에서는 찬반 여론이 갈리며, 황성신문은 대한제국의 문명 진보 부족을 비판하고, 독립신문은 서양 신법 수용을 주장했다. 중요한 국정 안건을 심의하는 ‘정치 경장’ 제도를 도입하고, 국민의 기본 권리를 정한 메이지 헌법을 참조하여 국가를 혁신하려는 노력이 있었다. 변법론은 국가 개혁을 추구하며, ‘학규신론’은 교육 개혁을 제시했다. 대한제국 말기에는 역사 지식의 패러다임이 변하며, 서양사 중심의 신사 관념이 퍼지게 되었다. 최종적으로 을사늑약으로 독립 지위를 잃게 되고, 대한제국은 망국의 현실을 마주하게 됐다. 세계사와 대한제국의 상황을 통해 역사와 미래에 대한 이해를 모색하였다.

1919년 3·1운동은 대동단결선언을 통해 한국의 주권을 강조하고 무효화한 역사적인 사건이다. 이 운동은 대규모 시위와 집회를 통해 독립 선언문을 낭독하며 확산되었고, 농촌과 도시에서의 투쟁이 벌어졌다. 이후 국가건설에서는 이념 대립과 지역주의 등으로 민족주의 세력이 분열되었고, 1920년대 중반에는 내부 갈등과 외부 압력으로 어려움을 겪으며 독립의 길을 모색했다. 3·1운동 이후 조선 독립이 어려워지면서 독립을 유보하고 일본의 통치 속에서 자치를 추구하는 타협적 운동이 나타났지만, 실질적인 자치권은 주어지지 않았고 민족주의 세력은 분열되었다. 1930년 이후에는 대아시아 민족 단합 주장과 참정권 논의 등이 나타났지만 현실적인 해결이 이루어지지 않았고, 1945년 8월 15일에 독립이 선언되었다. 일본 내에서는 다이쇼데모크라시 시기로 사상의 자유가 증가했으나 경제적 어려움과 구조적 억압에 불만이 나타났다. 아나키스트들은 천황과 관료제에 반발하여 조직을 결성하며 민족해방과 아나키즘을 목표로 했다. 1930년대 조선에서는 사회주의 운동과 농민봉기가 발생했으며, 1940년대 중반에는 국민정부의 지원으로 광복군이 창설되어 1945년 8월 15일에 독립을 선언했다. 한국의 민주화는 해방 직후부터 1987년 6월 민주항쟁을 거쳐 발전해 왔다. 그러나 미·소 양군의 점령과 남북 정치적 차이, 그리고 6·25전쟁 등으로 분할된 국내에서 국가건설과 민주주의 개혁에 대한 대립이 발생했다. 남한에서는 미군정과 이승만 정권의 반대로 민주주의가 어려웠고, 남북협상 제안 역시 어려움에 직면했다. 6·25전쟁 이후 극우 독재체제가 유지되며, 이승만 정권은 민주주의를 억압하고 장기 집권했다. 박정희 정권은 반공과 경제 우선 정책으로 군사력을 강화하고 군사독재를 강조했다. 1979년 10월의 부마항쟁을 거쳐 정치적 재편이 있었으나, 광주 민주항쟁은 민주화 운동을 더욱 활성화했다. 1987년 6월 민주항쟁을 통해 군부는 민주화에 굴복하고 직선제 개헌을 수용했다. 현재 한국의 민주주의는 정치개혁, 민주주의 정착, 사회·경제적 민주화, 남북 관계 발전 등의 과제를 극복하며 더욱 강화되고 발전할 것으로 전망된다.

■ 참고문헌

김상현, 「사회 과학의 역사(History of the Social Sciences) 지성사, 관념사에서 “사회 과학의 역사”로」, 『한국과학사학회지』 38, 2016.

루치앙 휠셔, 「문화사로서 신개념사」, 『역사와 문화』 1, 2000.

민병희, 「지성사의 귀환과 도전 -최근 영미 지성사학계의 동향을 중심으로」, 『인문과학』 64, 2017.

문기상, 「람프레히트 방법논쟁과 문화사(상)」, 『역사학보』 129, 1991.

문기상, 「람프레히트 방법논쟁과 문화사(하)」, 『역사학보』 130, 1991.

박용희, 「왜 ‘지구적 지성사’가 요구되는가?-지구사적 지성사 기획. 방향과 지향의 문제를 중심으로」, 『대구사학』 127, 2014.

서정복, 「프랑스 혁명의 지성사적 고찰-사회계약론과 일반의지를 중심으로」, 『서양사론』43, 1994.

송승철, 「개념사와 지성사가 서로서로 배울 날이 올까-리처드 왓모어/이우창 옮김 지성사란 무엇인가(오월의 봄, 2020)」, 『개념과 소통』 26, 2020.

안두환, 「케임브리지 학파의 지성사와 역사주의 정치학」, 『한국정치학회보』 55, 2021.

양병우, 「Carl Becker의 역사이론」, 『서양사론』 14, 1971.

오석주, 「반-‘휘그 사관’ 선언-리처드 왓모어/이우창 옮김 지성사란 무엇인가(오월의 봄, 2020)」, 『역사연구』 38, 2020.

이상헌, 「칼 베커의 역사사상 소고」, 『서양사론』 43, 1994.

이우창 역, 『리처드 왓모어, 지성사란 무엇인가? -역사가가 텍스트를 읽는 방법』, 오월의 봄, 2020.

육영수, 「지성사의 위기와 새로운 문화사」, 『역사와 문화』 1, 2000.

육영수, 『지식의 세계사』, 휴머니스트, 2019.

Bavaj, R., “Intellectual History”, Docupedia-Zeitgeschichte 13(2010), pp.1-18.

Collins, R., The Sociology of Philosophies: A Global Theory of Intellectual Change, Harvard University Press(Cambridge, Massachusetts, and London, England: 2002).

Greene, J. C., “Objectives and Methods in Intellectual History”, The Mississippi Valley Historical Review 44(1957), pp.58-74.

Harlan, D., “Intellectual History and the Return of Literature”, The American Historical Review 94(1989), pp.581-609.

Hess, A., Intellectual history: Fit for the twenty-first century?, (Routledge, London and New York: 2017).

Jacoby, R., "A New Intellectual History?", The American Historical Review 97(1992), pp.405-424.

Kelley, D. R., "Intellectual history and cultural history: the inside and the outside", History Of The Human Sciences 15(2002), pp.1-19.

Kelley, D. R., The Descent o f Ideas: The History of Intellectual History, (Routledge, London and New York: 2017).

Lovejoy, O., The Great Chain of Being: A Study of the History of an Idea (Harvard University Press, Cambridge, Massachusetts, and London, England:1976).

Schneider, U. J., "Intellectual History in a Global Age: The International Dictionary of Intellectual Historians", Journal of the History of Ideas 66(2005), pp.143-154.

Solum, L B., "Intellectual History As Constitutional Theory", Virginia Law Review 101, (2015), pp.1111-1164.

Whatmore, R and Young, B., A Companion to Intellectual History (Wiley Blackwell, Oxford: 2016).

Whatmore, R., "State of Intellectual History", Intellectual History Archive 1(2016), pp.1-12.

제2장

도구의 활용과 지성의 탄생

엄기표(단국대학교 교수)

1. 석기 제작과 지성의 탄생
2. 불과 토기의 발명
3. 농경과 생활 문화의 진전
4. 신앙과 무덤의 탄생
5. 기술 혁신과 금속 도구의 활용
6. 지성의 발달을 통한 신시대로의 전환

| 1 |　석기 제작과 지성의 탄생

인류가 처음 출현한 시기는 명확하게 알 수 없지만 여러 연구에 의하면 약 700만 년 전 무렵부터로 추정되고 있다. 현재까지 발견된 최초의 인류는 약 400만 년 전에 등장한 아프리카 동남부에서 출현한 오스트랄로피테쿠스 아파렌시스이다. 이들은 손을 땅에서 떼고, 두 발로 서서 걸었으며, 두뇌 용량은 현생 인류의 1/3 수준이었다고 한다. 그리고 약 180만 년 전에 나타난 호모 에렉투스는 직립 보행과 불을 사용하였으며, 약 40만 년 전의 네안데르탈인은 죽은 사람을 땅속에 매장하기 시작하였다. 그 이후 약 20만 년 전에 등장한 호모 사피엔스는 두뇌 용량을 비롯한 신체적 특징도 현생 인류와 유사한 것으로 생각되고 있으며, 동굴에 벽화를 그리기도 했다. 그리고 약 5만 년 전에는 인류가 전 세계로 퍼져 나갔으며, 이들은 간단한 도구를 만들어 사용하였고, 오늘날의 인류와 거의 같아 여러 인종의 직접적인 조상으로 추정되고 있다.

구분	고인류 (약 700만 년 전)	오스트랄로 피테쿠스 (약 400만 년 전)	호모 에렉투스 (약 180만 년 전)	호모 네안데르탈 렌시스 (약 40만 년 전)	호모 사피엔스 (약 20만 년 전)	현생 인류 (약 5만 년 전)
인류	· 사헬란트로푸스 · 오로린 · 아르디피테쿠스	· 오스트랄로피테쿠스 아파렌시스 (루시)	· 자바인 · 베이징인 · 하이델베르크인	· 네안데르탈인	· 크로마뇽인 · 흥수아이 · 만달사람	현재 인류의 직접적인 조상
특징	· 초보적 두발 걷기	· 최초 인류 · 간단한 도구 제작	· 직립 보행 · 불 사용	· 시신 매장	· 현생 인류와 유사 · 동굴 벽화	

인류는 오랜 세월 동안 변화무쌍한 자연환경에 도전하고 적응하면서 살았다. 처음에는 돌, 나무, 뼈 등을 활용한 도구를 만들어 어려움을 헤쳐 나갔다. 이러한 재료를 어떻게 효과적으로 활용하여 용도와 기능에 맞게 도구를 만들어 내느냐가 인류의 지성 탄생의 시원이라 할 수 있다. 특히, 돌은 생활의 도구로서 인류 지성의 탄생과 밀접한 관련이 있다. 돌은 지구상에 매장량이 풍부하여 어디서든지 쉽게 구할 수 있는 재료였다. 그런데 돌은 단단하지만 무겁고 딱딱하여 도구를 만들기가 만만치 않았다. 돌은 불연성 재료로서 강도가 높고, 풍화가 적으며, 내구성이 강한 장점도 있지만, 무겁고 원하는 형태를 만들기가 쉽지 않았다. 돌을 적당히 깨뜨리거나 내리친다고 하여 원하

는 모양이나 도구를 만들 수 있는 것도 아니었다. 날카롭게 원하는 용도의 형태로 만들려면 알맞은 돌을 찾아야 했다. 그 과정에서 인류는 뇌용량이 점차 커지고, 언어와 불도 사용하기 시작하였다.

연천 전곡리 선사 유적 출토 주먹도끼		

(경희대학교 박물관)	(서울대학교 박물관)	(국립중앙박물관)

손에 직접 쥐고 사용하므로 주먹도끼라고 한다. 주먹도끼는 구석기시대 전기의 대표적인 석기로 인류가 만들어 낸 최초의 정형화된 도구이며, 호모 에렉투스에 의해 만들어졌다. 주먹도끼는 전체적으로 납작한 타원형이고 끝이 뾰족하며, 손에 쥐는 부분을 제외한 가장자리 전체에 날카로운 날이 서 있어 여러 가지 기능으로 쓰였다.

인류의 역사에서 구석기시대의 시작이 언제인지는 연구자마다 다르기는 하지만, 인류가 유인원과 갈라져 진화를 시작한 단계로 도구를 만들어 사용하고 불을 이용한 대략 약 250만 년 전부터 1만 2천 년 전까지로 설정되고 있다. 이 시기에는 추운 빙하기와 따뜻한 간빙기가 여러 차례 반복하여 나타났다. 한반도의 황해는 거대한 분지 형태로 지상에 노출되어 있었고, 동해는 내륙호를 이루면서 일본 열도와 맞닿아 있었던 것으로 추정되고 있다. 그리고 구석기시대 후기에 이르러 기온이 올라가면서 해수면이 상승하였고, 삼면이 바다인 한반도가 형성되었다. 구석기시대는 한반도의 역사 중에서 가장 긴 기간으로 연구자들은 진화 과정과 석기를 제작한 기술에 따라 크게 전기~중기~후기로 구분하고 있다.

전기(70만 년 전~12만 년 전)는 호모 에렉투스 시대로 돌을 직접떼기로 떼어 낸 다음, 날을 만든 간단한 형태의 석기인 주먹도끼와 찍개류 등이 사용되었다. 이들은 대부분 석기를 한 손에 쥐고 쓸 수 있도록 제작하였으며, 땅을 파거나, 짐승을 사냥하거나, 나무를 베거나, 껍질을 벗기는 등 하나의 석기를 다양한 용도로 사용하였다. 이처럼 주먹도끼와 찍개류 등은 주로 거친 작업에 사용되었는데, 한반도의 연천 전곡리 구석기 유적에서 출토된 주먹도끼는 전 세계의 구석기 이론을 바꾼 중요한 유물이기도 하다.

중기(12만 년 전~4만 년 전)는 호모 사피엔스 시대로 석기를 만드는 기술이 점차 발전하면서 간접떼기와 모루떼기 등 다양한 방법으로 석기를 제작하였다. 그리고 용도에 따라 긁개, 밀개, 자르개 등 여러 형태의 석기를 사용하였다. 중기에는 석기가 점차 작아지고, 특정한 재료를 긁거나, 밀거나, 껍질을 벗기는 등 용도에 따라 여러 종류의 석기가 만들어졌다. 구석기시대 전기에는 하나의 석기가 여러 용도로 사용되었다면, 중기에는 하나의 석기가 한 가지 용도로 사용되는 경우가 많았다.

구석기시대 석기 제작 기법의 진보

직접떼기	간접떼기	모루떼기	눌러떼기
	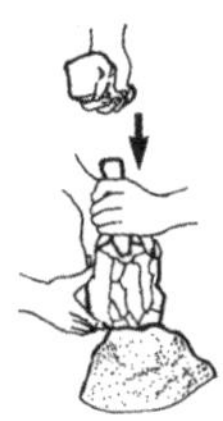	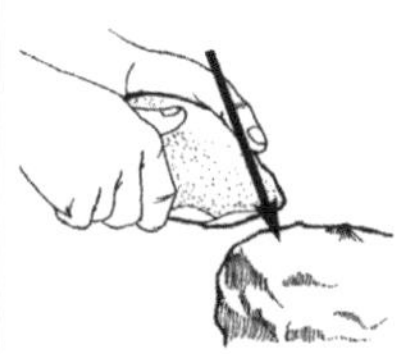	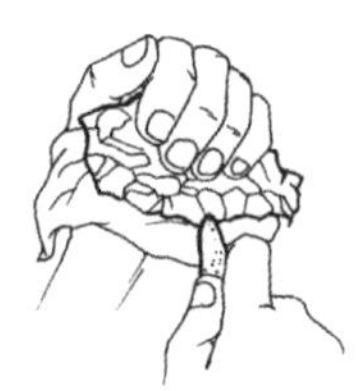
돌을 직접 때리거나 내리쳐서 격지 따위를 떼어내는 석기 제작법으로 직접타격법이라고도 한다. 내리치는 힘이나 망칫돌의 크기, 생김새, 무게 등에 따라 석기 모양이 다양하게 만들어진다.	단단한 나무나 뼈, 뿔 등을 사용하여 돌을 떼어내는 석기 제작법으로 비교적 정교한 모양의 석기를 만들 수 있다.	두 손으로 돌감을 단단하게 쥐고 큰 돌(모루)에 때리거나 내리쳐서 석기를 제작하는 방법으로 자연스럽게 생긴 박편이나 박편이 떨어져 나간 몸돌을 사용한다.	단단한 뿔이나 뼈의 뾰족한 끝으로 석기의 날에 지속적으로 힘을 주어, 얇고 긴 격지를 떼어 내거나 잔손질을 하는 방법으로 비교적 정교한 석기를 만들 수 있다. 가장 진전된 뗀석기의 일종으로 후기 구석기시대에 발달하였다.

후기(4만 년 전~1만 년 전)는 호모 사피엔스 사피엔스 시대로 인류의 지성이 진보하면서 석기를 제작하는 기술도 획기적으로 발전하여 동물의 뼈나 뿔, 단단한 나무 등을 이용하여 여러 종류의 석기를 만들었다. 그리고 석기의 크기도 작아지고, 석기의 표면을 섬세하게 떼어 내거나 두드려서 형태도 정교하고, 날도 날카롭게 한 여러 유형의 석기를 용도에 따라 제작하였다. 대표적으로 슴베찌르개는 돌조각이나 돌날 등을 이용하여 만든 작고 날카로운 창과 같은 석기로 주로 사냥에 쓰였다. 이외에도 작고 정교한 밀개·긁개·새기개·뚜르개 등을 제작하여 사냥이나 식량 가공 등 다양하게 활용하였다. 한편, 흑요석·응회암·유문암 등과 같은 새로운 종류의 암석을 활용하여 더욱 뾰족하고 날카로운 석기를 만들어 냈다. 이처럼 구석기시대 후기에는 인류의 지성이 진보하면서 다양한 재료와 형태의 석기가 제작되었을 뿐만 아니라 별도의 이음 도구를 활용한 당시로서는 혁신적인 석기들도 제작되었다.

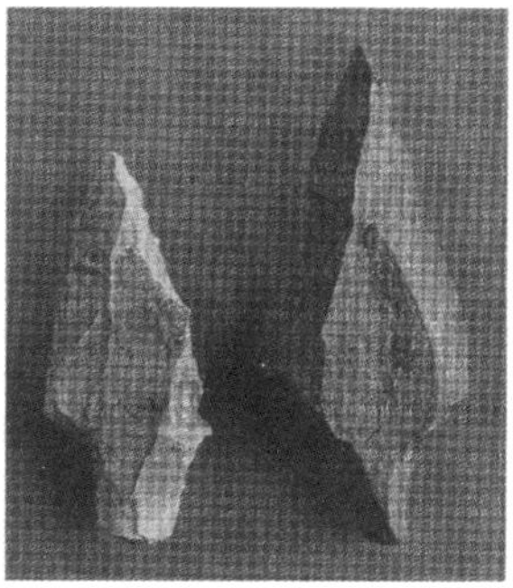

구석기시대 후기 슴베찌르개
(국립중앙박물관)

이처럼 구석기시대에는 돌을 깨뜨리거나 부딪혀 만든 뗀석기라는 도구를 만들어 냈다. 처음에는 주먹도끼나 찍개 같은 간단한 형태의 석기가 다양한 용도로 사용되었다. 이후 석기를 제작하는 기술이 점차 발전하면서 돌망치 외에 동물의 뼈와 나무 등을 이용하기도 했다. 그러면서 긁개와 밀개, 돌날과 좀돌날 같이 크기가 작고 정교한 도구도 만들어 냈다. 그리고 점차 지성이 발달하면서 날카로운 화살촉과 창날, 뾰족한 작살과 낚시 바늘 등 정교하고 날카롭게 만든 뗀석기와 골각기 등을 사용하였다. 또한, 석기에 다른 재료나 도구를 연결하여 효율적으로 사용하기도 하였다.

한반도에 사람들이 살기 시작한 시기는 약 70만 년 전부터로 추정되고 있다. 우리나라 구석기시대 유적은 전국에 분포되어 있는데, 대표적인 유적으로는 웅기 굴포리 유적, 평양 상원 검은모루 동굴, 평남 덕천 승리산 동굴, 경기도 연천 전곡리 유적, 충남 공주 석장리 유적, 충북 단양 수양개 유적, 충북 청원 두루봉 동굴, 충북 제천 점말 동굴, 대구 월성동 유적, 경남 밀양 고례리 유적, 전남 순천 월평 유적, 제주 애월읍 유적 등이 있다. 이것은 구석기시대에도 한반도 전역에 걸쳐 사람들이 살았음을 증명해

주고 있다. 이 중에 연천 전곡리 유적에서는 아슐리안형 주먹도끼가 발견되었고, 덕천 승리산 동굴과 청원 두루봉 동굴에서는 구석기시대 한반도에 살았던 사람의 뼈가 발견되었다. 지금까지 발굴된 유적으로 보면 검은모루 동굴에서 살았던 사람이 한반도 최초의 인류로 여겨지고 있다. 그리고 단양 수양개 유적에서 출토된 석기는 공주 석장리 유적에서 출토된 것보다 한층 발전된 제작 기술을 가진 것으로 확인되었다.

구석기시대 한반도의 육지는 오늘날의 모습과는 달랐으며, 당시 사람들은 극심한 환경 변화에 적응하기 위하여 노력하였다. 그리고 식량을 얻기 위한 수렵과 채집 생활을 하면서 자주 옮겨 다녔기 때문에 한곳에 오래 정착하여 살지 않았다. 또한, 주로 동굴이나 강가에 살았다. 구석기시대 한반도에 살았던 인류는 지성이 발달하면서 자연환경에 적응하기 위한 석기 제작 기술이 점차 자연 발전하였다.

공주 석장리 선사 유적지 전경
1964년 5월 공주 석장리 일대의 금강변 둑이 홍수로 드러났다. 얼마 뒤 고고학을 공부한 미국인 대학원생이 우연히 이곳을 지나가다 뗀석기를 발견하여 세계적으로 알려지게 되었다.

연천 전곡리 선사유적 전경
1978년 미군 병사 보웬(Greg Bowen)에 의하여 4점의 주먹도끼가 채집되면서 학계에 알려진 구석기시대 유적이다. 동아시아에서 처음으로 아슐리안 계통의 주먹도끼가 확인되었다. 세계의 전기 구석기를 찍개 석기 문화와 주먹도끼 석기 문화로 구분한 모비우스의 이론을 반박하는 최초의 증거가 되었다.

한반도의 신석기시대는 기원전 10,000~8,000년경부터 시작된 것으로 추정되고 있다. 신석기시대에는 숫돌로 재료의 일부 또는 전체를 갈아서 만드는 마제기술이 등장하였다. 이제는 돌을 깨서 도구를 만들 뿐만 아니라, 다듬고 갈아서 만든 새로운 돌도구인 간석기를 제작할 수 있게 되었다. 이러한 마제기술은 당시 인간의 지성 발달에 따라서 나타난 혁신적인 발명으로 인류의 역사가 한층 발전하는 계기가 되었다.

신석기시대 각종 간석기와 도구
(국립중앙박물관)

구석기시대에는 돌을 깨어 자연적으로 생기는 날을 이용하였는데, 신석기시대에는 석기를 원하는 형태로 깨고, 갈고, 구멍을 뚫어 날카롭고 정교하게 도구를 만들었다. 물론 신석기시대에도 뗀석기가 많이 사용되었지만, 새로운 기술로 만들어진 간석기가 용도와 기능에 따라 다양하게 제작되었다. 그리고 간석기도 처음에는 표면을 거칠게 다듬어 사용하다가 점차 기술이 발전하면서 깔끔하고 정교하게 처리한 석기들이 등장한다. 이처럼 돌과 뼈를 깨거나 쪼갤 때 자연적으로 생기는 날을 이용했던 구석기시대와는 달리 신석기시대에는 돌과 뼈를 원하는 형태로 맞춰 떼어 내고, 갈고, 구멍을 뚫어서 날카롭고 정형화된 도구를 만들 수 있었다. 마제기술은 처음에는 날카로운 날을 만들 때 사용하였지만, 점차 낚시와 화살촉 등 석기뿐만 아니라 뼈연장과 꾸미개를 만들 때도 활용하였다.

이에 따라 신석기시대에는 돌을 떼고 다듬는 기술을 발전시켜 용도와 기능에 따라 다양한 형태의 석기를 제작하였다. 농경용 석기로는 괭이·따비·낫 등이 있으며, 사냥용으로는 창과 화살촉 등이 있으며, 고기잡이용으로 작살·이음낚시·그물추 등이 있다. 그리고 일상생활용으로는 도끼, 자귀, 끌, 갈돌과 갈판, 숫돌 등이 있다.

그리고 신석기시대에는 동물의 뼈로 만든 도구가 중요한 생활 도구였다. 동물의 뿔과 뼈로 뼈바늘이나 낚시 도구를 만들었으며, 조가비로는 팔찌나 귀걸이 등 꾸미개를 만들었다. 이처럼 인간의 지성이 발달하면서 돌로 제작할 수 없는 용도에 뼈로 만든 도구가 개발되었다. 대표적으로 바늘·송곳·화살촉·낚시 등이 있다. 이러한 것은 신석기시대 들어와 자연에서 얻을 수 있는 다양한 재료를 활용하여 도구를 제작하였고, 그러한 과정에서 자연에 적응해 나갔음을 알 수 있다. 특히, 신석기시대 화살촉을 사용한 것으로 보아 활도 있었음을 알 수 있는데, 활과 화살의 사용은 먼 거리에서도 짐승들을 사냥할 수 있게 하였다. 활과 화살의 개발은 인간 지성 발달에 따른 혁신적인 발명품이라 할 수 있다.

신석기시대 갈돌과 갈판/돌도끼(단국대학교 석주선기념박물관)

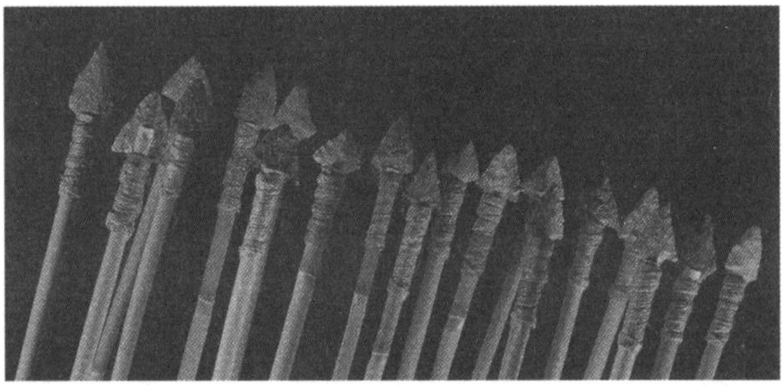

신석기시대 정교해진 창과 화살촉(국립중앙박물관, 국립제주박물관)
창은 사냥감에 다가가 찌르거나 던져 사용하는 도구인데, 신석기시대에는 날카롭고 모양도 정형화되었다. 화살촉도 인류의 지성이 발달하면서 더욱 정교하게 제작되었다.

한반도에는 기원전 2,000~1,500년경 청동기문화가 보급되기 시작한 것으로 추정되고 있다. 청동기시대에는 농경이 발달하면서 땅을 파거나 경작지를 일구는데 사용하는 괭이, 가래, 호미 등의 간석기가 여러 유적지에서 출토되고 있다. 그리고 벌목이나 도구를 가공하는데 사용된 홈자귀, 끌, 바퀴날 도끼 등 여러 형태의 간석기도 용도에 따라 만들어졌다. 청동기시대의 인류는 나무를 벨 때는 커다란 도끼를 활용하였고, 다듬을 때는 홈자귀를 사용하였다. 그리고 괭이와 따비로 땅을 파거나 갈았다. 이러한 농기구를 활용하여 일부 지역에서는 벼농사가 시작되기도 했다. 또한, 곡식의 이삭을 따거나 베는데 사용된 반달돌칼과 낫 등이 확인되고 있다. 이 중에 반달 돌칼은 형태가 반달과 같다고 하여 붙여진 명칭으로 그 용도는 농사로 곡물을 수확하여 이삭을 따는데 사용한 것으로 추정되고 있다. 반달 돌칼은 전체적인 형태와 제작 기법 등으로 보아 상당히 진전된 석기 제작 기술에 의하여 만들어졌음을 알 수 있다. 인류의 오랜 경험과 지성의 발달에 의하여 탄생한 새로운 형태의 간석기라 할 수 있다.

청동기시대 각종 간석기(국립중앙박물관)

청동기시대에도 간석기를 많이 활용하였는데, 간석기 제작 기술은 신석기시대에 비하여 더욱 발전하였으며, 다양한 석기들이 정교하고 세련되게 만들어졌다. 그래서 청동기시대에는 용도에 따라 재료, 크기, 모양 등도 달리하여 제작하였다. 그만큼 인간의 지성이 발달하였음을 보여준다.

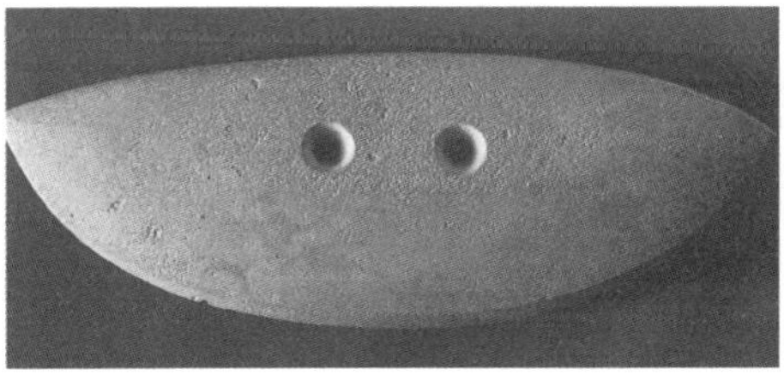

청동기시대 제작된 반달돌칼(단국대학교 석주선기념박물관, 국립부여박물관)

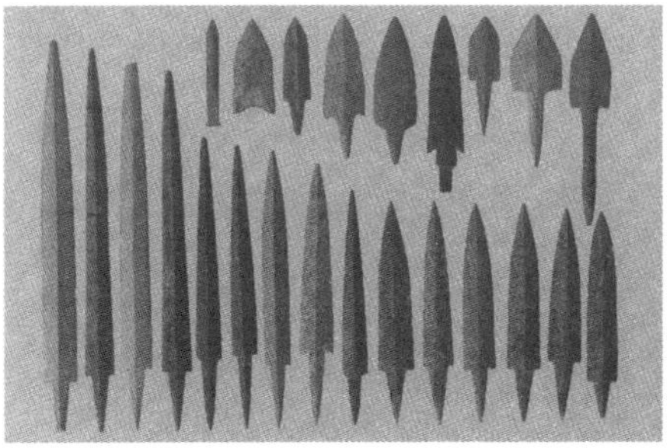

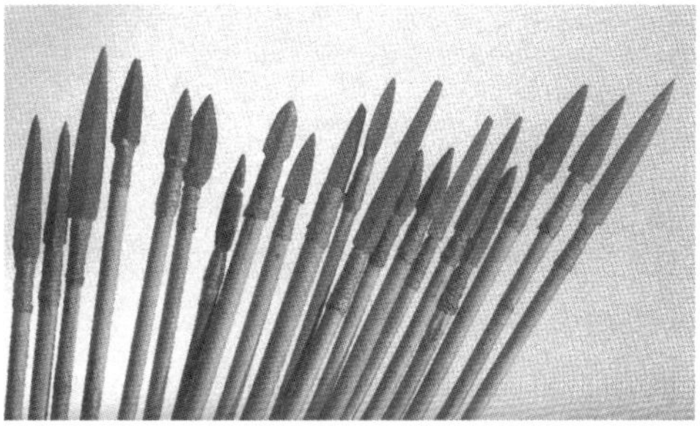

청동기시대 더욱 정교해진 화살촉(국립김해박물관, 국립광주박물관)

| 2 | 불과 토기의 발명

지구는 구석기시대 후기에 빙하기가 끝나면서 점차 따뜻한 기후로 바뀌었고, 빙하가 녹으면서 내륙에도 호수와 강이 생겨났고 해수면도 상당히 높아지면서 동식물이 살 수 있는 자연환경이 형성되었다고 한다.

인류가 불을 언제부터 사용했는지 정확하게 알 수는 없지만, 지금까지 발견된 불과 관련된 유적이나 사용 흔적 등으로 보아 구석기시대부터이며, 대략 20만 년 전부터는 불을 알았고 사용하기 시작한 것으로 추정되고 있다. 인류는 불을 본격적으로 사용하면서 자연에 대한 적응력을 높여 나갔으며, 음식을 조리하여 섭취한 것으로 보고 있다. 그리고 인류는 흙을 물로 반죽하여 일정한 형태를 만든 다음, 불에서 500℃ 이상의 고온으로 구우면 만든 형태 그대로 굳는다는 것을 알게 되었다. 그래서 발명된 것이 토기였다. 토기는 음식을 담고 조리하고 저장할 수 있게 하였다. 토기를 음식물의 조리와 저장에 이용하면서 음식물의 가공법이 발달하였고, 영양가 있는 다양한 음식물 섭취도 가능해졌다. 또한, 토기는 농경과 목축으로 수확한 식량이나 남은 음식물을 저장하는데 안성맞춤이었다. 이처럼 토기는 인류의 일상생활에 많은 변화를 가져왔다.

한반도에서 발견된 토기 중에서 가장 먼저 만들어진 것은 토기의 표면에 무늬가 새겨지지 않은 민무늬토기로 파악되고 있다. 그리고 점차 토기를 만드는 기술이 발전하면서 토기의 몸체 표면에 별도의 진흙 띠인 덧띠를 붙인 덧무늬토기, 토기 몸체에 눌러 찍은 무늬가 있는 눌러찍기무늬토기 등이 만들어졌다. 이 중에 덧무늬토기는 기원전 6,000~4,000년 무렵에 사용된 것으로 표면에 진흙으로 띠를 덧붙여 무늬 효과를 냈다. 이 토기는 빗살무늬토기가 출토되는 층

발화석(충주 조동리 선사유적 박물관)
나무봉을 두 손으로 잡고 빠르게 돌려서 그 마찰열로 불을 일으킬 때 사용된 돌로 표면 곳곳에 구멍이 있다.

위보다 아래에서 출토되어 빗살무늬토기보다 이른 시기에 사용되었음을 알 수 있다.

신석기시대의 각종 토기

양양 오산리 유적 출토 덧무늬토기(국립중앙박물관)

부산 영선동 패총 출토 덧무늬토기(부산박물관)

서울 암사동 선사유적 출토 빗살무늬토기(서울대학교 박물관)

금릉 송죽리 유적 출토 빗살무늬토기(국립중앙박물관)

신석기시대를 대표하는 토기는 빗살무늬토기이다. 빗살무늬토기는 기원전 4,500년 무렵부터 한반도의 중서부 지역을 중심으로 나타난 새로운 형식의 토기였다. 토기 표면에 빗살 같은 무늬가 새겨져 있어 붙여진 명칭인데, 표면이 대부분 붉은 갈색이며, 물레를 사용하지 않고 손으로 빚어서 야외 가마에서 500~600℃의 온도에서 구웠다. 그리고 토기 제작은 반죽한 점토를 일정한 크기의 반지 모양의 테로 만들어 쌓아 만드는 기법, 길고 납작하게 만든 점토띠를 아래로부터 위로 감아올려 만드는 기법, 점토 덩어리를 그냥 손으로 눌러 빚어서 만드는 기법 등이 활용되었다. 토기의 형태에 따라 여러 유형으로 구분되기도 하는데, 크게 바닥 모양이 포탄처럼 뾰족한 형태(첨저형)와 화분처럼 편평한 형태(평저형)로 나누어지고 있다. 이 중에 뾰족한 형태가 기본형인데, 이 형태의 토기는 주로 음식을 끓이거나 보관하는 용도로 추정되고 있다. 그리고 목이 있는 항아리는 저장용으로 주로 사용되었다. 이밖에 특수한 목적이나 의식용으로 사용된 채색토기, 쇠뿔모양토기, 배모양토기, 사슴무늬토기 등도 있다.

빗살무늬토기는 표면에 빗살뿐만 아니라 여러 가지 무늬가 표현되었다. 무늬는 기본적으로 점과 선을 이용하여 눌러 찍거나 그어서 기하학적으로 만들었는데, 원·삼각형·네모·마름모·빗살·창살·무지개·타래·새 날개 모양 등 다양하다. 이러한 무늬는 시기와 지역 등에 따라 차이가 있으며, 다양한 종류가 제작되었다. 빗살무늬토기는 기

빗살무늬토기의 다양한 빗살 문양

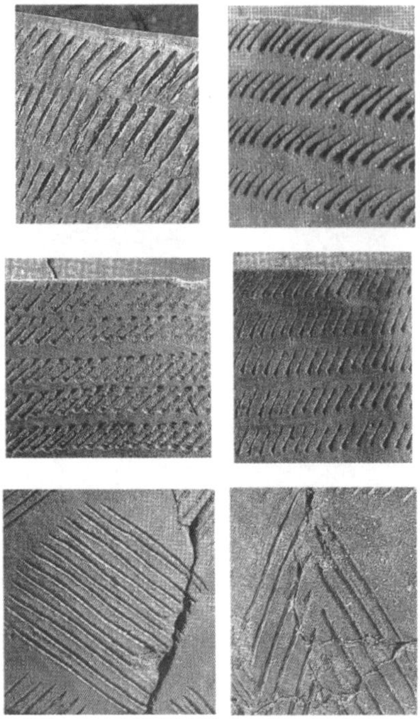

원전 4,000~3,500년경 무렵 한반도 전역으로 빠르게 퍼져 나갔다. 그래서인지 오늘날 한반도 전 지역에서 빗살무늬토기가 출토되고 있다.

이처럼 토기는 흙을 물로 반죽하여 불로 구워서 단단하게 형태를 만들었다는 점에서 물리적인 변형과 화학적인 반응을 동시에 적용한 창조적인 발명품이라 할 수 있다. 간단한 형태지만 토기를 만드는 기술은 혁신적인 변화였다. 토기는 인류의 경험과 지성 발달에 의한 혁신적인 제품으로 문명과 문화 발전에 크게 기여하였으며, 신석기시대를 특징 짓는 가장 중요한 측면이기도 하다. 한편 신석기시대를 대표하는 빗살무늬토기는 대체로 바닥이 뾰족한 포탄 모양이며, 표면을 점과 선으로 구성한 기하학적 무늬를 빗살로 새겼다. 그런데 아직까지 빗살무늬가 어떤 의미와 상징이 있는지는 파악하지 못하고 있다. 만약 의도와 의미를 알 수 있다면, 신석기시대 사람들의 생각과 지성사를 이해하는데 유용한 근거가 될 것이다.

신석기시대 사람들이 토기를 만들 수 있었던 것은 불이 발견된 이후 이를 효율적으로 활용할 줄 알았으며, 흙을 반죽하여 불에 구웠을 경우에 어떻게 변화되는지 등 다양한 특성 등을 파악할 수 있는 기술과 지식이 있었음을 알 수 있다. 새로운 도구 개발에 따른 인간의 지성이 놀랍게 발전하였음을 보여 준다. 결국, 토기를 제작할 수 있고, 실생활에서 활용할 수 있게 된 것은 인류 지성의 발달에서 나온 결과라고 할 수 있다.

이러한 빗살무늬토기는 서기전 1,000년경부터 서서히 청동기문화가 유입되면서 새로운 형식인 민무늬토기로 대체되었다. 청동기시대에도 신석기시대와 마찬가지로 토기를 만드는 기술이 더욱 발전하면서 용도와 기능에 따라 정교하고 다양한 형태들이 만들어졌다. 여러 유형의 토기가 일상화되는데, 민무늬토기와 붉은간토기를 비롯하여 양쪽 옆에 손잡이가 하나씩 달린 미송리형 토기 등 다양한 종류의 토기가 제작되었다. 이외에도 토기의 몸체 윗부분에 덧띠를 붙인 덧띠무늬토기, 토기 표면이 검은 검은간토기 등도 사용되었다. 이 중에 민무늬토기는 토기 표면에 무늬가 없는 것으로 청동기시대 가장 일반적으로 제작되었는데, 굵은 모래나 돌가루를 섞은 다음 다소 거친 진흙으로 빚어 가마에서 구웠으며, 바닥이 납작한 것이 특징적이다. 민무늬토기는 붉은색이나 검은색을 띠며, 표면에 구멍이 있거나 선무늬가 새겨져 있기도 하다. 그리고 청동기시대 토기는 용도에 따라 바리, 대접, 접시, 항아리, 독, 굽다리접시 등 다양한 형태가 만들어졌다. 그래서 토기의 유형을 조리용, 식사용, 저장용, 껴묻거리용, 독무덤 등으로 나눌 수 있다.

한편, 독특한 형태로 만들어진 미송리형 토기는 계란 모양의 몸체 위에 높은 아가리가 좌우로 벌어지는 형태로 올려져 있고, 좌우에 각각 1개씩 두 개의 손잡이가 달린 것이 특징이다. 이러한 미송리형 토기는 고조선을 대표하는 토기이기도 하다. 이처럼 청동기시대에는 특정 지역에서 제한된 시기에 제작 사용된 토기도 있다.

청동기시대의 각종 토기

옹기 송평동 패총 출토 구멍무늬토기(국립중앙박물관)

청동기시대 붉은 간토기(국립김해박물관)

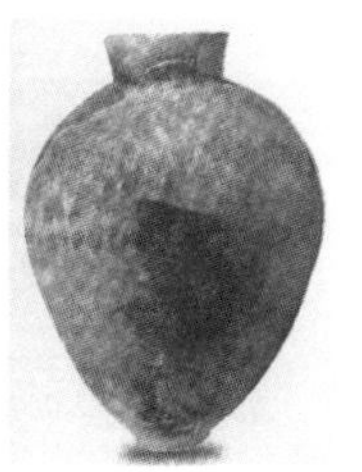
끈 흔적이 있는 진주 대평리유적 출토 청동기시대 민무늬토기(국립중앙박물관)

충주 조동리 출토 굽잔 토기(충주 조동리 선사유적 박물관)

속초 조양동 유적 출토 청동기시대 굽잔 토기(국립춘천박물관)

청동기시대에는 신석기시대에 비하여 토기의 형태가 다양하고 세련되게 만들었으며, 토기 바닥을 납작하게 하여 실용성을 높였다. 그리고 그릇의 두께를 두껍게 하여 파손되지 않도록 하거나, 손잡이를 달아 사용하기 편하게 하였다. 이러한 것은 토기를 오랫동안 사용해 보고 효율성과 편리성을 추구하는 과정에서 나온 기술적 진전이라 할 수 있다. 이러한 진전은 인류의 지성이 끊임없이 진보하고 발전하여 왔음을 보여준다.

| 3 | 농경과 생활 문화의 진전

구석기시대에는 무리를 지어 살면서 열매를 채집하거나 짐승을 사냥하여 먹거리를 구하였다. 그들은 식량을 찾아 이동하면서 생활하였으며, 주로 동굴이나 바위 그늘, 강가에 살았다. 그리고 나뭇가지와 나뭇잎, 갈대와 가죽 등을 이용하여 막집을 지어 비바람이나 추위를 피하였다. 이처럼 구석기시대에는 수렵이나 채집 생활을 하면서 간단한 형태의 주거문화를 형성하였다. 구석기시대에는 농업 기술이 없어 채집이나 사냥 활동을 통하여 자연에서 식량을 얻었기 때문에 자연에 대한 의존적 측면이 강하여, 한 장소에 오래 머물 수 없고, 식량을 구하기 위하여 다른 곳으로 이동해야 했다. 이러한 이동 생활은 새로운 문명과 문화를 창출하는데 불리한 구조적인 어려움을 주었다.

신석기시대에도 처음에는 채집·사냥·고기잡이를 통하여 먹거리를 얻었으나, 점차 기술과 지능이 발달하면서 동식물의 특성을 파악하는 등 농경과 목축으로 먹거리를 생산하는 단계로 발전한다. 신석기시대 유적지에서 탄화된 조와 기장 등의 낱알이 수습되고, 괭이와 따비 등 농경용 석기도 함께 발견되어 당시 농사가 시작되었음을 알 수 있다. 이러한 변화와 발전은 인류의 살아가는 방식을 크게 바꾸는 계기가 되었다. 신석기시대 농경의

서울 암사동 선사유적지
지금으로부터 약 6,000여 년 전 신석기시대 사람들이 모여 살던 집터 유적지를 재현하였다. 이곳에서는 신석기시대 집터 20여 곳, 빗살무늬토기, 돌도끼, 돌화살촉, 갈돌과 갈판 등이 발견되어 신석기시대 한반도에 살았던 사람들의 생활상을 엿볼 수 있는 중요한 유적이다.

시작은 정착 생활을 가능하게 하여 인류 역사에 엄청난 변화를 가져왔다. 정착 생활은 새로운 문화와 문명을 창출할 수 있는 바탕이 되었다.

신석기시대 인류의 주거 문화가 발전하면서 움집이라는 새로운 주거 형태가 등장하였다. 그에 따라 구석기시대의 동굴이나 바위 그늘의 주거 형태는 점차 사라졌다. 신석기시대 사람들은 한 장소에 정착하여 오래 머물려면 튼튼한 집도 지어야 했고, 가을에 거둔 곡식을 이듬해 수확할 때까지 저장해 두었다가 먹기도 했다. 이 시대의 움집은 지표면 아래로 50~100cm 정도의 깊이로 넓게 구덩이를 파서 외곽에 기둥을 세운 다음, 그 위에 이엉이나 갈대 등으로 지붕을 이어 만든 집이다. 이처럼 보온과 효과적인 음식물 저장 등을 위하여 땅의 일정한 깊이를 파내고 집을 지었다. 일반적으로 남쪽에 출입문을 만들어 햇빛이 잘 들어오도록 하였다. 움집 바닥은 공간 활용의 극대화를 위하여 원형이나 사각형으로 하였다. 지역이나 용도에 따라서는 긴 네모형으로 만들기도 했다. 움집 바닥은 진흙을 깔아 다졌고, 가운데에는 불씨를 보관하거나 취사와 난방을 위한 화덕을 마련하였으며, 외곽에는 생활 도구를 보관하는 선반과 같은 시설을 설치하기도 했다. 그리고 구석에는 저장구덩이를 만들어 음식물이나 식량을 저장하였다. 특히, 화덕은 간단한 음식물의 조리뿐만 아니라 실내를 밝고 따뜻하게 해 주는 역할을 하였다. 이처럼 농경의 시작과 발달, 움집의 주거 문화는 정착 생활을 가능하게 해 주었다는 점에서 본격적인 인간 지성 발달의 원동력이 되었다고 할 수 있다.

그리고 신석기시대에는 계절에 따라 자연에서 안정적으로 구할 수 있는 도토리와 살구 등의 열매, 식용 가능한 뿌리, 사냥과 고기잡이 등을 통하여 기본적인 식생활을 해결하였다. 특히, 신석기시대에는 도토리를 즐겨 먹었던 것으로 알려져 있다. 도토리를 갈돌과 갈판으로 갈아서 익혀 먹었는데, 다량의 도토리를 저장구덩이에 저장하였다가 필요할 때마다 꺼내서 먹었던 것으로 확인되었다. 또한 멧돼지와 사슴 등을 사냥하여 식량으로 확보하였다. 바닷가에 살았던 사람들은 고래·대구·다랑어·연어 등을 잡거나, 소라·굴·홍합·전복 등을 채취하여 먹은 것으로 확인되고 있다. 특히, 굴과 홍합은 신석기시대 사람들이 즐겨 먹었던 주요 해산물이었다. 이러한 사실은 생선뼈와 조개 등이 발견되는 패총 유적을 통하여 알 수 있다. 이처럼 신석기시대 사람들은 점차 다양한 먹거리를 확보해 나갔다.

신석기시대에는 불을 다양하게 활용하고, 토기를 만들게 되면서 사냥과 고기잡이 등을 통하여 획득한 먹거리를 토기에 담아 화덕 시설을 이용해 삶거나 익히는 등 조리해서 먹었다. 이러한 사실은 서울 암사동 유적, 부산 범방동 유적, 진안 갈머리 유적, 금릉 송죽리 유적, 양양 오산리 유적 등에서 확인된 야외 화덕 시설을 통하여 알 수 있다.

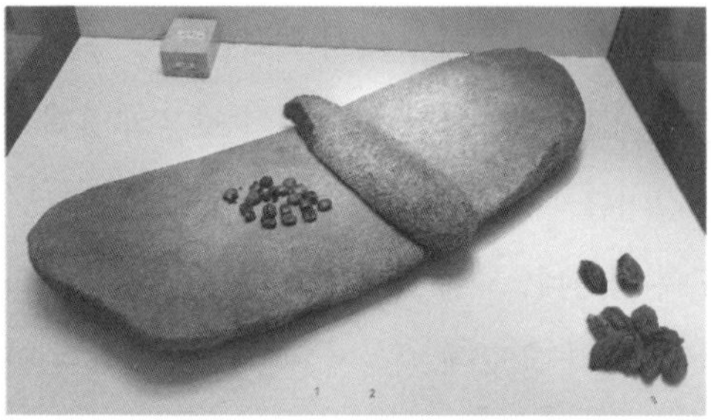

부산 가덕도 출토 갈돌과 갈판(국립중앙박물관)
도토리 등 곡식의 껍질을 깔 때 사용하였다.

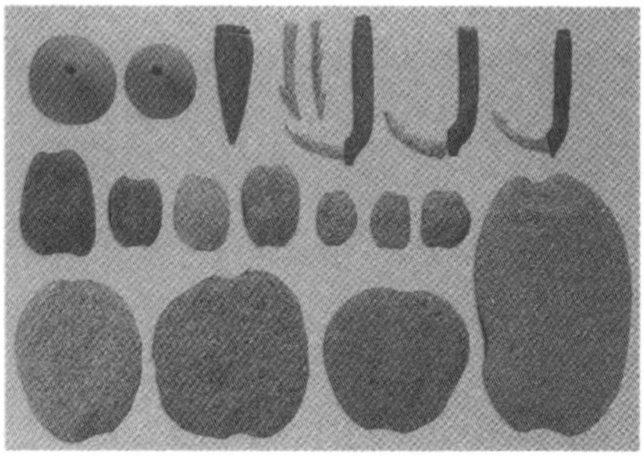

신석기시대 각종 고기잡이 도구
(국립중앙박물관)

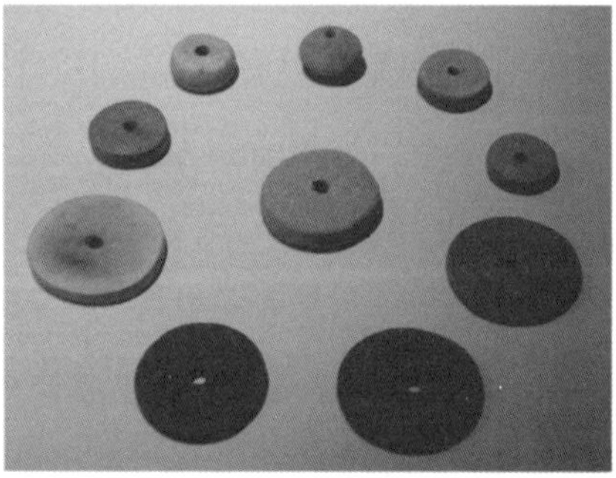

신석기시대 가락바퀴와 실을 뽑는 방법(국립부여박물관)

또한, 신석기시대에는 동물의 가죽 외에도 실로 만든 간단한 형태의 옷을 제작하여 입었다. 이러한 사실은 한반도 전역에서 실을 만들 때 사용하는 가락바퀴와 뼈바늘 등이 출토되는 것으로 알 수 있다. 가락바퀴는 회전력을 이용하여 실을 꼬는 도구이다. 이 도구의 발명은 인류 역사에 커다란 변화를 가져왔다. 즉, 옷을 만들어 입음으로써 비바람이나 추운 겨울에도 견딜 수 있도록 해 주었다.

그리고 신석기시대에는 정착 생활이 이루어지면서 혈연을 바탕으로 하는 씨족사회 또는 여러 씨족이 모여 부족 단위로 생활하였다. 점차 다른 씨족과 결혼하는 족외혼을 통하여 많은 사람이 모여 사는 부족사회가 형성되었다. 그러면서 구석기시대와 마찬가지로 구성원 간의 관계는 평등했지만, 연장자나 경험이 풍부한 사람이 지도자의 역할을 했다. 신석기시대 후기에는 농경과 목축에 알맞은 강가나 해안가에 많은 사람이 모여 살면서 집단생활을 하게 되었고, 점차 씨족이나 개인의 역할이 나누어지면서 분업화가 이루어졌다. 이에 따라 사유 재산이 생겨나고, 계층이 발생한 것으로도 파악되고 있다.

청동기시대에는 농사가 식량 획득의 중심을 이루기는 했지만, 여전히 채집과 수렵, 어로 등을 통하여 식량을 얻는 경우가 많았다. 그리고 점차 청동기시대 사람들의 지성이 진보하고, 농업이 발달하면서 평탄한 곳이나 구릉에 밭을 일구어 조·수수·콩·보리 등 여러 작물을 경작하였으며, 저습지에서는 벼농사를 짓기도 했다. 이처럼 청동기시대 사람들은 벼농사를 짓는 등 농업이 발달하면서 낮은 구릉이나 평지에 마을을 이루고 살았다. 그런데 청동기시대에는 벼농사를 비롯한 농경이 본격화되면서 더 많은 경작지와 생산물을 확보하기 위한 분쟁이 발생하기도 하였다. 그래서 마을을 보호하기 위하여 마을 주위에 도랑을 파거나, 나무 울타리를 설치하기도 했다. 또한, 청동기시대의 경작지에서 특정 유물을 규칙적으로 배치하였거나 무더기로 집중 출토되는 경우도 있어 농경문화가 발전하면서 풍년을 기원하는 의례 행위가 이루어지기도 했음을 알 수 있다. 이러한 변화는 인간 지성의 발달에 따른 의례 행위라는 점에서 주목된다.

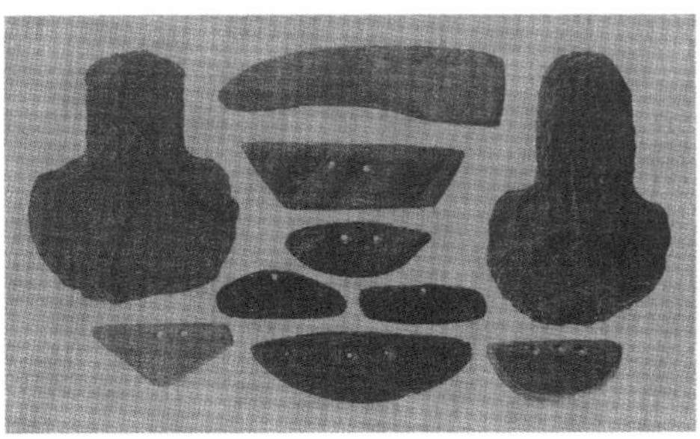
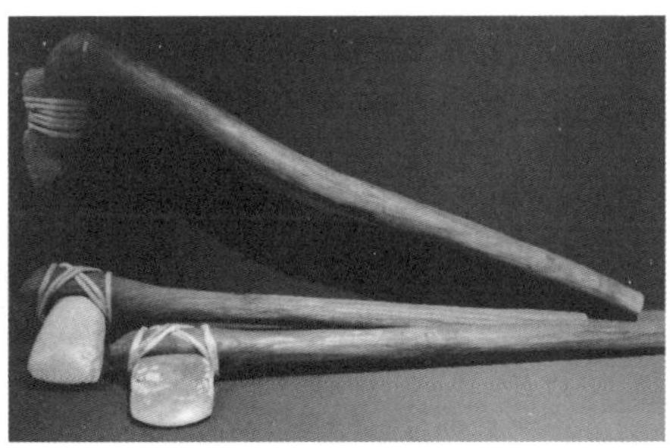

청동기시대 각종 농경 석기(국립중앙박물관, 국립부여박물관)

대전 출토 농경문 청동기(국립중앙박물관)

가평 연하리 청동기시대 유적에서 출토된 저장용 대형 토기

그리고 청동기시대에는 농경의 발달로 생산물이 증가하자 잉여생산물을 개인적으로 소유하거나 더 많이 차지하려는 사람들이 나타났다. 그러면서 사유 재산이 나타났고, 사람들은 더 많은 재산을 차지하기 위하여 싸움을 벌이기도 하였다. 이 과정에서 빈부의 차이가 발생하면서 계급과 계층이 형성되기도 했다.

또한, 청동기시대에는 돌을 가공하는 기술이 발전하면서 옥으로 각종 꾸미개를 만들어 몸에 치장하거나, 무덤 안에 부장품으로 넣어 주었다. 그러한 것이 신분과 사회적 지위를 상징하기도 했다. 현재 울주 반구대 암각화는 청동기시대 사람들의 생활상을 전해주는 대표적인 문화유산이다. 먼저 암각화가 강변에 있어 당시 사람들의 주요 생활 무대가 어디인가를 알려준다. 그리고 당시 사람들의 생활상을 보여 주는 배와 작살을 비롯한 사냥 도구, 수렵과 어로 장면 등 일상과 관련된 다양한 내용이 포함되어 있다. 또한, 인물상을 비롯하여 고래, 사슴, 호랑이, 새 등 바다와 육지에 사는 여러 동물도 함께 그려져 있어 당시 사람들이 다산과 풍요로운 생활을 기원했음을 짐작할 수 있다. 이외에도 여주 흔암리 유적과 부여 송국리 유적에서는 청동기시대 들어와 벼가 재배되기 시작했음이 확인되었다. 특히, 부여 송국리 유적은 경작지에 물을 댄 다음 벼를 키운 흔적도 발견되어, 벼농사의 발전과 관련하여 중요한 유적지이다.

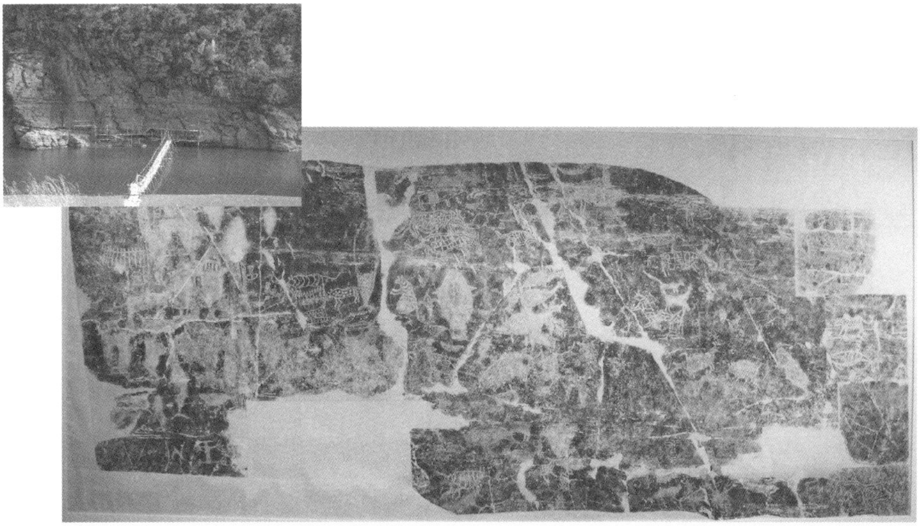

울주 반구대 암각화 탁본(연세대학교 박물관)

이처럼 청동기시대에는 농경으로 식량 확보가 비교적 용이해지면서 정착 생활이 본격화되었고, 그에 따라 마을이 형성되었다. 주거 지역도 강을 낀 완만한 구릉 지대로 옮겨가게 되었고, 강이나 바다를 끼고 있는 낮은 야산이나 나지막한 언덕에 집을 지었다. 청동기시대에도 움집이 보편적인 주거 형태였는데, 집터는 평면이 원형이나 직사각형이 많았으며, 움집은 난방시설이 발전하면서 점차 지상가옥으로 바뀌어 갔다. 움집은 점차 효율성을 높이는 방향으로 발전하였다. 그리고 저장이나 창고 등 여러 형태의 집을 지어 용도와 기능에 따라 사용하기도 했다. 이와 같이 청동기시대 들어와 인류의 지성이 획기적으로 발전하면서 사람들의 생활상이 크게 변화하는 계기가 되었다.

한반도의 영향을 받은 일본 요시노가리(吉野ケ里) 청동기 유적 전경과 나무 울타리

| 4 | 신앙과 무덤의 탄생

인류는 구석기시대부터 다산과 번영 등 특별한 목적을 위하여 특정한 형태의 조형물을 만들기도 했다. 그리고 암벽이나 돌에 고래와 물고기 등을 새기거나 동굴에 벽화를 그리기도 하였으며, 뼈에 사람 얼굴을 새기거나, 풍요와 다산의 의미를 담은 여인상을 조각하기도 했다. 예를 들면, 약 3만 5천 년에서 1만 년 전에 나타난 것으로 추정되는 크로마뇽인은 동굴에 사냥감을 벽화로 그렸으며, 풍만한 여인상을 조각하기도 하였다. 이러한 것은 사냥감의 안정적인 확보와 다산을 통한 풍요로운 삶을 기원하는 주술적인 의미를 반영한 것이라 할 수 있다. 또한, 유럽의 대표적인 구석기시대 유적인 프랑스의 라스코 동굴과 에스파냐의 알타미라 동굴에도 일상생활과 관련되었거나 무언가를 기원하는 내용이 담긴 벽화가 그려졌다. 이처럼 인류는 오래전부터 불확실한 미래에 대한 불안감, 현실의 안녕과 번영을 기원하는 믿음이 형성되어 있었다. 이러한 것은 인류가 구석기시대부터 자연 현상을 관찰하고 적응해 가면서 다양한 생각의 전환과 지성의 발달이 이루어졌음을

오스트리아 빌렌도르프의 여인상 (복제품)

짐작하게 한다.

인류는 구석기시대부터 특정한 목적의 기원이나 신앙 행위와 더불어 예술 행위가 있었던 것으로 추정되고 있다. 그러한 사실은 화석이나 도구, 특별한 조형물 등을 통하여 짐작해 볼 수 있다. 공주 석장리와 단양 수양개 유적에서 고래와 물고기 등을 새긴 조각품이 발견되었으며, 청원 두루봉 동굴에서는 사람 얼굴을 새긴 사슴뼈가 출토되었다. 또한, 죽은 사람의 시신을 매장하는 등의 상징적인 의례도 있었음을 여러 유적을 통하여 알 수 있다. 이러한 측면은 당시 인류의 지성이 진보하면서 신앙적인 믿음과 사후세계에 대한 인식이 싹트기 시작했음을 보여 준다.

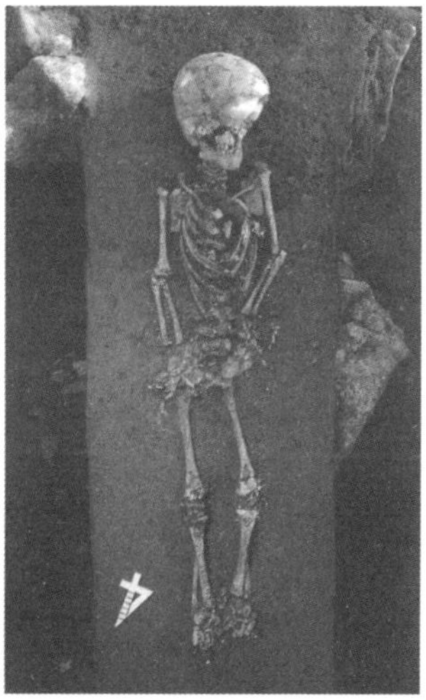

청주 청원 두루봉 동굴 유적 출토 인골과 복원상(흥수 아이, 충북대학교 박물관)

고령 장기리 암각화

신석기시대에는 일상에서 자연적인 제약을 많이 받고 있었기 때문에 자연 현상에 관심이 많았다. 특히 자연 현상으로부터 영향을 많이 받는 농사를 짓고 살았기 때문에 자연에 대하여 더 많이 관찰하고 생각하게 되었다. 그 결과 자연 현상이나 사물 등에 정령이 있다고 믿었다. 그러면서 자연 현상이나 사물 등 무생물계에도 영혼이 있다고 믿는 세계관이 나타났는데, 이를 애니미즘(Animism)이라고 한다. 그리고 하늘이나 영혼을 인간과 연결해주는 무당이나 그 주술을 믿는 샤머니즘(Shamanism)도 나타났다. 이것은 초자연적인 존재와 직접적으로 소통하는 샤먼을 중심으로 하는 주술이나 신앙 형태라 할 수 있다. 또한, 시조신이라 할 수 있는 자기 부족의 기원을 특정 동식물과 연결해 그 동식물을 숭배하는 토테니즘(Totemism)도 나타났다. 즉, 집단의 상징이나 징표로서 특정 동식물이나 자연물을 숭배하거나 제도화시켜 연결하는 것이라 할 수 있다. 현재 고령 장기리 암각화는 태양을 상징하는 것으로 보이는 동심원 등을 비롯한 기하학적인 문양들이 새겨져 있어 무언가를 기원하는 원시적인 신앙이 있었음을 짐작하게 하고 있다.

그리고 신석기시대에는 자연과 더불어 살면서 해마다 찾아오는 봄~여름~가을~겨울의 4계절의 변화에 적응하면서 한 해의 살림살이를 마련하고 그에 따른 생업활동을 하였다. 평상시에는 생활에 필요한 석기를 제작하거나 토기를 구웠으며, 비바람으로부터 자신과 가족을 보호하기 위한 집을 짓거나 수리하였다. 또한, 마을의 안녕과 번성을 기원하고, 사냥과 고기잡이의 안전과 풍요로운 확보를 위하여 각종 축제와 의례를 행하기도 하였다. 이럴 때 쓰기 위한 장신구와 의례 도구 등을 제작하였다. 이러한 것은 사람들의 생각이 다양하게 발전하면서 나타난 현상으로 특정한 것에 대한 믿음과 신앙

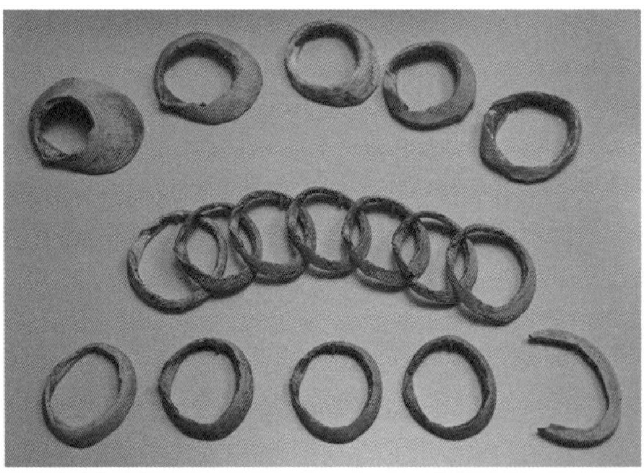

부산 동삼동 유적 출토 조가비 팔찌(부산박물관)

으로 발전하는 기반이 되었다. 인간 지성 발달의 다양한 측면을 보여주는 것이라 할 수 있다.

신석기시대에는 어느 정도 생활이 안정되고 여유가 생김에 따라 원시적인 신앙을 바탕으로 형성된 자신들의 정신과 지성 세계를 일상에서 표현하고자 하였다. 그래서 동물의 뼈 등으로 꾸미개를 만들거나, 추상적인 무늬를 표현하거나, 돌이나 흙 등으로 동물이나 사람의 형상을 만들기도 했던 것으로 보인다. 이러한 것은 당시 사람들의 의식이나 신앙이 결부되어 일상에서 나타난 것이라 할 수 있다. 예를 들어 남성 성기를 지나치게 크게 새기거나, 여성 성기를 사실적으로 표현하는 것은 다산과 풍요를 기원하는 의미가 있다. 이처럼 사람이나 동물 형상을 제작하거나 사람 얼굴 문양을 본뜬 조각품을 만든다는 것은 주술이나 의례 등을 하기 위한 도구이거나 특정한 신앙 행위의 한 유형이라 할 수 있다.

부산 동삼동 유적 출토 조가비 탈(부산박물관)

양양 오산리 유적 출토 소조 인면상(서울대학교 박물관)

울산 신암리 유적 출토 흙으로 빚은 여인상(국립중앙박물관)

신석기시대에는 영혼과 조상 숭배도 나타나 죽은 사람의 시신을 정성스럽게 묻는 풍습이 있었다. 죽은 사람의 시신을 독무덤이나 움무덤 등에 묻었는데, 움무덤은 구덩이를 파서 그 안에 주검을 넣은 후 돌로 덮는 방식이었다. 이외에도 신석기시대에 다양한 무덤 형태가 있었음이 확인되고 있는데, 이러한 것은 그 시대 사람들의 죽음에 대한 인식과 정신세계를 엿볼 수 있는 중요한 자료이다. 즉, 신석기시대 사람들은 기본적으로 영혼이 영원하다고 믿는 영혼불멸사상과 내세관이 있었기 때문에 죽은 사람

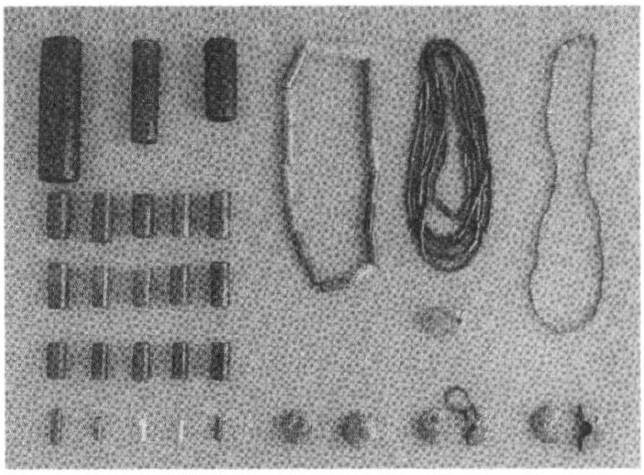
각종 꾸미개(국립중앙박물관)

을 위한 무덤을 만들어주었고, 또 다른 세계에 가서 사용할 수 있도록 죽은 사람이 살아생전에 사용했거나 아꼈던 물건들을 시신과 함께 무덤 안에 부장품으로 넣어 주었다. 이러한 것은 자연물이나 현상을 보는 인간의 생각과 사고가 다양하게 발전하면서 형성된 것이라 할 수 있다. 결국, 인간 지성의 발달에 따라 특정한 대상을 믿는 신앙이 형성되었고, 신앙이 발전하여 나중에 종교가 탄생하는 배경이 되었다고 할 수 있다. 종교의 기원도 인간 지성의 발달에 힘입었다고 할 수 있다.

그리고 청동기시대에는 강력한 부족이 주변의 약한 부족을 통합하거나 정복하면서 세로운 리더인 군장이 등장하였다. 군장은 통합한 부족을 통치하는 정치적 지배자이자 권력가로서 특별한 주술이나 신앙 의식을 주관하면서 권위를 높이기도 했다. 이러한 군장이 죽으면 살아생전의 신분이나 계층에 따라 고인돌을 비롯하여 돌널무덤, 독무덤 등이 만들어졌다. 이러한 무덤은 정치적 지배자의 권위를 상징하는 사후 기념적인 조형물이기도 하지만, 당시 사람들의 영혼 불멸 사상에 의한 사후관을 보여 주는 귀중한 사례라 할 수 있다.

고인돌은 청동기시대의 대표적인 무덤 양식으로 한반도의 전 지역에 걸쳐 광범위하게 분포하고 있다. 고인돌은 기원전 1,300년 이전부터 만들어지기 시작한 것으로 추정되고 있으며, 거의 1,000여 년 동안 청동기시대 유력 계층들의 대표적인 무덤 양식이었다. 이러한 고인돌은 받침돌과 덮개돌이 수십 톤에 달하여 많은 인력이 동원되어야만 가능한 일이었기 때문에 강력한 지배자의 무덤으로 추정되고 있다. 그리고 청동기시대의 무덤에서는 비파형 동검, 청동 화살촉, 청동 도끼 등이 출토되기도 하고, 이러한 청동기를 제작했던 거푸집이 나오기도 한다. 또한, 무덤 안에서 토기, 돌칼, 돌화살촉을 비롯하여 청동검, 청동 거울, 청동 방울 등 다양한 유물이 확인되고 있다. 이러한 유물은 당시 계층과 계급 등 신분적 차이가 존재했었음을 알려 준다.

이처럼 청동기시대 무덤을 만들었다는 것은 당시 사람들이 사람이 죽어도 영혼은 불멸한다는 영혼 불멸 사상과 함께 사후관이 있었음을 알 수 있게 한다. 그래서 무덤 안에 다양한 부장품을 시신과 함께 넣어 주었다고 할 수 있다. 결국, 무덤과 부장품은 사후 세계에 대한 믿음을 보여 주는 유산이라 할 수 있다. 청동기시대의 무덤과 다양한 부장품은 당시 사람들의 신앙에 따른 다양한 방면에서의 지성의 발달을 보여 주는 대표적인 사례라 할 수 있다.

고창 도산리 고인돌

강화 부근리 고인돌

| 5 | 기술 혁신과 금속 도구의 활용

새로운 시대가 도래하면서 새로운 도구가 필요하였고, 혁신적인 기술이 나타나면서 이제는 돌뿐만 아니라 다른 재료를 활용하여 새로운 도구를 제작하게 되었다. 인류는 처음에는 재질이 무른 금속인 구리를 사용하다가 구리에 아연을 섞어서 합금한 단단한 청동을 만들 수 있게 되었다. 청동 제품은 신석기시대 후기 빗살무늬토기 문화와 공존하면서 서서히 나타나기 시작하였다. 청동은 구리에 비소나 주석을 적당량 섞어서 만든 것이다. 그런데 구리에 주석의 비율이 25%가 되면 백동이 되고, 주석 대신에 아연이나 납을 넣어 만들기도 하는데, 아연이 45%가 되면 놋이 된다. 청동은 주석을 많이 섞을수록 단단해지지만, 주석 비율이 35%가 넘으면 깨지기 쉬운 단점이 있다. 그러나 청동은 다양한 형태와 크기로 제작할 수 있고, 다시 녹여 재활용할 수 있는 장

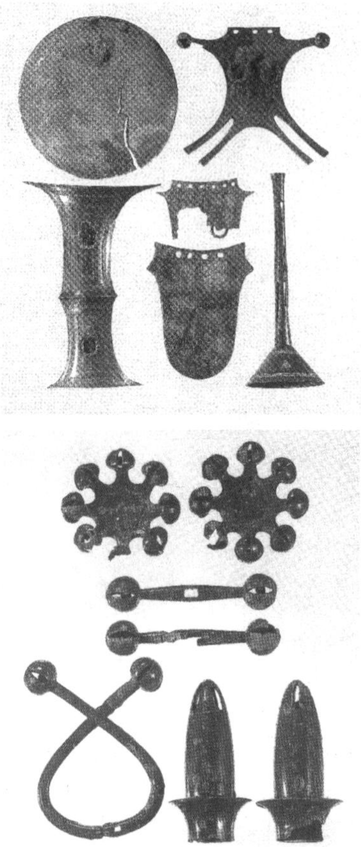

각종 청동기(국립중앙박물관)

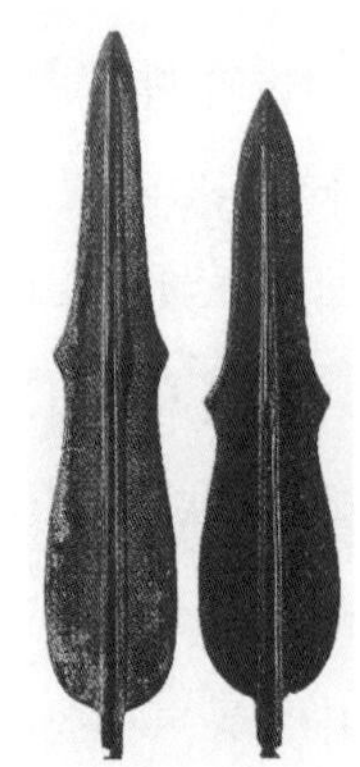

비파형 동검
(요녕식 동검)
(국립중앙박물관)

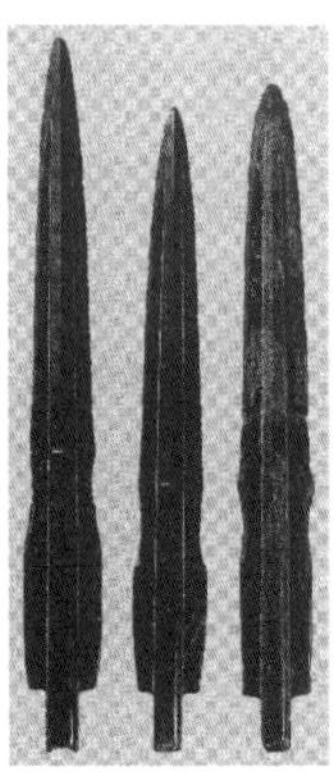

세형 동검
(한국식 동검)
(국립중앙박물관)

점이 있다. 그리고 청동은 구리보다 낮은 온도인 700~900℃에서 녹을 뿐만 아니라 재질이 강하였다. 이처럼 인류는 단점을 보완하고 장점을 최대한 살리면서 양질의 청동기를 제작하였다. 이에 따라 청동기 제작 기술은 급속도로 발전하게 된다.

한반도에서 청동기문화는 기원전 2,000년경부터 북방문화의 영향을 받아 시작되었으며, 기원전 1,500년 전부터 본격화된 것으로 추정되고 있다. 한반도에서 출토되고 있는 대표적인 청동기로 청동검, 청동 거울, 청동 방울, 청동 도끼, 청동 수레 장식 등이 있다. 이외에도 투겁창, 부채모양 도끼, 화살촉, 끌 등이 확인되고 있다. 그리고 신앙과 관련한 예술품도 많이 만들어졌다. 이들을 유형별로 분류하면, 무기류인 투겁창과 꺾창 등이 있고, 공구류인 도끼와 끌 등이 있고, 의기류인 거울과 방울을 비롯하여 방패형 동기 등 다양하게 제작되었음을 알 수 있다. 이 중에 칼, 거울, 방울 등의 청동기는 권력을 소유한 지배층의 의식이나 치장의 용도로 추정되고 있다. 그리고 기원전 400년경에는 한국식 동검인 세형동검을 비롯하여 다양한 청동 공구와 의기 등을 제작 사용하면서 본격적으로 청동기 문화가 전개되었다.

한반도의 청동기문화를 대표하는 유물은

동검과 거울인데, 동검은 비파형동검과 세형동검으로 나누어지고, 거울은 거친무늬거울과 잔무늬거울로 대별된다.

비파형동검은 칼날 모양이 비파라는 악기를 닮았다고 하여 붙여진 이름이다. 이 동검은 중국의 요하를 중심으로 요녕 지방에서 많이 출토되어 요녕식 동검이라고도 한다. 동검은 칼의 몸체와 손잡이를 따로 분리하여 만든 다음 조립하였으며, 칼날 아랫부분이 둥글게 배가 불러 전체적으로 비파 형태를 이루고 있다. 세부적으로 칼날의 중앙부에는 뾰족한 돌기부가 있고, 돌기부 양쪽으로 날이 약간씩 휘어 들어가는 형태이다. 그리고 세형동검은 기원전 4세기 무렵부터 비파형동검의 영향을 받아 새로운 기술로 새롭게 제작된 동검으로 칼날이 가는 형태로 만들어져 붙여진 이름이다. 한반도 전역에서 출토되고 있어 한국식 동검이라고도 부른다. 그런데 최근에는 부여 송국리 유적 등 한반도의 여러 유적에서 세형동검뿐만 아니라 비파형동검도 확인되고 있다. 그래서 비파형동검과 세형동검은 청동기시대 한반도에 정착하여 살았던 사람들이 교류와 협력 등을 통하여 문화적 동질성을 갖게 되었음을 알 수 있게 해 주고 있다.

그리고 거친무늬거울은 거울 뒷면에는 꼭지와 함께 그 주변으로 다소 거친 기하학적인 무늬가 새겨져 있어 붙여진 이름이다. 이 거울은 부장품으로 많이 출토되는데, 중국 요녕 지방의 청동기문화를 받아들여 한반도에서 변형시켜 제작한 한국식 거울이다. 또한 잔무늬거울은 거울 면이 약간 오목하고, 뒷면은 외곽 테두리에 반원형의 띠가 돌려져 있고, 가운데에 배치된 꼭지 주변으로 가늘고 섬세한 기하학적인 무늬가 새겨져 있어 붙여진 이름이다. 이 거울은 청동기시대의 거친무늬거울에서 발전된 형태로 철기문화가 보급되면서 사라진 것으로 추정되고 있다. 이처럼 한반도의 청동기문화를 대표하는 '비파형동검'은 '세형동검'으로 이어졌고, '거친무늬거울'은 더욱 섬세하고 정교하게 만든 '잔무늬거울'로 발전하였다. 청동기시대 한반도 전역에서 출토되고 있는 동검과 청동 거울은 한반도에 살았던 사람들의 지성의 발달과 함께 혁신적인 기술이 빠르게 진보했음을 보여 준다.

청동거울 거푸집
(모조품, 국립부여박물관)

거친무늬거울
(국립중앙박물관)

함평 초포리 출토 잔무늬거울
(국립중앙박물관)

한반도의 청동기시대에는 지성의 발달에 따른 기술 혁신이 지속하여 이루어지면서 다양한 종류가 청동기가 만들어졌다. 이러한 청동기는 많은 사람의 일상용품이기보다는 대부분은 유력자들만이 지닐 수 있는 권위의 상징물이나 의례용기였던 것으로 추정되고 있다. 이러한 청동기는 일반적으로 거푸집을 활용하여 만들었는데, 조각하기 힘들고 정교한 무늬가 새겨진 거울이나 방울 등은 밀랍을 이용하기도 했다. 주조가 끝나면 주조할 때 생긴 거친 흔적을 숫돌로 갈거나 날을 세우는 마무리작업을 하였다. 이처럼 청동기의 제작과 생산은 석기 제작과는 비교하기 어려울 정도로 지성의 발달에 따른 고도의 기술과 지식을 갖추어야 가능한 일이다. 한편 철기시대에도 청동기가 지속하여 제작되었는데, 주로 의식용이나 장식용으로 많이 만들어졌다.

청동은 철보다 녹는 온도가 낮았기 때문에 합금이나 제련 기술이 비교적 낮은 상태에서도 제작이 가능하였다. 청동기문화에서 철기문화로 변화된 것은 그만큼 인간이 금속을 제련하는 기술과 불을 지펴 온도를 올리는 기술 등이 향상되었음을 의미한다. 철기는 철광석을 녹여 철을 추출한 후 쇳물을 거푸집에 붓거나 덩이쇠를 달구어 망치 등으로 두들겨서 모양이나 형태를 만들어 제작하였다. 이러한 철기는 청동기보다 단단하고, 예리하게 만들 수 있어 그 사용이 빠르게 증가하였다. 이처럼 인류가 광석에서 금속을 골라내는 야금술은 복잡한 과정과 고도의 전문적 기술을 필요로 하였다. 따라서 금속기를 제작하고 활용하기 시작했다는 것은 인류의 지성이 상당히 발달하였음을 시사해 준다고 할 수 있다. 인류는 농경문화를 바탕으로 청동기와 철기를 사용하면서 본격적인 문명사회로 접어들었다고 할 수 있다.

| 6 | 지성의 발달을 통한 신시대로의 전환

인류가 돌을 사용하기 시작한 것은 인류가 출현하면서부터라고 할 수 있다. 인류는 자연에 적응하고 살아남기 위하여, 자연에서 얻은 재료로 다양한 도구를 제작하였는데, 처음에는 돌로 여러 도구를 만들어 사용하기 시작하였다. 돌은 무겁지만 단단하고 내구성이 강한 특징을 지니고 있어, 그대로 또는 가공하여 다양한 용도로 사용할 수 있었다.

구석기시대에는 인류가 처음으로 돌을 깨뜨려 만든 도구인 뗀석기를 사용하기 시작하였다. 처음에는 돌을 깨뜨려서 거칠게 가공하다가 점차 경험이 축적되고 지성이 진보하면서 뗀석기 기술도 발전하였다. 구석기시대의 뗀석기는 시간이 흐르면서 규모가 점점 작아지고, 용도와 기능에 따라 다양한 형태가 제작되었다. 그래서 뗀석기는 시간이 흐르면서 소형화, 정교화, 전문화, 다양화로 발전하였다고 할 수 있다.

구석기시대는 가족을 중심으로 한 무리 사회였다면, 신석기시대에는 농사를 짓기 위하여 가족 공동체를 이루었으며, 이러한 것이 발전하여 혈연 중심의 씨족 공동체 사회로 발전하였다. 그리고 씨족 간에 족외혼이 이루어지면서 씨족들이 결합하여 부족사회를 형성해 나갔다. 신석기시대 사람들은 빙하기 이후 변화된 새로운 환경에 적응하면서 간석기와 토기를 제작하였다. 그리고 수렵이나 채집활동과 함께 농사를 짓기 시작하였다. 또한, 가죽이나 실로 짠 옷감을 이용하여 옷을 만들어 입었으며, 각종 꾸미개로 치장하였다. 신석기시대에는 생활에 필요한 물품을 구하기 위하여 먼 거리를 이동하거나, 다른 지역에 사는 사람들과 교류하여 물물교환하거나 다양한 경험과 생각을 전하거나 전해 듣기도 하였다. 그들은 가까운 지역뿐만 아니라 오늘날 중국이나 일본 열도 등 먼 지역과도 교류하였다. 그러한 사실은 먼 지역에서 제작한 물건이나 특정 지역에서만 생산되는 재료가 출토되는 것을 통하여 알 수 있다. 특히 신석기시대에는 화산암의 일종인 흑요석이 원산지마다 구성 성분이 달라서, 흑요석의 출토를 통하여 당시 사람들이 교류했다는 사실을 알 수 있다. 이러한 흑요석은 백두산 부근에서도 생산되지만, 한반도 전역에서는 생산되지 않는다. 특정 지역의 흑요석이 한반도에서 출토되는 것으로 보아 그 지역과 교류가 이루어졌음을 짐작할 수 있다. 그런데 신석기시대 사람들은 현대인들이 생각하는 것보다 원거리 지역을 왕래하였으며, 바다 건너 일본 열도와도 교류하였다. 한반도는 청동기시대에도 육지로 연결된 중국의 요서 지역뿐만 아니라 바다 건너 일본 열도와 교류하면서 발전해 나갔다. 이러한 교류는 인류의 문명과 문화 창달에 지대한 공헌을 하였다. 결국 그러한 것이 지성의 발달을 가져왔다고 할 수 있다.

흑요석으로 만든 다양한 도구
(국립중앙박물관)

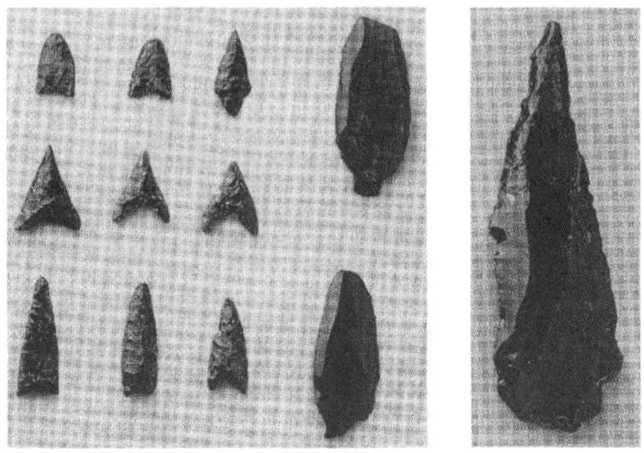

신석기시대 각종 흑요석
(국립중앙박물관)

그리고 한반도에서 금속기가 제작 활용된 청동기시대에도 간석기를 비롯하여 나무와 뼈 등으로 만든 도구가 사용되었다. 청동기시대 사람들은 벼농사 등 농경을 본격화하였으며, 낮은 구릉이나 평지에 정착하여 마을을 이루었다. 또한, 조직이나 집단 내에서 계급과 계층이 형성되었으며, 사회적 지위의 차이도 생겨났다. 이러한 청동기문화가 발전하면서 정치적 역량을 지닌 리더가 권력과 경제력을 장악하였다. 리더는 특정 부족 세력을 이끄는 정치가로서 주변의 여러 부족을 통합하면서 세력을 확장해 나갔다. 그 과정에서 새로운 권력 구조가 출현하기도 하고, 강력한 정치가이자 지배자가 새롭게 등장하기도 했다. 이러한 과정에서 출현한 한반도의 최초 국가가 고조선(古朝鮮)이라 할 수 있다.

고조선은 청동기문화를 기반으로 농경 사회를 형성해 나가면서 성립한 국가였다. 단군왕검은 제사장이나 정치적 지배자를 의미하여 당시 사회가 제정일치 사회였음을 알려주고 있다. 이러한 고조선을 대표하는 문화유산으로 고인돌, 비파형 동검, 미송리형 토기 등이 있다. 그래서 이들의 출토와 분포 지역이 고조선의 영역과 문화의 범위를 짐작하게 해 주고 있다. 아쉽게도 고조선 관련 문헌 기록과 고고학 자료가 한계를 가지고 있어 고조선의 중심 영역과 성장 과정 등을 명확하게 알 수 없지만, 청동기문화를 바탕으로 다양한 문화와 문명을 창출했던 최초의 국가라는 점에서 역사적 중요성이 상당히 높다고 할 수 있다.

그리고 청동기문화보다 강한 새로운 철기문화가 등장했다. 한반도는 기원전 5세기 경부터 철기문화가 전래하였고, 기원전 3세기 무렵에 철기가 일상에서 사용되기 시작하면서 본격적인 철기시대로 접어들었다. 철기는 청동기에 비하여 단단하고 잘 부러지지도 않는 특징을 가졌다. 청동기는 주로 주조 기법을 활용하여 형태와 도구를 만들지만, 철기는 틀에 쇳물을 부어 주조하거나 두드려서 모양을 만들 수 있어 청동기보다 다양한 도구를 제작할 수 있었다. 이러한 장점 때문에 철기는 기원전 1세기 무렵 경 한반도 전역으로 급속하게 확산하였다.

철기시대에는 간석기와 함께 철로 만든 괭이, 삽, 도끼, 낫 등과 같이 농경과 밀접한 철제 농기구가 많이 만들어졌다. 이러한 철제 농기구가 사용되면서 농사짓는 것이 한결 수월해졌고, 농업 생산량도 늘었으며, 그에 따라 인구도 증가하였다. 농경 사회를 기반으로 한 철기문화는 빠르게 발전해 나갔다. 그리고 청동보다 단단한 철로 만든 칼, 창, 화살촉 등 강한 철제 무기가 등장하면서 치명적인 상처를 입힐 수 있었으며, 부족 간의 다툼도 치열하게 전개되었다. 동시에 권력을 잡고 패권을 차지하려는 싸움도 자주 일어났다. 그러면서 사회 계층 간의 분화가 나타났고, 철제 무기를 사용한 부족이 세력을 크게 확대해 나가면서 세력이 강한 부족을 중심으로 연맹 국가가 형성되기 시작하였다. 결국, 지성의 발달에 따른 철제 무기의 등장은 전쟁과 함께 정복 활동이 전개되는 바탕이 되었다고 할 수 있다. 역사에서 이러한 일련의 변화 과정은 새로운 시대로의 전환을 요구하였다.

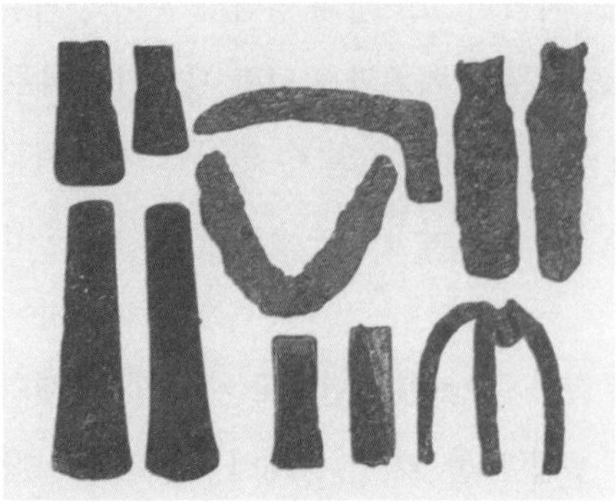

철제 농기구와 무기(국립중앙박물관)

한반도와 만주 지역에는 철기문화가 시작된 이후 청동기문화를 기반으로 한 고조선에 이어서 부여, 고구려, 옥저, 동예, 마한, 진한, 변한 등 여러 나라가 출현하였다. 이들은 철기문화를 기반으로 다양한 문명과 문화를 창출하였으며, 새로운 기술을 발전시켜 삼국 정립의 토대가 되었다. 한반도에서 철기문화의 등장은 고대 국가 탄생의 기반이자, 전환점이 되었다고 할 수 있다. 결국, 작은 나라들은 연맹 왕국의 단계에 이르지 못하고 고구려, 백제, 신라, 가야로 통합되었다. 특히, 한반도에서 삼국이 정립된 시기는 그 이전과 그 이후의 문명과 문화가 큰 격차를 보이고 있기 때문에 한국 지성사의 새로운 전환점이라 할 수 있다.

인류 역사에서 가장 길었던 구석기시대는 인류가 진화를 거듭하면서 역사의 토대를 닦은 시기였다고 할 수 있다. 구석기시대의 점진적인 진화가 없었다면, 혁명적인 신석기시대가 없었을 것이고, 신석기시대의 혁명이 없었다면 혁신적인 청동기시대가 도래하지 않았을 것이고, 인류는 정체되었을 것이다. 그렇다면 오늘날 우리가 누리는 혁신적인 문명과 문화는 없었을 것이다.

인류는 선사시대부터 돌, 흙, 나무, 금속 등을 활용하여 자연에 적응하고 여러 도구를 개발하였다. 그리고 문명과 문화가 발전하면서 도구의 용도와 기능도 다양화하였다. 이러한 과정에서 인류의 생각과 사고는 지속하여 성장하였으며, 그러면서 인류의 지성도 지속하여 발달하였다. 특히, 인류의 직립 보행과 도구의 사용, 불의 활용과 언어의 사용은 다른 존재와는 상당히 차별화된 측면이라 할 수 있다. 불의 활용은 도구의 획기적인 발전과 혁신을 가져왔으며, 언어의 사용은 인간의 지식과 지성을 발전시키는 계기가 되었다. 이러한 것은 인류가 인종과 지역을 초월하여 다른 집단과 교류할 수 있게 하는 중요한 수단이 되었으며, 문화와 문명을 발전시키는 원동력이 되었다.

인류의 역사가 시간이 지나면서 지속하여 발전할 수 있었던 원동력은 생각하는 능력이 확대되면서 지성이 발달하였고, 다른 동물들과 달리 주변의 자연환경에 적응하면서 교류와 협력을 통하여 새로운 문명과 문화를 창출하였고, 그러한 것을 창의적으로 계발시켜 왔기 때문이라 할 수 있다. 결국, 생각의 확산과 교류는 지성 발달의 토대가 되었다고 할 수 있다.

■ 참고문헌

경희대학교 중앙박물관, 『인류이 옛 흔적 돌의 시대』, 2011.

국립대구박물관, 『인류의 여명 –동아시아 주먹도끼-』, 2008.

국립중앙박물관, 『국립중앙박물관 도록』, 2005.

국립중앙박물관, 『한국의 청동기문화』, 1993.

국사편찬위원회, 『한국사 1』, 1987.

김원룡, 『한국고고학개설』, 일지사, 1986.

배기동 외, 『전곡리 발굴보고서』, 한양대학교 문화인류학과, 1993.

배기동, 「구석기시대 연구사」, 『국사관논총』 19, 국사편찬위원회, 1990.

배기동, 『동북아 구석기 문화 연구』, 한양대학교 문화재연구소, 2002.

서울대학교 박물관, 『서울대학교 박물관 발굴유물도록』, 1997.

심봉근, 『한국 청동기시대 문화의 이해』, 동아대학교 출판부, 1990

연세대학교 박물관, 『한국의 구석기』, 연세대학교 출판부, 2001.

윤무병, 『한국청동기문화연구』, 예경산업사, 1987.

이상균, 「한반도 신석기시대 주거의 변천과 구조적 양상」, 『고문화』 61, 2003.

이선복, 『동북아시아 구석기 연구』, 서울대학교 출판부, 1989.

이융조, 『우리의 선사문화(I)』, 지식산업사, 1994.

최몽룡, 『한국 청동기·철기시대와 고대사회의 복원』, 주류성, 2008.

최무장, 『한국의 구석기문화』, 집문당, 1990.

충북대학교 박물관, 『선사 유적 발굴 도록』, 1998.

한성백제박물관, 『한성백제박물관 도록』, 2012.

제3장

새로운 지성의 도입과 확산

전덕재(단국대학교 교수)

1. 샤머니즘과 천신신앙
2. 불교의 수용과 확산
3. 유교 정치이념의 수용
4. 유·불교적 윤리의식의 보급과 인간관의 변화

| 1 | 샤머니즘과 천신신앙

불교가 수용되기 이전에 샤머니즘(shamanism)이 고대 사람들에게 커다란 영향을 끼쳤다. 샤머니즘은 초자연적인 존재와의 직접적인 교류가 가능한 샤만(shaman)을 중심으로 하는 종교현상을 말한다. 무속신앙(巫俗信仰)이라 부르기도 한다. 샤만이란 말은 시베리아 에벤키(Evenki)족에서 유래한 것으로, 그 의미는 '지혜가 많은 자' 또는 '흥분해서 날뛰는 자'라 한다.

원시시대부터 사람들은 자연을 구성하는 요소 가운데 산천과 거석(巨石), 특이한 큰 수목(樹木)과 특정 동물 등에는 정령(精靈)이 깃들어 있다고 믿었다. 아울러 세계는 다양한 정령이나 초자연적인 영적인 존재에 의하여 움직이며, 인간은 죽은 후에 영혼, 특히 조상의 영혼과 유명한 사람이나 억울하게 죽은 사람의 영혼이 살아 있는 사람의 주변에 머물고 있다고 생각하였다. 또한 이들 각종 정령이 작용하여 현세(現世)를 사는 인간의 길흉화복(吉凶禍福)에 영향을 끼친다고 여겼다.

각종 정령, 즉 귀신은 절대적으로 선하지도 않고, 악하지도 않으며, 다만 사람들이 그것들을 어떻게 대하느냐에 따라 선하게도 악하게도 작용한다고 믿었다. 이에 따라 좋지 않은 일이 일어났을 때에는 그에 영향을 끼친 귀신의 실체와 뜻을 잘 파악하여 맺힌 것을 풀어주고 섬김으로써, 화(禍)나 재앙을 피할 수 있다고 인식하였는데, 이럴 때 귀신들과 교감할 수 있는 신기하고도 이상한 영적인 능력을 지닌 샤만의 역할이 중시되었다. 이때 샤만은 흥분이 고조되어 몰아(沒我, trance: 자신을 잊고 있는 상태)의 상태에서 귀신의 뜻을 사람들에게 전달하는 역할을 수행하였다. 샤만마다 자신에게 영적 능력을 주는 특별하게 섬기는 귀신이 존재하였기 때문에 각자가 독립된 신앙 행위의 주체, 즉 교주(教主)가 되었다. 이러한 이유로 샤머니즘에서는 복잡한 교단조직이나 교리체계가 성립되기 어려웠다.

> 전쟁이 있으면 또한 하늘에 제사를 지내는데, 소를 잡아서 그 발굽을 보아 길흉을 점친다. 발굽이 갈라지면 흉하고 붙으면 길하다고 여겼다(『삼국지』 위서 동이전 부여)

샤만은 사람들의 병을 낫게 하는 치병자(治病者)로서의 역할을 수행하였고, 제의(祭儀)를 집전하기도 하였다. 또한 전쟁에 나설 때에 소를 죽여 그 발굽으로 길흉을 점쳐 점괘를 풀이하거나 액이나 액운을 미리 막기 위한 액막이 행사를 주관하기도 하였다. 초기 고대사회에서 신과 소통할 수 있는 능력을 가진 샤만의 역할이 정치적, 사회적으로 커다란 영향을 끼쳤기 때문에 샤만 자신이 국가의 지배자로 군림하는 경우도 있었다.

『삼국사기(三國史記)』에 신라 제2대왕이 남해차차웅(南解次次雄)으로 전하는데, 차차웅이란 왕호(王號)는 자충(慈充)이라고도 부르며, 신라 말로 무당을 가리키고, 당시 사람들이 무당이 귀신을 섬기고 제사를 받들었기 때문에 두려워하고 공경하였다고 한다. 중국 사서인 『후한서(後漢書)』에 2세기 후반~3세기 전반에 왜국에서 귀신의 도[鬼道]를 섬기며 요술로서 무리들을 미혹한 비미호(卑彌呼)를 왕으로 삼았다고 전한다. 신라뿐만 아니라 왜국에서도 샤만을 왕으로 삼았음을 알려준다. 부여 초기에 가뭄과 장마가 계속되어 오곡이 영글지 않으면, 사람들은 왕이 신과 교감하는 능력이 떨어졌다고 믿어 왕을 교체하거나 죽이는 풍속이 있었다고 한다. 초기에 부여 왕도 역시 샤만적인 성격을 지녔음을 시사해주는 것이다.

불교 수용 이후 샤만의 역할은 줄어들었으나 종교 직능자로서 샤만은 여전히 국왕에게 정치적인 조언을 하거나 또는 여론을 조성하는 역할을 수행하였다. 신계와 인간계의 일을 기록하던 샤만의 업무는 역사를 기록하는 사관(史官)으로 계승되었고, 천문관측의 업무를 담당한 일관(日官) 역시 샤만에서 분화한 존재였다.

샤머니즘의 우주관에 따르면, 우주는 3개의 세계, 즉 천상과 지상, 지하로 이루어졌으며, 천상계와 지하계는 다시 여러 층으로 나누어진다고 한다. 이 중 인간이 거주하는 곳이 중간계인데, 그 가운데에 통로 구실을 하는 우주산(宇宙山)과 우주목(宇宙木)이 있다고 믿었다. 단군신화(檀君神話)에서 천신인 환인(桓因)의 아들 환웅(桓雄)이 태백산(太白山) 신단수(神檀樹) 아래에 내려왔다고 하였다. 샤머니즘 우주관에 의거하건대, 태백산은 우주산, 신단수는 우주목에 비견할 수 있다. 이에

단군 영정(한국민족문화대백과사전)

옛적에 시조 추모왕(鄒牟王)이 나라를 세웠는데, (왕은) 북부여에서 태어났으며, 천제(天帝)의 아들이었고, 어머니는 하백(河伯)의 딸이었다(광개토왕릉비).

광개토대왕비 탑본
(국립중앙박물관)

따라 단군신화에는 샤머니즘 우주관이 잘 반영되어 있다고 이해한다.

그런데 천상계와 지상계는 신령의 세계로, 여기에는 인간의 삶에 크고 작은 영향을 끼치는 다양한 신령이 존재하며, 그들 사이의 관계나 서열을 명확하게 규정할 수 없다고 한다. 그러나 여러 신령 가운데 가장 격이 높은 지고(至高)의 신이 바로 천상계를 관장하는 신(神), 즉 천신(天神)인데, 그는 전지전능하고 무소부재(無所不在: 어디든지 있지 않는 데가 없이 아무 데나 다 있음)의 성격을 지녔으며, 우주의 창조자로 여겼다.

고대 국가에서 건국 시조를 지고신(至高神)인 천신과 연결시켜 숭배하는 천신신앙이 발달하였다. 『삼국유사(三國遺事)』에 전하는 단군신화에 따르면, 고조선을 건국한 단군이 천신인 환인의 손자였다고 한다. 『논형(論衡)』이란 중국 책에 북이(北夷) 탁리국(槖離國) 왕을 시종하던 노비가 햇빛에 감응되어 부여 건국 시조인 동명(東明)을 낳았는데, 왕은 동명이 하늘의 아들이 아닌가 의심하고 그 어미로 하여금 기르게 하였다고 전한다. 부여 사람들이 건국 시조 동명을 천신의 아들로 인식하였음을 알려준다. 한편 『삼국유사』에서는 천제(天帝)의 아들 해모수(解慕漱)가 부여의 시조인 부루(扶婁)를 낳았다고 하였다.

광개토왕릉비에서 고구려의 건국 시조인 추모왕(鄒牟王)은 천제(天帝)의 아들이며 물의 신인 하백(河伯)의 외손자라 하였다. 추모왕은 주몽(朱蒙)을 말한다. 『구삼국사』와 『삼국사기』, 『삼국유사』에서는 천제의 아들 해모수가 주몽의 아버지라 하였다. 고구려 사람들이 추모, 즉 주몽을 천신의 아들 또는 손자로 숭배하였음을 반영한다. 고구려인들은 천신의 아들 또는 손자가 나라를 건국하였고, 그 자손, 즉 천손(天孫)이 다스렸기 때문에 자국을 천손국(天孫國) 또는 신성국(神聖國)이라 자부하였다.

신라의 건국 시조 혁거세(赫居世)는 하늘에서 내려온 알에서 태어났고, 신라 사람들은 혁거세를 또는 불구내왕(弗矩內王)이라고도 불렀다. 불구내는 밝은 빛으로 세상을 다스린다는 뜻이다. 불구내를 붉은 해의 이두식 표현으로 보아 태양을 상징하는 것으로 해석하기도 하고, 또한 몽골어와 투르크어, 퉁구스어에서 천신 또는 광명신(光明神)을 가리키는 불칸(Burkhan)의 한문식 표현으로 보기도 한다. 혁거세를 불구내왕이라고도 불렀던 것에서 신라인들이 혁거세를 천신 또는 천신의 아들로 인식하였음을 엿볼 수 있다.

『삼국유사』에 전하는 가야의 건국신화에 따르면, 하늘에서 내려온 알에서 태어난 수로왕(首露王) 등이 금관가야(金官加耶)를 비롯한 6가야를 건국하였다고 한다. 그리고 최치원이 지은 『석이정전(釋利貞傳)』에서 산신(山神) 정견모주(正見母主)가 천신(天神) 이비가지(夷毗訶之)에 감응되어 대가야왕 뇌질주일(惱窒朱日)과 금관국왕(金官國

신라 시조 혁거세왕릉이 있다고 전하는 신라 오릉(국가유산청)

王) 뇌질청예(惱窒靑裔)를 낳았다고 전하는데, 뇌질주일은 대가야의 건국 시조 이진아시왕(伊珍阿豉王), 뇌질청예는 금관국의 시조 수로왕의 별칭이라 한다. 가야인들 역시 건국 시조를 천신의 아들로 인식하였음을 알려준다.

고대 국가에서 하늘에 제사를 지내는 행사, 즉 제천행사(祭天行事)를 널리 개최하였다. 부여에서 개최한 제천행사를 영고(迎鼓)라 불렀다. 고구려는 동맹(東盟), 동예는 무천(舞天)이라 불렀다. 삼한에서는 5월과 10월에 제천행사를 개최하였다. 고대 국가에서 건국 시조를 천신의 아들 또는 손자로 숭배하였으므로, 각 국가의 제천행사는 건국 시조를 기리는 제의(祭儀)와 밀접한 관련성을 지녔다.

『삼국지』에서 고구려는 매년 10월에 국중대회(國中大會)로서 동맹이라 부르는 제천행사를 거행하였다고 하였다. 그런데 이때 나라 동쪽에 위치한 큰 동굴[國東大穴]에서 수신(隧神)을 맞이하여 동쪽의 강 위에 설치한 신좌(神座)로 모셔와 앉히고 제사를 지냈다고 한다. 수신은 주몽의 어머니인 하백의 딸을 가리킨다고 보고 있다. 이에 의거하여 수혈제(隧穴際)는 일반적으로 하백의 딸이 천신으로 상징되는 햇빛에 감응되어 주몽을 낳는다는 내용의 고구려 건국신화를 연극적으로 재현한 의례와 직결시켜 이해한다. 가야의 건국신화에 구지봉(龜旨峯)에서 신과 9간(干)이 대화하고, 신의 계시에 따라 사람들이 구지가(龜旨歌)를 부르며 춤을 추자, 하늘에서 6개의 황금알이 내려왔다고 전한다. 가야인들 역시 제의에서 건국신화를 연극적으로 재현하였음을 엿보게 해준다.

고대 국가에서 건국신화를 연극적으로 재현하는 제의(祭儀)는 국가의 구성원 다수가 참여하는 큰 모임에서 개최되었다. 그리고 그것을 통상 국왕이 주관하였다. 중국의 사서인 『구당서(舊唐書)』에 수도의 동쪽에 큰 굴이 있어 신수(神隧)라 부르며, 해마다 10월에 왕이 친히 제사를 지낸다고 전하는데, 평양천도 이후에도 계속 수혈제를 거행하였고, 그것을 국왕이 주관하였음을 시사해주는 자료이다. 나라의 구성원이 모두 참여하는 큰 모임에서 개최된 제의를 통해 현재 나라를 다스리는 국왕의 시조가 천신의 아들 또는 손자임을 모든 백성에게 다시금 각인시키는 한편,

> 구지가(龜旨歌)
>
> | | |
> |---|---|
> | 龜何龜何 | 거북아 거북아 |
> | 首其現也 | 머리를 내어놓아라 |
> | 若不現也 | 만약 내놓지 않으면 |
> | 燔灼而喫也 | 구워서 먹으리 |

국왕을 비롯한 왕실이 바로 천신의 후손임을 부각시킴으로써 국왕 권력의 합법성과 지배의 정당성의 논리적 근거를 찾았다고 볼 수 있다. 이러한 측면에서 고대사회에서 국왕이 주관하는 제의는 현존하는 정치질서가 천신에게 부여받은 것이라는 관념을 국가의 구성원들에게 널리 주지시키는 제도적 장치로서 기능하였다고 규정할 수 있다.

| 2 | 불교의 수용과 확산

삼국이 5부 또는 6부가 연합한 연맹체국가를 극복하고 중앙집권적 국가로 발전하면서 백성들을 정신적으로 통합할 수 있는 새로운 사상이 필요하였다. 또한 읍락 사회에서 공동체 질서가 무너지고 개인적인 삶의 가치를 중시하게 되면서, 샤머니즘과 천신신앙을 넘어서는 새로운 고급 종교를 찾았다. 이러한 사회의 요구에 맞추어 중국을 통해 불교가 전래되었다.

370년에 전진(前秦)이 고구려와 한때 격렬하게 충돌하였던 선비족(鮮卑族)의 국가인 전연(前燕)을 멸망시켰다. 이때 전연의 왕족인 모용평(慕容評)이 고구려로 도망해 오자, 고구려는 그를 붙잡아 전진에 바쳤다. 이에 대해 전진의 왕 부견(符堅)이 372년(소수림왕 2) 6월에 고구려에 사신과 함께 승려 순도(順道)를 파견하여 불상과 경전(經典)을 보냈다. 그리고 374년(소수림왕 4)에 전진에서 승려 아도(阿道)가 왔고, 375년(소수림왕 5) 2월에 처음으로 초문사(肖門寺)와 이불란사(伊佛蘭寺)를 짓고 각기 순도와 아도를 머물게 하였다. 이에 따른다면, 372년에 순도가 고구려에 불교를 전래하였고, 375년 무렵에 고구려에서 불교를 공인하였다고 볼 수 있다.

그런데 순도가 고구려에 불교를 전래하기 이전에 고구려 사람들은 이미 불교를 알고 있었다. 중국의 『양고승전(梁高僧傳)』에 소수림왕이 즉위하기 이전에 동진(東晉)의 유명한 승려 지둔(支遁, 314~366)이 고구려의 도인(道人)과 서신을 주고받으며 교류한 사실이 전한다. 비록 도인, 즉 승려의 이름은 전하지 않지만, 372년 이전에 고구려의 민간에서 불교를 신앙하였음을 알려주는 사례로 주목된다. 고구려지역에 거주한 중국계 이주민 가운데 불교를 신봉하는 사람들이 있었고, 그들을 통해 고구려에 불교가 전래되었거나 또는 중국에 왕래하던 고구려인들이 불교를 신앙하였다고 짐작된다.

백제는 384년(침류왕 1) 7월에 동진에 사신을 파견하였다. 이에 대한 답례로 동진에서 인도 승려인 마라난타(摩羅難陀)를 보내오자, 침류왕이 그를 궁궐 안으로 모셔 예로서 대우하였다. 그다음 해에 침류왕은 수도인 한산(漢山)에 사찰을 창건하고 열 사람에게 승려가 되는 것을 허락하였는데, 이것은 백제에서 385년 무렵에 불교를 공인하였음을 반영한 것이다.

고구려와 백제에서는 왕실의 직접적인 지원을 받아 불교가 커다란 마찰 없이 수용, 공인되었다. 반면 신라의 사정은 이와 달랐다. 신라의 불교 전래설화에 의하면, 눌지왕(재위 417~458) 때에 고구려에서 온 중앙아시아 출신 승려 묵호자(墨胡子)가 처음으로 신라에 불교를 전해주었다고 한다. 묵호자가 일선군(一善郡: 경북 구미시 선산읍) 모례(毛禮)의 집에 머무르며 불교를 전래하였는데, 마침 이때 양나라의 사신이 향을 가져와 바쳤으나 눌지왕은 이것이 무엇인지를 알지 못하여 전국에서 향의 용도를 아는 자를 찾았다. 묵호자가 향을 알아보고, 이를 태우고 빌면 신령한 응험(應驗)이 있다고 알려주었다. 또한 공주가 병이 나서 위독해지자, 그가 향을 피우면서 기도하여 낫게 하였다고 한다.

소지왕(재위 479~500) 때에도 고구려 승려 아도(阿道)가 시중드는 사람과 함께 모례의 집에 와서 머물며 경전과 계율을 가르치니, 불교를 믿는 사람이 생겼고, 아도가 죽은 후에도 계속 전도 활동을 이어갔다고 한다. 또한 488년(소지왕 10)에 소지왕이 일관(日官)의 말에 따라 궁녀와 내통하며 궁중(宮中)에서 활동한 승려를 죽인 일화도 전한다. 5세기에 신라에 불교가 전래되었으나 국가에서 불교를 공인한 것은 아니었다.

구미 선산 모례의 집 우물(추정: 국가유산청)

528년(법흥왕 15)에 법흥왕의 측근인 이차돈(異次頓)이 샤머니즘을 비롯한 신라의 전통적인 신앙의 성지(聖地)로 알려진 천경림(天鏡林)에 불교 사찰인 흥륜사(興輪寺)를 지으려 하자, 조정(朝廷)의 신료들이 '지금 승려들을 보면, 박박 깎은 머리에 이상한 옷을 입고, 말하는 논리가 기이하고 괴상하여 떳떳한 도리[常道]가 아닙니다. 지금 만약에 승려들을 그대로 놓아둔다면, 후회가 있을까 두렵습니다'라고 말하면서 국왕의 허락을 받지 않고 흥륜사를 지으려 한 이차돈을 처형할 것을 요구하였다. 이차돈은 사태의 책임을 지고 스스로 처형당하면서 자신의 사후에 이상한 일이 있으리라 예언하였다. 이차돈의 목을 베자, 예언대로 그의 몸에서 붉은 피가 아닌 흰 젖 같은 피가 한 길이나 솟구쳤다. 이에 조정의 신료들은 더 이상 불교에서 행하는 일에 대하여 헐뜯지 않았다고 한다. 이듬해에 법흥왕은 살생(殺生)을 금지하는 명령을 내리고, 535년(법흥왕 22)에 흥륜사 창건 공사를 재개하여 544년(진흥왕 5) 2월에 완성하였다. 신라에서 528년 이차돈의 순교를 계기로 사람들이 불교를 널리 믿었기 때문에, 이 해에 법흥왕이 불교를 믿어도 좋다고 공인한 것으로 이해하고 있다. 고구려나 백제와 달리 신라에서 불교의 수용과 공인을 둘러싸고 지배층 내부에 적지 않은 갈등을 보이다가 왕실의 주도하에 불교를 공인하였다고 볼 수 있는데, 이러한 현상은 6세기 초반까지 신라 국가를 구성한 6부의 지배층이 샤머니즘, 천신신앙과 같은 전통신앙을 굳게 믿으며 국가의 운영에서 커다란 영향력을 행사한 것에 기인하였다고 생각된다.

이차돈 순교비(국립경주박물관)

중국에 불교가 전래된 것은 전한(前漢) 말에서 후한(後漢) 초인 기원전 1세기 후반에서 기원 1세기 중반 사이였다. 처음에 중국인들은 불교를 기존의 황로신앙[黃老信仰; 황제(黃帝)와 노자(老子)를 신앙하여 불로장생과 복을 비는 것]과 비슷한 것으로 여겼다. 그래서 부처를 불사(不死)의 신으로 생각하면서 재난을 물리치고 복을 구할 것을 기원하며, 불교의 가르침에 따라 불로장생을 성취할 것을 희망하였던 것이다. 삼국에서도 중국과 마찬가지로 불교가 처음 전래되었을 때에 복을 구하기 위해 불교를 널리 신앙하였다.

391년(고국양왕 8) 3월에 고국양왕이 불교를 숭상하여 믿고 복을 구하라고 교시하였다. 그다음 해에 광개토왕은 불교를 널리 전파하기 위해 평양에 9개의 사찰을 창건하였다. 408년(광개토왕 18)에 만든 덕흥리벽화고분의 주인공인 유주자사(幽州刺史) 진(鎭)이 스스로 석가모니의 제자로 자처하고, 고분벽화에 화생(化生)하는 연꽃을 표현한다거나 불교의례 가운데 하나로 일곱 가지로 된 보물(寶物)을 부처님께 바치는 칠보공양(七寶供養) 행사의 모습이 그려져 있는 사실을 통해 평양 일대에서 고구려인들이 불교를 널리 신봉하였음을 엿볼 수 있다. 『삼국유사』에 백제 아신왕(阿莘王)이 즉위한 태원(太元) 17년(392) 2월에 불법을 신봉하여 복을 구하라고 교시하였다고 전한다. 백제에서도 복을 구하기 위해 불교를 신봉하였음을 알려준다.

삼국시대에 국왕과 왕실에서 불교의 수용에 적극적이었다. 불교의 이념을 활용하여 국왕의 절대적 권위를 높이고 왕실의 우월성을 확보하기 위해서였다. 삼국 가운데 신라에서 특히 국가불교 또는 왕실불교로서의 경향성이 두드러지게 나타났다. 법흥왕을 이어 즉위한 진흥왕은 첫째와 둘째 아들의 이름을 동륜(銅輪), 사륜(舍輪)이라 지었다. 사륜은 철륜(鐵輪)의 다른 이름이다. 동륜과 철륜은 모두 인도의 전륜성왕(轉輪聖王) 전설에서 따온 이름이다. 전륜성왕은 통치방식에 따라 금륜왕(金輪王), 은륜왕(銀輪王), 동륜왕, 철륜왕 등으로 구분되는데, 진흥왕이 두 아들의 이름을 동륜, 철륜이라 지은 것으로 보아, 그 자신은 금륜왕 또는 은륜왕을 자처한 것으로 짐작된다.

인도의 네 계급

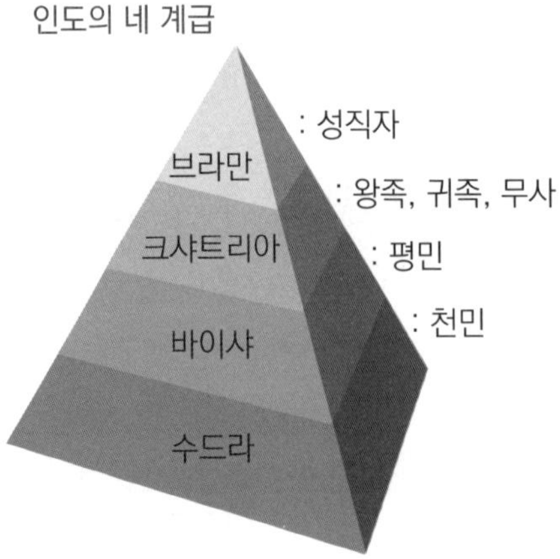

전륜성왕은 인도의 불교 중흥에 힘쓴 아소카(Ashoka) 왕을 모델로 하여 만든 정법(正法), 즉 불법(佛法)으로 통치하는 속세의 이상적인 제왕(帝王)을

이른다. 인도의 전륜성왕 전설에 의하면, 전륜성왕은 자신이 소유한 수레바퀴를 굴려 천하를 정복하고, 히말라야에서 인도양에 이르는 모든 영토의 왕들을 위엄과 덕으로 복종시킨다는 성스러운 왕이라 한다. 진흥왕의 본래 이름은 사미(沙彌) 또는 승가(僧伽)를 뜻하는 삼맥종(彡麥宗)이었다. 진흥왕은 말년에 삭발 출가하여 법호를 법운(法雲)이라 지었다. 불교를 독실하게 믿은 진흥왕은 즉위 이후에 대규모 영토를 확장하며 자신의 정복활동을 정당화함과 동시에 백성들을 무력이 아니라 정법, 즉 불법으로 다스리는 이상적인 제왕인 전륜성왕이라 자처한 것으로 보인다.

전륜성왕 이념과 함께 진종의식(眞種意識)을 내세워 신라 왕실이 신성한 혈족임을 강조함으로써 국왕과 왕실의 권위를 높이려 하였다. 인도의 네 계급 가운데 석가모니 종족이 속한 크샤트리아를 한문으로 옮길 때에 발음을 따서 찰제리종(刹帝利種)이라 하거나 참된 종족이라는 의미를 부여하여 진종(眞種)이라 번역하였다. 진흥왕과 진지왕, 진평왕, 진덕왕 등 왕명에서 '진(眞)'이라는 글자를 사용한 것은 신라 왕실을 석가모니 종족과 같은 진종으로 인식하였음을 반영하는 것이다.

신라 왕실의 진종의식은 불교에 대한 신앙이 깊어지면서 자신들을 석가모니 종족과 동일시하는 것에서 한 걸음 더 나아가 그 가족과 동일시하고, 급기야 국왕을 부처와 같은 존재로 간주하기도 하였다. 진평왕의 이름은 불경에 석가모니 아버지의 이름으로 나오는 백정(白淨)이었고, 그 왕비는 부처의 어머니 이름인 마야(摩耶) 부인이라 불리었다. 진평왕 동생의 이름은 석가모니 삼촌의 이름을 따서 백반(伯飯), 국반(國飯)이라 지었다. 이러한 이름들은 진평왕가가 자신들을 석가모니의 가족과 동일시하기 위하여 붙인 것인데, 이를 통해 신라 왕실에서 석가모니가 태어나기를 희구하였음을 엿볼 수 있다. 진평왕가가 자신들을 석가모니 가족과 동일시 여기면서 진골인 김씨 왕족과 구별하여 스스로 성골(聖骨)이라 자처하였다. 진덕왕 이후 진평왕의 가계가 끊어지면서 성골도 사라졌다.

백제의 성왕(聖王)은 전륜성왕의 약칭으로 이해하고 있다. 위덕왕(威德王)은 불경에 보이는 위덕불(威德佛)에서 따온 것으로 보인다. 또한 혜왕(惠王)과 법왕(法王)이란 시호(諡號) 역시 불교이념을 반영한 것이었다. 이처럼 백제 국왕들의 왕명 또는 시호를 불교식으로 지은 것으로 보아, 백제에서도 국가불교와 왕실불교가 발전하였다고 짐작해 볼 수 있다. 자료가 전하지 않지만, 고구려에서도 역시 마찬가지였을 것이다.

불교 수용 이후 시간이 경과함에 따라 불교교리에 대한 이해와 연구가 진전되었다. 고구려의 승려 승랑(僧朗)은 중국 삼론학의 정립에 크게 기여하였다. 삼론학은 대승교학의 중심인 중관학의 기본적인 세 논서(『중론(中論)』·『백론(百論)』·『십이문론(十二門論)』)의 연구를 통해 중도(中道) 사상을 체계화한 것이다. 일본에 전해진 삼론학 저서로 유명한 『대승사론현의기(大乘四論玄義記)』는 백제 출신의 승려 혜균(慧均)이 지은 것이다. 혜균은 남조의 진(陳)에서 구법활동(求法活動: 불법을 구하는 활동)을 전개하다가 진의 멸망 후에 백제에 귀국하였다. 백제에서도 삼론학에 대한 이해가 심화되어 일본에 지대한 영향을 끼쳤음을 엿볼 수 있다.

삼국시대 말기에 일체 중생은 누구나 부처가 될 수 있는 불성(佛性)을 지니고 있다고 주장하는 열반학(涅槃學)이 발달하였다. 고구려의 승려 보덕(普德)은 평양에서 『열반경(涅槃經)』을 강의하였다. 백제는 541년(성왕 19)에 중국 남조의 양나라에서 『열반경』과 여러 주석서를 수입하였는데, 6세기 중반 이후 백제에서 열반학에 대한 이해가 깊어졌음을 예상해볼 수 있다. 보장왕 때에 고구려에서 도교를 장려하고 불교를 숭상하지 않자, 보덕은 백제로 망명하여 백제의 열반학을 발전시켰다. 백제 승려로서 인도에 유학한 겸익(謙益)은 흥륜사(興輪寺)에 머물면서 고승 28명과 함께 율부(律部) 72권을 번역하고 계율학 보급에 기여하였다.

신라의 승려인 원광(圓光)은 7세기 전반 진평왕 때에 수나라에 군사를 요청하는 걸사표(乞師表)를 짓는 등 공식 외교문서를 도맡아 작성하였고, 대승불교 사상을 포괄하고 있는 『섭대승론(攝大乘論)』을 강론하여 불교 교학의 체계를 세우는 등 국왕으로부터 지방의 하층민에 이르기까지 전 계층의 신라인들에게 부처의 가르침을 알리는 데 평생을 바쳤다. 자장(慈藏)은 중국에 유학하여 화엄을 익힌 후, 대장경(大藏經; 부처님의 말씀을 모아 수록한 것)을 가지고 돌아와 신라 불교 교학의 근간을 마련하였다. 또한 대국통(大國統: 신라의 최고 승관직)으로 승려들의 통제 방안을 마련하고, 그들이 지켜야 할 계율을 정립하였다. 이외에도 황룡사에 9층 목탑 건립을 제의하여 신라 역시 불국토(佛國土)였음을 강조하는 한편, 국왕의 권위를 강화하고 외적의 침략으로부터 국가를 보호하는 데에 앞장섰다.

* 도교의 수용과 확산
도교는 중국 고대부터 전해 내려오는 여러 민간신앙과 신선사상에 도가사상이 결합하여 형성된 종교를 말한다. 고구려 고분벽화에 다양한 신선의 모습과 죽은 사람의 사후세계를 지켜주는 청룡(靑龍), 백호(白虎), 주작(朱雀), 현무(玄武)를 그린 사신도(四神圖) 등이 있다. 이러한 고분벽화를 통해 고구려에 일찍이 도교와 관련된 신선사상이 전해졌음을 알 수 있다. 또한, 7세기 중엽에 정변으로 집권한 연개소문은 자신의 정권 기반을 안정시키려고 당으로부터 도교를 받아들이고 불교를 억압하였다. 그는 불교사찰을 빼앗고 도관(道官)을 설치하여 도사(道士)들을 우대하였다. 백제에서도 불로장생(不老長生)을 추구하는 신선사상이 유행하였다. 특히 백제금동향로와 산수무늬벽돌에 신선사상이 잘 표현되어 있다. 그리고 신라에서도 화랑도를 중심으로 신선숭배와 결합된 신선사상이 확산되었다.

| 3 | 유교 정치이념의 수용

삼국시대에는 한자로 기록하였으며, 한자로 표기하기 어려운 말은 한자의 음과 뜻을 따서 만든 이두(吏讀)와 향찰(鄕札)로 표현하였다. 이두는 일찍이 고구려에서 사용하였으며, 신라에서 이를 더욱 발전시켰다. 삼국은 한자를 기초로 통치이념으로서 유교를 수용하였다.

300년(봉상왕 9)에 2월부터 7월까지 비가 내리지 않아 흉년이 들어 백성들이 서로 잡아먹었다. 또한 8월에 왕이 나라 안의 남녀 15세 이상을 징발하여 궁실을 수리하였다. 백성들이 먹을 것이 모자라고 일이 괴로워 이로 인해 유망(流亡)하였다. 거듭된 재난과 고된 부역으로 백성들이 어려운 처지에 놓이게 되었음에도 불구하고 봉상왕이 근신하지 않고 폭정(暴政)을 계속 행하자, 국상(國相) 창조리(倉助利)가 '임금이 백성을 돌보지 않은 것은 인(仁)한 것이 아니고, 신하가 간하지 않는 것은 충(忠)이 아니다'라고 말하며 그를 시해하고 서천왕의 손자 을불(乙弗: 미천왕)을 추대하여 왕위에 앉혔다. 결국 창조리는 유교의 2대 강령인 인과 충을 앞세워 봉상왕의 시해를 정당화하였던 셈인데, 5부가 연합한 연맹체국가를 극복하고 중앙집권적인 국가체제를 정비한 4세기 무렵에 고구려에서 이미 유교의 정치이념을 수용하였음을 알려준다.

5세기 후반 장수왕 때의 사정을 알려주는 『남제서(南齊書)』에서 고구려인들이 오경(五經)을 읽을 줄 안다고 언급하였다. 『주서(周書)』에는 고구려에 서적으로 오경 및 삼사(三史; 『사기』와 『한서』, 『후한서』), 『삼국지(三國志)』와 『진양추(晉陽秋)』[동진(東晉)의 손성(孫盛)이 지은 편년체의 진나라 역사책]가 있다고 전한다. 또한 『구당서』에서는 고구려인들이 서적을 매우 좋아하였으며, 책으로 오경과 『사기』 등의 사서(史書) 및 『옥편(玉篇)』·『자통(字統)』 등의 사전이 있었으며, 특히 『문선(文選)』[진(秦)·한(漢)부터 남조의 제(齊)·양(梁)에 이르기까지의 대표적인 시(詩)와 서(序), 부(賦) 등을 수록한 시문집]을 대단히 귀중하게 여겼다고 전한다.

600년(영양왕 11)에 『신집(新集)』 5권을 편찬한 이문진(李文眞)이 태학박사(太學博士)였다. 태학에서 귀족 자제들에게 유교 경전을 교육하였음을 시사해준다. 따라서 372년(소수림왕 2) 태학(太學)의 설립을 계기로 유교가 보급되면서 고구려인들이 유교 경전과 『문선』 등을 널리 읽게 되었다고 볼 수 있을 것이다. 한편 지방에는 경당(扃堂)을 두어 평민들의 자제까지도 독서와 활쏘기를 익히도록 하였다.

백제에서 4세기 후반 근초고왕 때에 고흥(高興)이 박사로서 『서기(書記)』를 편찬하였다. 이 무렵에 왜국 태자의 스승이 된 백제의 아직기(阿直岐)는 유교의 경전을 잘 읽었고, 여러 전적(典籍)에 두루 통달한 왕인(王仁)은 왜에 『논어(論語)』와 천자문을 전해주었다. 고흥과 왕인은 낙랑·대방계 한인(漢人)의 후손이었다. 413년과 414년에 고구려가 낙랑군(樂浪郡)과 대방군(帶方郡)을 병합한 후에 낙랑·대방계의 한인(漢人)들이 백제로 이주하여 유교와 한학(漢學)을 보급하였음을 짐작할 수 있다.

> (고구려) 사람들은 학문을 좋아하였다. 외딴 마을의 허름한 집에 사는 사람에 이르기까지 부지런히 (학문에) 힘썼다. 거리마다 모두 건물을 짓고, 이를 경당(扃堂)이라 불렀다. 아직 혼인하지 않은 자제들이 (여기에) 함께 모여 경전을 읽고 활쏘기를 익혔다(『구당서』 고려전)

6세기에 단양이(段楊爾) 등을 비롯한 오경박사(五經博士)를 왜국에 파견하였고, 양나라에서 모시박사(毛詩博士) 등을 초빙하기도 하였다. 『주서』에서 백제인들은 말타기와 활쏘기를 숭상하고 유교 경전과 여러 사서를 애독(愛讀)하였으며, 음양오행(陰陽五行)을 이해하고 뛰어난 사람들은 문장을 잘 지었다고 하였다. 또한 남조 송나라의 원가력(元嘉曆)을 채용하고,

부모와 남편이 죽으면 3년 동안 상복을 입었다고 하였다. 더욱이 진법자묘지명(陳法子墓誌銘)을 통해 백제에서 태학(太學)을 설치하였음을 알 수 있는데, 여기에서 귀족 자제들에게 유교 경전 등을 교육하였던 것으로 생각된다. 6세기 이후 백제에서 통치이념으로써 유교가 널리 받아들여졌고, 아울러 일상생활에서도 유교의 예법이 널리 수용되었음을 엿볼 수 있다.

울진봉평리신라비(한국민족문화대백과사전)

503년(지증왕 4)에 신라에서 '신라(新羅)'를 국호로 획정하면서, '신(新)'은 '덕업(德業)이 날로 새로워진다'는 뜻이고, '라(羅)'는 '사방을 망라한다'는 뜻으로 풀이하였다. 덕업은 덕으로 나라를 다스리는 것을 가리키므로 유교적인 표현으로 이해할 수 있다. '사방을 망라한다'는 표현은 유교 경전의 하나인 『서경(書經)』에 나오는 왕도사상(王道思想)과 연결되는 것이다. 따라서 지증왕 때에 유교적인 정치이념을 수용하여 신라로 국호를 획정하였다고 이해할 수 있다. 524년(법흥왕 11)에 건립된 울진봉평리신라비에 박사(博士)라는 직임을 맡은 관리가 나오는데, 6세기 초반에 신라에 유교에 해박한 지식을 가진 관리가 존재하였음을 알려주는 자료로 주목된다.

568년(진흥왕 29)에 건립된 마운령 신라진흥왕순수비에 '무릇 순풍(純風; 인자한 바람)이 일지 않으면 세도(世道)가 참됨에 어긋나고, 그윽한 덕화(德化)가 널리 퍼지지 않으면 사악한 것들이 서로 경쟁한다. 이러하므로 제왕(帝王)이 연호(年號)를 세움에 스스로 몸을 닦아 백성을 편안하게 하지 않을 수 없다'고 전하는데, '스로로 몸을 닦아 백성을 편안하게 한다[脩己以安百姓]'란 표현은 『논어』에서 인용한 것에 해당한다. 또한 이 비에 나오는 '하늘의 역수(曆數)가 나에게 이르렀다[曆數當躬]'는 표현 역시 『논어』에서 인용한 것이다. 이밖에 이 비에 전하는 '하늘의 도리를 어길까 두려워하였다[恐違乾道]', '사방에서 지경을 의탁하여 왔다[四方託境]'는 구절은 『서경』에 나오는 왕도사상에서 연유한 표현으로 알려졌다. 6세기 중반 진흥왕 때에 신라에서 유교 경전에 대한 이해가 깊었음을 알려주는 자료이다.

『예기(禮記)』에서 순수(巡狩)는 제왕이 왕경(수도)을 출발하여 산천에 제사를 지내고, 제후를 불러 모아 민심의 동향을 살피며, 역일(曆日)을 제정하고, 금제(禁制)나 예악(禮樂)의 기준 및 제도와 복색(服色)의 규정을 통일시켜 잘못을 바로잡는 것이라 하였다. 이에 따르면, 몇 차례에 걸친 진흥왕의 지방 순수 자체는 바로 유교의 정치이념에 입각하여 민심을 수습하고 교화하는 중요한 행위로 규정할 수 있다. 결국 진흥왕은 잦은 지방 순수를 통해 유교의 정치이념에 기초하여 국가를 통치하겠다는 의지를 적극 표명하였다고 이해할 수 있다.

612년(진평왕 34)에 제작된 임신서기석(壬申誓記石)에 두 청년이 3년 동안 유교 사상과 도덕을 공부하고, 그것을 실천하며, 『시경(詩經)』과 『상서(尙書)』, 『예기(禮記)』, 『춘추전(春秋傳)』을 차례로 습득하기를 맹세한 내용이 전하고 있다. 강수는 아버지가 '너는 불교를 배우겠느냐? 유학을 배우겠느냐?'고 묻자, '제가 들으니 불교는 세상 밖에 대한 가르침인데, 저는 이 세속 사람이니 어찌 불교를 배우겠습니까? 유학의 도를 배우기를 원합니다.'라고 대답하였다는 일화가 전한다. 또한 원광법사는 세속오계(世俗五戒)에서 충과 효를 강조하였다. 진흥왕대 이후에 유교가 널리 보급되었음을 엿볼 수 있다.

임신서기석(국가유산청)

신라가 유교 교육에 본격적인 관심을 기울인 것은 7세기 중반부터였다. 640년(선덕여왕 9) 5월에 선덕여왕이 귀족의 자제들을 보내 국학(國學)에 입학시켜 주기를 당나라에 요청하였다. 648년(진덕여왕 2)에 김춘추(金春秋)는 당에 가서 국학을 참관하고, 그의 아들 문왕(文王)에게 당에 숙위(宿衛)하며 거기에서 수학하도록 하였다. 그리고 651년(진덕여왕 5)에 국학 설립을 준비하는 관리를 두었고, 673년(문무왕 13) 무렵에 유학을 가르치는 교수로서 설인선(薛因宣)을 국학박사(國學博士)로 임명하였다. 마침내 682년(신문왕 2)에 유학을 가르치는 국학을 설치하고, 학생들을 교육하는 박사와 조교를 두었을 뿐만 아니라 졸업생을 현령(縣令)과 소수(少守)와 같은 지방관으로 채용한다는 규정도 정비하였다. 국학 교육과 관리 등용을 연계시킨 것은 통일 이후 신라에서 유교를 통치이념으로 삼았음을 반영한 것이다.

> 본래 숙위는 고대 중국 왕조의 궁정을 수비하는 친위대인데, 중원 왕조 내부의 관료체계를 외국까지 확대 적용하여 이들의 왕자나 귀족 자제들이 숙위를 맡도록 하였다.

삼국은 유교의 수용 이후 불교 이념과 마찬가지로 유교의 정치이념을 활용하여 국왕과 왕실의 권위를 높이려 하였다. 이러한 사실은 삼국시대에 편찬된 역사서의 내용을 통하여 잘 살필 수 있다. 『삼국사기』에 고구려 영양왕이 600년에 '태학박사 이문진에게 조서를 내려 옛 역사[古史]를 요약하여 신집(新集) 5권을 만들게 하였다. 국초(國初)에 처음으로 문자를 사용할 때 어떤 사람이 사실을 100권으로 기록하여 이름을 유기(留記)라 하였는데, 이때에 이르러 줄여 정리한 것이다.'라고 전한다. 『유기』의 편찬 시기에 대하여 다양한 견해가 제기되었으나 현재 4세기 후반 소수림왕대로 보는 것이 일반적이다. 이문진은 600년(영양왕 11)에 『유기』 100권을 줄여 『신집』 5권으로 만들었던 것이다.

『유기』와 『신집』은 전하지 않지만, 그 내용은 『삼국사기』 고구려본기 소수림왕대 이전 기록을 통해 엿볼 수 있다. 그 결과 『유기』에서 고구려 왕실이 천제(天帝)의 아들

백제 왕계

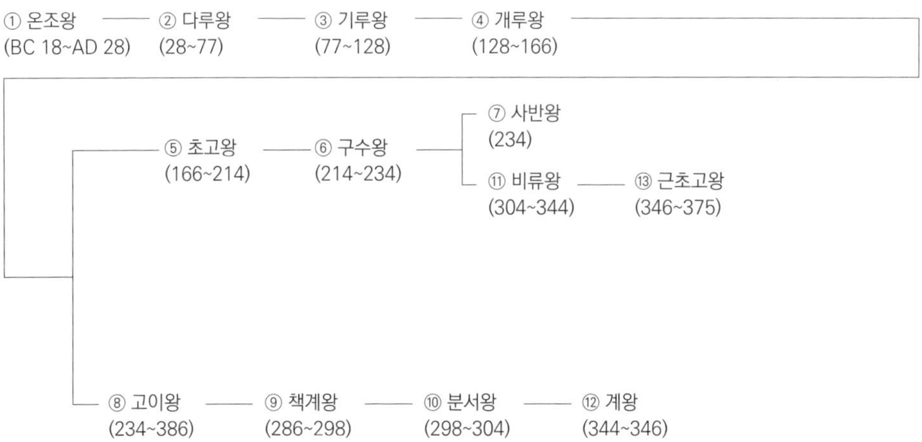

주몽의 신성한 혈통을 이어받았다는 사실과 고구려 국왕들이 대체로 백성들을 덕으로 교화하여 왕도(王道)를 실현하려 노력한 사실을 밝히려고 하였음을 추론할 수 있다. 결국 소수림왕은 유교의 정치이념을 활용하여 고구려 왕실이 나라를 다스리는 정당성을 합리화하기 위한 목적으로 『유기』의 편찬을 명령하였던 것으로 생각된다.

『삼국사기』 백제본기에 '고기(古記)에 이르기를, "백제는 나라를 연 이래 문자로 사적(事跡)을 기록한 적이 없었는데, 이때(근초고왕 때)에 이르러 박사(博士) 고흥(高興)을 얻어 비로소 서기(書記)를 갖게 되었다"고 하였다. 그러나 고흥이 다른 책에 나온 적이 없어서 그가 어떤 사람인지 알 수 없다'고 전한다. 4세기 후반 백제 근초고왕 때에 『서기』라는 역사책을 편찬하였음을 알려준다. 백제에서 제5대 초고왕 때부터 제12대 계왕 때까지 초고왕계와 고이왕계가 교대로 왕위를 계승하다가 제13대 근초고왕 때부터 초고왕계가 독점적으로 왕위를 계승하였다. 근초고왕은 추모(주몽)의 아들 온조(溫祚)를 건국 시조로 하고, 초고왕계의 왕위계승을 정당화하기 위한 목적으로 박사 고흥에게 『서기』의 편찬을 지시하였다고 이해된다. 고흥이 한학과 유교 경전에 밝은 박사였던 것으로 보아, 유교사상에 입각하여 『서기』를 저술하였던 것으로 생각된다. 『서기』 역시 현재 전하지 않는다.

『삼국사기』 신라본기에 545년(진흥왕 6) 7월에 '이찬(伊飡) 이사부(異斯夫)가 아뢰기를, "국사(國史)라는 것은 임금과 신하의 선악(善惡)을 기록하여 잘잘못[褒貶]을 만대(萬代)에 보이는 것입니다. (이를) 편찬하지 않으면, 후대에 무엇을 보이겠습니까?"라고 하였다. 왕이 진실로 그렇다고 여기고, 대아찬(大阿飡) 거칠부(居柒夫) 등에 명하여, 널리 문사(文士)를 모아 (국사를) 편찬하게 하였다'고 전한다. 이사부의 언급을 통해 진흥왕이 유교의 실용적·교훈적 목적을 위하여 『국사』의 편찬을 명하였음을 짐작해볼 수 있다. 『국사』는 현재 전하지 않지만, 그 내용은 『삼국사기』 신라본기 진흥왕대 이전 기록을 통해 대략 유추할 수 있다. 진흥왕대 이전 기록을 분석하여, 『국사』의 편찬자들이 신성한 출자(出自)를 지닌 김씨 왕실이 다스리는 신라 국가의 권위와 위상을 제고하는 한편, 백성들에게 신라 국왕들이 덕으로 백성들을 다스리는 왕도(王道)를 실현하려 하는 왕자(王者)로 인식하게 만들려 의도하였음을 추론할 수 있다. 또한 진흥왕이 유교 이념에 의거하여 김씨 왕실과 국가의 권위를 높이고, 왕실이 국가를 다스리는 정당성을 합리화하려는 목적으로 『국사』의 편찬을 지시하였다고 볼 수 있을 것이다.

| 4 | 유·불교적 윤리의식의 보급과 인간관의 변화

유교와 불교의 수용 이후에 유·불교적 윤리의식이 제고됨에 따라 인간관과 죽음관에 커다란 변화가 나타났다. 샤머니즘적 세계관에서는 신의 의지가 인간의 삶에 커다란 영향을 끼친다고 믿었다. 흉년이 들면 왕을 죽이거나 교체하였던 부여 초기의 풍속을 통해 풍흉 등을 인간의 의지나 노력의 결과로 이해하지 않고, 전적으로 신의 의지에 좌우된다고 믿었음을 엿볼 수 있다. 그런데 유교의 수용 이후 이에 대한 인식이 약간 변화하였음을 살필 수 있다.

『삼국사기』 신라본기에 492년(자비마립간 14) 봄과 여름에 가물었으므로 소지왕이 스스로 책망하여 평상시에 먹던 반찬 가짓수를 줄였고, 585년(진평왕 7) 3월에 가물었으므로 진평왕이 정전(正殿)에 나아가 정사(政事)를 보는 것을 피하고, 평상시의 반찬 가짓수를 줄였으며, 남당(南堂)에 나아가 몸소 죄수들의 정상을 살폈다고 전한다. 또한 고구려본기에서는 563년(평원왕 5) 여름에 크게 가물어 평원왕이 평상시의 반찬 가짓수를 줄이고 산천에 기도드렸다고 하였다.

자연현상과 정치를 긴밀하게 대응시켜 설명한 학설이 바로 천인감응설(天人感應說)이다. 맹자(孟子)의 왕도사상(王道思想)과 상서(祥瑞)·재이(災異)로 표현되는 자연현상을 연결시켜 천인감응설을 체계적으로 정립한 사람이 한대의 유학자 동중서(董仲舒)이다. 그에 따르면, 자연현상과 인사(人事), 특히 정치는 긴밀하게 대응되어서 군주의 통치행위는 우주질서의 근원인 천(天)에 순종해야만 한다는 것이다. 천(天)의 의지는 구체적으로 상서와 재이 등과 같은 자연현상을 통하여 발현되는데, 만약에 군주가 통치를 잘하면, 즉 덕치(德治)를 행하면, 천은 상서(祥瑞; 복되고 좋은 일이 일어날 조짐)로서 그에 응답하고, 만약에 통치를 잘못하면 재해나 이변을 통하여 견책(譴責; 잘못을 꾸짖고 나무람)을 내린다고 보았다. 군주가 천의 견책을 받았음에도 불구하고, 그것을 무시하고 폭정(暴政)을 행하면, 천명(天命)을 바꾸어 국가를 무너뜨려 멸망시킨다고 이해하였다.

동중서는 재이현상은 군주의 실정(失政)에서 비롯되는데, 항상 '이(異: 괴이한 현상)'가 먼저 나타나고, '재(災; 재앙)'는 '이(異)'에 대한 군주의 반응에 따라 결정된다고 주장한다. 즉 경고의 의미인 괴이한 현상에 대해서 군주가 자각하여 행동을 고치지 않으면, 피해를 동반한 재해가 뒤따른다는 것이다. 이러한 측면에서 동중서가 천인감응설을 제기한 목적은 천과 인간을 서로 연관시켜서 군주가 덕치이념(德治理念; 덕으로 나라를 다스리는 정치이념)을 기반으로 왕도정치(王道政治; 군주가 공평하고 사사로움이 없는 태도로 정치를 운영해 이상적 사회를 수립하는 것을 의미하는 정치사상)를 실현하게 하도록 유도하기 위한 것에서 찾을 수 있다.

자연재해가 발생하였을 때에 국왕이 자신의 실정(失政)을 책망하며, 스스로 반성하는 대표적인 행위가 정전을 피하여 정사(政事)를 돌보는 것[피정전(避正殿)], 평소에 먹던 반찬 가짓수를 줄이는 것[감상선(減常膳)], 음악의 연주를 철폐하는 것[철악(撤樂)] 등이다. 앞에서 제시한 사례들은 유교의 수용 이후 천인감응설에 따라 천재지변에 대응하였음을 알려주는 자료이다. 이처럼 삼국시대 사람들이 천인감응설에 따라 천재지변을 국왕의 부덕(不德)에 대해 하늘이 내리는 견책이라 이해하였다는 점에서 국왕이 신을 잘못 받들어서 흉년이 발생한다고 믿었던 샤머니즘의 세계관과는 분명하게 차이가 난다고 볼 수 있다. 즉 유교의 수용 이후 풍흉의 결과는 인간의 신에 대한 헌신의 여부에 기인한 것이 아니라 국왕의 도덕적 행위에 크게 기인한다고 인식하는 것으로 바뀌었다는 의미이다. 다시 말하면 신의 의지 못지않게 인간의 행위나 의지가 풍흉 등을 결정하는 중요한 요인으로 인식하기에 이르렀다고 말할 수 있는 것이다.

삼국시대에 불교 수용 이후 모든 생명은 삶이 반복된다는 윤회전생설(輪回轉生說)과 현세의 지위가 전생에서 쌓은 업이라는 업설(業說)이 널리 받아들여졌다. 불교 전래 이전에 우리나라 고대인들은 계세적(繼世的) 내세관(來世觀)을 믿었다. 이것은 죽음이란 것에 의하여 인간의 삶이 영원히 끝나는 것이 아니라, 내세에서 그 삶이 그대로 지속된다고 믿는 관념을 말한다. 고대인들은 내세는 죽은 자의 영혼이 사는 세계라는 점에서 현세와 다를 뿐, 사회구조와 위계질서, 생활양식 등은 현세와 동일하다고 믿었다. 이 때문에 지배층의 경우는 살아서의 신분과 지위를 죽어서도 계속 누리기 위해 시종과 노비, 여러 가지 보물과 물건 등을 무덤에 함께 묻기도 하였다.

그러나 불교의 업설과 윤회전생설이 수용되면서 현세의 삶이 내세에도 지속된다는 인식이 부정되었다. 업설에 따르면, 내세는 현세와 질적으로 다른, 즉 죽은 자는 현세에서 지은 자신의 업과 공덕(功德)에 의거하여, 즉 인과응보(因果應報)에 의거하여 내세에 어떤 형태로 윤회전생하거나 극락왕생(極樂往生)한다고 한다. 자연히 업설을 믿게 되면, 내세의 삶의 형태를 결정하는 데에 있어 현세의 지위와 재물은 크게 의미가 없어지고, 오직 중요한 것은 업과 공덕뿐이라 생각하게 된다. 이처럼 업설 및 윤회전생설을 받아들이게 되면, 죽은 후 영혼이 무덤에 머물러 있다고 믿거나 또는 사후의 지위가 현세와 같다는 생각이 변할 수밖에 없다. 실제로 불교적 내세관이 수용됨에 따라 실생활에서 무덤의 구조 및 매장 방법에 변화가 나타나게 되었다. 예를 들어 신라의 경우 불교적 내세관이 널리 퍼짐에 따라 무덤의 양식이 돌무지덧널무덤에서 돌방무덤으로 바뀌었다. 또한 산 사람을 주인과 함께 묻는 순장(殉葬)과 부장품을 무덤에 대량으로 묻는 후장(厚葬)의 풍습이 없어지고 대신 박장(薄葬) 풍습이 유행하게 되었다.

업설과 윤회전생설은 고대인들에게 현세의 삶의 방식에도 커다란 영향을 끼쳤다. 과거에 지은 업보 때문에 현세에서 사회적 지위와 영화를 누릴 수 있다는 인식은 현재의 기본질서를 그대로 수용하고, 개인이 이를 거부하기보다는 숙명적으로 받아들이게 하는 효과를 가져왔다. 한편 내세에서의 삶의 형태가 현재의 삶에 의해 결정된다는 인식은 개인의 행복과 불행이 개인의 행위에 의하여 결정될 수 있다는 논리적 근거를 제공하였다. 즉 사람들은 현세와 내세에서 개인의 행복과 불행은 외부의 힘으로 결정되는 것이 아니라 결국 자기 자신이 만드는 것이라는 생각을 가지게 되었던 것이다. 이때 승려들은 불교신자

순장을 한 고령 지산동 고분군(국가유산청)

들에게 내세의 삶을 위하여 현세에서 선행을 베푸는 삶을 살도록 권고하였고, 계율의 보급은 이러한 삶을 살도록 촉진시키는 계기가 되었다. 이에 따라 불교적 가치관은 삼국시대 사람들의 생활 속에 실천윤리로서 깊숙하게 자리 잡게 되었고, 그들이 도덕적인 삶을 살도록 고취하는 데에도 그것이 크게 기여하였다고 평가할 수 있다.

한편 유교와 불교의 윤리관이 수용되면서 국왕에 대한 인식도 변하였음을 살필 수 있다. 샤머니즘이 국가의 운영에 중요한 영향을 미치는 시기에서는 왕은 신의 대리자이자, 천신의 자손으로서 신의 소리는 절대적인 권위를 지녔다고 이해할 수 있다. 반면에 유교적 윤리관이 보급되면서 샤만처럼 예지 능력을 지닌 군주상보다 점차 덕망과 군자의 풍모를 지닌 군주상이 강조되었다. 신라 초기에 재위한 벌휴왕(伐休王)이 바람과 구름을 점쳐서 홍수와 가뭄 및 그해의 풍흉[豊險]을 미리 알 수 있었고, 또한 사람의 사악함과 정직함도 알 수 있었으므로, 사람들이 그를 성인(聖人)이라 불렀다고 한다. 신라인들이 벌휴왕을 샤만과 같은 예지 능력을 지닌 군주로 존숭하였음을 엿볼 수 있다. 그런데 『삼국사기』에서 눌지왕은 군자(君子)의 풍모가 있다고 언급하거나 법흥왕은 성품이 너그럽고 후하며 사람들을 사랑하였다고 표현하였다. 또한 여기에서 선덕여왕은 성품이 너그럽고 어질었다고 서술하였고, 알천(閼川)은 김춘추(태종 무열왕)가 덕망(德望)이 있다고 언급하였다. 이러한 현상은 유교 사상이 수용되면서 유교 이념에 입각한 군주상이 선망되었음을 반영한 것으로 보인다.

마운령 신라진흥왕순수비에 '하늘의 은혜를 입어 운수(運數)를 기록한 것을 열어 보여주니, 천신(天神)과 지신(地神)이 모두 그윽하게 감응하여 부명(符命: 하늘이 제왕이 될 만한 사람에게 내리는 상서로운 징조)에 응대하고 이치에 부합할 수 있었다'라는 언급이 전한다. 진흥왕이 자신이 왕도(王道)를 실행할 수 있는 덕을 쌓았기 때문에 천명(天命)을 받아 즉위하였다고 자부하였음을 알려준다. 6세기 중반에 진흥왕이 혈연적으로

태종무열왕릉(한국민족문화대백과사전)

천신의 후손이기 때문이 아니라 왕도정치를 수행할 수 있는 덕을 쌓아 천명(天命)을 받았기 때문에 왕위에 즉위하였다고 인식하였음을 시사해주는 사례인데, 유교의 정치이념을 수용한 후, 군주에 대한 신라인의 인식 변화와 관련하여 매우 유의된다고 할 수 있다. 한편 신라의 김후직(金后稷)은 진평왕에게 '옛날에 왕위에 오른 사람은, 반드시 하루에 만 가지 정사(政事)를 돌보는데, 깊고 멀리 생각하고 좌우에 있는 바른 신하의 직간(直諫; 왕에게 직접 잘못된 말이나 행동에 대해 충고하는 것)을 받아들여, 부지런히 힘쓰고 감히 편안하게 쉬거나 놀지 않았습니다. 그런 후에야 덕정(德政)으로 풍속이 순수하고 아름다워져 국가를 보전할 수 있었습니다.'라고 아뢰었는데, 통일 이전에 유교 사상에 입각하여 신료들이 국왕에게도 국왕으로서의 도리를 준수하기를 요구하였음을 시사해주는 자료로서 주목된다.

통일신라시대에 경덕왕이 보살계(菩薩戒: 대승계(大乘戒) 혹은 불성계(佛性戒)라고도 하며, 보살이 지켜야 할 계율)를 받았다. 통일 이전에 진평왕도 원광법사로부터 보살계를 받았다고 이해하는 것이 일반적이다. 보살계를 받은 국왕에게는 첫째, 불교에 의해 선악을 분별하여 악한 이를 벌할 것이 요구되었고, 둘째, 현실적으로 가난을 구제해줄 수 있는 존재일 것이 요구되었다고 한다. 결국 삼국시대에 불교에 대한 이해가 깊어지면서 국왕은 이타행(利他行: 남에게 공덕과 이익을 베풀어주며 중생을 구제하기 위해 노력하는 것)을 실천하는 보살로 여겨졌고, 불법(佛法)에 의해 선악을 분별하여 악한 이를 벌하고 빈곤을 구제하는 것이 국왕의 임무로 간주되기 시작하였다고 볼 수 있는 것이다.

유교와 불교의 윤리관이 수용되고 인간의 의지가 중요해지면서 신과 인간의 관계보다 인간과 인간의 관계가 더욱 중요해졌다. 이에 따라 가족윤리뿐만 아니라 점차 복잡해진 사회의 구성원들이 갈등을 일으키지 않고 살아갈 수 있는 가치관들이 도덕규범으로 요구되었고, 유교와 불교에서 이를 제공해주었음을 살필 수 있다. 먼저 삼국시대에 군

세속오계(世俗五戒)
첫째는 임금 섬기기를 충(忠)으로써 하고(事君以忠),
둘째는 어버이 섬기기를 효(孝)로써 하며(事親以孝),
셋째는 친구 사귀기를 신(信)으로써 하고(交友有信),
넷째는 전쟁에 나가서는 물러서지 말며(臨戰無退),
다섯째는 생명 있는 것을 죽이되 가려서 하라(殺生有擇).

신관계에서 충(忠)의 관념을 중요하게 여겼음을 알 수 있다. 원광법사는 세속오계(世俗五戒)에서 임금 섬기기를 충성으로써 하라[事君以忠]고 언급하였다. 한편 마운령 신라진흥왕순수비에 진흥왕이 '만약 충성과 신의와 정성이 있거나 재주가 뛰어나고 위태로움을 잘 관찰하고, 적에게 용감하고 싸움에 강하고 국가를 위하여 충절을 다하여 공이 있는 무리들에게는 상과 벼슬을 더하여 주어 그 공훈을 표창할 것이다'라 천명한 내용이 전한다. 660년 황산벌전투에서 김유신(金庾信)의 동생 김흠순(金欽純)이 아들 반굴(盤屈)에게 '신하된 자로서는 충성만한 것이 없고 자식으로서는 효도만한 것이 없다. 위태로움을 보고 목숨을 바친다면 충과 효 두 가지를 모두 갖추게 된다.'라고 말하자, 반굴이 '삼가 명을 따르겠습니다.'라고 대답하고 곧바로 적진으로 뛰어들어 힘껏 싸우다가 죽었다고 한다. 임신서기석에 '두 사람이 함께 맹세해 기록한다. 하늘 앞에 맹세한다. 지금부터 3년 이후에 충도(忠道)를 집지(執持)하고 허물이 없기를 맹세한다. 만일, 이 서약을 어기면 하늘에 큰 죄를 짓는 것이라고 맹세한다. 만일, 나라가 편안하지 않고 크게 세상이 어지러워지면 모름지기 충도(忠道)를 행할 것을 맹세한다'고 기술되어 있다.

충에 대한 덕목은 속세를 떠난 승려에게도 중시되었다. 608년(진평왕 30)에 진평왕이 고구려가 신라를 자주 침략하자, 원광법사에게 수나라에 군사를 요청하는 걸사표(乞師表)를 짓게 하였다. 원광법사가 '자기가 살고자 남을 죽이는 것은 승려가 할 행동이 아닙니다만, 저[빈도(貧道)]는 대왕의 영토에서 살며 대왕의 물과 풀을 먹고 있으므로 감히 명을 따르지 않을 수 없습니다.'라 말하고, 곧바로 걸사표를 지어 올렸다고 한다. 승려 역시 국가에 대한 충성이 고취되었음을 알려준다. 물론 충 관념은 유교가 수용되기 이전부터 요구되던 덕목이었으나, 유교적 가치관에 입각하여 신민관계에서 충에 대한 관념이 더욱 규범

금곡사지 원광법사 부도(국가유산청)

화되었다고 볼 수 있다.

신민관계에서 중요한 덕목이 충의 관념이었다면, 사회구성원 사이에서 중시된 덕목이 바로 신(信)이었다. 원광법사는 세속오계에서 벗을 사귐에 믿음으로써 하여야 한다[交友以信]고 하였다. 진흥왕 때에 활동한 화랑 사다함(斯多含)은 무관랑(武官郎)과 사우(死友; 죽는 한이 있더라도 서로 저버리지 않을 만큼 절친한 벗)가 되기를 약속하였는데, 무관랑이 병으로 죽자, 사다함이 크게 통곡하다가 7일 만에 죽었다. 삼국시대에 친구 사이에 신의를 중시하였음을 알려주는 사례로서 주목된다.

신에 대한 덕목은 친구 사이뿐만 아니라 부부 사이에서도 중시되었다. 강수(强首)는 일찍이 부곡(釜谷)에 사는 대장장이의 딸과 사귀고 있었는데, 나이 20세가 되자, 그의 아버지가 용모와 행실이 아름다운 처녀를 중매하여 혼인시키려고 하였다. 강수는 두 번 장가들 수 없다고 사양하며, '일찍이 옛사람의 말을 들었는데, "조강지처(糟糠之妻; 지게미와 쌀겨로 끼니를 이을 때의 아내라는 뜻으로, 몹시 가난하고 천할 때에 고생을 함께 겪어 온 아내를 이르는 말)는 마루에서 뜰에 내려오지 않게 하며, 가난하고 미천할 때에 사귄 친구는 잊을 수 없다"고 하였으니 미천한 아내라고 해서 차마 버릴 수 없는 것입니다.'라고 말하였다고 한다. 7세기 중반에 신라에서 부부 사이의 신의를 중시하였음을 알려주는 사례로 들 수 있다.

이와 더불어 아녀자에게 정절(貞節) 및 삼종지도(三從之道)도 강조되고 있음이 확인된다. 백제 5세기 후반 개로왕 때에 도미(都彌)의 아내가 개로왕의 유혹에도 불구하고 정절을 지키다가 눈이 먼 도미와 함께 고구려로 망명하여 구차하게 살았다고 알려졌다. 『삼국유사』에 의하면, 진지왕이 도화랑(桃花娘)을 불러 범하려 하자, 도화랑이 '여자가 지켜야 하는 일은 두 남자를 섬기지 않는다는 것입니다. 남편이 있는데도 다른 사람에게 시집가는 것은 만승(萬乘: 임금을 뜻하는 말)의 위엄으로도 마침내 얻지 못할 것입니다'고 말하며 거절하였다고 한다. 『삼국지』에서 부여에서 간음하거나 부인이 투기를 하면 사형에 처하였다고 하였다. 이와 같은 법률규정은 가부장적 가족을 유지하기 위하여 제정한 것으로 이해된다. 부여뿐만 아니라 고구려와 백제, 신라에

> 삼종지도
> 예전에, 여자가 따라야 할 세 가지의 도리를 이르던 말. 시집가기 전에는 아버지를, 시집가서는 남편을, 남편이 죽은 뒤에는 아들을 좇는 것을 이른다.

김유신 묘(국가유산청)

도 비슷한 법률이 존재하였다고 추정된다. 도화랑과 도미의 사례는 유교 윤리의 보급 이후 법률에 의한 처벌뿐만 아니라 정절이 여성들이 지켜야 할 도덕규범으로서 제시되었음을 시사해주는 측면으로 주목된다.

김유신의 처 지소부인(智炤夫人)은 남편이 죽은 후에 출가하여 비구니가 되었다. 김유신의 둘째 아들 원술(元述)은 672년 신라와 당이 석문(石門)에서 벌인 전투에서 패하여 돌아오자, 김유신은 원술의 목을 베어야 한다고 주장하였으나 문무왕이 받아들이지 않았다. 원술은 사면을 받았지만, 부끄럽고 두려워 감히 아버지를 뵙지 못하고 시골에 은둔하였다. 673년 7월 1일에 김유신이 사망한 후에 원술이 어머니를 뵙고자 하였다. 이에 지소부인이 '여인에게는 삼종(三從)의 도리가 있어서, 지금 이미 과부가 되었으니 마땅히 아들을 따라야 하겠지만, 원술과 같은 자는 이미 돌아가신 남편[선군(先君)]에게 아들 된 도리를 하지 못하였으니, 내가 어찌 그 어머니가 될 수 있겠는가?'라고 하면서, 마침내 그를 보지 않았다고 한다. 이로 보건대, 지소부인은 여성들이 삼종의 도리를 지켜야 한다고 배웠으며, 이를 몸소 실천하였다고 이해할 수 있다. 지소부인뿐만 아니라 7세기 후반 신라 지배층의 부인 역시 동일한 윤리의식을 가지고 있었다고 볼 수 있을 것이다.

불교적 윤리의식의 보급은 주로 계율(戒律)의 내용을 통해서 살필 수 있다. 신라에서 572년(진흥왕 33) 10월 20일에 처음으로 전쟁에서 사망한 장병을 위로하기 위하여 팔관회(八關會)를 개최하였다. 불교의 팔관재계(八關齋戒)와 고유신앙이 결합된 종교의식이 팔관회이다. 팔관재계는 재가신도(在家信徒)가 하룻밤 하루낮 동안 지키는 계율로, 8관(關)은 살생, 도둑질, 음행(淫行) 등 여덟 가지의 죄를 금한다는 뜻이고, 재(齋)는 오전 중에 한 끼만 먹고서 마음의 부정(不淨)을 맑게 하는 의식이다. 팔관회라는 용어는 인도의 팔계재(八戒齋)가 중국에 전해져서 팔관(八關)이라는 전통적인 액막이 관념에 근거하여 용어를 팔관재(八關齋)로 고쳐 사용한 데에서 비롯되었다. 재액을 막기 위해서, 치병(治兵)·구명(救命)을 바라거나, 죽은 이가 욕계육천(欲界六天), 특히 그 중에서도 도솔천(都率天)에 왕생(往生)하기를 기원하는 위령제의 하나로 팔관회를 개최하는 것이 일반적이었다.

> 욕계육천
> 욕계는 미혹한 중생이 윤회(輪廻)하는 삼계, 즉 욕계(欲界)·색계(色界)·무색계(無色界)의 세계 가운데 하나이다. 육계 육천은 욕계 가운데 신들이 사는 여섯 곳의 하늘이란 뜻으로, 사왕천(四王天)·도리천(忉利天)·야마천(夜摩天)·도솔천(兜率天)·화락천(化樂天)·타화자재천(他化自在天)을 이른다.

진평왕 때에 원광법사가 귀산과 추항에게 세속오계를 줄 때에 '불계(佛戒)에는 보살계(菩薩戒)가 있는데, 그 종목이 열 가지이다. 너희들이 (세속의) 신하로서는 아마도 이를 감당하지 못할 것이다'고 언급하였다고 알려졌다. 불교의 계율에는 소승계와 대승계가 있는데, 보살계는 대승불교에서 보살이 지켜야 할 10가지의 계율을 이른다. 보살 10계는 불살계(不殺戒; 살생하지 말라), 불도계(不盜戒; 도둑질하지 말라), 불음계(不淫戒; 음행하지 말라), 불망어계(不妄語戒; 거짓말하지 말라), 불고주계(不酤酒戒; 술을 팔지 말라), 불설과죄계(不說過罪戒; 허물을 말하지 말라), 불자찬훼타계(不自讚毁他戒; 자기를 칭찬하고 남을 비방하지 말라), 불간계(不慳戒; 자기 것을 아끼려고 남을 욕하지 말라), 불진계(不瞋戒; 성내지 말고 참회하는 것을 잘 받으라), 불방삼보계(不謗三寶戒; 삼보를 비방하지 말라) 등을 말한다.

팔관회의 팔계재와 보살 10계를 살펴보면, 5계가 공통적이었음을 알 수 있다. 여기에 살생(또는 살인), 간음, 도둑질 등 율령의 조목과 관련된 것과 '거짓말하지 말라', '술을 팔지 말라(또는 마시지 말라)' 등과 같이 범죄가 되는 것은 아니지만, 재가신자들에게 윤리적인 덕목으로 지켜야 할 도덕규범 등이 포함되어 있었다. 5계 이외의 나머지 조항들도 신라인들에게 도덕률(道德律)로 권장되었을 것으로 짐작된다.

이처럼 유교와 불교는 삼국시대 백성들에게 사랑[仁]과 믿음[信], 자비심[利他行]을 강조함으로써, 인간관계의 수직적 측면뿐만 아니라 수평적 입장도 중요함을 일깨웠다고 보인다. 이러한 태도는 사회구조가 복잡해짐에 따라, 신과 인간의 관계 못지않게 인간과 인간의 관계가 사회질서를 유지하는 데에 더욱 중요해졌던 것에서 기인하였다고 생각된다. 단순한 금지 조항만을 강조하지 않고, 적극적인 태도로 선(善)의 실천을 권유하고 있다는 점에서 유교와 불교 윤리의 보급은 삼국시대 사람들이 도덕규범의 확립에 지대한 기여를 하였다고 평가할 수 있을 것이다.

샤머니즘 세계관에 입각하여 통치할 때에는 금기(禁忌)와 법에 의해 인간의 행동을 어느 정도 통제할 수 있었다. 그러나 유교와 불교 윤리의 보급 이후 도덕규범이 중시되면서 자연히 인간의 도덕적 본성에 대한 이해도 변하지 않을 수 없었다. 유교와 불교에 입각한 윤리의식의 고취는 인간이 도덕적 본성을 가지고 있다는 사실을 전제하는 것이다. 유교에서는 인간의 특징을 도덕성에서 찾고 있고, 특히 극기복례(克己復禮), 곧 사욕을 이기고 예를 회복하는 것을 중시하였다. 불교에서는 모든 사람들이 불성(佛性)을 소유하였는가를 둘러싼 논쟁이 이와 밀접한 연관성을 지닌다고 할 수 있다. 불성을 모든 사람이 소유하였다고 보면, 불성의 회복이 삶의 목표가 될 수 있기 때문이다. 삼국시대 사람들이 본성(本性)의 회복을 가장 높은 차원의 덕목이라 생각한 사실은 신라 승려 도옥(道玉)이 환속하면서 '내가 들으니 승려가 된 자로서 상등(上等)은 학업[道]에 정진하여 본성을 회복하는 것이고, 그 다음은 도를 실천하여 남을 이롭게 하는 것이다'라고 말한 것을 통해 입증할 수 있다. 이에 따른다면, 본성을 회복하는 것을 삶의 목표로 삼는 입장은 자아의 내면적 양심과 윤리적 각성이 결여되었던 샤머니즘의 인간관과는 크게 차이가 나는 측면으로 주목된다고 하겠다.

■ 참고문헌

『구당서』; 『남제서』; 『논형』; 『삼국사기』; 『삼국지』; 『삼국유사』; 『양고승전』; 『일본서기』; 『주서』; 『후한서』.

경상북도, 『신라의 불교 수용과 확산』(신라 천년의 역사와 문화 연구총서 13), 2016.

국사편찬위원회, 『한국사』 8(삼국의 문화), 1998.

김동민, 「董仲舒 春秋學의 天人感應論에 대한 고찰」, 『동양철학연구』 36, 동양철학연구회, 2004.

김영미, 「고대인의 인간관」, 『강좌 한국고대사』 제8권, 가락국사적개발연구원, 2002.

김영미, 「불교의 수용과 신라인의 죽음관의 변화」, 『한국고대사연구』 20, 한국고대사학회, 2000.

김영미, 『신라불교사상사연구』, 민족사, 1994.

나희라, 「고대 한국의 샤머니즘 세계관과 불교적 이상세계」, 『한국고대사연구』 20, 한국고대사학회, 2000.

노태돈, 『한국고대사』, 경세원, 2014.

서영대, 「한국 고대의 샤머니즘적 세계관」, 『강좌 한국고대사』 제8권, 가락국사적개발연구원, 2002.

전덕재, 「삼국시대 역사서의 내용과 성격」, 『진단학보』 138, 진단학회, 2022.

전덕재, 「고구려 유기의 편찬과 성격에 대한 고찰」, 『고구려발해연구』 73, 고구려발해학회, 2022.

정병삼, 『한국불교사』, 푸른역사, 2020.

조경철, 「정신세계와 지배 이데올로기」, 『한국고대사』 2, 푸른역사, 2016.

최근영 등, 『일본육국사 한국관계기사 역주』, 가락국사적개발연구원, 1994.

최연식, 「고대 불교」, 『동아시아의 역사』 I , 동북아역사재단, 2011.

한국고대사회연구소, 『역주 한국고대금석문』(1~3권), 가락국사적개발연구원, 1992.

제4장

지성의 심화와 융합

최연식(동국대학교 교수)

1. 새로운 불교 사상의 수용과 전개
2. 원효와 신·구 불교 사상의 회통
3. 불교 수용층의 확대와 실천 신앙의 발전
4. 신라 하대 선종의 전래와 수용
5. 통일신라 불교의 지성사적 의미

| 1 | 새로운 불교 사상의 수용과 전개

통일신라시기에 들어와 불교와 유교에 대한 이해가 심화되면서 한국사상의 폭이 크게 확대되었다. 삼국시대에 지배층을 중심으로 활발하게 수용되었던 불교는 통일기 이후 사회 구성원 다수가 받아들이는 대표적인 신앙으로 발전하였다. 이 과정에서 유식학(唯識學)과 화엄학(華嚴學), 밀교(密教) 등의 새로운 대승불교 사상이 수용되어 깊이 있게 연구되었다. 사찰은 물론 왕궁과 귀족들의 저택에서 대승불교 사상을 설명하는 많은 강의가 개최되었고, 대승불교의 이론을 정리하는 저술 활동도 활발하였다. 새로운 이론들을 접하기 위해 중국은 물론 멀리 인도까지 유학하는 승려들도 적지 않았다. 대승불교에 대한 연구가 심화되면서 신라 불교만의 고유한 사상들도 출현하였고, 다양한 대승불교 이론들을 융합하여 더욱 포괄적인 불교 사상을 수립하려는 시도도 나타났다. 이러한 신라 승려들의 저술은 외국에 전해져 적지 않은 영향을 미치기도 하였다. 한편으로 수도의 지배층뿐 아니라 일반인과 지방민들까지 불교를 적극적으로 받아들이면서 대중적 실천신앙들도 다양하게 발전하였다. 사후에 아미타불의 극락세계에 태어나기를 바라는 아미타 정토신앙이 지배층부터 서민에 이르기까지 널리 신앙되었고, 대승불교 이론에 기반을 둔 실천신앙들도 다양하게 전개되었다. 통일신라 말기에는 명상 수행을 중시하는 선종이 새롭게 전래되어 기존의 교학 불교와 다른 새로운 불교 사상을 소개하였다.

1) 삼국시대의 대승불교 수용

여러 대승불교 경전들에서는 우리들이 일상적으로 경험하고 살아가는 현실의 세계는 실제로 존재하지 않는 허상이고, 실제로 존재하는 아름답고 순수한 세상의 참된 모습은 깨달음을 얻은 부처와 부처의 경지에 가까이 도달한 보살들만이 볼 수 있다고 이야기하고 있다. 그리고 어째서 평범한 사람과 부처·보살이 인식하는 세계가 다르며 부처와 보살들이 볼 수 있는 세상의 참된 모습은 어떠한 것인지를 설명하기 위하여 여러 대승불교 이론들이 전개되었다.

『반야경』에 기초한 중관학(中觀學)에서는 사람들이 현실 세계에서 항상 이것과 저것, 나와 남, 즐거운 일과 괴로운 일 등을 구별하며 살아가는 것은 인식하는 모든 것들에서 차이를 느끼고 집착하는 마음을 일으키기 때문이며, 실제로는 세상의 모든 존재는 항상 다른 것과 관계 맺으며 변화하고 있으므로 그 자체만의 고유한 성격을 가질 수 없고 따라서 집착의 마음이 없는 부처와 보살들은 모든 구별과 대립이 사라진 조화로운 세계의 참 모습을 볼 수 있다고 이야기한다. 또 『해심밀경』에 의거한 유식학(唯識學)에서는 평범한 사람들이 인식하는 세상은 실제로 자신의 바깥에 존재하는 것이 아니라 자신의 의식이 그려낸 가상의 세계이며, 집착을 벗어난 부처와 보살들만이 우리의 인식이 그러한 가상 세계를 만들어내는 모습을 통찰하여 가상 세계의 허무함을 깨닫고 참된 지혜 자체를 경험할 수 있다고 이야기한다.

한편 『능가경』과 『화엄경』을 중시하는 여래장(如來藏) 사상에서는 평범한 사람들도 태어날 때에 이미 여래장, 즉 부처[=여래]의 소질[=장(藏)]을 내면에 가지고 있으므로 평범한 사람과 부처는 본질적으로 동일한 존재이며, 평범한 사람이 자신이 부처의 씨앗을 가지고 있음을 깨닫고 이를 드러내고자 하면 곧바로 부처가 될 수 있다고 이야기한다.

이러한 대승불교 사상들은 남북조시대에 중국에 전해져 중관학에 기초한 삼론학파(三論學派)와 천태학파(天台學派), 유식학에 기초한 지론학파(地論學派)와 섭론학파(攝論學派) 등이 형성되었다. 여래장 사상만을 내세우는 독자적인 학파는 성립되지 않았지만 모든 인간은 성인의 자질을 가지고 있다고 하는 성선설(性善說)의 전통이 강한 중국 사회에서 여래장 사상은 적극적으로 받아들여져 학파에 관계없이 대승 불교의 기본적 입장으로 여겨졌다. 특히 유식계통의 학파에서는 인식의 본체를 여래장과 결합하여 설명하였다. 이러한 중국의 대승불교 학파들은 6세기 후반 이후 삼국에도 전래되기 시작하였다.

> 6세기 중엽 중국 남조에서 중관학을 깊이 연구하여 삼론학파의 이론적 기초를 마련한 승랑(僧朗)은 고구려 출신으로 알려져 있지만 그의 가르침이 직접 고구려에 전해진 모습은 확인되지 않고 있다.

고구려에서는 6세기 후반부터 중국에 유학한 승려들을 통해 삼론학이 전래되었고, 7세기 초에는 의연(義淵)이 북제(北齊)에 가서 지론학파의 이론을 묻고 돌아왔다. 6세기 말 남조의 진(陳)에 유학한 파야(波

若)가 천태학파의 시조인 지의(智顗)의 가르침을 받은 사실도 전하고 있다. 백제에서는 6세기말 남중국에서 공부하고 온 혜균(慧均)이 삼론사상을 소개하였는데, 그가 지은 『대승사론현의기(大乘四論玄義記)』에는 백제에 지론학과 섭론학이 전래된 모습도 나타나고 있다. 신라에서는 6세기말 중국에 유학하고 돌아온 원광(圓光)이 여래장 사상을 전하였고, 7세기 전반 당나라에 유학했던 자장(慈藏)은 지론학과 섭론학을 공부하고 돌아왔다. 삼국시대 말기에 활동한 낭지(朗智)는 삼론학을 연구하였다.

이와 같이 삼국시대 후기에 이미 다양한 대승불교 사상이 전해져 있었지만 그 구체적 연구 상황을 알 수 있는 자료는 많지 않다. 다만 6세기말 이후 일본에 건너가 활동한 고구려와 백제의 승려 중에 삼론학 전공자가 많은 것으로 보아 두 나라에서 삼론학이 활발히 연구되었던 것으로 생각된다. 왕실 출신의 자장이 대국통이 되어 불교계를 주도하였던 신라에서는 지론학과 섭론학 등의 유식학이 중시되었을 것으로 생각되고 있다.

2) 신유식학(新唯識學)의 수용과 발전

삼국 통일 이후 대승불교 사상에 대한 연구가 한층 활발하게 이루어졌는데, 그 계기는 유명한 삼장법사 현장(玄奘, 600-664)이 정리한 새로운 유식사상, 즉 신유식학(新唯識學)의 전래였다. 현장은 어려서 출가하여 대승 불교를 폭넓게 공부하였다. 특히 지론학과 섭론학 등의 유식사상을 중점적으로 공부하였는데, 본래 사상적 기원이 다른 인식의 본체와 여래장을 동일시하는 것에 의심을 품었다. 즉 본래 유식사상에서 이야기하는 인식의 본체는 실제로 존재하지 않는 가상의 세계를 만들어내는 잘못된 인식의 근원인 반면 여래장 사상에서 이야기하는 여래장은 여래, 즉 부처의 본질인 참된 지혜로서 서로 반대되는 성격인데, 중생들의 인식의 근원을 여래장과 동일시하는 것은 모순된다고 생각하였다. 이에 현장은 629년 인도로 유학을 떠나 유식사상을 비롯한 대승 불교 사상을 깊이 있게 공부하였다. 그는 10여 년에 걸친 연구를 통해 보통 사람들의 인식은 허구의 세계를 만들어내는 허망한 인식[망식(妄識)]을 근원으로 하고 있으므로 깨달음을 얻어 세상의 참모습을 온전하게 볼 수 있는 부처의 참된 인식[진식

(眞識)]과는 다르며, 오랜 기간에 걸쳐 수행과 중생구제를 실천한 보살들만이 허망한 인식에서 벗어나 참된 인식을 얻을 수 있음을 확인하였다.

645년 중국에 돌아온 현장은 자신이 인도에서 수학한 유식사상을 정리하여 널리 퍼뜨리며 기존의 지론학파 및 섭론학파의 견해를 유식사상에 대한 잘못된 이해라고 비판하였다. 그는 또한 당시 중국 불교계에서 널리 받아들여지고 있던 여래장 사상에 대해서는 올바른 불교의 가르침이 될 수 없다고 비판하였다. 부처의 본질은 세상의 모습을 올바르게 보는 참된 인식이고, 그러한 인식은 오랜 기간의 수행과 중생 구제의 실천을 통해 비로소 얻는 것인데, 아무런 수행을 하지 않은 보통의 평범한 사람들이 태어날 때부터 그러한 지혜의 씨앗을 가지고 있다고 이야기하는 것은 합리적이지 않다는 것이었다. 이런 입장에서 현장은 당시 불교계에서 널리 받아들여지고 있던 여래장 사상에 대하여 불교의 수행을 어려워하는 초보자들을 불교로 끌어들이기 위한 방편적 가르침에 불과하다고 평가하였다. 그리고 당시 널리 받아들여지고 있던 모든 중생들에게 부처의 본질인 불성(佛性)이 있다는 이론[=실유불성설(悉有佛性說)]과 모든 중생들이 다 부처가 될 수 있다고 하는 주장[=일체개성설(一切皆成說)]을 부정하였다. 대신 중생에는 다양한 부류가 있다는 이론[=오성각별설(五姓各別說)] 및 그중에는 부처가 될 수 있는 가능성이 없는 부류도 있다고 하는 주장[=일분불성설(一分不成說)]을 주창하였다.

현장이 전한 새로운 학설은 중국 불교계에 큰 충격을 주고 많은 사상적 논란을 불러일으켰다. 현장의 사상을 따르는 사람들과 기존의 주장을 옹호하는 사람들 사이에 격렬한 논쟁이 이어졌는데, 수많은 대승 경전과 그에 대한 해설서들을 새롭게 소개하여 삼장법사로서 명성을 얻고 황실의 스승으로까지 받들어졌던 현장의 주장이 점차 불교계의 권위 있는 견해로 받아들여졌다. 새로운 문헌들을 내세운 현장의 견해가 정설로 자리 잡아가는 가운데 기존의 여러 학파들은 세력이 차츰 쇠퇴해 갔다. 불교계에서는 현장이 전한 새로운 불교 사상에 대한 관심과 연구가 활발히 진행되었다. 현장이 번역한 문헌들 중에서도 소승부터 대승까지의 불교 사상을 종합적으로 정리한 『유가사지론(瑜伽師地論)』(100권)과 인도의 최신 유식학설들을 종합적으로 정리한 『성유식론(成唯識論)』(10권)에 대한 연구가 특히 활발하였다.

신라에서도 통일기를 전후하여 현장이 번역한 문헌들이 전해지면서 그의 불교 사상에 대한 관심이 높아져 갔다. 비록 성공하지 못했지만 원효와 의상은 현장의 가르침을 직접 듣기 위하여 중국 유학을 시도하였다고 전해지고, 실제로 적지 않은 신라 출신의 승려들이 현장의 문하에서 수학하여 그의 사상을 신라에 전하였다. 7세기 후반 이후 신라 불교계는 중국과 마찬가지로 현장의 신유식학이 주류적 흐름으로 자리 잡아갔다.

신라 출신의 승려 중 현장의 사상을 가장 직접적으로 수학한 승려는 원측(圓測, 613-696)이었다. 원측은 이른 시기에 중국에 유학하여 여러 유명한 학자들의 강의를 듣고 범어와 서역 여러 나라의 언어를 습득하면서 불교학을 깊이 있게 연구할 수 있는 소양을 쌓았다. 젊은 시절에 이미 불교학자의 자질을 갖추고 있던 그는 현장이 인도에서 돌아온 이후 이를 중점적으로 연구하여 대표적 유식학자로 명성을 날렸다. 658년에 황실에 의해 서명사(西明寺)가 창건된 후에는 이곳에 초빙되어 머무르면서 유식학 강의와 주석서 집필에 몰두하였고 노년에는 황실의 발원으로 추진된 불경 번역 사업에도 참여하였다.

원측은 현장이 귀국하기 이전부터 유식사상을 공부하고 있었는데, 현장이 들어온 이후에는 그가 전래한 신유식학의 이론을 적극적으로 수용하였다. 그의 저술들은 대부분 현장이 번역한 신유식학 문헌들에 대한 주석서로서 신유식학 이론을 체계화하는 것이었다. 실제로 현장 자신은 경론의 번역에 집중하느라 유식학에 대해 체계적으로 설명하는 저술들을 남기지 못하였으므로 신유식학의 이론적 체계화는 원측에 의해서 처음 시도되었다고 할 수 있다. 원측은 저술들에서 자신이 이전에 수학하였던 기존의 유식사상과 현장이 전래한 신유식학의 이론적 차이를 자세히 분석하고서 후자가 보다 합리적임을 설명하려고 노력하였다.

원측의 저술에는 신유식학의 비판 대상이 된 기존의 유식사상에 대해서도 자세하게 설명하고 있는데, 이는 이미 유식사상에 대해 상당한 소양을 가지고 있던 원측이 기존의 유식사상과 신유식학을 종합적으로 이해하려는 태도를 취하였기 때문으로 생각된다.

같은 신유식학을 연구하였지만 원측의 문도들과 현장의 또 다른 제자인 규기(窺基, 632-682)의 문도들 사이의 관계는 그다지 좋지 않았던 것으로 알려지고 있다. 규기 제자들의 저술에서 원측은 유식학에 대한 이해가 부족한 것으로 폄하되고 있으며, 실제로 현장의 사상을 계승한 중국 법상종에서 원측의 사상은 소수파의 견해로 폄하되어 주로 돈황, 티벳과 같은 변경지역에서 계승되었다. 이러한 규기 문도들의 원측 비판에 대해 유식 사상 이해의 차이에서 비롯된 갈등으로 보는 견해도 있지만 최근의 연구들에서는 사상적 차이보다는 규기의 문도들이 스승을 현창하기 위하여 선배인 원측을 폄하한 것이라고 이해되고 있다. 실제로 규기의 저술에서는 원측을 사상적 선배로 존중하면서 그의 견해를 중요하게 인용하고 있다. 규기 문도들의 원측에 대한 강한 비판은 오히려 당시 불교계에서 신유식 학자로서 원측의 명성이 그만큼 높았음을 보여준다고 할 수 있다.

원측의 제자로는 같은 신라 출신인 승장과 도증이 알려져 있다. 승장(勝莊)은 원측 사후 그의 부도를 건립하였으며 귀국하지 않고 중국에서 불경 번역 작업 등에 참여하였다. 도증(道證)은 원측이 입적하기 전인 692년에 신라에 귀국하여 원측의 사상을 신라에 전하였다. 도증에게는 7종의 유식학 저술이 있었는데 대부분 전하지 않고 다만 『성유식론요집』의 단편만이 규기 문도들의 저술에 비판적으로 인용되고 있다. 도증은 이 책에서 원측, 규기를 비롯한 여섯 명의 『성유식론』에 대한 주석을 종합하고 있는데 원측의 해석에 중점을 두고 있다. 그는 또한 귀국할 때에 천문도(天文圖)를 가지고 들어와 국왕에게 바쳤다고 한다.

중국 내에서 원측을 계승한 문도들의 활동은 그다지 자세하게 알려져 있지 않은데, 이는 후대 중국 법상종의 주류가 된 규기 문도들의 원측 배척 때문으로 생각되고 있다. 다만 8세기에 돈황 지역에서 활동한 담광(曇廣)의 저술에 원측의 사상이 계승되고 있으며, 돈황 불교와 밀접한 관련을 맺었던 티베트에 티베트어로 번역된 원측의 저술이 전해지고 있다.

원측과 비슷한 시기에 현장 문하에서 유식학을 공부한 신라 승려로 신방(神昉)과 순경(順璟)이 있다. 신방은 현장의 대표적 제자 중 한 사람으로 일컬어졌으며 현장의 번역작업에서 중요한 역할을 담당하였다. 순경은 신라에 귀국한 후 현장의 일부 이론을 수정하는 글을 지어 중국에 보냈는데, 현장 사후 이를 본 규기가 그 타당성을 인정하였다고 한다.

태현이 수행하였던
경주 용장사곡 불상(국가유산청)

도증이 원측의 유식학을 전하기 이전에도 신라에서는 유식학이 연구되고 있었다. 원효는 현장이 번역한 논서의 내용을 이전의 유식학 논서들과 대조하여 종합하려고 노력하였는데, 주로 구유식의 입장에서 신유식을 이해하려는 입장이었다. 백제 출신으로 통일직후에 활동한 것으로 보이는 의영(義榮) 역시 구유식의 입장에 서 있었는데 일본의 문헌에 인용된 내용에 의하면 그는 신유식의 오성각별설을 강하게 비판하였다고 한다. 한편 같은 백제 출신으로 신문왕(681-691) 때에 국로(國老)로 존경받은 경흥(憬興)은 10여 종의 유식학 주석서를 저술하였는데 현재는 단편만이 전해지고 있어 사상적 입장을 알기 어렵다. 의상에게 화엄학에 대하여 질문한 적이 있는 의적(義寂) 역시 원래 유식학자로 유식학 관련 저술을 남겼다.

도증의 귀국 이후에 활동한 유식학자로는 도륜(道倫, 둔륜(遁倫)이라고도 함)과 태현(太賢)이 있다. 도륜은 『유가론기(瑜伽論記)』(100권)를 지어 중국과 신라 승려들의 견해를 다양하게 소개하였으며, 태현은 20여 종의 유식학 관련 저술을 남겼다. 특히 태현은 후대에 신라 유식학의 조사로 추앙되었는데, 그의 저술에는 원측과 규기의 견해가 대등하게 인용되고 있다. 그는 『화엄경』과 『열반경』, 『범망경』, 『금광명경』, 『약사경』, 『기신론』 등 다양한 경전에 대하여도 주석하였으며 원효와 함께 신라의 대표적 저술가로 꼽힌다.

3) 화엄사상의 수용과 발전

유식학과 함께 통일신라시기 불교학을 대표하는 것이 화엄학이다. 화엄학은 『화엄경』의 내용에 기초하여 모든 존재가 서로 긴밀하게 연결되어 있다는 입장에서 부처와 중생의 본래적 동일성을 강조한 사상으로 당나라 초기에 지엄(智儼)에 의해서 기본적

이론체계가 마련되었다. 『화엄경』은 5세기에 처음 번역된 때부터 깨달음의 세계를 직접적으로 묘사한 경전으로서 각별히 존중되었고, 6세기 말에 이르러 일부 학자들은 『화엄경』을 근거로 이 세상의 모든 존재들이 서로 밀접하게 연결되어 있다는 새로운 이론을 제시하였다. 지엄은 그러한 이론을 더욱 발전시켜 이 세상의 모든 존재들이 서로서로 긴밀한 관계를 맺고 서로에게 영향을 미치고 있으며[=법계연기(法界緣起)] 그 결과 모든 존재들이 서로서로 무한히 포용하고 관통하고 있다고[=무진원융(無盡圓融)] 주장하였다. 즉 『화엄경』에서는 '하나의 티끌 속에 온 세상이 다 들어 있고, 그 (티끌 속에 들어 있는) 세상을 구성하는 하나하나의 티끌 속에도 또한 온 세상이 들어 있다'거나 '하나가 곧 전체이고, 전체가 곧 하나이다'라고 이야기하고 있는데, 그와 같이 모든 존재가 상호 무궁하게 관계 맺고 서로를 포용하고 있는 것이 부처의 눈에 보이는 세상의 참 모습이라고 하였다. 그리고 그와 같이 서로 무궁하게 관계 맺고 서로를 포용하고 있는 각각의 사물들은 서로 독립된 존재인 동시에 서로 분리될 수 없는 하나의 존재이기도 하다고 주장하였다.

이와 같이 법계연기와 무진원융을 이야기하는 화엄교학은 중생과 부처의 상호 동일성을 긍정하는 동시에 모든 존재가 부처가 될 수 있음을 입증하는 이론으로서, 여래장 사상을 부정하는 신유식학의 주장에 만족하지 못하고 있던 많은 불교인들의 지지를 받을 수 있었다. 즉 법계연기와 무진원융의 이론에 따르면 부처와 중생 역시 서로 다른 존재이지만 서로 무궁하게 관계 맺고 서로 포용하는 존재로서, 부처와 중생은 서로

범어사 의상대사 영정(한국민족문화대백과사전)

분리될 수 없는 '하나의 존재'로 파악될 수 있었다. 실제로 지엄은 중생들이 부처와 동질적 존재이며, 본래적으로 이미 깨달음을 이루고 있다고 주장하였는데[=본래성불설(本來成佛說)], 이는 중생에게 부처의 소질이 있다고 하는 여래장 사상에서 더 나아가 중생이 그 자체로 이미 깨달음을 얻은 존재라고 주장하는 것이었다.

이후 지엄의 제자 법장(法藏, 643-712)은 법계연기와 무진원융의 이론을 더욱 정밀하게 논증하는 동시에 신유식학과 여래장 사상을 화엄교학에 이르는 전단계의 사상으로 정리함으로써 화엄교학을 중심으로 신유식학과 여래장사상의 갈등까지를 포섭할 수 있는 교학체계를 완성하였다. 지엄은 불교의 여러 가르침을 소승(小乘)·대승시교(大乘始敎)·대승종교(大乘終敎)·돈교(頓敎)·원교(圓敎)의 다섯 단계로 구분하는 교판론(敎判論)을 제시하였는데, 법장은 이를 토대로 『화엄경』의 가르침을 원교로 두고, 신유식사상과 여래장사상을 각기 대승시교와 종교에 배당함으로써 화엄교학의 절대적 우월성을 천명하는 동시에 불교사상 전체를 일관된 체계로 설명하는 데 성공하였다. 이러한 이론 체계를 토대로 화엄종은 중국 불교계의 주류적 위치를 확고하게 하였고, 사상적으로도 지속적인 발전을 이루었다.

신라의 화엄학은 중국에 유학하여 지엄에게 직접 배우고 돌아온 의상(義相, 625-702)에 의해 성립되었다. 의상은 경주의 귀족 출신으로 661년 중국에 유학하여 지엄 문하에서 화엄학을 수학하고 671년(문무왕 11)에 신라로 돌아왔다. 귀국 이후 처음에는 경주의 사찰에 머물다가 얼마 후 문도들과 함께 태백산으로 들어가 부석사를 창건하고 이곳에서 화엄학을 강의하며 지냈다. 불교의 가르침에 투철하여 발우와 가사 이외에 일체의 재물을 갖지 않았으며 국왕이 특별히 토지와 노비를 하사하였을 때에는 이를 거절하며 "불법은 평등하여 위아래 사람의 구분이 없이 함께 받들고 지켜가며, 『열반경』에서는 여덟 가지 깨끗하지 않은 재물을 가지면 안 된다고 하였으니 어찌 토지를 받고 노비를 받을 수 있겠습니까. 저는 다만 법계로 집을 삼고 발우로 농사를 지으니 법신의 밝은 생명은 여기에서 나오는 것입니다"라고 이야기하였다. 681년(문무왕 21) 국왕이 수도를 둘러싸는 성을 쌓으려 하였을 때에는 글을 보내어 백성을 편하게 하는 것이 정치의 근본이라고 이야기하여 공사를 중지시키기도 하였다. 국왕의 존숭을 받았음에도 수도에 머무르지 않고 태백산으로 들어간 것도 이러한 입장의 표현이었으며, 제자들 중에는 하층민 출신의 사람들도 적지 않았다.

의상의 화엄사상은 그의 저술인 『일승법계도(一乘法界圖)』의 내용에 잘 나타나 있다. 이 책은 의상이 화엄사상의 핵심을 7언 30구의 시로 요약한 법계도시(法界圖詩)와 이에 대한 본인의 해설로 구성되어 있는데, 이중 법계도시는 문장의 순서가 상하좌우로 회전하는 반시(槃詩)의 형태를 띠고 있어 법계도인(法界圖印)이라고도 불리며 지엄의 입적 직전에 교학의 완성을 증명하기 위하여 지어 바친 것이라고 한다. 이 책에서 의상은 모든 존재가 본질적으로 서로 원융하며, 부분과 전체, 순간과 영원, 중생과 부처가 동질적임을 이야기하였다. 현상세계의 차별적으로 보이는 모든 것들이 실제로는 서로 의지함으로써 각각의 모습을 나타내고 있는 것이기 때문에 실상은 모두가 차별이 없는 상태로 존재하고 있다는 것이다. 화엄사상의 핵심을 간명하게 정리하고 있는 『일승법계도』는 의상사상의 요체로서, 이후 의상의 문도들은 이 책에 의거하여 화엄사상을 전개해 갔다. 의상은 화엄사상의 요체를 간명하게 정리하고 이를 실천하는 수행방법을 체계화하는데 힘쓴 반면 화엄학을 이론적으로 정리하거나 다른 불교 이론과 비교하는 데에는 그다지 관심을 기울이지 않았다. 그의 화엄학 저술들은 모두 간단한 내용이며 실천을 중시하는 특징이 있다.

이러한 점은 그와 동문인 법장이 화엄학의 이론을 체계화하고 다른 교학과 화엄학의 차이를 규명하기 위하여 많은 저술을 지은 것과 구별된다. 법장에게는 『화엄경』 주

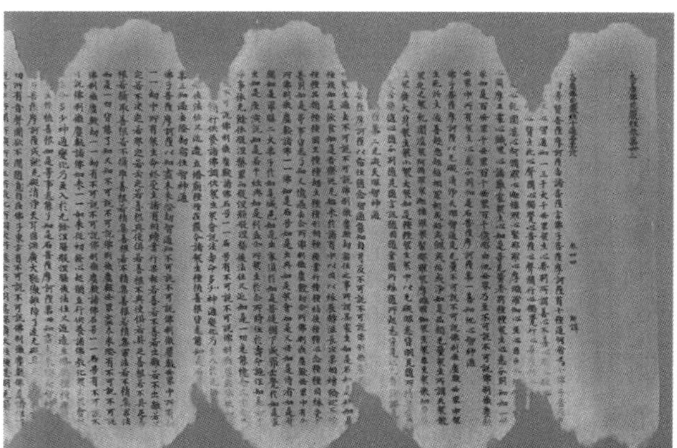

연기 스님이 필사한 〈화엄경〉 및 변상도(국가유산청)

석서인 『탐현기』(20권)을 비롯하여 수많은 화엄학 저술이 있으며 화엄 이외의 경전들에 대한 주석서도 많다. 두 사람의 이러한 차이는 일찍이 지엄의 문하에 있을 때부터 나타났던 것으로, 지엄은 의상과 법장의 성향 차이를 고려하여 각기 의지(義持, 뜻을 중시함)와 문지(文持, 이론을 중시함)라는 별칭을 붙여주기도 하였다.

의상의 화엄학은 처음에는 문도들을 중심으로 제한적으로 유포되었지만, 차츰 따르는 사람들이 늘어나 불교계의 주요한 흐름으로 자리 잡아 갔다. 특히 8세기에 들어와 신림(神琳)과 표훈(表訓), 법융(法融), 숭업(崇業) 등이 의상의 가르침을 조술하는 강의와 저술 활동을 활발하게 전개하면서 신유식학에 버금가는 위상을 갖게 되었다. 표훈은 경덕왕대(742-764)에 왕실과 귀족들의 후원을 얻어 경주에서 활약하면서 불국사와 석불사(석굴암) 창건에 영향을 미쳤으며 신라 불교의 마지막 성인으로 불렸다.

한편 원효는 의상을 통하여 지엄의 화엄학을 접한 후 이를 자신의 사상체계에 적극적으로 도입하였다. 그에게는 『화엄경소』와 『화엄경종요』 등의 화엄 관련 저술이 있었다. 경덕왕 13년(754)에 화엄사를 창건하고 화엄경을 필사한 연기(緣起)와 『해인삼매론』을 지은 명효(明皛) 등은 원효의 영향을 받은 화엄학자로 생각되고 있다.

의상과 동문인 법장의 사상도 신라 화엄학의 발전에 영향을 미쳤다. 법장은 자신에게 배우고 신라로 귀국한 승전(勝詮)을 통해 자신의 저술들을 의상에게 보냈는데, 의상은 이를 검토하고 제자들에게 공부하도록 하였다. 황룡사에서 활동한 표원(表員)은 화엄학의 주요 이론을 정리한 『화엄경문의요결문답(華嚴經文義要決問答)』을 지었는데, 여기에는 의상 못지않게 법장과 원효의 견해들이 중시되고 있다.

4) 밀교의 수용과 발전

통일기에는 밀교를 수학한 승려들도 적지 않았다. 밀교는 교학적 전개에 따라 초기밀교와 순수밀교로 나누어지는데 전자가 주로 주문이나 기도와 같은 주술을 통하여 재난을 극복하고 소원 성취를 추구하는 기복적 신앙의 성격이 강한데 비하여 후자는 신비로운 말[만트라, 진언(眞言)], 손동작[무드라, 결인(結印)], 마음속의 영상[만다라, 윤원(輪圓)] 등으로 깨달음을 추구하는 사상체계로 『대일경(大日經)』, 『금강정경(金剛

頂經)』 등의 경전에 의거한 독자적 진리관과 수행법을 가지고 있다. 초기밀교는 불교의 수용과 함께 전래되었을 것으로 생각되지만 순수밀교는 『대일경』 등이 번역되는 8세기 이후에 비로소 전해지게 되었다.

신라의 밀교는 통일기 무렵부터 본격적으로 나타나고 있다. 초기 밀교와 관련된 승려로는 밀본과 명랑, 혜통 등이 있다. 선덕여왕 때에 활동한 밀본(密本)은 국왕이 병들었을 때에 궁궐에 초청되어 『약사경』을 읽음으로써 국왕의 병을 낫게 하였고, 승상 김양도가 어려서 귀신에 의해 몸이 마비되었을 때에도 낫게 해주었다고 한다. 자장의 조카인 명랑(明朗)은 문무왕 때에 당나라 군대가 침공해올 때 사천왕사를 세우고 문두루비법을 행하여 외침을 물리쳤다고 한다. 명랑이 용궁에서 배워왔다고 하는 이 문두루비법은 『복마봉인대신주경(伏魔封印大神呪經)』의 내용에 의거한 밀교 의례로 중국 유학 중 습득한 것으로 생각된다. 혜통(惠通)은 중국에 유학하여 밀교를 수학하고 돌아와 문무왕부터 효소왕대까지 여러 이적을 행하였다.

본격적으로 순수밀교를 수학한 신라의 승려로는 『대일경』을 번역한 선무외(善無畏, 637-735)에게 수학한 현초(玄超), 의림(義林), 불가사의(不可思議)와 『금강정경』을 번역한 금강지(金剛智, 669-741)에게 배운 혜초(慧超)가 있다. 8세기말 이후 중국에 유학한 혜일(慧日), 오진(悟眞), 균량(均亮) 등도 밀교를 공부하였다. 이중 불가사의는 『대일경』 중의 밀교 수행의례에 관한 주석서를 지었고, 혜초는 밀교의 가르침을 구하여 인도에 유학하고 돌아와 『왕오천축국전(往五天竺國傳)』을 짓고 중국에서 밀교경전의 번역에도 참여하였다. 오진은 789년에 밀교경전의 원본을 구하려 인도에 들어갔다가 돌아오는 길에 티베트에서 입적하였다. 의림과 불가사의, 혜일 등은 신라에 귀국하여 법을 전수했다고 하지만 그들의 사상이 계승된

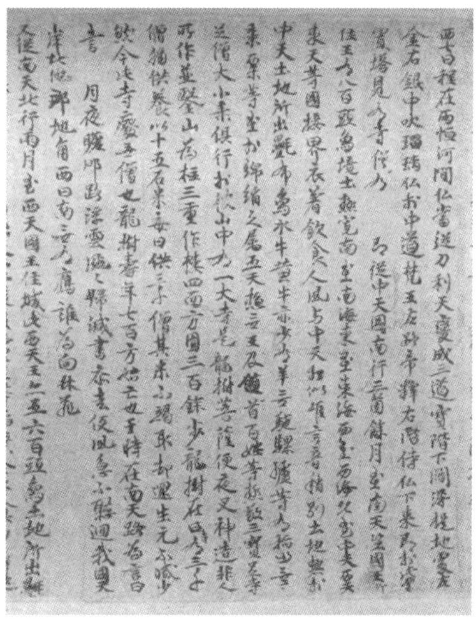

『왕오천축국전』(한국민족문화대백과사전)

상황은 자세히 알려져 있지 않다.

혜초와 오진 이외에 신라 승려로서 인도에 유학한 사람들로는 당나라 승려 의정(義淨)이 지은 『구법고승전(求法高僧傳)』에 아리야발마(阿離耶跋摩), 혜업(慧業), 현태(玄太), 현각(玄恪), 현조(玄照), 혜륜(慧輪), 현유(玄遊) 등이 소개되어 있다. 이들은 모두 중국에 유학했다가 다시 인도로 구법하였으며 현태를 제외한 나머지 사람들은 인도에서 입적하였다.

| 2 | 원효와 신·구 불교 사상의 회통

1) 『대승기신론』을 매개로 한 신·구 불교 사상 회통과 일심 사상

통일신라 불교학의 주요한 흐름이 유식학과 화엄학이지만 그에 못지않은 사상적 영향을 미친 것이 『대승기신론(大乘起信論)』의 사상이었다. 6세기 중엽 중국 북조의 불교계에서 출현한 『대승기신론』은 여래장 사상에 입각하여 중생이 부처가 되는 과정을 설명하는 작은 분량의 문헌으로, 7세기 중엽까지는 불교계 내부에서 크게 주목되지 않았다. 하지만 7세기 후반 현장이 전래한 신유식학의 영향으로 여래장 사상의 정당성이 부정되던 상황에서 여래장사상의 정당성을 입증하는 문헌으로서 급속하게 불교계의 주목을 받게 되었다. 『대승기신론』에서는 평범한 중생의 현재 마음[衆生心]이 곧 진여(眞如)이며, 진여에는 고요하고 변화가 없는 깨달음의 상태[심진여문(心眞如門)]와 외부 환경에 반응하여 변화하는 미혹된 상태[심생멸문(心生滅門)]가 동시에 존재하므로 중생의 마음에도 미혹한 상태[불각(不覺)]와 근원적인 깨달음[본각(本覺)]이 함께 갖춰져 있으며, 미혹한 상태[불각]의 중생이 수행[시각(始覺)]을 통하여 부처가 되는 것[구경각(究竟覺)]은 곧 중생이 본래 가지고 있던 근원적인 깨달음[본각]을 깨닫는 것에 불과하다고 이야기하였다. 『대승기신론』을 존중하는 사람들은 신유식학의 이론은 중생(및 진여)의 미혹된 상태[심생멸문·불각]에 대한 설명에 불과하고 깨달음의 상태[심진여문·본각]를 드러내지 못한 것이라고 비판하였다. 이들은 진여와 중생의 두 가지 상태를 온전하게 드러낸 『대승기신론』이야말로 가장 완전한 불교 이론서라고 주장하였다. 이러한 주장은 후대 화엄학파의 법장이 신유식학을 대승 불교의 초보적 가르침인 대승시교(大乘始敎)로 배당하는 데 있어 주요한 이론적 근거로 활용되었다.

신라 불교계에서 『대승기신론』의 사상을 적극적으로 수용하고 이를 토대로 여러 불교 사상들을 통합적으로 이해하려고 시도한 인물은 원효(元曉, 617-686)였다. 통일신라의 유식학과 화엄학이 중국에 유학한 사람들을 통해 전해진 것과 달리 원효는 국내에서 독자적으로 『대승기신론』에 의거한 독창적 사상체계를 구축하였다. 그의 불교 이론은 통일신라 불교계의 중요한 사상적 기반이 되었을 뿐 아니라 중국과 일본의 승려들에 의해서도 적극적으로 수용되어 후대에까지 커다란 영향을 미쳤다.

법장은 『대승기신론』에 대해서는 신유식학보다는 우월하지만 화엄교학에는 미치지 못하는 대승종교(大乘終敎)로 배당하였다.

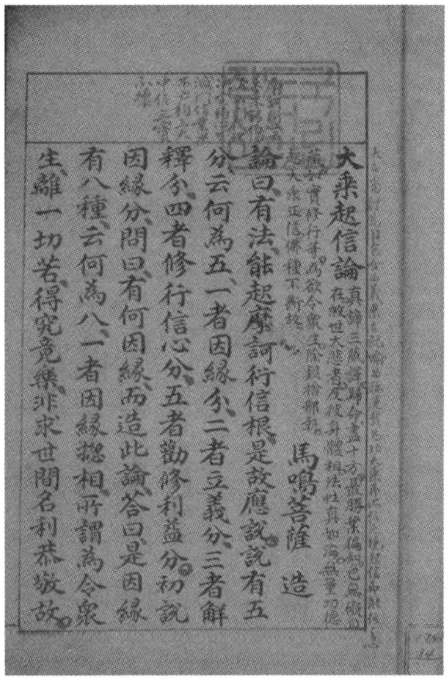
大乘起信論 馬鳴菩薩 造
論曰有法能起摩訶衍信根是故應說說有五
分云何為五一者因緣分二者立義分三者解
釋分四者修行信心分五者勸修利益分初說
因緣分問曰有何因緣而造此論答曰是因緣
有八種云何為八一者因緣總相所謂為令衆
生離一切苦得究竟樂非求世間名利恭敬故

『대승기신론』(한국민족문화대백과사전)

중급 관료의 집안에서 태어난 원효는 10대의 나이에 출가한 후 여러 스승을 찾아다니며 수학하였다. 그는 650년(진덕여왕 4)에 의상과 함께 중국 유학을 시도했지만 고구려의 해상 봉쇄 때문에 뜻을 이루지 못하였다. 『송고승전(宋高僧傳)』에는 이때 원효가 무덤 속에서 해골의 물을 마시고 모든 것이 마음에서 비롯되는 것을 깨닫게 되어 중국유학을 그만두었다고 이야기하고 있다. 유학을 포기한 원효는 대신 중국의 사상적 경향을 주목하면서 새로 전래된 경전과 주석서들을 스스로 해석하고 이를 전통적인 교학과 조화시키면서 독자적인 사상체계를 성립시켜 갔다. 현재 알려진 원효의 저술 이름들을 살펴보면 그는 당시 연구되고 있던 거의 대부분의 불교학에 관심을 가지고서 각각의 사상에 대하여 독자적인 이해를 제시하고 있었던 것으로 보인다.

원효는 처음에는 대승 불교의 중관사상을 공부하였고, 『법화경』과 『열반경』에서 강조하는 부처의 본질에 대해서도 많은 관심을 가졌다. 그러다가 통일기를 전후하여 현장의 신유식학이 전해지자 그에 관심을 갖고 유식사상을 적극적으로 연구하였다. 그가 처음 중국 유학을 시도한 것도 유식학 특히 현장이 전한 신유식학을 공부하기 위해서였다. 중국 유학을 단념한 후 그는 중국에서 전래된 저작들을 통하여 유식학의 내용을 깊이 있게 분석하고 이를 해설하는 수많은 저술을 남겼다. 원효의 유식학 관련 저술은 14종 40여 권으로 90여 종 가까운 그의 저술 중 사상별로 볼 때 가장 많은 비율을 차지하고 있다. 그런데 유식학은 원효가 이전에 공부한 중관사상 및 『법화경』·『열반경』의 사상과는 기본적 입장을 달리하는 것이었다. 특히 다양한 부류의 중생이 있으며 그 중에는 부처가 될 수 없는 부류도 있다는 신유식학의 오성각별설은 모든 중생이 부처가 될 수 있다고 하는 『법화경』·『열반경』의 일체개성설(一切皆成說)과는 서로 모순되었다. 원효는 이러한 사상적 차이를 해명하고 조화하기 위하여 노력하였는데, 그 과정에서 원효의 독자적인 사상체계가 형성될 수 있었다.

원효 영정(한국민족문화대백과사전)

원효가 기존에 공부한 불교사상과 신유식학의 사상적 차이를 극복하기 위하여 주목한 것은 『대승기신론』의 사상체계였다. 『대승기신론』에서는 일체의 존재들은 중생이 가지고 있는 하나의 마음[일심一心]의 발현이며, 그것은 심진여문(心眞如門)과 심생멸문(心生滅門)으로 구분되지만 양자는 동일한 하나의 마음의 고요한 측면과 움직이는 측면을 구분한 것으로서 실제로는 동일한 것이라고 이야기하고 있다. 이와 같은 『기신론』의 '일심(一心)·이문(二門)'의 설명틀을 이용하여서 원효는 대승 불교의 서로 다른 이론들은 심진여문과 심생멸문의 한 측면만을 이야기하는 것이고, 양자를 모두 포괄하는 것이야말로 참된 진리라고 하였다. 또한 부처와 중생의 동질성을 강조하는 견해와 부처와 중생의 차별성을 강조하는 견해에 대해서도 각기 진리의 불변성을 이야기하는 진여문과 진리의 변화작용을 이야기하는 생멸문에 해당하는 것으로서 양자가 서로 다른 것이 아니라고 하였다. 이런 입장에서 원효는『기신론』의 사상을 여러 불교의 이론들을 종합하는 사상으로 높이 평가하였다.

이처럼『기신론』의 내용을 높이 평가한 원효는『기신론』에서 이야기하는 일심(一心)을 대승의 핵심사상으로 파악하였다. 세간과 출세간의 모든 존재들은 일심의 발현에 다름 아니며 그 일심은 모든 중생들이 가지고 있는 마음이라고 하는 것을 대승사상의 핵심으로 파악하였으며, 부처의 가르침은 이러한 일심을 회복하는 것을 목적으로 한다고 주장하였다. 이러한 '일심사상'의 입장에 선 원효는『대승기신론』의 가르침에 기초하여 일심에서 여러 존재들이 발현되는 원리와 그러한 일심의 본래 모습을 상실한 중생들이 일심을 회복하기 위한 구체적 방법에 대해 자세하게 분석하고 논의하였다. 이런 점에서『대승기신론』은 원효사상의 기초라고 할 수 있으며 원효는 이에 입각하여 서로 다른 불교학의 이론들을 체계화 하였다.

『대승기신론』과 함께 원효가 중시한 경전으로는『금강삼매경(金剛三昧經)』이 있다. 이 책은 7세기 중엽에 출현한 경전으로,『송고승전』에는 왕비의 불치병을 낫게 할 약을 구하러 중국에 가던 신라 사신이 용왕의 도움으로 용궁에서 이 경전을 구하였으며, 이때 용왕은 원효에게 이 경전을 강의하게 하라고 하였다고 전하고 있다. 용왕이 시킨대로 국왕이 원효에게 주석서를 지어 설법하게 하였는데, 원효를 시기하던 사람들이 원효가 지어놓은 5권의 주석서를 훔쳐가 버려 원효가 다시 3일만에 3권짜리 주석서를 지어 설법을 마쳤다고 한다. 이 주석서가 오늘날 전해지는『금강삼매경론』이다. 본래『금강삼매경소』라 불리던 것을 후대 사람들이 보살의 저작이라고 하여『금강삼매경론』으로 높여 부르게 되었다고 한다. 원효가 이 경전을 중시한 이유는 이 책에 차별이 없는 절대의 진리를 체득하게 하는 수행법[관행(觀行)]이 체계적으로 설명되고 있기 때문이었다. 원효는『금강삼매경』의 핵심을 '일심(一心) 중에 일념(一念)을 움직여 일실(一實)을 따라 일행(一行)을 닦고 일승(一乘)에 들어가 일도(一道)에 머무르며 일각(一覺)을 활용하여 일미(一味)를 깨닫는' '일미관행(一味觀行)'이라고 이야기하고 있

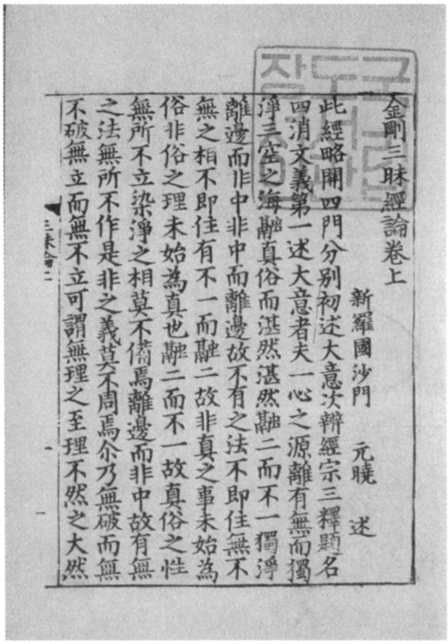

金剛三昧經論卷上
新羅國沙門　元曉　述
此經略開四門分別初述大意次辨經宗三釋題名
四消文義第一述大意者夫一心之源離有無而獨
淨三空之海融真俗而湛然湛然融二而不一獨淨
離邊而非中非中而離邊故不有之法不即住無不
無之相不即住有不一而融二故非真之事未始為
俗非俗之理未始為真也融二而不一故真俗之性
無所不立染淨之相莫不備焉離邊而非中故有無
之法無所不作是非之義莫不周焉尒乃無破而無
不破無立而無不立可謂無理之至理不然之大然

『금강삼매경론』(한국민족문화대백과사전)

는데, 여기에서 이야기하는 일심, 일념, 일실, 일행, 일승, 일도, 일각, 일미 등은 모두 같은 의미로서 차별이 없는 절대적 경지를 가리키며, 이때의 '일(一)'은 나누어지기 이전의 모든 것을 아우르는 전체로서의 하나인 것이다. 이러한 '일(一)'의 개념은 『대승기신론』의 일심과 통하며 실제로 원효는 『금강삼매경론』에서 『금강삼매경』의 내용을 『대승기신론』의 일심을 체득하기 위한 체계적 수행법을 제시한 것으로 해석하고 있다. 그리고 이런 입장에서 『금강삼매경』은 모든 불교 사상과 대승 경전의 가르침을 포괄한다고 이야기하고 있다.

2) 화쟁과 승속무이(僧俗無二)

원효는 『대승기신론』과 『금강삼매경』에 의거하여 서로 대립하는 이론들을 진리를 서로 다른 측면에서 이야기한 것으로 이해하여 조화시키고, 불교의 근본 목적은 차별을 초월한 절대적 진리인 일심을 체득하는 것이라고 이야기하였다. 그리고 그러한 입장에서 더 나아가 서로 대립되는 이론들이 실제는 대립되는 것이 아니라는 화쟁(和諍)을 주장하였다. 즉, 공(空)과 유(有), 일체개성과 오성각별, 아(我)와 무아(無我), 진리의 응연(凝然: 변화가 없음)과 수연(隨緣: 상황에 맞춰 변화함) 등 당시 불교계에서 서로 대립되는 것으로 이야기되는 개념들이 실상은 동일한 진리의 모습을 다른 차원에서 다른 방법에 의해 설명한 것이라고 해명하고, 진리의 참 모습을 보기 위해서는 언어로 표현된 개념에 얽매이지 말아야 한다고 하였다. 언어로 표현된 개념을 제한적으로 이해하면 그 개념이 드러내고자 했던 본래의 입장을 보지 못하게 될 뿐 아니라 그 개념에 얽매여 다른 이론들을 비판하고 자기의 입장만을 고집하게 되는데, 이는 불교도가 가장 피해야 할 자신을 칭찬하고 남을 비난하는 자찬훼타(自讚毁他)의 죄를 짓는 것이라고 하였다.

원효는 또한 의상을 통하여 화엄학을 전해들은 후에는 이를 현상세계의 차별적인 존재들이 실제는 서로 대립하지 않고 원융무애하다는 것을 보여주는 이론으로서 적극적으로 수용하였다. 그는 화엄학의 이론을 원용하여 크고 작음(大小), 영원과 찰나(促奢), 움직임과 멈춤(動靜), 하나와 여럿(一多) 등의 개념들이 서로 반대되는 것이 아니라 상보적이고 동질적이라고 하면서, 이러한 원융무애의 모습을 밝힌 『화엄경』이야말로 최고의 가르침이라고 하였다. 그리고 이러한 모든 존재들의 원융무애는 이들이 모두 일심으로부터 발현된 것이기 때문에 가능하다고 하였다.

원효는 모든 대립과 차별을 넘어서려는 생각을 자신의 삶에서 구체적으로 실현하고자 하였다. 출가자로서 세속과 거리를 두고자 했던 의상과 달리 원효는 일반 사회의 문제들에도 관심을 가지고 있었다. 통일전쟁기인 661년 겨울 당나라와 신라의 군대가 고구려를 공격하다 어려움에 처했을 때 원효는 당나라가 보낸 암호 문서를 해독하여 작전을 성공적으로 이끌 수 있게 하였고, 과부가 된 공주와 결혼하여 설총(薛聰)을 낳아 유학자로 키우기도 하였다. 원효는 백성들을 편안하게 해주는 보살의 중생제도와 대중교화를 중시하였으며 세속의 생활과 수행 생활을 구분하지 않을 것을 주장하였다. 그는 또한 계율에 있어서도 출가자와 재가자를 모두 포괄할 수 있는 보살계를 중요시하였는데, 이는 불교계 내에서 출가와 재가라고 하는 차별조차도 초월하려 한 때문이었다. 그가 환속하여 거사로 자처하며 생활한 것도 이러한 출가와 재가의 차별을 초월하려는 승속무이(僧俗無二)의 입장을 자신의 인생에서 직접 표현하려 한 것이었다.

경주 전 설총묘

경주 분황사 모전석탑(국가유산청)

이러한 원효의 사상은 신라 불교계에 폭넓게 영향을 미쳤다. 화엄학을 전공한 연기와 표원, 명효의 저술에 원효의 사상이 큰 영향을 미치고 있으며, 태현을 비롯한 유식학자들의 저술에도 원효의 이론이 중요하게 인용되고 있다. 다만 원효의 사상체계를 그대로 계승한 사람들의 모습은 발견되지 않고 있다. 다양한 이론들을 종합적으로 검토한 그의 사상은 여러 분야의 사람들에 의해 자신들에게 필요한 부분이 이용되었지만 사상의 틀 전체를 받아들이기는 어려웠던 것으로 보인다. 한편 그의 일심 사상과 화쟁 사상은 중국과 일본의 불교계에도 큰 영향을 미쳤다. 중국의 법장은 원효의 해석에 기초하여 『대승기신론』을 중시하였으며, 징관(澄觀)과 종밀(宗密) 등은 일심사상에 의거하여 일심의 체득을 중시하는 화엄이론을 정리하였다. 일본의 경우는 나라[奈良] 불교의 주요 종파들이 원효의 이론에 기초하여 자신들의 정당성을 주장하였다.

| 3 | 불교 수용층의 확대와 실천 신앙의 발전

1) 불교 대중화와 아미타·관음 신앙의 발전

삼국시대의 불교가 주로 왕실이나 귀족들을 중심으로 한 지배층 위주의 신앙체계였다면 통일기의 불교는 지배층은 물론 하층민까지 포함하는 사회구성원 전체의 신앙으로 발전하였다. 불교대중화라고 불리는 이와 같은 변화를 주도한 사람들은 통일기를 전후하여 활동하였던 일군의 승려들이었다. 이들은 왕궁이나 사찰이 아닌 시장과 마을을 다니면서 불교의 가르침을 알기 쉽게 설명하고 직접 서민적 신앙생활을 보

감산사 석조아미타여래입상(좌)과 석조미륵보살입상(우)(국가유산청)

어주있으며 이로 인하여 일반 민들은 불교를 가깝게 접할 기회를 갖고 자신들의 신앙으로 받아들일 수 있었다.

진평왕대에 활동한 혜숙(慧宿)은 본래 화랑의 낭도에 속하였지만 출가 후 시골 마을에서 일반인들과 함께 생활하면서 수행하였다. 지배층과의 교류보다도 일반인들과 거리낌 없이 어울려 지낸 혜숙은 불교대중화의 선구자라고 할 수 있다. 혜숙에 이어서 불교대중화에 힘쓴 인물에 혜공과 대안이 있다. 혜공(慧空)은 원래 귀족 집안의 심부름꾼 출신이었지만 타고난 재능을 드러내어 출가할 수 있었다. 교학에 뛰어났고 종종 특별한 이적을 보였음에도 불구하고 출가한 이후에는 작은 절에 살면서 삼태기를 둘러쓰고 길거리에서 춤과 노래하며 일반인들과 함께 지냈다. 대안(大安) 역시 당시 불교계의 대표적인 학승이었음에도 불구하고 왕궁의 초청이나 호화로운 생활을 거부하고 스스로 미치광이 행세를 하며 거리에서 일반민들과 어울려 지냈다.

이상과 같은 불교대중화의 흐름을 계승하여 일반인들에게 불교신앙을 폭넓게 전파한 인물이 원효였다. 불교학자로 명성이 높았던 원효는 세속과 출세간의 걸림이 없음을 직접 실천하기 위하여 환속하였고, 이후에는 스스로 소성(小姓) 거사로 자처하면서 광대들이 놀이하는 도구를 가지고서 수많은 마을과 거리를 다니면서 노래와 춤으로써 불법의 가르침을 알리려 하였다. 원효의 불교대중화를 위한 노력은 현상의 차별적 모습들은 일심의 발현으로서 모든 존재가 본질적으로 동질적이라고 하는 그의 일심사상에 의거한 것이었다. 모든 중생들이 만물의 근원인 일심 앞에서 평등하므로 계급과 신분을 떠나 모든 중생들을 위한 교화가 요구되었던 것이다.

불교 수용층이 확대되면서 불교 신앙의 내용도 대중들의 개인적인 평안을 추구하는 측면이 강조되었다. 통일기에 가장 성행한 신앙은 사후에 서방 극락세계에 태어날 것을 기원하는 아미타신앙과 현세의 고통을 덜어주기를 기원하는 관음신앙이었다.

아미타불(=무량수불)에 대한 신앙은 이미 삼국시대에도 행해지고 있었다. 고구려에서는 승려들이 죽은 부모를 위하여 무량수불을 만들어 봉안한 사례가 있고, 백제의 경우에는 현존 유물은 남아 있지 않지만 일본의 사찰 설화들에 백제의 아미타불 관련 이야기들이 많이 남아 있다. 신라에서도 자장이 『아미타경소』와 『아미타경의기』를 저술하여 아미타신앙에 대하여 소개하였었다. 그러나 삼국시대의 자료에는 아직 서방극락으로의 왕생하였다는 구체적인 이야기들은 나타나지 않고 있다. 그런데 통일신라시기에 들어오면 서방극락에의 왕생을 기원하는 아미타신앙의 적극적인 모습이 나타나기 시작하고 실제로 왕생하였다는 신앙사례들도 등장하고 있다. 또한 신앙의 주체도 하층민들을 포함하는 사회구성원 전체로 확대되고 있다. 통일기에는 아미타불상도 많이 만들어졌다.

통일기 아미타신앙의 구체적 사례들은 『삼국유사』에 자세한데, 죽은 사람들의 극락왕생을 바라는 것과 염불 수행을 통하여 곧바로 극락에 왕생하는 모습 등으로 구분할 수 있다. 죽은 사람의 왕생을 기원한 사례로는 문무왕 때 왕의 동생인 김인문이 당나라 감옥에 잡혀 있을 때 무사 귀환을 위하여 관음도량을 열었다가 그가 죽게 되자 미타도량을 열어 서방왕생을 기원한 것과 경덕왕 때에 귀족인 김지성이 죽은 부모의 왕생을 위하여 미륵상과 함께 아미타상을 조성한 것, 그리고 월명사가 죽은 여동생이 극락에 왕생하기를 바라는 내용의 향가[제망매가(祭亡妹歌)]를 지은 것 등이 있다. 염불 수행을 통하여 곧바로 극락에 왕생한 사례로는 포천산에서 염불수행을 하던 5명의 승려가 10년의 수행 끝에 불보살들의 인도를 받아 극락으로 날아간 것과 노비인 욱면

(郁面)이 간절한 염불실천 끝에 살아있는 몸으로 곧바로 서방에 날아간 것, 그리고 가난한 농부인 광덕(廣德)과 엄장(嚴莊)이 낮에는 생업을 꾸려나가면서 저녁에 염불수행을 계속하여 극락으로 왕생할 수 있었던 것 등이 전해지고 있다. 한편 백월산에 살던 노힐부득과 달달박박은 각기 미륵과 미타를 예념하며 수행한 끝에 성불에 이르렀다고 한다. 이상의 사례들에서 볼 수 있는 것처럼 아미타신앙은 국왕과 귀족에서부터 하층민들에 이르기까지 다양하게 신앙된 통일신라의 대표적인 불교신앙이었다. 아미타신앙이 이처럼 널리 받아들여지게 된 것은 간단한 염불만으로 사후에 곧바로 극락에 왕생할 수 있다고 하는 신앙 내용이 일반인들에게 쉽게 받아들여질 수 있었기 때문으로 생각되지만 그와 함께 불교대중화에 앞장선 승려들이 적극적으로 아미타신앙을 고취한 것도 커다란 역할을 하였다고 생각된다. 욱면이 염불하다 왕생한 미타사도 혜숙에 의해 창건되었다고 전해지고 있다.

관음신앙은 아미타신앙과 함께 통일기에 가장 많이 나타나는 신앙이었다. 삼국시대에도 관음신앙에 관한 경전이 널리 읽혔고 관음보살상이 만들어졌지만 통일기에 들어와서 구체적인 신앙의 사례들이 나타나고 있다. 아미타신앙과 마찬가지로 일반민들에 의한 개인적 신앙이 확대되면서 사회 전반에 널리 유포되었던 것으로 보인다. 『삼국유사』에 기록된 통일기 관음신앙의 사례들을 살펴보면 현실의 어려움을 구제하기 위한 것이 많은데, 그 신앙의 주체 역시 국왕에서 하층민에 이르기까지 다양하다. 문무왕은 동생의 무사귀환을 빌기 위하여 관음도량을 열었고, 효소왕 때에는 국선 부례랑이 북쪽 지방에서 납치되자 부모가 백률사의 관음에게 빌어 무사히 돌아올 수 있게 하였다. 경덕왕 때에 장사하러 배 타고 나갔던 장춘(長春)은 풍랑을 만나 표류한 끝에 중국에서 노비로 지내게 되었는데 어머니가 민장사의 관음에게 기도한 덕택에 무사히 귀국할 수 있었다. 또한 눈먼 아이를 둔 희명(希明)이라는 여인은 분황사의 천수관음에게 기도하여 아이의 눈을 뜨게 하였고, 아들이 없던 최은함은 중생사의 관음에게 빌어 뒤늦게 아들을 얻게 되었다. 그밖에도 고승 경흥이 병이 들었을 때에는 관음보살이 여인의 모습으로 나타나 재미있는 춤을 추어 병을 낫게 하였고, 낙산사의 토지를 관리하던 조신(調身)은 연모하던 여인과 맺어줄 것을 관음에게 기도한 끝에 그녀와의 혼인하여 살아가는 꿈을 꾸고 인생의 무상함을 깨달아 출가하여 수행하였다고 한다.

이와 같은 현실구제 이외에도 관음보살이 염불수행자들의 극락왕생을 도와주는 사례도 나타나는데, 노힐부득과 달달박박의 성불을 도와주기 위해 나타난 처녀와 광덕과 엄장을 도와 염불수행을 격려한 광덕의 처는 관음보살의 화현이었다고 전해지고 있다. 이는 아미타신앙에서 관음보살이 아미타불의 협시보살로서 염불자들의 극락왕생을 인도하는 역할을 담당한 것을 신앙의 사례로 구체화한 것이라고 할 수 있다. 한편 관음이 신라 땅에 머무르고 있다는 신앙의 모습도 나타났는데, 의상이 관음의 진신(眞身)을 만나기 위하여 낙산에 찾아가 간절한 기도 끝에 관음보살을 친견할 수 있었다는 이야기가 널리 유포되었다.

이상에서 살펴본 것처럼 아미타신앙과 관음신앙은 각기 죽은 사람의 극락왕생과 현실에서의 어려움 구제를 위한 신앙으로 역할을 달리하면서 널리 신앙되었는데 문무왕이 동생의 무사 귀환을 위하여 처음에는 관음도량을 열었다가 죽고 난 뒤에는 이를 미타도량으로 바꾸었던 것에서 알 수 있듯 서로 상보적인 관계를 가지고 있었다.

2) 화엄종의 대두와 신앙 활동

신라 하대에 들어 일반인들 뿐 아니라 승려들 사이에서도 학문적 연구보다 실천 신앙에 집중하는 흐름이 나타났다. 이들은 특정한 경전이나 불보살에 대한 신앙을 절대시하면서 그러한 신앙에만 집중하는 신앙 집단을 형성하였다. 이러한 흐름은 의상의 가르침을 계승하는 승려들 사이에서 먼저 나타났는데, 이들이 발전하여 후대에 화엄종이라 불리는 종파가 형성되었다.

통일신라 시기 승려들이 다양한 불교 이론을 공부하고 여러 경전에 주석을 붙인 것과 달리 의상의 문도들은 화엄학만을 공부하면서 다른 불교 이론들에는 별다른 관심을 보이지 않았고, 그들이 지은 저술들도 대부분 『화엄경』과 관련된 것들이었다. 이는 의상의 문도들이 의상의 가르침을 따라서 불교 사상을 종합적으로 연구하기보다 『화엄경』과 그에 기초한 화엄학의 가르침을 이해하고 실천하는데 집중하였기 때문이다. 의상은 문도들에게 오직 『화엄경』의 내용만을 가르치고 다른 경전의 내용은 가르치지 않았다. 의상은 『화엄경』 안에 부처님의 모든 가르침과 불교의 모든 진리가 들어 있으므로 『화엄경』만 공부하면 충분하다고 생각하였다. 의상이 보기에 『화엄경』은 불교의 근본 경전이고, 다른 경전들은 이 『화엄경』에서 비롯된 부차적인 가르침이었다. 다른 경전의 가르침으로는 완전한 깨달음에 이르지 못하고 오로지 『화엄경』의 가르침에 의해서만 부처의 경지에 이를 수 있다고 하였다.

의상이 문도들과 수행하였던 부석사(국가유산청)

의상의 문도들은 또한 다른 학파는 물론 중국의 화엄학자들에게서도 보이지 않는 자신들만의 독자적인 이론들을 발전시키기도 하였다. 구체적으로 외부의 부처가 아니라 현재 자기 안에 있는 부처야말로 자신을 구제할 수 있는 부처이므로 자기 안의 부처에게 예배해야 한다는 자체불(自體佛) 이론, 화엄학 이외의 다른 불교의 가르침으로는 완전한 최상의 깨달음에 이를 수 없으므로 설혹 다른 가르침으로 부처의 경지에 이르렀다고 하여도 거기에서 다시 화엄의 가르침으로 전향해야 한다는 극과회심(極果廻心) 이론, 그리고 부처의 깨달음을 여러 차원으로 나누어 설명한 5중해인(五重海印) 이론 등 다른 곳에서 볼 수 없는 독특한 이론들을 전개하였다. 이처럼 의상의 문도들이 자신들만의 독특한 이론을 발전시킨 것은 다른 학파와의 교류보다 의상의 사상을 토대로 자신들만의 고유한 사상 체계를 수립하는데 중점을 두었기 때문으로 생각되고 있다.

의상의 문도들은 대중적 신앙에 있어서도 화엄사상에 의거한 아미타신앙과 관음신앙을 선양하였다. 의상계의 아미타신앙에서는 서방 극락세계로 왕생하는 것이 최종 목적이 아니라 그곳에서 불퇴전(不退轉, 수행에서 물러남이 없음)을 얻어 수행하여 화엄의 이상세계인 연화장세계(蓮華藏世界)로 나아가는 것을 궁극적 이상으로 하였다. 의상의 스승인 지엄은 임종할 때에 제자들에게 "이 내 몸은 인연에 따라 생긴 것으로 자성(自性)이 없다. 이제 잠시 서방정토에 머무르다 뒤에 연화장세계에 노닐 것이다. 너희들도 나를 따라 같은 생각을 가지라"고 유언하여 연화장세계와 상즉상입하는 세계로서의 서방 극락세계를 제시하였는데, 의상 역시 그러한 화엄적 아미타신앙을 선양하였다. 이는 그가 창건한 부석사의 본존으로 아미타불을 모신 것에서도 잘 나타나고 있다.

의상의 문도들은 의상이 관음을 만나기 위하여 동해안의 낙산에 찾아가 갖은 고행 끝에 관음보살의 진신을 친견하고 낙산사를 창건하였고, 관음신앙을 아미타신앙과 연결시킨 『백화도량발원문(白花道場發願文)』을 지어 문도들에게 전해주었다고 하였다. 하지만 의상의 행적 중에 동해안 낙산에 간 사실은 확인되지 않으며, 『백화도량발원문』 내용으로 볼 때 의상 본인이 아닌 후대인이 그의 사상에 기초하여 저술한 것으로 여겨지고 있다. 낙산에서 관음보살을 친견하였다는 것은 『화엄경』에서 관음보살이 해안가 보타락산(=백화산)에 상주하고 있다고 이야기한데서 영향 받은 것으로 의상계의 관음신앙이 화엄사상에 기초한 것임을 보여준다. 화엄사상에서의 관음보살은 현실의 어려움을 구제해주거나 극락왕생을 돕는 역할보다도 수행자를 깨달음으로 인도하는 존재로 나타나는데 의상계의 관음신앙은 이러한 구도자적 신앙이라고 할 수 있다.

신라 하대에 의상계의 위상이 점차 확대되면서 화엄종의 가르침은 일반인들에게도 퍼져갔는데, 그러한 과정에서 단순하고 대중적인 화엄신중 신앙이 출현하였다. 이는 『화엄경』에 나오는 40 종류의 호법 신중(神衆)과 구도자들을 돕는 53명의 선지식(善知識), 그리고 『화엄경』 39품의 이름 등을 외우며 기도함으로써 재난을 피하고 복을 빌고자 하는 것인데, 『화엄경』을 절대시하는 신라 화엄종의 성향이 잘 드러난 신앙이라고 할 수 있다. 신라 말에는 이러한 『화엄경』의 신중과 선지식, 각 품의 이름 등을 나열한 문헌들이 다수 만들어졌고, 이들은 『화엄신중경(華嚴神衆經)』이라고 불리며 고려시대까지도 화엄종에서 널리 유통되었다.

3) 진표계의 점찰계법과 미륵신앙

의상계의 화엄종과 비슷한 시기에 대두된 신앙집단으로 진표(眞表)의 문도들이 있다. 진표는 벽골군(지금의 김제군 지역) 출신으로 어려서 출가하여 금산사 순제(順濟)

법사의 문하에서 『사미계법(沙彌戒法)』과 『점찰선악업보경(占察善惡業報經)』, 『공양차제법(供養次第法)』 등을 공부하였다. 『사미계법』은 정식 승려가 아닌 일반 신자들이 지켜야할 기본적인 계율, 『점찰선악업보경』은 전생의 업보를 확인하고 참회 수행을 통해 깨달음을 추구하는 점찰법에 관한 경전, 『공양차제법』은 밀교 경전인 『대일경』의 일부로서 밀교의 수행 의례에 관한 경전이다. 진표는 이러한 문헌들을 토대로 계법을 중시하면서 점찰법과 밀교적 기도를 결합한 독자적인 수행을 실천하였던 것으로 보인다.

이후 진표는 미륵으로부터 직접 점찰계법을 전수받기 위하여 변산반도의 불사의방(不思議房)에 들어가 간절한 참회수행을 시작하였다. 전기에 의하면 온몸을 돌에 부딪치고 마지막에는 몸을 바위 아래로 던지는 치열한 수행을 통하여 지장보살로부터 가사와 발우를 받았다. 하지만 이에 그치지 않고 직접 미륵을 만나기를 서원하고 더욱 간절히 수행한 끝에 미륵으로부터 올바른 점찰법을 실행하기 위한 계법과 점을 치는 간자(簡子, 나무쪽)를 받았는데, 간자 189개중 제8과 제9의 두 간자는 미륵의 손가락 뼈로 만든 것이었다고 한다. 이후 진표는 산에서 내려와 미륵에게 받은 계법에 의거한 점찰법을 시행하여 많은 사람들을 교화하였다. 출가했던 금산사에서 교화를 시작하여 얼마 후에는 속리산 지역에 가서 교화하였고, 다시 동해안으로 옮겨 계법을 퍼뜨리고 금강산에 발연사를 창건하였다. 이러한 진표의 명성이 알려지자 왕실에서도 그의 신

진표의 문도들이 창건한 법주사(좌)와 동화사(우)의 미륵보살상(국가유산청)

앙 활동을 주목하게 되었다. 경덕왕은 그를 궁궐로 초청하여 직접 보살계를 받고 많은 재물을 희사하였고, 진표의 제자 영심(永深)의 문하에 출가하여 동화사를 창건한 심지(心地)는 헌덕왕의 아들이었다고 전해진다.

진표 이후 영심을 비롯한 제자들은 점찰법을 계승하여 여러 지역에 사찰을 세우고 교화를 펼쳐나갔다. 그런데 진표가 직접 교화를 펼친 지역 그리고 진표의 교화가 적극적으로 받아들여졌던 지역은 대개 과거 옛 신라의 외곽 지역이었다. 진표의 불교 역시 당시 중앙의 불교에서 볼 때에는 세련되지 못한 원초적인 신앙의 모습이라고 할 수 있지만, 오히려 그러한 모습이 외곽 지역에 그의 교화가 널리 퍼질 수 있는 원인이었다고도 볼 수 있다. 또한 진표의 점찰법에는 육체의 고통을 감내하는 참회행과 지옥의 중생까지도 구제한다고 하는 지장보살의 서원 등이 나타나는데 이러한 내용들이 하층 민중들에게 적극적으로 받아들여졌던 것으로 보인다. 진표가 동해안에서 교화할 때 바다 속으로 들어가 물고기들에게 계법을 주었고, 후일 동해안 지역이 기근이 들었을 때 물고기들이 물 위로 떠올라 사람들이 굶주림을 면하게 되었다고 하는 설화가 전하는데, 이 역시 진표의 교화가 이전에 불교의 교화가 미치지 못하던 하층 민중들에게 적극적으로 받아들여졌음을 상징하는 것으로 해석되고 있다.

9세기 이후 진표 신앙의 계승 모습은 자세히 알려져 있지 않다. 하지만 진표와 그의 제자들에 의해 창건된 사찰들이 고려시대에 유식학을 전공하는 법상종의 주요 사찰들로 나타나고 있는 것으로 보아 진표의 가르침은 유식학의 흐름과 합류하였던 것으로 생각된다. 유식학은 도솔천에 있는 미륵이 가르쳐준 것이라고 이야기되고 있기 때문에 본래부터 미륵신앙과 긴밀한 관계를 맺고 있었다. 진표의 점찰법 역시 미륵에게서 직접 받은 계법을 신앙의 기반으로 하고 있던 것이 서로 합류할 수 있는 배경이 되었을 것이다. 신라하대에 교학불교가 쇠퇴하는 가운데 의상계의 화엄종이 점차 세력을 넓혀가자 그들과 경쟁 관계에 있던 유식학 승려들이 미륵신앙이라는 공통점을 매개로 진표의 문도들과 결합하여 화엄종에 맞설 수 있는 신앙 집단을 형성하였던 것이 아닌가 생각된다. 후삼국시기에 후고구려를 건국한 궁예가 스스로 미륵불을 자처한 것이 진표 미륵신앙을 계승한 것으로 해석되기도 하지만 궁예의 미륵신앙 내용이 자세하지 알려지지 않아서 양자가 실제로 관계를 가지고 있었는지는 알 수 없다.

| 4 | 신라 하대 선종의 전래와 수용

신라 하대 불교계에서의 가장 큰 변화는 선종의 수용이었다. 선종은 중국의 남북조 시대 후기에 시작된 가르침으로 경전에 의거한 이론적 가르침의 한계를 지적하면서 선(禪) 곧 명상 수행을 통하여 언어와 개념을 초월한 본래의 순수한 마음을 깨닫는 것을 강조하는 사상이었다. 선종 수행자들은 부처의 참된 가르침은 언어로는 전해질 수 없고 오직 마음을 통해서만 전할 수 있으며, 부처의 마음을 따라함으로써 스스로 부처와 같은 존재가 될 수 있다고 주장하였다. 선종의 가르침은 6세기 초에 남인도에서 들어온 보리달마에 의해 전해졌다고 하지만 7세기 초까지 중국에서 이를 따르는 사람들은 산속에서 수행하는 소수의 승려들에 국한되었다. 7세기 후반에 들어와 각지에서 유력한 선승들이 출현하면서 선종을 따르는 사람들이 많아졌고, 그에 따라 선종의 위상도 점차 높아져 갔다. 특히 7세기말 중국 남쪽 지방에서 활동한 혜능(慧能, 638-713)은 살아 있는 부처로 존경받으면서 그가 주창한 '자신의 마음의 본래 모습을 봄으로써 단번에 부처가 된다'는 돈오(頓悟)의 가르침이 단기간에 불교계 중요한 가르침으로 자리 잡았다. 9세기 이후에는 기존의 교학불교는 쇠퇴하고 대신 선종이 중국 불교계의 주류적 흐름이 되었다.

신라에 선종이 처음 전래된 것은 삼국시대 말기인 7세기 초였다. 중국에 유학하였던 법랑(法朗)과 신행(神行혹은 信行)이 선법을 배우고 돌아와 호거산과 지리산 등에서 선법을 펼쳤지만 큰 영향을 미치지는 못하였다. 하지만 9세기에 들어와 다수의 승려들이 중국에서 혜능 계통의 남종선(南宗禪)을 배우고 돌아오면서 짧은 기간에 주요한 흐름으로 자리 잡았다. 남종선을 처음으로 전한 도의(道義)는 중국에 40여 년간 유학하면서 남종선을 배우고 821년(헌덕왕 13)년에 귀국하였다. 그는 귀국 후 자신이 수학한 남종선을 널리 퍼뜨리고자 하였지만 성공하지 못하였다. 당시의 불교계에서는 경전의 권위를 인정하지 않는 선종의 가르침을 받아들이기 어려우 오히려 도의의 이야기를 황당무계한 마귀의 말[=마어(魔語)]라고 비난하며 배척하였다. 결국 도의는 설악산에 들어가 개인적으로 수행하면서 소수의 제자들에게 자신의 선법을 가르칠 수밖에 없었다. 하지만 얼마 후 남종선을 수학한 다수의 승려들이 잇달아 귀국하여 여러 지역에서 가르침을 펼치면서 상황이 변하였다.

중국에서 도의와 함께 공부하였던 홍척(洪陟)은 흥덕왕대(826-836) 초기에 귀국하여 지리산에서 선법을 펼쳤는데, 곧 명성이 널리 퍼져 왕궁에 초청되어 국왕에게 선법을 강의하였고, 얼마 후 왕실의 후원을 받아 지리산에 실상사를 창건하고 많은 제자들을 교화하였다. 혜소(惠昭, 774-850)는 830년(흥덕왕 5)에 귀국하여 처음에는 상주 지역에서 교화를 펼치다 따르는 사람들이 많아지자 지리산 화개곡으로 옮겨 옥천사(지금의 쌍계사)를 창건하였다. 왕실에서도 그의 교화에 주목하여 경주 황룡사의 승적에 넣어주는 우대 조치를 취하였다. 그밖에도 현욱(玄昱, 787-868), 혜철(慧徹, 785-861), 도윤(道允, 798-868), 무염(無染, 800-888), 범일(梵日, 810-887), 체징(體澄, 804-880) 등이 830년에서 840년대에 걸쳐 중국에 유학하고 돌아와 여러 지역에 산문을 개창하여 적극적인 교화를 펼쳤고 그 흐름은 제자들에게 이어져 계속 발전해 갔다. 짧은 기간에 이처럼 많은 선승들이 여러 지역에서 선법을 펼치면서 선종은 신라 불교계에 확실하게 정착되어 갔다.

한편으로 선종의 발전은 지방 세력의 성장과 궤를 같이하는 것이기도 하였다. 도의의 사례에서 보듯 수도 경주 지역에서는 기존의 교학 불교 세력이 강성하여 선종의 가르침이 자리 잡기 어려웠지만, 신라 하대에 새롭게 등장한 지방 세력가들은 새로운 사상인 선종에 호의적인 태도를 취하며 적극적으로 후원하였다. 이에 따라 경주를 제외한 전국 여러 지역, 특히 유력한 지방 세력이 있는 지역에 선종 사찰들이 발전하였고, 이들을 거점으로 하여 선종의 영향력이 널리 퍼지게 되었다.

진전사 도의선사 부도와 쌍계사 진감선사 탑비(국가유산청)

선종이 확대되면서 기존의 교학 불교는 상대적으로 위축되었다. 언어를 초월한 진리의 세계를 직

곡성 태안사 적인선사 부도

화순 쌍봉사 철감선사 부도

장흥 보림사 보조선사 부도

접 체험할 것을 주장하는 선종의 가르침이 널리 퍼지면서 경전의 가르침을 중시하는 교학 불교의 사상적 정당성이 흔들리게 되었고, 그에 따라 교학을 연마하던 승려들이 선으로 전향하는 사례가 다수 나타났다. 혜철, 도윤, 무염 등은 처음 의상계 화엄학을 수학하였지만 중국에 유학하여 선종을 배우고 귀국하여 선법의 홍포에 노력하였다. 그리고 이들의 활동에 영향 받아 처음에 화엄학을 공부하였던 절중, 행석, 개청, 여엄 등도 국내에서 유력 선사들의 문하에 들어가 선법을 수학하였다. 선종으로 전향한 교학승려 중 화엄학 특히 의상계 화엄학으로부터의 전향이 두드러지는데, 이는 다른 교학 불교들이 쇠퇴한 가운데 의상계 화엄학이 불교계의 주류적 흐름을 점하고 있던 상황을 반영하는 것으로 생각된다. 또한 외부의 부처가 아닌 자기 안의 부처를 중시하면서 명상 수행을 통해 이를 직접 체험할 것을 강조한 의상계의 사상이 선종의 사상과 상통하는 면이 있던 점도 화엄학을 배웠던 사람들이 선종을 쉽게 받아들일 수 있게 하였다고 생각되고 있다.

| 5 | 통일신라 불교의 지성사적 의미

신라에 의해 삼국의 통일이 이뤄지면서 사회는 크게 변하게 되었고 이러한 변화는 불교계에도 많은 영향을 미쳤다. 불교계에 나타난 가장 중요한 변화는 불교의 정치이념으로서의 역할이 축소되고 대신에 개인의 삶의 의미를 추구하는 측면이 강화되었다는 점이다. 즉 삼국시대의 불교가 왕실과 귀족을 중심으로 수용되면서 국가체제의 정비와 왕실의 권위를 높이기 위하여 불교사상을 이용한 측면이 많았던 반면 통일신라 사회에서는 불교의 철학적, 종교적 측면에 대한 관심이 증대하면서 세계에 대한 이해, 인생의 의미에 대한 성찰, 그리고 불교 신앙을 통한 대중들의 삶의 위안 등이 보다 중요한 역할을 담당하게 되었던 것이다.

이러한 상황 속에서 통일신라 불교계는 다양한 교학이론과 신앙체계가 출현하여 사상적으로 큰 발전을 이루었다. 중국에서 받아들인 대승불교의 이론을 심화시키는 한편 서로 배치되는 대승 교학들을 회통하고 융합하기 위한 새로운 사상체계를 마련하고자 하였다. 또한 깨달음과 종교적 구원을 얻을 수 있는 다양한 실천 수행의 방법들도 모색되었다. 이런 과정에서 원효와 의상, 경흥, 의적, 태현, 진표 같은 뛰어난 사상가들이 출현하여 불교 이론을 배경으로 하여 세계와 인간의 본질을 탐구하고 이를 설명하는 다양한 이론들을 발전시켰다. 누구나 부처가 될 수 있다는 대승불교의 이론에 대한 연구를 통해 인간의 본질과 한계, 그리고 이를 극복하는 방법 등이 활발하게 연구되었던 것이다.

한편으로 누구나 부처가 될 수 있다는 대승불교의 입장에서 일반 대중들이 신앙의 주체로 참여하면서 신분적 차별을 넘어서는 보편적인 인간에 대한 관심도 확대되었다. 원효와 의상은 수도의 큰 사찰을 떠나 변두리 마을이나 산속에서 신앙 활동을 하였고, 이들의 가르침을 받은 노비와 하층민들은 주체적으로 신앙과 수행에 적극적으로 나서 오히려 귀족과 지식인들의 모범이 되기도 하였다. 신분과 계급에 관계없이 불교를 통해 다수의 사람들이 사상과 신앙을 공유하면서 깊이 있게 교류하고 세계와 인간의 이상적 모습을 추구하였다. 이와 같이 통일신라 시기에 불교는 사회 구성원 다수를 위한 공통의 지혜와 지식의 기반으로 기능하였고, 이를 통해 신라 사회의 지성은 크게 심화되고 확대되었다. 이 시기에 확립된 사상과 신앙이 이후 한국 지성의 기본적 토대가 되었다고 볼 수 있을 것이다.

■ 참고문헌

고익진, 『한국고대불교사상사』, 동국대학교 출판부, 1989.

김상현, 『원효연구』, 민족사, 2000.

김상현, 『한국화엄사상사연구』, 민족사, 1991.

김영미, 『신라불교사상사연구』, 민족사, 1994.

남동신, 『원효의 발견』, 사회평론아카데미, 2022.

동국대불교문화연구원HK연구단(편), 『원효, 문헌과 사상의 신지평』, 동국대학교 출판부, 2020.

박광연, 「신라 진표의 미륵신앙 재고찰」, 『불교학연구』 37, 불교학연구회, 2013.

박광연, 「진표의 점찰법회와 밀교 수용」, 『한국사상사학』 26, 한국사상사학회, 2006.

박광연, 『신라법화사상사연구』, 혜안, 2013.

박미선, 『신라 점찰법회와 신라인의 업·윤회 인식』, 한국연구원, 2013.

사토 아츠시, 「의상계 화엄학파의 사상과 신라 불교에서의 위상」, 『보조사상』 16, 보조사상연구원, 2001.

신라 천년의 역사와 문화 편찬위원회(편), 『신라 불교계의 새로운 동향과 선종』, 경상북도, 2016.

옥영정, 『신라시대 밀교경전의 유통과 그 영향』, 숙명여대 박사학위논문, 2017.

이만, 『한국유식사상사』, 장경각, 2000.

이부키 아츠시, 최연식(역), 『새롭게 다시 쓰는 중국 선의 역사』, 씨아이알, 2011.

이시이 코세이, 최연식(역), 『동아시아불교사』, 씨아이알, 2020.

전해주, 『의상화엄사상사연구』, 민족사, 1992.

정병삼, 『의상 화엄사상 연구』, 서울대학교출판부, 1998.

정병삼, 『한국불교사』, 푸른역사, 2020.

정영근, 『원측의 유식철학』, 서울대 박사학위논문, 1994.

조범환, 『나말여초 남종선 연구』, 일조각, 2013.

최병헌(편), 『한국불교사연구입문』, 지식산업사, 2013.

최연식, 「『화엄경문답』과 『일승법계도』를 통해 본 의상의 화엄경 인식」, 『한국사상사학』 49, 한국사상사학회, 2015.

최연식, 「8세기 신라 불교의 동향과 동아시아 불교계」, 『불교학연구』 12, 불교학연구회, 2005.

최연식, 「의상 연구의 현황과 과제」, 『한국사상사학』 19, 한국사상사학회, 2002.

최연식, 「통일신라시기 화엄학의 성격과 위상」, 『역사비평』 128, 역사문제연구소, 2019.

키츠카와 도모아키, 「원측사상의 재검토와 과제」, 『보조사상』 16, 보조사상연구원, 2001.

제5장

불교 지성의 전개와 변용

김철웅(단국대학교 교수)

1. 고려 사회와 불교
2. 불교 사상의 융화
3. 불교계의 혁신 운동
4. 대장경의 조성
5. 불교의 위기

| 1 | 고려 사회와 불교

1) 고려 태조와 불교

삼국시대에 들어온 불교는 고려시대에 들어 더욱 융성하였다. 불교는 왕실을 물론 일반 백성에 이르기까지 깊은 영향을 주었다. 태조 왕건은 고려의 대업이 부처가 도와준 덕분이라고 할 정도였다. 태조는 개경에 10개의 대찰을 건립하였으며, 승려를 존숭하여 최상위에 왕사와 국사를 두었다. 이들은 '왕의 스승', '나라의 스승'으로 온 백성의 존경을 받았다. 수도 개경에는 국왕과 귀족들에 의해 많은 사찰들이 세워졌다. 개경 일대에는 무려 70여 개의 절들이 들어서 있었다.

고려는 태조 왕건 때부터 불교를 우대하고 보호하는 정책을 폈다. 태조는 죽음에 임박해서 후대 왕에게 열 조목에 이르는 유언을 남겼는데, 이를 「훈요십조」라고 한다. 「훈요십조」의 각 조항에는 말미에 '마음에 간직하라'는 문구가 있다. 「훈요」를 후대 왕이 잘 간직하여 통치의 지침으로 삼으라는 뜻으로 태조가 이 말을 각 조항마다 둔 것이라 여겨진다. 고려 사람들에게 "태조 유훈"으로 불린 「훈요십조」를 통해 고려의 신앙·사상·정책 등을 가늠할 수 있다.

「훈요십조」의 첫 번째와 두 번째, 그리고 여섯 째 조항이 불교에 대한 것이다. 첫째 조항에서 "우리 나라의 왕업(王業)은 부처의 보호에 힘입은 것이다. 그러므로 절을 창건하여 주지를 뽑아 보내어 불법을 닦게 하라."고 하였다. 두 번째 조항에서는 "모든 절은 도선(道詵)이 터를 잡아 정한 것 이외에는 함부로 짓는다면 지덕(地德)을 손상시켜서 왕업이 길지 못할 것이다. 후세에 후비와 신하들이 각각 원당(願堂)이라 하여 더 짓는다면 근심되는 일이다. 신라 말에 다투어 절을 지어 지덕을 손상시켜서 망하기에 이르렀으니 경계하지 않을 수 있겠는가."라고 하였다. 고려가 불교를 잘 신봉하여 부처의 도움에 의해 건국되고 통일을 이룰 수 있었다고 말하고 있지만, 한편으로는 사찰이 무분별하게 창건되는 것을 경계하고 있다. 여섯 째 조항은 국가행사로서 가장 중요한 것이 연등회와 팔관회임을 강조하였다. 태조는, "짐이 지극히 원하는 바는 연등회와 팔관회에 있다. 연등회는 부처를 섬기는 것이며, 팔관회는 하늘과 오악, 명산, 대천과 용신을 섬기는 것이다. 후세에 간사한 신하가 더하고 빼기를 권하는 자가 있거든 반드시 그것을 금지하라. 나는 그 날에 신하와 함께 즐거워하였으니 마땅히 삼가 이에 의하여 행하라."고 후대의 왕들에게 당부하였다. 태조의 유언대로 연등회와 팔관회는 고려의 가장 대표적인 국가 행사였다.

고려 태조 현릉(국립중앙박물관)

2) 연등회와 팔관회

연등회는 불교에서 연유한 행사였다. 불교에서는 불전에 등을 밝히는 등(燈) 공양을 향(香) 공양과 함께 매우 중요하게 여겼다. 『법화경』에는 등 공양의 공덕이 무량한 것이라고 하였다. 그리고 연등은 불교 의식에서 행해지는 공양 행사 중의 하나였다. 등을 공양한다는 것은 등불을 비추어 번뇌와 무지로 가득 찬 어두운 세계를 밝히며, 나아가 마음을 맑고 바르게 하여 부처에게 귀의한다는 의미를 가지고 있었다. 등불을 밝히는 것이 곧 연등이고, 연등을 보면서 마음을 밝히는 것을 간등(看燈), 관등(觀燈)이라 하였다.

고려의 연등은 주로 정월 보름 혹은 2월 보름, 사월 초파일에 있었다. 특히 정월 보름의 연등은 상원연등이라 하여 매우 중요하게 여겨졌다. 그런데 연등회는 불교 행사이긴 하지만 엄숙한 종교적 분위기가 느껴지지 않는 온 나라의 축제이기도 하였다. 연등일이 되면 대궐 안에 많은 등을 걸어 놓고 술과 다과를 차려놓았으며, 음악과 춤, 놀이가 진행되는 가운데 왕과 신하들이 함께 하나가 되어 즐겼다. 문종은 연등회에서 55명의 무희가 한 조가 되어 왕모대가무를 추게 하였는데, 이들은 군왕 만세 혹은 천하태평이라는 글자 모양을 만들어 춤을 추었다. 문종 21년(1067) 정월에 있었던 연등회는 그 어느 때보다도 화려하였다. 흥왕사에서 5일 밤낮에 걸쳐 열렸는데, 개경과 그 부근의 다섯 주(州)와 강화·장단 고을의 백성을 동원하여 대궐 뜰에서 흥왕사까지 채붕을 얽어 연달아 늘어놓게 하였다. 그리고 길가의 좌우에는 등불을 매달아 놓게 하였는데, 그 불빛이 낮과 같았다고 한다.

팔관회는 삼국시대부터 개최되었다. 신라의 경우 첫 팔관회는 진흥왕 12년(551)에 있었다. 거칠부가 혜량법사를 고구려에서 모셔 왔는데, 진흥왕은 혜량을 승통으로 삼고 처음으로 백좌강회와 팔관회법을 설치하였다. 그리고 진흥왕 33년(572) 10월에는 전사한 장병을 위하여 팔관회를 7일 동안 열었다. 한편 자장은 신인(神人)이 나타나 "황룡사 구층탑을 세우면 나라가 이로우니 탑을 세운 뒤에 팔관회를 베풀고 죄인을 구하면 외적이 해치지 못한다."고 하자 탑을 세운 다음 팔관회를 열었다. 이처럼 신라의 팔관회는 호국적인 성격의 행사였다.

고려의 팔관회는 태조 1년(918) 11월부터 시작되었다. 이때 태조는 팔관회를 '부처를 공양하고 신을 즐겁게 하는 모임[공불낙신지회(供佛樂神之會)]'이라고 하였다. 그리고 「훈요십조」에서 태조는 고려의 팔관회가 "천령(天靈)과 오악(五嶽), 명산대천(名山大川)과 용신(龍神)"을 섬기는 것이라고 하였다. 이처럼 고려의 팔관회는 불교 행사였을 뿐만이 아니라 불교를 비롯한 천신, 산천신, 용신 등을 포괄하는 다신적인 성격의 의례였다. 그리고 신라 때에 호국을 위한 불교 행사로 거행된 것이 고려에 와서는 군신 간의 화합을 위한 축제의 성격도 띠게 되었다. 팔관회는 개경에서는 11월에, 서경에서는 10월에 열렸는데, 관리들에게는 전후 3일간의 휴가가 주어졌다. 개경의 팔관회는 소회일(小會日)과 대회일(大會日)로 나누어 거행되었다. 대회 전날인 소회일에 신하들은 국왕에게 하례하고 장수를 축원하였으며, 지방 관리들은 선물로 지방의 특산물을 보냈다. 이러한 행사는 춤과 노래가 곁들여 진행되었다. 대회일에도 신하들은 국왕에게 장수를 기원하였으

연등회(국가유산청)

며, 팔관회 행사에 외국 사신이나 상인도 참여하여 국왕에게 축하 선물을 바쳤다. 팔관회날에는 연등회 날과 마찬가지로 윤등(輪燈)과 향등(香燈)을 설치하였다. 이것은 땅에 광명과 향기가 가득하도록 기원하는 의미였다. 그리고 높이 50척이 되는 연화대 모양의 누각을 설치하였다. 여기에서 갖가지의 놀이와 노래, 춤을 벌여 군신이 함께 축제를 벌였다.

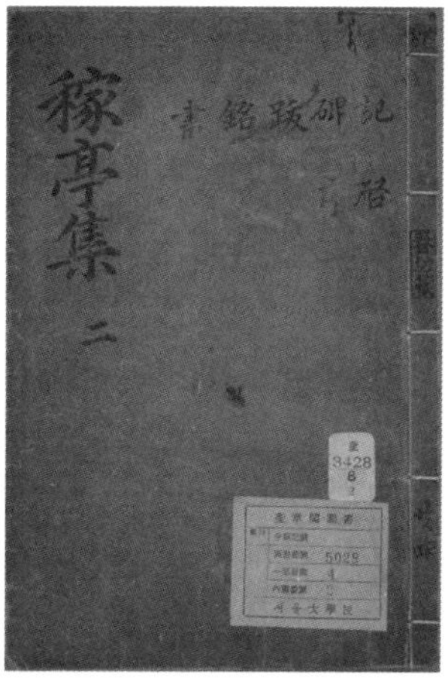

이곡의 『가정집』
(한국민족문화대백과사전)

요컨대 연등회와 팔관회는 고려의 대표적인 불교 행사였으며 국왕과 신하, 일반 백성이 참여하는 거국적인 축제였다. 연등회와 팔관회 행사에서는 연등을 통해 불심을 다져 마음을 정화하는 계기를 마련하는 자리였고, 그날에 베풀어진 놀이는 백성들이 하나가 되는 역할을 하였다.

3) 불교와 여러 사상의 병존

수도 개경은 물론이고 지방 곳곳에 많은 절과 탑이 세워져 고려는 불교 왕국이라고 불릴 정도의 면모를 보여주었다. 고려 국왕들은 유명한 승려에게 국사, 또는 왕사라는 칭호를 주어 나라와 왕의 스승으로 대우하였다. 승려들은 승과라는 과거를 보아 관료들처럼 승계를 받았으며, 사람들에게 매우 존경을 받았다. 불교의 위상이 높았기 때문에 많은 이들이 승려가 되기를 원하였는데, 왕자들도 승려가 되기를 주저하지 않았다. 그리고 귀족 가문의 자손으로서 승려가 된 이들은 이루 말할 수 없었다. 이렇게 왕자에서 귀족의 자제들에 이르기까지 승려가 되고자 했던 것은 불교가 매우 존중받고 있었기 때문이다. 고려후기에 활동했던 이곡(李穀, 1298~1351)은, "우리나라에서 불교를 섬기는 것이 독실하여 지혜 있거나 어리석거나 늙은이나 어린이나 할 것 없이 모두 부처님이 있는 줄 알아서 근심하고 어려울 때나 걸핏하면 부처님을 부르고, 부처님이 아니면 하루라도 세상이 없는 것 같이 하니 사찰이 서로 바라보일 지경이어서 거의 사람 사는 집의 반이나 되는 것 같다."고 불교의 융성함을 표현하였다. 그런데 고려시대에는 불교, 유교 등 여러 사상이 서로 충돌하지 않고 각자의 역할에 충실하였다. 이러한 방향은 이미 고려 건국 초기부터 제시되어 있었는데, 『보한집』에 실려 있는 고려 태조 왕건과 최응의 대화는 그 사실을 잘 보여주고 있다.

태조는 불교와 풍수지리설을 우대하고 있었다. 이에 유학자로 측근이었던 최응(崔凝, 898~932)은 "비록 전시라고 하더라도 임금은 반드시 학문을 닦아야 하며, 불교나 풍수설로 천하를 얻었다는 말을 듣지 못했습니다."라고 불만을 나타내었다. 이에 대해 태조는 "그 말을 어찌 모르겠는가. 지금 전쟁이 그치지 않아 백성들이 두려워하여 어찌 할 바를 모른다. 그래서 불교나 산천의 은밀한 도움이 있을까 하는 생각에서 그랬을 뿐이지 어찌 이것들로 나라와 백성을 다스리는 법으로 삼겠는가. 난이 진정되면 풍속을 바꾸고 유교로 교화를 할 수 있을 것이다."라고 하였다. 태조와 최응의 대화는 후삼국이라는 혼란기에 고려의 사상 정책에 있어 불교와 유교의 역할을 두고 벌인 진지한 대화였다. 후삼국이라는 혼란 상황에서 여러 사상을 인정하는 가운데 고려의 통치 이념은 유교가 되어야 함을 군신 간에 서로 인정하고 있었다.

한편 성종 때의 유학자인 최승로는 불교와 유교를 비교하여, "불교는 수신(修身)의 근본이요, 유교는 치국(治國)의 근원입니다. 수신은 내생(來生)을 위한 것이고, 치국은 지금의 긴요한 임무입니다."라고 하였다. 최승로는 불교와 유교의 역할을 구별 지으며, 정치의 토대는 유교가 되어야 한다고 주장하였다. 그리하여 유교는 고려의 정치사상으로 정착하여 중요한 역할을 하였다. 그리고 최승로는 '삼교(三教)의 소업(所業)'에 대해서도 언급하였는데 그 말에서도 알 수 있듯이 고려시대에는 불교와 유교, 도교, 그리고 풍수사상이 병존하며 제 나름대로 그 기능과 역할을 수행하였다.

| 2 | 불교 사상의 융화

1) 교종과 선종의 대립

태조는 「훈요십조」에서, "나라의 대업은 반드시 부처의 힘을 입어야 하니 선종과 교종의 사원을 창건하고 주지를 보내어 각기 다스리도록 하라"고 하였다. 고려시대에는 교종과 함께 선종도 크게 유행하고 있었다. 태조는 종파를 초월하여 선종뿐만 아니라 교종도 우대하였다. 그러나 교종과 선종의 대립, 그리고 교종 간의 충돌은 피할 수 없었다.

불교에서는 사람은 모두 불성을 가진 존재라고 주장한다. 따라서 모든 사람이 불성을 깨달아 해탈에 이를 수 있다고 한다. 이렇게 보면 불교에서 모든 사람은 동등한 존재가 된다. 그렇지만 석가모니처럼 깨달은 사람, 즉 부처(Buddha)가 되기는 거의 불가능하다. 대부분의 사람들은 번뇌에서 벗어나지 못한다. 그러나 사람들은 끊임없이 수행하여 해탈의 경지로 나아가고자 노력한다. 그리고 먼저 깨달은 부처의 말씀을 귀담아 듣는다. 즉, 이미 부처가 된 석가모니가 자신이 깨달은 진리를 중생들에게 전파하기 위해 경전을 남겼으므로 불교 경전을 학습하면 깨달음에 이를 수 있다고 여긴다. 이를 교종(敎宗)이라고 한다. 그러나 불경의 권위를 인정하지 않고 다만 석가모니의 수행 방법인 참선에 의해 진리를 체득할 수 있다고도 한다. 이를 선종(禪宗)이라 부른다. 선종은 6세기 초에 인도인으로서 중국에 들어온 달마 대사가 편안한 마음으로 벽을 바라보며 수행하여 깨달음을 얻게 되면서 시작되었다. 달마는 벽관(壁觀)으로 사람들에게 안심(安心)을 가르쳤다. 안심(安心)이란 마음을 집중함으로써 번뇌가 들어오지 못하도록 장벽같이 하여 온갖 인연과 망상을 끊고 청정한 본성으로 돌아간 상태를 말한다. 혜능(683~713)은 "문자에 입각하지 않으며 경전의 가르침 외에 따로 전하는 것이 있으니 사람의 마음으로 직접 터득하고, 본연의 품성을 보고 부처가 된다."라고 하였다. 그리고 마조도일(709~788)은 "타고난 마음이 곧 부처"라고 하였다.

혜능상매도(국립중앙박물관)

교종은 석가모니의 권위

를 존중하여 불경의 학습을 중시하므로 왕족이나 귀족의 취향에 맞았다. 반면 선종은 참선을 통한 개인적인 정신 세계를 존중하며 기존의 모든 권위를 부인한다. 선종에서는 "나를 만나면 나를 죽이고, 부처를 만나면 부처를 죽여라"고 가르친다. 이렇게 선종은 기존의 질서와 권위를 부정하는 데서 출발한다. 그래서 선종에서는 석가모니나 불경에 의하지 않고도 깨달을 수 있다고 주장한다. 즉 진리는 "문자로 기록될 수 없음[불립문자(不立文字)]"으로 "마음의 불성을 보고 도를 깨닫는다[견성오도(見性悟道)]"라고 하는 믿음을 가진다.

교종은 경전에 의거한 교리 해설을 중요시하기 때문에 문자에 대한 이해가 필요하다. 따라서 교종은 불교 경전의 수용과 맥을 같이 한다. 삼국시대에 원효를 비롯한 여러 고승들에 의해 주요 불교 경전이 주석됨으로써 불교 철학에 대한 이해가 가능하게 되었다. 이를 바탕으로 보덕의 열반종, 자장의 계율종, 원효의 법성종, 의상의 화엄종, 진표의 법상종 등이 성립하였다. 이중 교종을 대표한 것은 화엄종이었다. 통일신라시대에는 '화엄십찰'을 중심으로 화엄종이 성행하여 가장 강력한 영향력을 가지게 되었다. 그런데 신라 말에 이르러 관혜와 희랑에 의해 남악과 북악의 두 파로 대립하였다. 관혜는 후백제 견훤의 존경을 받았고, 희랑은 태조 왕건의 추숭을 받게 되었다. 남악파와 북악파의 두 갈래로 나누어졌던 화엄종은 광종 때에 이르러 균여(均如, 923~973)가 이 두 파의 대립을 지양하여 북악을 중심으로 화엄종을 통합하게 되었다.

2) 균여의 활동과 화엄사상

태조가 죽은 후 왕위는 혜종, 정종이 왕위를 이어갔다. 정종은 4년 만에 왕위를 친동생인 광종에게 물려주고 세상을 뜨게 되었다. 성종 때의 유학자 최승로는 광종에 대해, "훌륭한 풍모와 자질을 가졌으며, 즉위한 이후 8년 동안 정치가 태평했다."라고 높이 평가하였다. 그리고 이어서 "광종 11년부터 흉악한 자들이 일어나 현명한 사람은 용납되지 못하였고, 훌륭한 신하와 장수들은 잇따라 죽임을 당했다."라고 전혀 다른 평가를 내리고 있다. 광종은 고려의 통치 체제를 정비한 군주라는 긍정적인 면도 있지만, 왕권 강화를 위해 고려 건국과 후삼국 통일 과정에서 큰 공적을 세운 호족들을 냉

혹하게 살해했다는 부정적인 면도 가진 국왕이었다. 국왕이 자주 바뀌는 어수선한 정치 상황 속에서 즉위한 광종은 왕권의 안정을 최대 목표로 삼았다.

광종은 왕권 확립에 불교를 적절히 활용하였다. 광종은 봉은사를 창건하여 아버지 태조의 진전사원으로 삼았고, 이곳에서 연등회를 개최하였다. 이를 통해 광종은 왕권의 정통성을 확보하고자 하였다. 그리고 광종은 귀법사를 창건하여 균여를 주지로 삼았다. 귀법사에는 제위보가 설치되었으며, 다른 절에서 열리던 무차대회와 수륙회도 귀법사로 옮겨졌다. 빈민의 구제기관인 제위보, 그리고 널리 대중을 상대로 하여 공양을 베풀고 설법을 듣는 무차대회가 귀법사에 설치되었다는 것은 중요한 의미가 있다. 광종이 귀법사를 창건하여 제위보를 설치하고 무차대회를 개설한 것은 왕권을 적극적으로 성원해주는 지지 세력을 얻고, 이들을 유지하는데 주된 목적이 있었다고 이해된다. 광종은 불교 신앙을 왕권의 기틀을 다지는데 적극 활용하였던 것이다. 그리고 광종은 균여를 귀법사의 주지로 임명하고, 그곳에서 대중을 교화하고 불법을 널리 펴게 하였다.

화엄종 승려인 균여는 '성상융회(性相融會)'를 통해 화엄종과 법상종의 사상을 융합시키려고 하였다. 화엄종에서는 세계를 일즉일체(一卽一切)·일체즉일(一切則一)의 무한 관계를 갖는 것으로 설명한다. 부분은 곧 전체이고 전체는 곧 부분이라는 것이다. 그리고 화엄종은 일체의 천지 만물을 비로자나불의 현현(顯現)으로 보며, 그 자체로 진리의 본체라는 입장을 가지고 있었다. 이러한 입장에 따라 화엄종은 왕실과 지배층에 호응을 받았다. 그런데 균여의 화엄사상은 '성상융회'를 특징으로 하였다.

성상융회는 성과 상을 회통하자는 데 주안점이 있었다. 성은 본체를 말하며, 상은 현상을 가리킨다. 따라서 성상융회는 본체와 현상이 둘이 아니라는 의미이다. 이를 종파적인 의미로 보면 성은 화엄종을, 상은 법상종을 가리킨다. 즉, 성상융회 사상은 공(空)을 뜻하는 성(性)과 색(色)을 뜻하는 상(相)을 원만하게 융합시키는 이론으로서 화엄사상 속에 법상종의 사상을 융합해 교종 내의 대립을 해소시키기 위해 주창한 통합사상이었다. 균여의 성상융회 사상은 광종의 개혁을 사상적으로 뒷받침해 주었다. 성상융회 사상은 여러 종파를 하나로 융화시키듯이, 왕권이라는 구심점으로 모든 세력을 규합시키려는 정치적인 의도와 부합하였다.

3) 의천의 천태사상

고려에서는 교종과 함께 선종도 성행하였다. 선종은 이미 통일 이전에 신라에 들어왔으나 교종에 눌려 세력을 제대로 펼칠 수 없었다. 신라 하대로 접어들면서 선종은 새로이 대두하던 6두품 및 지방 호족 세력의 환영을 받았다. 6두품들은 선문(禪門) 개창에 앞장섰고, 호족은 복잡한 교리에 얽매이지 않고 심성의 도야에 치중하는 선종의 수양 방법에 매력을 느꼈다. 그리고 선종 자체가 혁신성을 띠고 있었기 때문에 기존 질서에 반대했던 6두품과 호족의 환영을 받을 수 있었다. 문자에 얽매이지 않고 직접 마음을 깨달아 부처가 되려는 입장을 표방한 선종은 자연히 교종과 대립적인 위치에 서 있었다. 신라 말에 선종이 본격적으로 성행하게 되면서 큰 세력을 형성하였다. 고려에 들어서도 선종은 유행하였다. 그리하여 선종과 교종은 서로 양립하여 대립하게 되었다. 태조 때부터 목종 때까지는 선종이 우세하였지만, 현종 이후부터는 화엄종을 비롯한 교종이 세력을 얻어 선종과 맞서게 되었다. 이후 선종과 교종의 대립은 더욱 심각해져 갔다. 대각국사 의천(1055~1101)은 불교 교단을 통합하고, 교·선의 대립을 해소하고자 하였다.

화엄종 승려였던 의천은 송(宋)나라에 들어가 중국의 모든 교파의 불법을 두루 섭렵하는 한편 천태교학에 몰두하였다. 천태종은 중국 불교 종파 중의 하나였다. 천태종은 수나라의 지의가 『법화경』을 중심으로 천태교학을 완성시킴으로써 비롯되었다. 의천은 종간에게 천태교학을 배운 뒤 고려에 천태종이 없음을 개탄하였고, 천태종의 완성자인 지의의 탑을 참배하면서 고려에서 천태교학을 펼칠 것을 맹세하였다. 고려로 귀국한 의천은 숙종 2년(1097)에 국청사의 주지로 취임하였는데, 이때부터 천태교학을 강의하였다. 국청사에는 천 명이 넘는 학승들이 모여

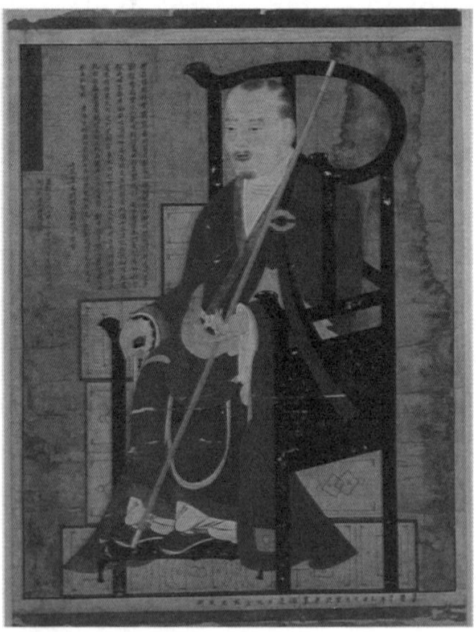

대각국사 진영(국가유산청)

들어 의천에게 배움을 구하였다. 2년 뒤에는 천태종 주관으로 처음으로 승선(僧選)을 행하였고, 숙종 6년(1101)에는 국가의 주관 아래 천태선(天台選)을 시행함으로써 비로소 천태종은 공인을 받은 종파가 되었다.

화엄종 승려였던 의천은 천태사상에 주목하였으며, 새로 천태종을 열었다. 그는 개경의 국청사를 중심으로 천태교학을 널리 전파하였다. 그리하여 의천은 고려의 불교 교단을 통합하고, 교·선을 융합하고자 하였다. 의천은 『법화경』의 회삼귀일사상(會三歸一思想)에 근거한 교관겸수(敎觀兼修)의 사상을 제창하였다.

의천은 원래 화엄종 계통의 승려였음에도 불구하고 천태교학을 열심히 연구하고 천태종을 개창하게 된 까닭은 천태종의 근본 사상인 일심삼관(一心三觀), 회삼귀일(會三歸一)의 교의로써 선·교의 화합을 이룰 수 있다고 보았기 때문이었다. 천태종에서는 진리를 파악하는 방법으로 세 가지 관법(觀法), 즉 공관(空觀)·가관(假觀)·중관(中觀)을 제시한다. 공관이란 사물에 실체가 없다고 보는 관점이다. 가관이란 현상세계 전체를 환상으로 보는 관점이다. 마지막으로 변증법적으로 통합하는 중관의 단계를 말한다. 이러한 삼관에는 대승불교의 중관사상과 유식사상을 회통 종합하려는 시도가 함축되어 있다. 그리고 일심삼관은 회삼귀일과 통한다. 일심이 곧 삼관이라면, 이는 곧 삼관이 하나라는 의미가 된다. 따라서 회삼귀일은 통합의 논리로 활용될 수 있었다. 그리고 의천은 교관겸수가 불교 수행의 바른 길이라고 하였다. 그는 교리체계인 교와 실천 수행법인 관을 함께 닦아야 한다고 주장하였다. 교만 닦고 선을 없애거나 선만 주장하고 교를 버리는 것은 완전한 불교가 되지 못한다고 하였다. 의천은 특히 선종의 '교외별전'에 비판적이었다. 그는, "고선(古禪)과 금선(今禪)이 차이가 있어서 옛날의 선은 교에 의거하여 선을 익히는 습선(習禪)이었는데, 금일의 선은 교를 여읜 설선(說禪)이 되어서 명목에 집착할 뿐 실을 잃고 있다."고 하면서 고성(古聖)의 순정한 도로 되돌아가야 한다고 하며 교관겸수를 주장하였다.

의천의 친형이자 당시 국왕이었던 숙종도 불교계의 통합을 바라고 있었다. 이에 의천은 숙종의 열렬한 지지를 받으면서 국청사를 천태종의 근본 도량으로 하여 천태교학을 전파하였다. 이에 당대의 신진 학승뿐 아니라 구산선문의 선종과 화엄종의 유능한 승려들도 대부분 천태종으로 오게 되었다. 의천이 노력한 결과 선종 승려 7·8할이

백련사 대웅보전(국가유산청)

천태종에 귀의하였다. 이렇게 하여 의천은 천태종을 중심으로 선·교 통합의 목적을 달성하였다. 그러나 의천이 죽은 뒤 불교계는 원래의 상태로 되돌아갔다. 결국 의천은 통합 노력은 일시적인 효과만을 보았던 것이다.

대각국사의 뒤를 이어 교웅과 덕소가 천태종을 발전시켰다. 특히 덕소는 문하에 1,200여 명의 제자를 배출하여 천태종의 세력을 크게 떨치게 했다. 그 뒤에 천태종을 다시 일으킨 인물은 요세였다. 그는 만덕산 백련사에서 천태종 중흥에 힘썼으며, 그의 결사에 참석한 사람들은 매일 『법화경』을 한 번 독송하고, 아미타불을 1만 번 불렀다고 한다. 요세의 뒤를 이은 천인과 천책 등은 백련사를 중심으로 하여 천태학을 전파하였다. 조선시대에 들어서도 천태종은 존속하였다. 그러나 천태종은 세종 6년(1424)에 조계종·총남종과 함께 선종이라는 이름으로 합쳐지고 말았다.

| 3 | 불교계의 혁신 운동

1) 고려의 결사 운동

현종대(1010~1031) 이후 고려의 불교계는 교종인 화엄종과 법상종이 주류를 이루고 있었다. 그런데 이 두 종파는 정치권과 밀착되어 있었다. 즉 화엄종에는 문종의 넷째 아들인 의천이, 법상종에는 대표적인 외척 가문인 경원이씨 출신의 소현이 중심이 되어 활동하고 있었다. 그리고 고려 중기에 이르러 선종이 귀족사회에 널리 퍼지게 되었다. 그리하여 교종 내 종파 간의 대립과 갈등, 그리고 교종과 선종 사이에도 교리적인 갈등이 심각하였다. 그런데 의천이 천태종을 창립하여 법상종과 선종을 포섭함으로써 불교계가 통합되는 듯하였다. 그러나 의천 사후에 각 종파는 곧 교세를 회복하더니 천태종, 화엄종, 법상종, 그리고 선종 등으로 나뉘어 다시 갈등의 골이 깊어지게 되었다. 이러한 불교계의 상황과 함께 무신란 이후 고려사회는 큰 변화와 혼란을 겪고 있었다. 무신란에 의한 왕권의 약화와 문신귀족의 몰락, 계속되는 무신 간의 권력 쟁탈전, 농민과 천민의 봉기, 그리고 몽골 침입 등으로 인해 고려사회는 매우 혼란스러웠다. 이에 개경 중심의 귀족불교에 대한 반성, 그리고 정치권과 결탁되어 타락해가는 불교계에 대한 비판, 그리고 불자들의 각성 등이 강하게 일어나고 있었다. 이러한 움직임은 신앙결사로 나타났는데, 그 가운데 대표적인 것이 선종의 수선사와 천태종의 백련사였다. 보조국사 지눌(知訥, 1158~1210)은 명종 20년(1190)에 팔공산 거조사에서 신앙결사인 정혜사를 결성하였다. 이후 정혜사는 수선사로 개칭하였다가 고려말에 송광사가 되었다. 현재 송광사는 승보(僧寶) 사찰이라 하여 매우 중요하게 여겨지고 있다. 이렇게 된 데는 지눌이 추진한 결사운동의 영향이 컸기 때문이다. 그리고 고종 3년(1216)에는 천태종 승려인 요세가 강진 만덕산에서 불교에 대한 자각과 반성을 촉구하며 백련결사를 결성하였다. 이 결사에는 집권층 뿐만이 아니라 일반 백성들도 많이 참여하였다. 이처럼 지눌과 요세가 불교 혁신을 부르짖으며 펼친 결사 운동은 많은 사람의 호응을 받았다.

2) 지눌의 수선결사

수선사를 창립한 지눌은 대선사 종휘에게 출가해 승려가 되었다. 지눌은 명종 12년(1182)에 개경 보제사에서 있었던 담선법회에 참석하였다가, 같이 공부한 10여 명과 함께 산속에 들어가 정혜(定慧)를 닦는 결사를 만들자고 맹세하였다. 이해에 승과에 합격한 지눌은 남쪽 지방을 돌아다니며 수도에 전념하였다. 명종 18년(1188), 결사를 맹세하였던 동료들이 거조사로 지눌을 초청하였다. 마침내 명종 20년에 거조사에서 정혜사를 결성하고 「정혜결사문」을 작성하여 배포하였다. 이 글에서 지눌은 "우리들

순천 송광사 지눌 영정(국가유산청)

이 행한 자취를 돌이켜보건대 불법(佛法)을 빙자하여 나를 꾸미고 이로운 길만 찾는다. 또한 속세에 빠져 도덕은 닦지 않고 옷과 밥만 허비하니 비록 다시 출가한들 무슨 공덕이 있겠는가"라고 하여 세속적으로 변질된 불교계의 부패를 비판하였다. 지눌의 결사는 불교계를 쇄신하고자 하는 운동이었던 것이다. 그리고 이 결사문에서 지눌은 마음을 바로 닦음으로써 미혹한 중생도 부처가 될 수 있음을 천명하였다. 지눌은 그 방법으로 정(定 : 참선)과 혜(慧 : 교학)를 함께 닦는 '정혜쌍수'를 제시하였다. 지눌은 정과 혜, 이 두 가지가 한마음 위에 통일되어 늘 균형을 지녀야 된다고 보았다. 이것은 부처의 가르침이 선·교 양종으로 분열되어 시비를 일삼고 있던 불교계, 그리고 정과 혜로 나누어 대립하던 수행법에 대한 반성을 촉구하는 것이었다. 이렇듯 지눌의 결사는 불교 수행의 핵심을 이루는 정과 혜를 함께 닦자는 실천 운동이었다. 이 정혜쌍수의 바탕이 되는 것이 돈오점수(頓悟漸修)였다.

돈오점수란 자신의 본마음인 진심 혹은 불성을 단번에 깨달은 후에 이를 계속 유지시키기 위해서는 점차적으로 마음의 번뇌를 제거해 가는 수행의 노력이 뒤따라야 한다는 것이다. 돈오점수는 깨침에 의거하여 점차로 닦아 나간다는 선오후수(先悟後修)이다. 지눌은 돈오에 대해, "범부(凡夫)가 미혹했을 때, 사대(四大)를 몸이라고 하고 망상을 마음이라 하여, 제 성품이 참 법신임을 알지 못하여 마음 밖에서 부처를 찾아 헤매다가 갑자기 선지식(善知識)의 지시로 바른 길에 들어가 한 생각에 빛을 돌이켜 제 본성을 보면 번뇌 없는 지혜의 성품이 본래부터 스스로 갖추어져 있어 모든 부처님과 털끝만큼도 다르지 않음을 아니 그 때문에 돈오라 한다."라고 하였다. 그리고 점수는, "비록 본래의 성품이 부처와 다르지 않음을 깨달았으나 오랫동안의 습기(習氣)는 버리기 어려우므로 깨달음에 의해 닦아 차츰 익혀 공(功)이 이루어져 성인(聖人)의 태(台)를 길러 오랫동안 지나 성인이 되므로 점수라 한다."고 하였다. 돈오는 부처의 성품을 지닌 자신의 본래 면목을 모르고 번뇌와 망상 가운데 번민하고 방황하는 범부가 선지식의 깨우침을 받아 꿈에서 깨어나듯 자신의 본성을 자각하는 체험이다. 그러나 번뇌가 끝내 실체가 없고 공(空)한 것임을 돈오를 통해 깨달았다고 하더라도 우리 마음에는 깨닫기 이전에 오랫동안 쌓여온 번뇌의 장벽이 너무 두터워 한순간의 깨달음으로는 완전한 해탈을 이룰 수 없으므로 이러한 깨달음에도 여전히 자신의 마음을 괴롭히는 온갖 번뇌를 퇴치하려는 오랜 점진적 수행의 과정이 뒤따라야 한다는 것이다. 이러한 돈오점수에 입각해 지눌은 정혜쌍수의 법을 세워 화엄과 선이 근본에 있어 둘이 아니라고 하였다.

당시 불교계는 선종과 교종의 대립이 심각하였다. 선종에서는 교(教) 밖에 따로 전하는 교외별전(教外別傳)을 주장하면서 경전의 문자와 이론을 무시하였다. 그리고 교종에서는 경전 법문만이 부처의 참된 가르침일 뿐 선(禪)은 중국에서 성립된 한 종파에 불과하다고 하여 정통 불교로 인정하지 않았다. 이렇게 양측은 서로의 우열을 논하면서 갈등하였다. 이에 지눌은 선과 교가 모두 부처로부터 비롯된 것인데 어찌 서로 담을 쌓고 있는가라고 염려하였다. 그리하여 선과 교의 근원을 밝히기 위해 대장경을 열람하며 교학과 선법이 합치하는 말을 찾고자 노력하였다. 그러던 중 『화엄경』에서, "여래의 지혜가 중생의 몸 가운데 있건만 어리석은 범부는 스스로 알지 못하도다."라는 구절에 이르러 크게 깨닫게 되었다. 지눌은 "부처의 말씀이 교가 되고 조사(祖師)께서 마음으로 전한 것이 선이 되었으니, 부처와 조사의 말씀과 마음이 서로 어긋나지 않거늘 어찌 근원을 추구하지 않고 각기 익힌 것에 집착하여 부질없이 쟁론을 일으키며 헛되이 세월만 소비할 것인가."라고 하였다. 이렇게

순천 송광사 보조국사 부도

하여 선교일원(禪敎一元)의 원리를 발견한 지눌은 선·교를 회통하고자 하였다.

지눌의 결사에 감화되어 많은 사람들이 모여들어 장소가 좁아지자, 신종 3년(1200)에 송광산에 있는 길상사를 새로운 근거지로 택하였다. 희종 1년(1205)에 길상사가 완공되자 희종은 송광산을 조계산으로, 정혜사를 수선사로 개칭하게 하였다. 국왕 희종도 지눌의 결사 운동에 공감한 것이다. 이렇게 하여 지눌은 결사 운동을 통해 선·교 일치와 실천불교를 이룩하였다. 지눌의 수선사 결사는 불교계 혁신운동이었던 것이다.

3) 요세의 백련결사

요세(了世, 1163~1245)는 백련결사를 열었다. 처음에 요세는 불교계의 폐단을 비판하는 입장에서 지눌과 함께 신앙결사에 뜻을 같이 하였다. 그렇지만 요세는 천태종의 입장에서 결사를 추진하였다. 희종 4년(1208), 영암에 머물던 요세는 "만약에 천태의 묘해(妙解)를 발하지 못하면 영명연수(永明延壽)가 말한 120가지 병폐를 어떻게 벗어날 수가 있겠는가?"라는 깨달음을 얻었다. 영명연수는 법안종을 크게 떨친 고승으로 깨달음을 가로막는 120가지의 병폐를 지적하였다. 이러한 병폐에서 벗어나려면 천태종의 묘해에 따라야 한다고 요세는 생각하였다. 그리고 지눌의 결사가 일반 중생보다는 지위가 높은 자를 대상으로 하기 때문에 무력한 중생은 구제될 길이 없다고 보았다. 그러므로 중생에게는 구체적으로 제시된 천태선의 일심삼관(一心三觀)이 보다 유효하다고 생각하였다. 이와 같은 자각은 지눌의 결사 운동에서 벗어나게 된 전환점이자 앞으로 전개될 백련사 결사의 근본 입장이 되었다. 이렇게 하여 요세는 참회행과 미타정토신앙을 실천 방향으로 강조하고, 지눌과 달리 농민·천민층을 포함한 피지배층의 포교에 집중하였다. 그 결과 정토 신앙이 백성들에게 뿌리를 내릴 수 있게 되었다. 이를 바탕으로 요세는 강진 만덕산에서 백련결사를 결성하기에 이르렀다. 이 과정에서 강진의 토호인 최표, 최홍, 이인천 등의 지원을 받았다. 그리고 남원태수 복장한의 요청으로 남원에 제2의 백련사를 설치하기도 하였다.

고종 19년(1232)에 요세는 처음으로 만덕사에서 보현도량을 결성하고 법화삼매참회를 닦았다. 요세의 결사 운동은 보현도량의 개설을 계기로 하여 체계가 정비되었다.

그리하여 국왕 고종을 비롯하여 공주·목사·현감·서민에 이르기까지 이 결사 운동에 직접 동참한 자가 300여 명이나 되었다. 그리고 법화참회(法華懺悔)를 수행하게 된 사람이 수천 명에 이르렀다. 결국 요세의 백련결사는 중생들에게 불심을 다시 돌아보게 하였다. 그리하여 백련결사는 불교계를 새롭게 하는 계기를 만들었으며, 천태종도 다시 융성하게 되었다.

| 4 | 대장경의 조성

불교에서는 부처의 말을 적어 놓은 것을 '경(經)'이라 하고, 이를 해석한 것을 '논(論)'이라고 한다. 불교를 믿는 나라에서는 전래된 불경을 집성하기 위해 많은 노력을 기울였는데, 불경을 집대성한 것을 '대장경'이라 한다. 고려시대는 불교가 융성함에 따라 불교 경전의 집대성인 대장경이 여러 차례 만들어졌다. 그러나 불경은 그 양이 방대하여 모든 경전을 모아 완벽하게 한 질로 만드는 것은 매우 어려운 일이었다.

고려에서 처음으로 대장경의 판각이 시작된 것은 현종 2년(1011) 경이었다. 이 사업은 불법의 힘을 빌어 거란 군사를 물리치려는 의도에서 시작되었다. 이 대장경 판각은 현종 20년경에 끝났는데, 이것이 이른바 초조대장경이다. 이 경판은 현화사에서 만들어졌지만 뒤에 대구 부인사로 옮겨 보관되었다. 그 뒤에 대각국사 의천(1055~1101)은 흥왕사에 교장도감을 두고 이를 보완하였다. 의천은 목록을 만든 다음 장소(章疏)를 간행하였으니 이것이 바로 교장(敎藏)이었다. 고종 19년(1232)에 몽골의 침입하자 고려는 도읍을 강화도로 옮기고 대몽항쟁을 시작하였다. 그 와중에 대구 부인사에 보관 중이던 대장경이 모두 불타버리게 말았다. 전해오던 대장경이 몽골군에 의해 불

대구 부인사지 발굴모습(한국민족문화대백과사전)

이규보의 『동국이상국집』
(규장각한국학연구원)

에 타 없어지자 고려에서는 이를 다시 제작하고자 하였다. 이에 고려의 군신들은 병란이 계속되는 와중에 대장경 판각 사업을 시작하게 되었다. 이것이 오늘날까지 해인사에 남아 전해오는 이른바 팔만대장경으로 불리는 고려대장경이다.

고려대장경의 각판은 몽골군을 물리치려는 바람에 의해 시작되었다. 이규보(李奎報, 1168~1241)의 기록에 따르면, 거란의 침입 때 대장경을 새겨 거란군이 물러간 사례를 들어 몽골의 침략을 맞아 이들을 물리치게 해 달라는 염원으로 이 사업을 시작하였다고 한다. 즉, 현종 때 대장경을 판각하여 거란의 침입군을 물리친 것처럼 이번에도 그러한 염원에 따라 부처님의 영험한 힘이 작용하여 몽골군이 물러가기를 기원하기 위함이었다.

고려대장경의 판각 사업은 고종 23년(1236) 몽골과의 전쟁 속에서 착수되어 고종 38년(1251)에 완성되었다. 이 일을 위해 고려는 대장도감(大藏都監)과 분사대장도감(分司大藏都監)을 두어 각판을 추진하였다. 대장경판의 판각은 1237년부터 1248년까지 12년 동안 이루어졌는데 준비 기간을 합치면 모두 16년이란 기간이 걸려 완성되었다. 고려대장경의 완성에 대해서는 『고려사』에 기록되어 있다. 이에 의하면 고종 38년 9월에 임금이 백관을 거느리고 성의 서문 밖에 있는 대장경판당으로 행차하였는데, 이때 고종은 왕과 군신이 다시 발원하여 도감을 세우고 16년이 걸려 마쳤다고 하였다. 이 기록을 보면 고종 38년을 기점으로 16년 전인 고종 23년에 판각을 시작한 것이 된다. 고종 24년에 작성된 이규보의 「대장판각군신기고문」에 "이미 담당 관사를 설치하여 그 일을 시작하게 되었다."고 하였다. 그리고 『동국이상국집』 말미에는 "지금 분사대장도감에서 대장경 판각을 마치고 나서 칙명을 받들어 이 문집을 판각하게 되었다. … 신해년(고종 38년, 1251년)에 칙명을 받들어 판각하였다."고 기록되어 있다. 이를 통해 고려대장경의 조성 기간은 고종 23년에서 고종 38년까지 총 16년이었음을 알 수 있다. 고종 38년 9월에 임금이 백관과 함께 대장경판당으로 행차하였다는 기록은 대장경의 판각을 모두 마친 것에 대한 경축의식이었음을 알 수 있다.

대장경 판각은 국가적인 사업으로 당시 최고 권력자인 최우에 의해서 주도되었다. 최우는 강화도에 대장도감을, 남해에 분사대장도감을 설치하여 각판을 추진하였다. 진주 일대에는 최이의 식읍(食邑)이 넓게 자리하고 있었고, 남해도에 설치된 분사도감으로 막대한 재력과 노동력을 용이하게 투입함으로써 대장경의 각판을 원활하게 진행할 수 있었다. 대장경 판각 사업은 결국 최우의 아들 최항 때에 가서 완성되었다. 대장경 각판이 최씨 정권의 지원에 의해 추진되었던 것은 그들의 불심이 깊었기 때문이기도 하지만, 그 사업이 최씨 정권의 정치적 목적과도 잘 맞았기 때문이다. 전란의 와중에 최우가 국가사업으로 대장경 판각을 나선 이유는 당시 불교가 고려시대 백성들의 정신적인 지주였으므로 대장경 조성을 통해 백성들에게 불교 신앙을 중심으로 일체감을 조성하려고 하였기 때문이다. 나아가 불교를 구심점으로 하여 백성들에게 대몽항쟁의식을 고취시킬 수 있었다. 이것은 대장경판 조성에 모든 계층의 백성들이 참여한 데서 알 수 있다. 그리고 고려대장경은 교종과 선종이 모두 경전의 가치를 인식하고 교·선의 구분을 떠나 불교계 전체의 일로 추진되었기 때문에 완성될 수 있었다. 대장경 판각을 위해 고려에 전해져 오던 대장경 외에 북송본, 거란본 등 여러 장경을 수집하였다. 이렇게 하여 모두 1,496종 6,568권에 달하는 방대한 규모의 대장경을 완성하였다. 고려대장경판의 글자 수는 5천 2백만 자로 추정된다. 완성된 각판은 81,258장에 달하였는데, 이에 따라 흔히 '팔만대장경'이라고 칭하기도 한다.

고려대장경은 당시까지 동아시아 지역에 존재하던 모든 불교 경전의 내용을 집대성한 가장 방대한 문헌으로 동아시아 지역 당대 최고의 경전이라 할 수 있다. 고려대장경보다 먼저 제작된 북송의 대장경과 고려의 초조대장경, 그리고 거란본 대장경은 거의 전래되지 않고 있다. 고려대장경이 높이 평가되는 것은 먼저 내용의 정확성에 있다. 초조대장경과 북송의 대장경, 그리고 거란 대장경의 내용을 비교하면서 철저하게 교정하여 가장 완벽한 대장경으로 완성하였다. 판각할 때에 여러 불경을 검토 비교하여 정확한 대장경을 만들 수 있었던 것은 개태사의 승려 수기(守其)의 공로였다. 그는 학문이 뛰어나고 지식이 정밀하였다. 고려대장경을 판각할 때 그는 고려판본과 거란 및 송나라본 대장경을 대조하여 경문(經文)의 잘못된 곳을 교정하였다. 그는 교정 내용을 『고려국신조대장경교정별록(高麗國新雕大藏經校正別錄)』으로 정리하였다. 고려 대장경의 우수성은 글자의 정교함에도 있다. 대장경판의 글자체는 아름답고 글자 하나 하나가 모두 고르고 정밀하다. 또한 인쇄를 위한 경판이라는 점에서 고려의 정교한 인쇄술을 엿볼 수 있다. 고려대장경판은 대장경판으로는 아시아 전역에서 유일하게 완벽한 형태로 현존하는 판본자료이다. 고려대장경판은 목판 제작술을 알 수 있는 귀중한 자료이기도 하다. 경판 표면에는 옻칠을 하여 글자체가 생생한 상태로 잘 남아 있어 지금도 인쇄할 수 있을 정도이다. 몽골과의 전란기임에도 우수한 대장경을 만들 수 있었던 것은 고려의 문화수준이 그만큼 높았기 때문이다.

대장경은 거란의 침입이 있었을 때 처음 만들어졌으며, 몽골의 침입으로 다시 대장경을 만들었다. 고려 사람들은 거란과 몽골의 침략과 같은 국가 위기를 당해 대장경판을 제작함으로써 불교의 힘으로 이를 극복할 수 있다고 여겼다. 고려의 불교는 개인의 신앙을 넘어 나라를 보호한다는 호국불교의 성격을 가지고 있었던 것이다.

해인사 장경판전 고려대장경(국가유산청)

고려대장경판(국가유산청)

대장경판 세부(국가유산청)

| 5 | 불교의 위기

「훈요십조」는 고려의 후대 왕들이 "태조 유훈"이라 하여 대부분 잘 지켜나갔다. 그러나 지켜지지 않은 내용도 있었다. 「훈요십조」의 두 번째 조항에서 "모든 절은 도선(道詵)이 터를 잡아 정한 것 이외에는 함부로 짓는다면 지덕(地德)을 손상시켜 왕업이 길지 못할 것이다. 후세에 후비와 신하들이 각각 원당(願堂)이라 하여 더 짓는다면 근심되는 일이다. 신라 말기에 다투어 절을 지어 지덕을 손상시켜서 망하기에 이르렀으니 경계하지 않을 수 있겠는가."라고 하였다. 사찰을 함부로 짓지 말라는 두 번째 조항은 지키기 힘들었다. 후대 왕들은 오히려 자신의 복을 빌기 위해 절을 새로 짓는 데 열심이었다. 이는 태조의 유언도 중요하지만 그것보다는 부처의 공덕이 더 필요했기 때문이다. 선종 승려였던 도선은 풍수지리설로 더 유명하였다. 「훈요」에서 "모든 절은 도선이 터를 잡아 정한 것"이라는 것은 이른바 비보사탑설(裨補寺塔說)을 말한다. 도선의 풍수지리설에 따르면 지기(地氣)는 왕성하기도 하고 쇠퇴하기도 하는데, 쇠퇴하는 곳에 자리잡은 사람이나 나라는 쇠망하게 마련임으로 이를 막기

도갑사 도선국사 진영(국가유산청)

위해 산천의 역처(逆處)나 배처(背處)에 사탑을 건립해서 지기를 보완해야 한다고 하였다. 이러한 사찰을 비보사찰(裨補寺刹)이라고 하는데 『도선밀기』에 따르면 비보소(裨補所)가 3,800개소에 달하였다. 이러한 비보사탑설의 성행과 비보사찰의 수적 확대는 결국 불교계의 폐단이 되었다.

태조는 고려가 불교를 잘 신봉하여 부처의 도움에 의해 건국되고 통일을 이룰 수 있었다고 말하였고, 한편으로는 사찰이 무분별하게 창건되는 것을 경계하였다. 사찰의 증가는 곧 승려 수가 늘어나는 것을 뜻한다. 승려는 오로지 불법을 닦는 존재들이었으므로 경제 활동과는 거리가 멀었다. 따라서 승려의 수가 증가한다는 것은 생산에 종사하면서 국방을 담당하고 세금을 납부해야 하는 일반 백성의 감소를 의미하는 것이므로 위정자의 입장에서 볼 때는 그렇게 바람직하지 못한 것이었다. 그런 점에서 태조 왕건이 함부로 사찰을 짓지 못하게 한 것은 불교계의 비대화와 사찰의 폐단을 염려했기 때문이다.

조선의 건국공신이었던 남재는 불교를 믿으면 복을 받는다고 하는 불교의 응과응보설을 비판하고 결국 불교를 믿어도 나라가 망하고 만다고 주장하였다. 그리고 조선 성종 때, 경연에서 좌부승지 이극기는, "불교를 숭배함이 점점 두터워지고, 사찰이 여염집의 반이나 되었으며, 사찰이 가진 토지가 관아의 것보다 많았으며, 세족으로부터 종실의 자손에 이르기까지 모두 머리를 깎고 중이 되었으며, 고려말에 이르러서는 요승 신돈이 마침내 나라를 망하게 하였으니, 이것을 가히 경계해야 할 것입니다."라고 하였다. 이처럼 조선시대 사람들은 고려가 망한 원인이 불교 때문이라고 하였다. 불교를 비판한 것은 조선시대에 들어서 일어난 일만은 아니었다. 고려시대에도 유교와 불교의 대립은 존재하고 있었다. 단지 다른 점이 있었다면 불교를 일방적으로 배척만 하던 조선시대와는 그 양상이 조금 달랐다는 데에 있다. 그 양상이란 바로 불교와 유교가 상호 보완적인 것이라고 고려시대 사람들은 생각하고 있었다는 점이다. 성종대의 유학자 최승로가 말한 대로 "불교는 수신의 근본"이요, "유교는 통치의 근간"이었다.

최승로(崔承老, 927~989)는 신라 경순왕이 고려 태조에게 투항할 때 아버지와 함께 고려로 왔다. 어릴 때부터 총명하여 많은 사람의 칭송을 받았다. 급기야 태조는 12살에 불과한 최승로를 불러 『논어』를 읽어 보게 하였다. 최승로의 영특함을 확인한 태조는 원봉성 학생이 되게 하고, 말과 곡식을 하사하는 등 특별한 은총을 내렸다. 최승로는 성종에게 「시무 28조」를 바치면서 다시 유명해졌다. 새로 즉위한 성종은 5품 이상의 관료들에게 정치의 잘잘못을 논하는 상소를 올리게 하였는데, 최승로는 고려가 해결해야 할 대내외의 당면 과제에 대해 28개조에 걸쳐 자신의 견해를 제시하였다. 28개 중 현재는 22개조만 전하고 있는데 최승로는 특히 불교의 폐단에 대해 상당히 비판적이었다. 그는 제2·4·8조에서 광종 때의 불교 행사와 관련하여 성종이 가진 불교에 대한 태도를 비판하였다. 그리고 불교의 사회적 폐단에 대해서도 지적했다. 제6·10·16·18조가 이에 해당한다. 특히, 제18조에서는 신라 말에 불경·불상에 금은을 쓰는 등 사치가 지나쳐서 마침내 멸망하게 되었음을 강조하였다. 이렇게 불교의 폐단을 비판한 것은 성종이 지나치게 불교에 몰두해서는 안 된다고 생각했기 때문이다. 결국 그는 고려 정치의 근본 사상이 유교가 되어야 함을 밝힌 것이다. 그는 "불교는 수신의 근본"이요, "유교는 통치의 근간"이라는 점을 분명히 하였다.

불교가 왕실은 물론 귀족, 일반 백성에 이르기까지 절대적인 신앙으로 자리잡게 되자 사찰의 규모도 비대해져 갔다. 더구나 고려 후기에 이르러 사회가 혼란해지자 불교계도 더욱 타락해 갔다. 지눌의 제자 혜심(1178~1234)은, "근래에 조그만 사원에서 거주하는 사람들은 머리만 깎은 노비와 같은 존재들이다. 이들은 불당을 수리하지 않을 뿐 아니라 불전을 베 짜는 집으로 삼고 승방을 소나 말을 키우는 장소로 삼는다."고 하여 불교 본연의 수행보다는 경제적 이익에 몰두하는 일부의 승려들을 비판하였다. 고려후기에 사찰에서는 권문 세족의 후원을 받아 넓은 농장을 차지하고, 고리대금업이나 장사를 통해 큰 부를 축적하였다. 최해(1287~1340)는 "사람들이 부처를 받드는 것이 너무 지나쳐서

이색 초상(국가유산청)

탑과 사찰이 서로 바라보게 되었고, 그 무리들이 모두 권문(權門)에 붙어서 부를 축적하여 백성들에게 해독을 끼치고 있다."고 비판하였다. 공민왕 때에 목은 이색(李穡, 1328~1396)도 불교의 폐단을 비판하였다. 그는 승려의 수가 더욱 늘어나 놀고 먹는 자가 많아졌으며, 오교 양종은 명리는 구하는 소굴이 되었고, 깊은 산골에 사원이 없는 곳이 없을 정도라고 하였다. 이색의 말대로 군신들이 사사로이 사찰을 짓고 탑을 세웠으며, 많은 토지를 시주하여 사찰의 경제력이 날로 커져 갔다. 특히 사찰의 토지 집중이 큰 문제였다. 사찰은 토지를 통해 막대한 부를 축적하였을 뿐 아니라 토지를 농민들에게 경작케 하여 경제적 지배자로 군림하였다. 그리고 사찰 간의 토지 분쟁도 끊이지 않았다. 이러한 타락상은 무소유, 청정 무욕, 자비 등을 내세우는 불교와 전혀 어울리지 않았다. 이러한 불교계의 타락과 함께 성리학이 심화되면서 불교에 대한 비판이 더욱 거세게 일어났다.

정몽주(1337~1392)는 불교가 평상의 도가 아니라고 하면서 일반 백성이 취할 바가 아니라는 점을 분명하게 주장하였다. 정도전(1342~1398)은 「심문천답(心問天答)」(1375)에서 하늘과 인간의 상관 관계에 대해 논하였다. 그는 착한 이가 복을 받고 악한 이가 화를 입는다는 불교의 인과응보 원칙이 현실에서 어긋나기 쉬운 일임을 말하면서 하늘과 인간이 각자 맡은 역할을 지적하였다. 불교의 인식과는 다르게 그는 하늘은 길흉화복에 대한 직접적인 보응의 주체가 아니라고 하였다. 그는 하늘은 따로 정한 때가 있으니 마음은 다만 올바름을 지켜 정한 때를 기다려야 한다고 하였다. 그리고 하늘은 인간의 마음에 인의예지(仁義禮智)의 덕(德)을 부여해 만물의 으뜸으로 삼았다고 하였다. 이처럼 그는 유교사상에 따라 하늘과 인간의 관계를 논하고 인간의 행위에 대해

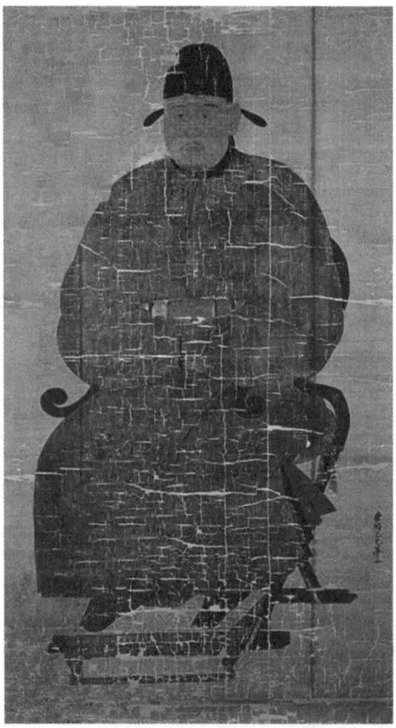

정몽주 초상(국가유산청)

도덕적 근거를 제시하였다.

한편 공양왕 3년(1391)에 성균관 박사인 김초는 불교를 배척하는 극단적인 상소를 올렸다. 그는, "출가한 자들을 본래 직업에 돌아가게 하고, 사찰의 노비와 재산을 관아에 소속시키며, 금령을 엄하게 세워 삭발하는 자는 죽이고 용서하지 않아야 할 것입니다."라고 하였다. 성균관 생원인 박초(1367~1454) 또한 불교를 옹호하는 자들을 비판하며 이단(異端)을 배척하고 사설(邪說)을 그치게 해야 한다고 주장하는 상소를 올렸다. 결국 고려를 지탱하는 신앙이자 이념이었던 불교는 그 역할을 더 이상 수행할 수 없었다. 이렇게 불교계가 세속화하고 승려들이 타락해 가자 불교는 고려의 사회 지도 이념으로서 점차 그 지위를 잃어 갔다. 이와 함께 척불론이 한층 격화되면서 불교를 대신해 유교가 영향력을 넓혀 나갔다.

■ 참고문헌

『고려사』; 『고려사절요』; 『균여전』; 『보조국사전서』; 『대각국사문집』.

김두진, 『균여화엄사상연구』, 일조각, 1983.
김윤곤, 『고려대장경의 새로운 이해』, 불교시대사, 2002.
김종명, 『한국중세의 불교의례』, 문학과지성사, 2001.
박용운, 『고려시대사』, 일지사, 2008.
부산대학교 한국민족문화연구소 편, 『한국 지성사의 흐름』, 부산대학교출판부, 2010.
안지원, 『고려의 국가불교 의례와 문화』, 서울대학교출판부, 2011.
윤사순·고익진 편, 『한국의 사상』, 열음사, 1984.
이덕진 편저, 『지눌』, 예문서원, 2002.
이병욱 편저, 『의천』, 예문서원, 2002.
이병욱, 『고려시대의 불교사상』, 혜안, 2002.
이정주, 『성리학 수용기 불교 비판과 정치·사상적 변용』, 고려대민족문화연구원, 2007.
정병삼, 『한국불교사』, 푸른역사, 2020.
채상식, 『고려후기불교사연구』, 일조각, 1991.
최연식, 『균여 화엄사상 연구』, 서울대 대학원 국사학과, 1999.
최연주, 『고려대장경 연구』, 경인문화사, 2006.
최영호, 『강화경판 고려대장경의 판각사업 연구』, 경인문화사, 2008.
한국중세사학회 편, 『고려시대의 역사』, 혜안, 2018.
한국철학사상연구회, 『논쟁으로 보는 한국철학』, 예문서원, 1995.
한국철학회 편, 『한국철학사』(상), 동명사, 1987.
허흥식, 『고려불교사연구』, 일조각, 1986.

제6장

조선 성리학의 탄생과 전개

강문식(숭실대학교 교수)

1. 법제와 예제의 제정
2. 성리학 연구와 이해의 심화
3. 예학의 발달과 예송
4. 주자학 연구의 전통

| 1 | 법제(法制)와 예제(禮制)의 제정

15세기는 새로 건국된 조선이 성리학 국가로서의 문화적·제도적 틀을 확립해 나간 시기였다. 조선 건국의 주역인 성리학자들은 성리학의 원칙과 제도를 연구하고 이를 바탕으로 조선의 위상에 맞는 문물과 제도를 정비하는 것을 자신들의 최우선 과제로 삼았다. 이 점은 1392년 7월 28일 반포된 태조의 「즉위교서(卽位敎書)」를 통해서도 확인된다. 정도전(鄭道傳)이 지은 태조의 「즉위교서」에는 새 나라 조선이 추진해 나갈 국정 과제들이 제시되어 있는데, 그 첫 번째가 바로 문물·제도 정비에 관한 것이었다.

> 천자는 칠묘(七廟)를 세우고 제후(諸侯)는 오묘(五廟)를 세우며, 왼쪽에는 종묘(宗廟)를 세우고 오른쪽에는 사직(社稷)을 세우는 것이 옛 제도이다. 그러나 고려에서는 소목(昭穆)의 순서와 당침(堂寢)의 제도가 법도에 합하지 아니하고 또 성 밖에 있으며, 사직(社稷)은 비록 오른쪽에 있으나 그 제도는 옛것에 어긋나 있다. 예조에 명하여 상세히 구명하고 의논해서 제도를 정하게 하라. [『태조실록』 권1, 태조 1년 7월 28일]

태조와 조선 건국 세력들은 「즉위교서」에서 고려의 종묘·사직 제도가 고제(古制)에 어긋남을 지적하며 이를 개정하여 새로운 제도를 만들겠다는 뜻을 천명하였다. 표면적으로는 종묘와 사직만 거론하였지만, 그 이면에는 새 나라의 모든 제도와 문물을 고제에 부합하도록 새롭게 개정하겠다는 의미가 담겨 있다고 할 수 있다.

「즉위교서」에서 "고제에 어긋난다"라고 지적한 것은 성리학의 원칙과 명분에 어긋난다는 의미인데, 여기에서 성리학적 원칙과 명분은 제후국의 위상에 걸맞는 제도를 가리키는 것으로 볼 수 있다. 고려는 중국의 제도를 수용하여 국가 체제를 정비하는 과정에서 황제국 제도와 제후국 제도의 구분을 크게 고려하지 않고 편의적으로 운용하였으며, 그 결과 황제국 제도와 제후국 제도가 혼재되는 모습을 보였다. 여기에 원간섭기를 거치면서 일부 제도들이 격하되는 변화를 겪었고, 그에 따라 제도의 혼란은 더욱 가중되었다. 교서에서 지적한 고려 제도의 문제점은 바로 이것을 가리키는 것으로 볼 수 있다. 즉, 일관되게 정제되지 못한 기존의 제도를 제후국의 원칙과 명분에 맞도록 개정하고 정비하는 것을 새 나라의 첫 번째 국정 과제로 천명한 것이다.

조선 초기 관학(官學)의 학문 경향은 위와 같은 국정 과제 실현에 필요한 연구를 수행하는 것에 초점이 맞추어졌다. 그것은 이른바 고제(古制) 연구로, 조선의 문물·제도 정비의 모델이 될 수 있는 중국 역대 왕조들 및 고려의 문물·제도를 연구하고 그 결과를 바탕으로 조선에 적합한 제도를 만들어 가는 것이었다. 15세기 내내 지속된 고제 연구와 제도 정비는 성종 대 국가 차원의 편찬 사업을 통해 결실을 보았는데, 『경국대전(經國大典)』과 『국조오례의(國朝五禮儀)』, 『동국통감(東國通鑑)』, 『동국여지승람(東國輿地勝覽)』, 『동문선(東文選)』 등이 바로 그것이다. 이 중에서 가장 중요한 것은 조선시대 국가 운영의 두 축인 법제와 예제 정비의 결과물, 『경국대전』과 『국조오례의』였다.

1) 법제 정비와 『경국대전(經國大典)』

1392년 7월 28일에 반포된 「즉위교서」에서 태조는 "의장법제(儀章法制)는 오로지 전조(前朝: 고려)의 고사(故事)에 따른다."라고 하여, 국가 통치에 관한 규정은 일단 고려의 것을 준수하겠다는 뜻을 밝혔다. 하지만 같은 날 조선 정부는 법령의 검토와 제정 업무를 담당할 기관으로 검상조례사(檢詳條例司)를 설치하였다. 이는 조선이 건국 직후부터 법제 정비와 법전 편찬을 추진했던 사실을 보여주는데, 그 첫 번째 성과물이 바로 1397년(태조 6) 12월에 편찬된 『경제육전(經濟六典)』이다.

『경제육전』은 이성계 세력이 위화도 회군을 통해 권력을 장악하고 본격적인 개혁 추진을 시작했던 1388년(고려 우왕 14)부터 1397년까지 내려진 수교(受教)들의 내용을 이(吏)·호(戶)·예(禮)·병(兵)·형(刑)·공(工)의 육전(六典) 체제에 맞추어 정리·편집한 조선 최초의 성문법전이다. 수교는 각 행정관서로 하달된 국왕의 명령을 말한다. 조선시대의 제정법(制定法)은 국왕과 관료들의 협의를 통해 결정되지만, 형식적으로는 교지(教旨)라는 국왕의 명령 형태로 정리되었다. 각 관서에서 국왕의 명령을 받아 시행하면 그 수교는 법적 효능을 갖게 되고 해당 관서의 유효한 법규정이 되었다. 따라서 수교의 증가는 곧 입법의 증가를 의미한다고 할 수 있다.

『경제육전』은 일정 기간의 수교들을 정리해서 하나의 법전으로 '집록(輯錄)'한 결과물이다. 따라서 법전 편찬 이후 새로운 수교들이 계속 내려지면, 이를 다시 정리해서 기존의 법규정을 보완할 필요가 있었다. 1407년(태종 7)의 『속육전(續六典)』, 1428년(세종 10)의 『신속육전등록(新續六典謄錄)』, 1433년(세종 15)의 『신찬경제속육전(新撰經濟續六典)』 등은 모두 그와 같은 필요에서 편찬된, 『경제육전』의 속전(續典)들이었다. 또 1451년(문종 1)에도 1433년 이후의 수교들을 정리한 속전 편찬이 계획되었으나 문종의 서거로 실현되지는 못했다. 이 과정에서 『경제육전』은 '조종성헌(祖宗成憲)'으로 존중되었고, 속전의 조문이 『경제육전』과 상치되는 경우 『경제육전』을 따르는 것이 원칙이었다. '조종성헌'은 선왕(先王)들이 심혈을 기울여 만들고 오랜 시행과 검증을 통해 영구히 시행할 것으로 판정한 규범을 말하는 것으로, 이는 함부로 고칠 수 없는 것으로 여겨졌다.

이처럼 조선 초기 법전 편찬은 『경제육전』을 조종성헌으로 준수하면서 이후 수교들을 정리·증보하는 방식이었는데, 문제는 이런 과정이 무한히 반복되어야 한다는 점이었다. 이에 세조 대에 들어 법전 편찬 방식의 변화 필요성이 제기되었고, 그 결과 기존 법전들과 이후의 수교들을 종합·정리하여 체계적이고 통일적이며 영구히 사용할 수 있는 '만세성법(萬世成法)'의 편찬을 추진하게 되었다.

'만세성법'의 편찬은 1455년(세조 1) 양성지(梁誠之)의 건의에 따라 육전상정소(六典詳定所)가 설치되면서 시작되었다. 육전상정소의 상정관(詳定官)들은 기존 법조문들의 내용을 정리하는 작업을 진행하였고, 1458년에 세조에게 결과를 보고하였다. 이에 세조는 정리 결과를 바탕으로 법전 편찬을 지시하면서 최항(崔恒)을 편찬 책임자로 임명했다. 세조는 6전 중에서 사람들의 실생활에 직접 관계되는 전(典)부터 먼저 편찬하도록 했는데, 그 결과 1460년 「호전(戶典)」이 가장 먼저 완성되었고, 이듬해(1461)에는 「형전(刑典)」이 완성되었다. 그리고 「호전」 완성과 함께 법전의 이름을 '국가를 경영하는 큰 법전'이라는 뜻의 '경국대전(經國大典)'으로 정하였다. 이어 이·예·병·공전 등 나머지 4전도 신숙주(申叔舟)·한명회(韓明澮) 등이 감수와 교정을 진행하여 1467년(세조 13)에 완료했고, 이 원고를 다시 세조와 대신들이 검토·심의하여 1467년 12월에 완성하였다. 하지만 1468년 9월 세조가 서거하면서 『경국대전』의 반포와 시행은 연기되었다.

이후 『경국대전』은 예종~성종 초에 다시 한번 수정 및 교정 과정을 거쳐 1470년(성종 1) 11월 완성되었고, 이듬해(1471, 신묘년) 1월부터 반포·시행되었다. 이를 『신묘대전(辛卯大典)』이라고 부른다. 그러나 『신묘대전』에 누락된 조문이 있는 것이 확인됨에 따라 1471~1473년에 누락 조문 130여 건 및 향후 시행되어야 할 조문들을 증보하여 1474년(성종 5, 갑오년) 1월에 신정(新定) 『경국대전』을 반포하였다. 이것이 『갑오대전(甲午大典)』이다. 하지만 이것으로 『경국대전』이 최종 완성된 것은 아니었고, 1474년 이후에도 새로 제정된 법조문을 추가·보완하는 작업이 계속해서 진행되었다. 결국 『경국대전』의 최종적인 완성은 11년 후인 1485년(성종 16, 을사년)에야 이루어졌는데, 이를 『을사대전(乙巳大全)』이라 한다.

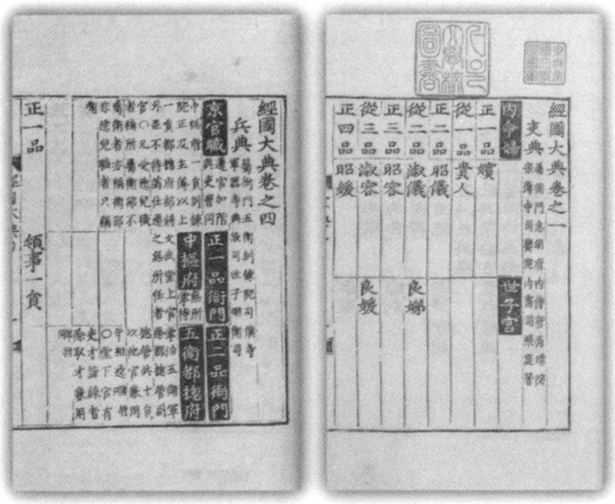

『경국대전』(규장각한국학연구원)

이로써 1455년부터 시작된 만세성법의 편찬은 세 명의 왕대를 거치면서 30년 동안 지속적인 수정과 보완을 거친 끝에 최종적인 결실을 보게 되었다. 이는 당시 사람들이 영구히 사용할 '만세성법'을 편찬하기 위해 얼마나 많은 노력을 기울였는지를 잘 보여준다. 이로부터 『경국대전』은 '조종성헌'의 지위를 인정받으며 조선시대 국가 운영을 위한 기본 법전으로 자리매김하였다.

2) 국가전례 정비와 『국조오례의(國朝五禮儀)』

유가(儒家)에서 예(禮)는 인간이 하늘로부터 부여받은 선한 본성을 일상에서 구현하기 위한 실천 규범이자, 국가와 사회의 질서를 확립하고 유지하는 원칙이다. 전근대 유교 국가에서는 개인의 일상생활뿐만 아니라 국정의 모든 절차도 정당한 예(禮)에 맞게 시행하고자 하였다. 그에 따라 국가 운영에서 예제(禮制)는 법제(法制)와 동등하게 중요한 위상을 갖게 되었으며, 이점은 성리학 국가를 표방한 조선에서도 예외가 아니었다. 이에 15세기 조선 정부는 새 나라의 위상에 맞는 국가전례(國家典禮)를 정비하고 제정하는 일에 많은 노력을 기울였다.

태조가 「즉위교서」에서 종묘와 사직으로 대표되는 국가전례의 정비를 국정의 중요 과제로 천명했지만, 실제 태조 대에는 의미 있는 전례 정비가 이루어지지 못했다. 이는 건국 초기 정국과 대외 관계의 불안정 및 제1차 왕자의 난과 같은 정변의 발생으로 인해 차분하게 전례를 연구하고 정비할 여유가 없었기 때문이었다.

본격적인 국가전례 정비는 태종 대부터 시작되었다. 태종은 1401년(태종 1)에 국가전례를 연구하여 조선에 맞는 예제(禮制)를 확정하는 임무를 담당할 임시 기관으로 '의례상정사(儀禮詳定司)'를 설치하였다. 의례상정사는 후에 의례상정소(儀禮詳定所)로 개칭되었으며, 1435년(세종 17)에 폐지될 때까지 35년간 존속하면서 조선 초기 예제 연구와 정비에서 핵심적인 역할을 수행하였다. 예제 연구의 주 대상은 중국 역대 왕조들의 제도였으며, 그중에서 특히 중시되었던 것은 당(唐)과 송(宋)의 제도였다. 예조의 관원들과 예학(禮學)·예제(禮制)에 밝은 관료·학자들이 의례상정소의 제조(提調)로 임명되어 활동했는데, 대표적인 인물로는 하륜(河崙)·변계량(卞季良)·허조(許調)·황희(黃喜) 등을 들 수 있다. 특히 허조는 국가 제사에 관한 예제인 길례(吉禮)를 정비하는 데 중추적인 역할을 담당하였다.

1420년(세종 2)에 설치된 집현전(集賢殿)도 의례상정소와 함께 조선 초기 예제 정비에서 중요한 축을 담당하였다. 세종 대는 태조~태종 대의 창업기를 통해 기틀을 다진 새 나라 조선이 안정적으로 지속될 수 있도록 제도와 문물을 정비해 나가야 하는, 명실상부한 수성기(守成期)에 접어든 시기였다. 이에 세종은 제도·문물의 정비라는 과제를 수행할 수 있도록 자신을 학문적으로 보좌해 줄 두뇌 집단이 필요했고, 이를 충족시키기 위해 집현전을 설치하였다. 즉 집현전은 세종의 정치적 목적을 위해 설치된 학술기관이라고 할 수 있다.

집현전의 핵심 활동은 경연(經筵), 고제 연구, 서적 편찬 등 세 가지인데, 이중 예제 정비와 관련되는 활동이 바로 고제 연구이다. 집현전의 고제 연구는 1428년(세종 10)

태조 건원릉(국가유산청)

태종 헌릉(국가유산청)

부터 본격화되었다. 위에서 언급한 의례상정소의 고제 연구가 주로 제도의 큰 틀을 확립하는 것에 집중되었다면, 집현전의 고제 연구는 의례·제도의 세부적인 문제들이나 국정 운영 과정에서 수시로 당면하는 현실적 문제들을 해결하기 위한 연구가 주류를 이루었다. 집현전의 고제 연구 결과는 각종 보고서와 서적의 편찬으로 이어졌고, 이는 국가전례 정비의 중요한 기반이 되었다.

의례상정소와 집현전을 중심으로 진행된 고제 연구의 성과는 세종 대에 「오례의(五禮儀)」의 정비로 열매를 맺었다. 「오례의」는 국가전례의 내용을 길례(吉禮)·가례(嘉禮)·빈례(賓禮)·군례(軍禮)·흉례(凶禮)의 오례(五禮) 체제에 맞추어 정리한 것으로, 1446년(세종 28)에 완성되었다. 당나라 때 편찬된 『통전(通典)』의 체재를 기본으로 하면서 명나라의 『홍무예제(洪武禮制)』와 고려의 『상정고금례(詳定古今禮)』 등을 참조하여 편찬하였다. 이 「오례의」는 독립된 책으로 간행되지는 않았고, 문종 대에 『세종실록(世宗實錄)』을 편찬할 때 「칠정산(七政算)」·「지리지(地理志)」 등과 함께 실록의 부록으로 수록되었다. 그

세종 영릉(국가유산청)

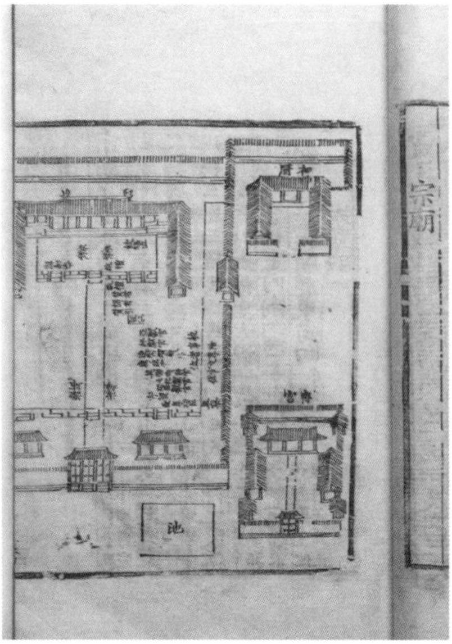

『국조오례서례』의 「종묘전도(宗廟全圖)」
(한국민족문화대백과사전)

래서 이를 통상 '세종실록 오례(世宗實錄五禮)'라고 부른다.

세종 대에 1차적으로 정비된 「오례의」는 이후 세조~성종 대를 거치면서 지속적인 수정과 새로운 예제의 보완이 이루어졌다. 세조는 당초 『경국대전』을 편찬하면서 「오례의」를 보완하여 「예전(禮典)」에 부록하고자 했지만, 『경국대전』의 최종 완성 전에 서거함에 따라 이 계획은 실현되지 못했다. 이후 예종~성종 대에 신숙주를 비롯한 집현전 출신의 관료들이 주도하여 「오례의」의 수정·보완을 진행하였고, 1473년(성종 4)에 이를 독립된 국가전례서로 편찬하였다. 이것이 바로 『국조오례의(國朝五禮儀)』로, 간행은 2년 후인 1475년에 이루어졌다.

『국조오례의』의 내용은 「오례의」와 「오례서례(五禮序禮)」의 두 부분으로 구성되어 있다. 「오례의」는 국가전례의 의주(儀註)를 오례 체재에 맞춰 분류·정리한 것이고, 「오례서례」는 예를 집행하는데 필요한 제반 사항들과 관련 제도들을 역시 오례 체재에 맞춰 글과 그림으로 설명해 놓은 것이다. 『국조오례의』의 편찬·간행으로 15세기 동안 지속적으로 진행되었던 국가전례 정비 사업은 완결되었다. 그에 따라 『국조오례의』는 조선시대 국가전례 운영의 기본 지침이 되었고, 국가전례서의 '조종성헌'으로 인정받았다.

| 2 | 성리학 연구와 이해의 심화

1) 경서(經書)의 구결(口訣)과 언해(諺解)

경서 '구결(口訣)'은 경서 원문의 구두점 위치에 한글 또는 한자의 차자(借字)로 토

(吐)를 붙이는 것으로, '현토(懸吐)'라고도 한다. 구결은 한문과 우리말 사이의 언어 간격을 좁히기 위한 독특한 한문 독해법으로, 경문(經文)의 뜻을 규정하여 올바른 경서 해독의 지침이 된다. 다음으로 경서 '언해(諺解)'는 경서의 원문을 우리말로 번역하는 것을 말한다. 조선의 성리학자들은 유가(儒家) 경서의 올바른 해석 지침을 세우기 위해 일찍부터 경서 언해에 많은 힘을 기울였다. 그런데 정확한 언해를 위해서는 먼저 정확한 구결 작업이 선행되어야 했다.

권근 묘(국가유산청)

경서에 대한 구결과 언해는 이미 15세기부터 시작되었다. 15세기에는 구결이 중심이었다면 16세기에는 기존의 구결 성과들을 바탕으로 언해를 추진하는 것이 주류를 이루었다. 먼저 15세기에는 권근(權近)이 사서오경(四書五經)의 구결을 정했다는 내용이 성현(成俔)의 『용재총화(慵齋叢話)』에 기록되어 있다. 『세조실록』을 통해서도 권근이 『시경(詩經)』·『서경(書經)』·『주역(周易)』의 구결을 정했던 사실이 확인된다. 아마도 권근은 『오경천견록(五經淺見錄)』을 비롯한 경학(經學) 연구 성과를 바탕으로 경서의 구결을 정했을 것으로 추정되나, 현재 실물이 전해지는 것은 없다.

『세종실록』에는 세종 대 말에 집현전에서 사서(四書)의 번역, 즉 언해를 추진했다는 기록이 있다. 당시 집현전 직제학으로 활동했던 학자 김문(金汶)이 경서와 자(子)·사(史)에 뛰어났기 때문에 세종이 그에게 사서(四書)의 역술(譯述), 즉 번역의 책임을 맡겼는데, 1448년(세종 30) 김문이 갑자기 중풍에 걸려 죽음으로써 번역 작업이 중단되었다. 이에 세종은 집현전의 건의에 따라 상주사(尙州使)로 재직 중이던 김구(金鉤)를 중앙으로 불러들여 김문을 대신해서 집현전에 나가 언문(諺文)으로 사서(四書)를 번역하게 하였다.

세종 대에 추진된 사서(四書) 언해 작업이 실제 어느 정도까지 진행됐었는지는 정확히 알 수 없다. 또 당시의 작업이 실제로 언해였는가에도 의문의 여지가 있다. 선행 연구에서는 서거정이 지은 최항(崔恒)의 비명(碑銘)을 근거로 당시 추진된 사업은 언해가 아니라 구결(口訣)이었으며, 김문·김구 외에 최항과 서거정 등도 참여했음을 밝힌 바 있다. 하지만 언해가 아니라 구결이라 하더라도 집현전의 학자들이 상당한 수준의 경서 이해를 갖추었음을 보여주기에는 충분하다고 생각된다. 구결을 정하려면 경서에 대한 충분한 이해와 해석이 뒷받침되어야 하기 때문이다.

세종 대부터 추진된 경서 구결이 일정 정도 열매를 맺은 것은 세조 대에 들어서이다. 세조는 사서오경(四書五經)에 대한 구결을 추진했는데, 『주역(周易)』과 『소학(小學)』에 대해서는 자신이 직접 구결을 정하였고 나머지 경서의 구결은 여러 관료에게 분담시켰다. 당시 세조를 제외하고 경서 구결에 참여한 관료들 및 분담 경서는 [표 1]과 같다.

[표 1] 세조 대 경서 구결 담당자

구결 대상 경서	구결 담당자	구결 대상 경서	구결 담당자
『논어(論語)』	이석형(李石亨)	『시경(詩經)』	정인지(鄭麟趾)
『맹자(孟子)』	성임(成任)	『서경(書經)』	정창손(鄭昌孫)
『대학(大學)』	홍응(洪應)	『예기(禮記)』	신숙주(申叔舟)
『중용(中庸)』	강희맹(姜希孟)		

[표 1]에서 주목되는 것은 경서 구결에 참여했던 관료들이 모두 집현전 출신이라는 점이다. 경서 구결을 위해서는 경학 및 성리학에 관한 충분한 학습과 이해가 선행되어야 한다. 이를 고려할 때 집현전 출신의 관료들이 세조 대 경서 구결을 담당한 사실은 이들의 경서 이해 수준이 꽤 높았음을 보여주며, 이는 결국 집현전의 경학 연구가 당시로서는 상당한 수준에 이르렀음을 의미한다고 할 수 있다.

현전하는 경서 구결과 언해는 모두 16세기 이후의 것들이다. 대표적인 것 몇 가지를 소개하면, 먼저 이황(李滉)의 『사서삼경석의(四書三經釋義)』는 주자학적 입장에서 올바른 경서 해석을 제시하려는 목적으로 편찬된 것이다. 대략 1550년경 구결과 언해가 완성되었으며 간행은 1609년(광해군 1)에 이루어졌다. 사서삼경(四書三經) 중에서 중요하면서도 잘못 해석되고 있거나 잘못 해석될 가능성이 높은 부분들을 선별하여 언해했으며, 오역(誤譯)의 사례와 올바른 해석 및 그 근거를 함께 보여주었다.

이이(李珥)의 사서(四書) 언해도 주목할 만한 성과의 하나이다. 이이는 1575년 선조의 명을 받아 사서의 소주(小註)를 개정하는 작업을 시행하였다. 아마도 이 일을 계기로 사서에 대한 언해에 착수했던 것으로 보이지만, 구체적인 과정은 현재 알려져 있지 않다. 이이의 언해 결과물은 그의 제자들에 의해 필사본으로 전수되다가 숙종 대 학자 박세채(朴世采)가 해주에서 입수한 『중용언해(中庸諺解)』 수택본(手澤本)을 기준으로 수정·보완하여 1749년(영조 25)에 간행되었다.

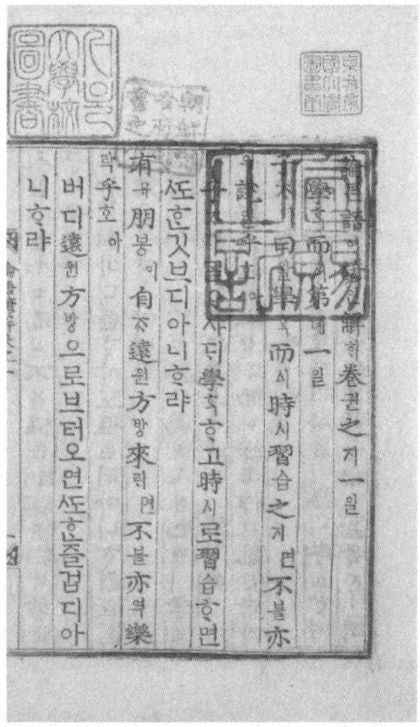

『논어언해(論語諺解)』
(규장각한국학연구원)

선조는 1585년(선조 18)에 경서언해교정청(經書諺解校正廳)을 설치하고 여러 학자들을 모아 『소학』과 사서삼경의 언해 작업을 진행하도록 했다. 그 결과 1587년 『소학언해(小學諺解)』, 1588년 7월 사서삼경의 언해가 완성되었고, 1589년에는 홍문관에서 『효경언해(孝經諺解)』를 편찬하였다. 이 중에서 삼경의 언해는 임진왜란 중에 소실되어 전란 이후 다시 편찬·간행하였다. 교정청의 경서 언해는 동인[東人, 영남학파(嶺南學派)]이 언해 작업을 주도하면서 이황의 『사서삼경석의』를 많이 수용한 특징을 가지고 있다. 또, 고려말 이래로 지속되어 왔던 경서 구결과 언해의 노력이 일단락되어 완성을 보았다는 점에서 학술사적으로도 중요한 의미를 갖는다고 할 수 있다.

2) 『성리대전(性理大全)』의 학습과 이해

『성리대전(性理大全)』은 1415년에 명(明)의 학자 호광(胡廣) 등 42명이 영락제(永樂帝)의 명에 따라 송(宋)·원대(元代)의 성리학자 120여 명의 저술과 학설을 선별·정리하여 편찬한 책이다. 『성리대전』은 1419년(세종 1)에 조선에 처음 수입된 이래로 여러 차례 수입되고, 또 조선에서 간행되면서 조선 전기 성리학 이해와 연구의 중요 텍스트가 되었다.

1428년(세종 10) 3월 세종은 집현전 응교(應敎) 김돈(金墩)에게 『성리대전』 연구에 착수할 것을 지시하였다. 호학(好學)의 군주였던 세종에게도 송·원대 성리학설을 종합·정리한 『성리대전』은 이해하기가 쉽지 않았기 때문에 집현전에 특명을 내려 연구하도록 했던 것이었다. 세종의 명을 받은 김돈은 명나라에서 온 사신단을 찾아가 『성리대전』에 대해 질문을 하는 등 『성리대전』 연구를 위한 여러 가지 노력을 하였다. 그 결과 1430년(세종 12) 8월 경연에서 『성리대전』의 한 부분인 『율려신서(律呂新書)』가 처음 진강되었고, 이어 1432년 2월부터 1434년 3월까지 만 2년여 동안 경연에서 『성리대전』 강독이 이루어졌다. 이는 집현전 관인들의 『성리대전』 연구에 유의미한 성과가 있었음을 보여준다고 할 수 있다.

『성리대전』은 16세기 전반에도 여전히 학자들의 필독서로 중시되었다. 16세기 전반 『성리대전』 학습은 경연을 중심으로 진행되었는데, 특히 활발한 모습을 보였던 것은 성종 대와 중종 대이다.

『성종실록』에는 1489년 3월부터 1491년 12월까지 모두 9건의 『성리대전』 강론 기사가 실려 있다. 이 내용을 보면, 경연의 『성리대전』 진강에서는 성리학 이론보다는 군주와 신하들이 현실 정치에서 모범이나 경계로 삼아야 할 내용이 중점적으로 다루어졌던 것을 알 수 있다. 이는 1차적으로 국왕을 대상으로 진행된 경연 강의였기 때문에 『성리대전』 중에서 국왕이 반듯이 익혀야 할 내용, 즉 국왕의 수신(修身)과 도덕성, 인재를 판단하는 안목 등 국정 운영에 필수적인 내용에 강론의 초점이 맞추어진 결과라고 할 수 있다. 또 당시 『성리대전』 강의를 주도한 학자들은 국정 운영을 직접 담당했던 관료들이었기 때문에 현실 정치와 연결되는 경세적 측면에 깊은 관심을 가질 수 밖에 없었을 것이다. 따라서 이들은 『성리대전』을 강의할 때 성리학 이론 자체보다는 성리학에 입각한 국정 운영의 원칙, 군주와 신하의 바른 자세와 책무 등 현실 정치에 적용할 수 있는 내용을 더욱 중요하게 생각했던 것으로 볼 수 있다.

중종 대에도 『성리대전』은 경연의 중요한 교재로 주목받았다. 중종 대에 『성리대전』 학습의 중요성을 강조한 이들은 조광조를 비롯한 '기묘사림(己卯士林)'들이었다.

1516년(중종 11) 6월 조광조는 야대(夜對)에서 진강할 서적으로 『성리대전』을 추천하였다. 또 그는 1518년(중종 13) 11월 석강(夕講)에서 "『성리대전』에 정통하면 세상을 다스리는 방법으로 다른 것을 기다릴 필요가 없다."라고 하면서 『성리대전』 학습의 진흥 방안을 제시하였다. 조광조는 1519년 4월에도 문신을 가려 뽑아서 『성리대전』을 강독하게 할 것을 건의했고, 이를 수용한 중종은 승정원에 명하여 『성리대전』 강의를 담당할 문신을 선발하도록 했다. 하지만 1519년 11월 기묘사화가 일어나면서 『성리대전』 학습은 계속 이어지지 못했고, 경연에서의 『성리대전』 진강 또한 이루어지지 못했다.

『성리대전』을 중시한 기묘사림의 학문 경향은 개인 연구를 통해 이어졌는데, 대표적인 성과가 바로 김정국(金正國)의 『성리대전서절요(性理大全書節要)』이다. 『성리대전서절요』(이하 『절요』)는 기묘사화 이후 지방에 은거하고 있던 김정국이 『성리대전』에서 중요한 내용을 선별하여 136개 항목으로 정리·편찬한 책이다.

『절요』의 내용을 검토해 보면, 국왕과 관료들이 현실 정치에서 모범과 경계로 삼아야 할 역사적 사례, 국정 운영에서 준수해야 할 원칙과 지침 등이 큰 비중을 차지하고 있어서, 일종의 '국정 운영 지침서'의 성격을 갖는다. 김정국을 비롯한 중종 대 기묘사림들은 경연에서 『성리대전』을 진강할 때 치도(治道), 즉 국정 운영의 지침이 되는 내용을 위주로 강의할 것을 주장하였다. 따라서 『절요』의 내용은 '치도 위주의 경연 강의'라는 기묘사림의 학문관을 그대로 반영하고 있다고 볼 수 있다. 이 점에서 『절요』는 김정국의 개인 저술이지만 실제로는 기묘사림의 『성리대전』 이해를 반영한 저술이라고 할 수 있다.

이상과 같이 『성리대전』은 세종 대 수입된 이래 16세기 전반까지 조선 학자들의 성리학 학습과 연구의 필독서로 중시되었다. 하지만 16세기 중반을 넘어가면서, 『성리대전』에 대한 관심과 연구는 크게 줄어들었는데, 이는 『주자대전(朱子大全)』의 보급 및 연구 활성화와 밀접한 관련이 있다. 1543년(중종 38)에 조선본 『주자대전』이 처음 간행된 이래로 여러 차례 간행되면서 널리 보급되었고, 여기에 이황(李滉)의 『주자서절요(朱子書節要)』 편찬을 계기로 이후 조선 학계의 『주자대전』 연구가 크게 활성화되었다. 그 결과 16세기 중반을 기점으로 성리학 연구의 핵심 텍스트가 『성리대전』에서

『주자대전』으로 바뀌었고, 이에 따라 『성리대전』 자체에 대한 학자들의 관심과 학습은 크게 줄어들게 되었다.

3) 성리학 규범의 실천과 도학정치(道學政治)

15세기의 관학자들은 조선 초기 문물·제도 정비에 많은 기여를 했다. 그러나 한편으로는 세조~성종 대에 여러 차례 공신에 책봉되면서 부와 권력을 독점했고, 15세기 후반에 이르면 보수화되면서 여러 가지 정치·사회적 폐단을 일으켰다. 이에 15세기 말~16세기 초 중앙 정계에 새로이 진출한 신진 관료들은 기성 관료들의 도덕적 문제점을 비판하면서 성리학적 윤리 규범의 철저한 실천을 강조하였다.

15세기 말~16세기 초의 신진 관료·학자들이 15세기 관학자들에 비해 성리학에 대한 이론적 이해가 깊어졌다고 보기는 어렵다. 하지만 이들은 기성 관학자들과는 구별되는 학문적 지향을 표출하였다. 15세기에 집현전 등의 관학을 통해 학문적 성장을 이룬 기성 학자들은 문물·제도의 정비라는 시대적 과제 실현을 위해 성리학을 기반으로 하면서도 여타의 다른 학문·사상에 대해서 비교적 포용적인 태도를 보였다. 반면, 15세기 말~16세기 초에 등장한 신진 관료·학자들은 기성 관료·학자들이 보수화되고 정치·사회적 폐단을 야기하는 것은 그들의 학문이 성리학에 철저하지 못했기 때문이라고 생각하였다. 이에 따라 이들은 성리학의 윤리와 규범을 철저하게 준수하고 체질화할 것을 주장했으며, 다른 학문과 사상에 대해서는 배타적인 태도를 보였다.

연산군 묘(국가유산청)

성종~연산군 대에는 김종직(金宗直)과 그의 문인 정여창(鄭汝昌), 김굉필(金宏弼) 등이 신진 세력의 중심으로 활동하였다. 이들은 관료의 도덕성을 중시했으며, 이를 위해 수신(修身)

의 교과서라 할 수 있는 『소학(小學)』을 철저히 학습하고 『소학』에 담긴 윤리와 규범을 일상생활 속에서 실천해야 한다는 점을 강조하였다. 특히 김굉필은 스스로 '소학동자(小學童子)'라고 일컬을 만큼 『소학』의 규범을 연구하고 실천하는 일에 전력을 기울였다. 김굉필은 『소학』 규범의 학습과 실천을 통해 인격의 기초가 확립될 수 있다고 생각했으며, 이러한 신념을 교육의 기본 원칙으로 강조하였다.

연산군 대에 두 차례의 사화(士禍)를 거치면서 잠시 위축되었던 신진 관료·학자의 활동은 중종 대 조광조(趙光祖)를 중심으로 하는 새로운 인물들의 등장과 함께 다시금 활발해졌다. 김굉필의 문인인 조광조는 성리학의 이념과 정신을 철저하게 실천하려 했던 인물이다. 그는 특히 개인적 차원의 윤리 실천에만 그친 것이 아니라 이를 정치의 차원으로 확대하여 이른바 '도학정치(道學政治)'를 추구했다는 점에서 중요한 의의를 갖는다.

조광조는 도학정치의 실현을 위해서는 국왕이 먼저 성리학의 규범을 체질화하여 성인(聖人)의 경지에 이르러야 한다고 생각했다. 이에 따라 그는 경연(經筵)을 통한 국왕의 성리학 학습과 수신(修身)을 강조하였다. 또, 그는 불교·도교 등 성리학 이외의 사상을 이단으로 규정하여 철저히 배격했으며, 성리학 규범의 사회적 확산을 위해 향약(鄕約) 실시와 『삼강행실도(三綱行實圖)』·『이륜행실도(二倫行實圖)』·『소학』 등의 보급을 추진하였다. 그리고 자신이 추구하는 도학정치를 지지해 줄 인물들을 등용하기 위해 '현량과(賢良科)'라는 관리 선발 제도를 실시했으며, 기존 공신(功臣)들 중 실제 공적이 없는 이들을 가려내어 공신 책봉을 취소하는 '위훈삭제(僞勳削除)'를 추진하였다.

『삼강행실도』(한국민족문화대백과사전)

이상과 같은 조광조의 도학적 개혁 정치에 개혁의 대상이 된 공신 등 기성 관료들은 강하게 반발했다. 여기에 조광조 등이 국왕의 권위보다 도학적 가치를 더 중시하면서 개혁을 강행하자, 중종은 조광조 등을 통제하기 어려운 권력으로 판단하고 이들에 대한 지지를 철회하였다. 그 결과 '기묘사화(己卯士禍)'가 발생하였고, 조광조 일파가 실각하면서 그들의 개혁은 실패로 돌아갔다. 하지만 선조 대 이후 공신 세력이 도태되고 도학적 이념이 사대부 사회 전반으로 확산되면서 이에 충실한 유자(儒者) 관료들이 정계를 주도하게 되었고, 조광조가 추진했던 도학정치의 정신과 정책들은 이들 유자 관료들에 의해 계승되었다.

4) 성리철학 연구의 심화와 학파(學派) 형성

15세기 말~16세기 초 신진 학자들의 등장과 더불어 성리학 규범의 실천이 강조되었던 조선의 성리학은 16세기 중반에 들어서면서 새로운 변화를 맞이하게 되었다. 윤리적 실천의 측면이 강조되었던 기존의 단계를 넘어서서 성리철학의 이론을 본격적으로 탐구하는 단계로 발전해 나간 것이다.

16세기 중·후반 명종·선조 대에는 조선시대 성리학을 대표할 만한 뛰어난 학자들이 전국적으로 대거 배출되었다. 대표적인 이들을 들어 보면, 영남에서는 경주의 이언적(李彦迪), 안동의 이황(李滉), 합천의 조식(曺植) 등이 활동하였고, 호남에는 정읍의 이항(李恒), 장성의 김인후(金麟厚), 광주의 기대승(奇大升) 등이 있었다. 또 서울·경기 지역에서는 서경덕(徐敬德), 이이(李珥), 성혼(成渾) 등이 학계를 주도하였다. 이들은 각각 이기심성론(理氣心性論)을 비롯한 성리학의 주요 이론들을 깊이 연구하여 나름의 학설을 정립했으며, 때로는 학자들 간에 치열한 이론 논쟁을 전개하기도 했다. 이황과 기대승 사이의 사단칠정(四端七情) 논쟁, 이이와 성혼 사이의 인심도심(人心道心) 논쟁 등이 대표적인 경우이다.

16세기 중·후반에 활동한 여러 학자들 중에서 학문적·사상적 측면에서 가장 큰 업적을 남겼고 또 후대에 많은 영향을 끼쳤던 인물로는 이황과 이이를 들 수 있다.

이황은 주희(朱熹)의 학설을 충실히 수용하고 연구함으로써 조선 학계에서 주자학이 주류 사상으로서 독점적 지위를 차지하는 데 핵심적인 역할을 하였다. 그의 학문적 성과는 여러 저술로 정리되었는데, 『주자대전(朱子大全)』에 수록된 주희의 편지 중에서 중요 내용을 선별·정리한 『주자서절요(朱子書節要)』, 중국 유학사를 도통론(道統論) 입장에서 정리한 『송계원명이학통록(宋季元明理學通錄)』, 사서삼경(四書三經)을 한글로 번역한 『사서삼경석의(四書三經釋義)』, 성리학의 입장에서 제왕학의 핵심을 정리한 『성학십도(聖學十圖)』 등이 대표적이다.

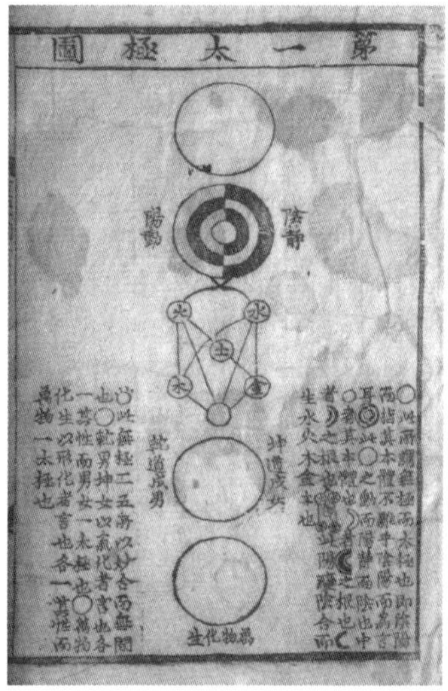

『성학십도』 중 태극도
(한국민족문화대백과사전)

이황이 살았던 시기는 이른바 훈신(勳臣)들의 권력 독단과 사화(士禍) 등을 거치면서 국가 기강의 해이와 윤리의 타락이 심각했던 시기였다. 이황은 이러한 문제를 해결하기 위해서는 인간의 선한 본성과 도덕의 회복이 가장 시급하다고 판단하였다. 그에 따라 이황은 인간 본성과 도덕의 근원적 존재인 이(理)를 절대적으로 중시하였으며, 이(理)와 기(氣)를 엄격히 구분하고 이(理)의 우월성을 강조하는 이원론적(二元論的) 입장을 견지하였다.

이황은 “사단(四端)은 이(理)가 발하고 기(氣)가 그것을 따르는 것이며 칠정(七情)은 기(氣)가 발하고 이(理)가 그것을 타는 것”이라고 하여 이(理)와 기(氣)가 모두 작용성을 갖는다는 ‘호발설(互發說)’을 주장하였다. 이황이 이(理)의 작용성을 강조한 것은 기(氣)에 대한 이(理)의 우월성을 확보함으로써 기(氣)의 불완전성을 극복하고, 사람이 인욕(人欲)으로 인해 타락할 가능성을 차단하여 순수한 도덕적 가치를 실현하도록 하려는 의지가 반영된 것이라고 할 수 있다.

이이는 일생의 대부분을 관료로 활동하면서 당시 정치·사회의 여러 모순들을 개혁하기 위한 경장론(更張論)을 제시했는데, 이 과정에서 그의 성리학 연구는 경장론의 이론적 기반이 되었다. 그는 작용의 원인이 되는 ‘이(理)’의 주재성을 인정하면서도 현실에서 실제로 작용하는 것은 ‘기(氣)’라고 인식하여, “기(氣)가 작용하고 이(理)는 작용하는 기(氣)를 타고 있을 뿐”이라는 일원론적(一元論的) 입장의 ‘기발이승일도설(氣發理乘一途說)’을 주장하였다. 이는 기(氣)의 측면, 즉 정치·사회·경제의 모순들에 대한 개혁을 통해 새로운 변혁이 가능하다는 점을 내포한 것이라고 할 수 있다.

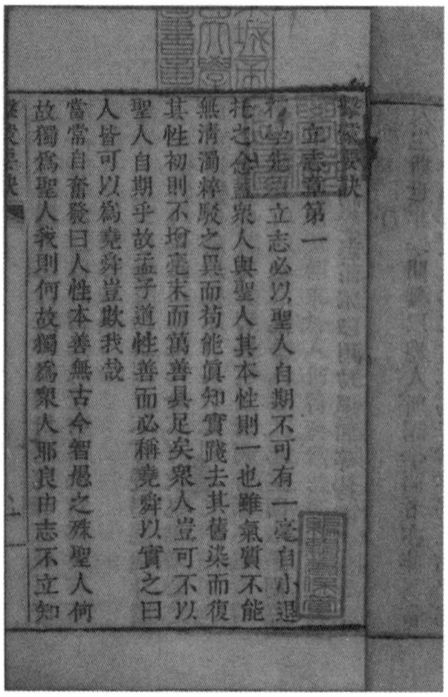
擊蒙要訣

立志章第一

初學先須立志必以聖人自期不可有一毫自小退
託之念蓋衆人與聖人其本性則一也雖氣質不能
無清濁粹駁之異而苟能眞知實踐去其舊染而復
其性初則不增毫末而萬善具足矣衆人豈可不以
聖人自期乎故孟子道性善而必稱堯舜以實之曰
人皆可以爲堯舜豈欺我哉
當常自奮發曰人性本善無古今智愚之殊聖人何
故獨爲聖人我則何故獨爲衆人耶良由志不立知

『격몽요결』(한국민족문화대백과사전)

이이는 초등교육을 위한 교과서인 『격몽요결(擊蒙要訣)』, 사서(四書)를 한글로 번역한 『사서언해(四書諺解)』, 『소학』의 여러 주석들을 종합하여 편집한 『소학집주(小學集註)』, 군주 성학(君主聖學)의 지침을 제시한 『성학집요(聖學輯要)』, 성리학적 경세관(經世觀)을 피력한 『동호문답(東湖問答)』 등 수많은 저술을 통해 자신의 학문 연구 성과를 정리하였다. 특히 『동호문답』은 이이가 1569년(선조 2)에 동호독서당에서 사가독서(賜暇讀書)를 할 때 지은 글로, 손님과 주인의 대화 형식을 빌려 고금(古今)을 관통하는 보편적 정치 원리, 조선의 정치 현실과 문제점 및 그 해결책 등을 제시한 정치이론서이다. 이상과 같은 이이의 학문은 이후 김장생(金長生), 김집(金集) 등 기호(畿湖) 지역 학자들에 의해 계승되었다.

이황과 이이 외에 16세기 학자 중에서 주목해 볼 인물로는 서경덕과 조식이 있다.

서경덕(1489~1546)은 평생 관직에 나가지 않고 개성 지역에서 학문 연구와 교육에만 전념하였다. 기(氣)를 중시하는 소옹(邵雍)과 장재(張載) 계통의 학풍을 수용하여 조선의 학자로는 보기 드물게 우주 만물의 근원을 기(氣)로 인식하는 '기일원론(氣一元論)'을 주장하였다. 또, 그는 개성이라는 지역적 특성의 영향으로 상공업을 중시하고 다른 사상에 개방적인 태도를 피력하기도 했다. 서경덕의 학풍을 계승한 학자 중 상당수는 인조 대 이후 서울 지역의 남인(南人)으로 흡수되었는데, 이는 17세기 이후 '서울 실학'의 형성에 많은 영향을 끼쳤다.

합천·산청·진주 등 경상우도 지역에서 활동했던 조식(1501~1572)은 서경덕과 마찬가지로 평생 관직에 나가지 않고 산림(山林)의 처사(處士)로 자처하며 연구와 교육으로 일생을 보냈다. 그는 일상에서 경(敬)으로써 내면의 심성을 수련하고 의(義)로써 외면의 행동을 바르게 해야 한다는 점을 강조하였다. 또 학문 연구에서 고원(高遠)한 성리철학의 탐구에 몰두하는 것을 비판하고 사서(四書)를 위주로 하면서 배운 것을 충실히 실천하는 것을 중시하였다. 한편, 조식의 문인들은 광해군 대 대북(大北) 정권을 형성함으로써 국정 운영을 주도해 나갔으나, 1623년 인조반정(仁祖反正)으로 인해 정치적으로 몰락하였다.

16세기 중반 조선의 성리학자들은 성리철학에 대한 깊이 있는 연구를 통해 나름의 이론적 기반을 정립하였다. 그리고 이를 바탕으로 각자의 활동 지역에서 교육에 전념하여 수많은 제자를 양성하였다. 그 결과 16세기 후반에 이르면, 지역별로 유력 학자들의 문인·제자들이 결집해서 하나의 학파(學派)를 형성하는 모습이 나타났다. 먼저 영남에서는 안동을 비롯한 경상좌도(慶尙左道)에서 이황의 학풍을 따르는 '퇴계학파(退溪學派)'가 형성되었고, 진주·산청 등의 경상우도(慶尙右道)에서는 조식의 문인들을 중심으로 '남명학파(南冥學派)'가 형성되었다. 또, 서울 지역에서는 이이와 성혼의 학풍을 따르는 '기호학파(畿湖學派)'가 등장했으며, 개성 일대에서는 서경덕의 학풍을 계승한 '화담학파(花潭學派)'가 나타났다.

학파의 형성에 따라 각 학파의 종장(宗匠)이 되는 이황·이이·조식·서경덕의 학문은 그 제자들에게 계승되었고, 성리학 이론 연구도 더욱 심화·발전되었다. 뿐만 아니라 각 학파는 자신들의 학문과 사상을 현실 정치에서 구현하기 위해 노력했으며, 학파 간의 학문적 입장 차이에 따라 서로 다른 경세(經世)의 방안들을 제시하였다. 즉, 학문적 차이가 정치적 입장의 차이로 이어진 것인데, 이는 결국 정파(政派)의 분립으로 나타났다.

선조 대에 동인(東人)과 서인(西人)이 갈라질 때 동인은 퇴계학파와 남명학파·화담학파의 관료들로 구성되었다. 그리고 당초 동·서의 대립을 중재하고자 노력했던 이이가 중재 실패 후 서인으로 자리매김하면서 서인은 이이·성혼의 문인인 기호학파를 중심으로 결집되었다. 그리고 1589년 기축옥사(己丑獄事) 이후 동인이 남인과 북인으로 분리될 때 남인은 퇴계학파가, 북인은 남명학파와 화담학파가 주류를 이루었다. 이처럼 16세기 후반에 등장한 '붕당정치(朋黨政治)'는 바로 학파의 형성이 정파의 분립으로 이어지면서 나타난 결과물이었다.

| 3 | 예학(禮學)의 발달과 예송(禮訟)

1) 『주자가례(朱子家禮)』의 도입과 이해

'가례(家禮)'는 말 그대로 일반 가정에서 시행하는 의례와 제도를 말한다. 중국에서는 후한(後漢) 말 이후 가문마다 의례 규범을 정해서 시행했는데, 집안마다 내용에 차이가 있고 통일성이 없어서 하나의 모범적인 규범의 필요성이 제기되었다. 송대 학자 사마광(司馬光)의 『사마씨서의(司馬氏書儀)』는 바로 그런 필요성에서 만들어진 가정의례의 집성이었다. 그리고 남송(南宋) 대에 주희(朱熹)가 『사마씨서의』를 기반으로 하고 정이(程頤)·장재(張載) 등 송대 학자들의 예 이론을 참고하여 편찬한 의례서가 바로 『주자가례(朱子家禮)』이다. 『주자가례』의 내용은 통례(通禮)와 사례(四禮)로 구성되어 있다. 통례는 사대부가(士大夫家)의 사당인 가묘(家廟)의 제도와 운영에 관한 내용이고, 사례는 관례(冠禮: 성인식), 혼례(婚禮: 결혼), 상례(喪禮: 장례), 제례(祭禮: 제사)에 관한 규정이다.

『주자가례』는 고려 말 안향(安珦)·백이정(白頤正)·이제현(李齊賢) 등에 의해 성리학이 수용되는 과정에서 함께 수용되었다. 조선 건국을 주도한 성리학자들은 『주자가례』의 시행을 적극 주장했는데, 여기에는 『주자가례』의 규범을 실천함으로써 불교와 민간신앙에 젖어 있던 당시의 생활 습관과 사회적 관행을 유교적인 것으로 일신하려는 의도가 담겨 있었다. 이러한 의지는 조선 건국 후에도 계속 이어졌고, 그에 따라 『주자가례』의 준수는 국가 차원에서 강제되는 모습을 보였다.

조선 초기 『주자가례』 시행에서 가장 강조되었던 것은 가묘제(家廟制)와 3년상(三年喪)이었다. 고려에서는 조상의 제사를 사찰에서 거행하였으며, 불교적 관습을 따라 100일 탈상(脫喪)을 하는 것이 일반적이었다. 이에 조선 정부는 불교적 제도와 습관을 청산하고 제사와 상례의 제도를 성리학적인 것으로 개혁하기 위해 사대부가마다 집안에 사당, 즉 가묘를 설치하여 조상을 제사하게 하고, 100일 탈상 대신 『주자가례』에 규정된 3년상을 실시하도록 강제하였다.

하지만 15세기에는 가묘제나 3년상의 시행이 그다지 활성화되지 못했다. 또 관례와 혼례의 제도는 상·제례에 비해 그 시행 정도가 훨씬 미미했다. 이는 기존의 생활 관습에 익숙해 있었던 사람들이 『주자가례』의 제도를 생소하게 느꼈기 때문이며, 특히 『주자가례』에 대한 연구가 부족하여 그 제도의 의미를 충분히 이해하지 못했기 때문이었다. 또 『주자가례』 시행의 강제 대상도 사대부층에 한정되었으며, 일반 평민층까지는 확대되지 못했다.

16세기 전반 『소학』·향약(鄕約)의 보급과 성리학적 윤리 실천이 강조되고, 16세기 후반 성리학 이론 연구의 심화 과정을 거치면서 성리학적 윤리의식의 내면화와 예 의식의 고양이 촉진되었다. 이에 따라 사대부로부터 서민에 이르기까지 예를 생활화하려는 노력이 점차 나타나기 시작했다. 이 과정에서 예의 규정과 절차에 대한 논란이 발생하기 시작했고, 이를 해결하기 위한 연구들이 나타났다. 김인후의 『가례고오(家禮考誤)』, 이언적의 『봉선잡의(奉先雜儀)』, 이황의 『퇴계선생제례답문(退溪先生祭禮答問)』, 이이의 『제례초(祭禮抄)』 등 16세기 중·후반에 등장한 조선 학자들의 가례서(家禮書)들은 그와 같은 연구의 결과물이다. 이 가례서들은 상·제례를 위주로 정리되었으며, 『주자가례』의 내용을 그대로 준수하는 입장을 취했다는 특징이 있다. 또 이전에 비해 『주자가례』에 대한 이해가 깊어지기는 했지만, 아직 체계적이고 종합적인 수준에 이른 것은 아니었다. 관혼상제 4례를 모두 포괄하는 체계적인 『주자가례』 이해는 17세기 예학 연구의 활성화를 통해 가능하게 되었다.

2) 예학의 발달과 예서(禮書) 편찬

17세기~18세기 초반은 '예학(禮學)의 시대'라고 불릴 만큼 많은 예학자(禮學者)들이 배출되었고 예서(禮書)의 간행이 두드러졌던 시기였다. 이 시기 예학 발달의 배경은 내적 요인과 외적 요인의 두 가지 측면으로 나누어 볼 수 있다.

먼저 내적 요인으로, 예학의 발달은 16세기 성리학 연구의 심화 및 예 관념의 발전에 따른 필연적 추세라는 점에 주목할 필요가 있다. 즉 예학은 도학(道學)을 실현하는 실천 규범적 학문이므로 성리학 이해가 깊어질수록 내면의 윤리의식이 고양되고 예에 대한 인식이 깊어질 수밖에 없다. 또, 예 관념의 측면에서도 무의식적·타율적인 실천에서 점차 예의 본질과 실천을 동시에 중시하는 경향이 나타나면서 예론(禮論)에 대한 관심이 고조되었다.

다음으로 외적 요인은 임진왜란과 병자호란 이후 문란해진 국가 체제와 사회적 질서를 바로잡고 성리학적 가치관과 윤리의식을 재정립하는 것이 당시의 가장 중요한 정치·사회적 과제였다는 점이다. 조선의 지배층들은 성리학적 예제 질서의 강화를 통해 이 과제를 달성하고자 했고, 이에 따라 예학이 학계의 주요 관심사로 부상하였다.

17세기 조선의 예학은 '『주자가례』 연구의 심화'로 특징지을 수 있다. 연구의 기본 방향은 『주자가례』를 기본으로 하면서 고례(古禮)의 이념을 회복하는 차원에서 『주자가례』의 미비점을 보완하고 시속(時俗)과의 마찰을 해소하여 조선의 표준적인 가례 양식을 수립하고 실천하는 것이었다. 이러한 방향성은, 비록 정도의 차이는 있지만, 기호학파(畿湖學派, 서인)와 영남학파(嶺南學派, 남인) 사이에 큰 차이가 없었다. 이 시기의 대표적인 예학자로 기호학파에서는 김장생(金長生), 영남학파에서는 정구(鄭逑)를 들 수 있다.

김장생 초상(국립중앙박물관)

김장생은 이이(李珥)와 송익필(宋翼弼)의 문하에서 수학했으며, 1578년(선조 11)에 학행(學行)으로 천거되었다. 만년에 경학(經學)과 예학 연구에 전념하여 『근사록석의(近思錄釋義)』, 『가례집람(家禮輯覽)』, 『의례문해(儀禮問解)』, 『예기기의(禮記記疑)』 등의 여러 저술을 남겼다. 김장생은 이이·송익필로 이어지는 기호학파 예학의 흐름을 계승하면서 동시에 정경세(鄭經世)·정구 등을 통해 접한 영남학파의 예학 연구도 흡수하여 발전시켰다. 김장생은 주희를 비롯하여 송대의 성리학자들이 미완으로 남겨놓은 예학을 완성시키겠다는 사상사적 의식을 가지고 예학을 연구했다. 이에 따라 그의 예학 연구는 『예기(禮記)』를 비롯한 고례(古

禮)의 이념을 회복하고 예제(禮制)를 넉넉하게 실현하는 차원에서 『주자가례』를 보완하고 완성하는 것이었다.

정구는 이황(李滉)과 조식(曺植)의 문하에서 수학했으며, 1573년(선조 6)에 학행(學行)으로 천거되었다. 영남학파 예학을 대표하는 학자로서, 평생토록 예학 연구에 주력하여 『가례집람보주(家禮輯覽補註)』, 『오복연혁도(五服沿革圖)』, 『예기상례분류(禮記喪禮分類)』, 『심의제도조법(深衣制度造法)』, 『오선생예설분류(五先生禮說分類)』 등의 수많은 저술을 남겼다. 특히, 『오선생예설분류』는 정호(程顥)·정이(程頤)·사마광(司馬光)·장재(張載)·주희(朱熹) 등 송대(宋代) 학자 5인의 예설(禮說)을 발췌·정리한 것으로, 정구의 예학을 대표하는 저술이다. 여러 학자들의 예설을 다각도로 정리해서 제시함으로써 『주자가례』의 미비점을 보완했으며, 또 천자·제후(天子諸侯)의 예와 사대부(士大夫)의 예를 엄격히 구분한 점과 고례(古禮)에 접근하는 경향을 보인 것이 특징이다.

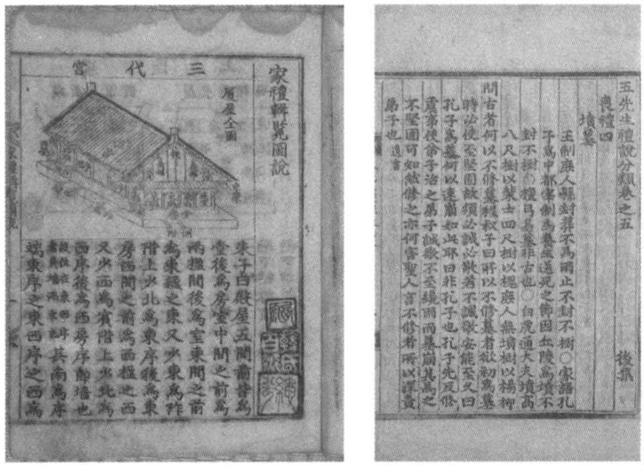

김장생의 『가례집람』(좌)과 정구의 『오선생예설분류』(우)
(규장각한국학연구원)

김장생과 정구 외에도 17~18세기에는 기호학파와 영남학파 모두 많은 예학자들이 활동하였고 그들의 연구 성과를 정리한 많은 예서들이 편찬되었다. 이를 통해 『주자가례』에 대한 이해가 깊어졌고, 『주자가례』의 미비점을 보완할 수 있었으며, 『주자가례』와 시속(時俗)의 차이를 분명하게 인지하여 예의 원칙을 준수하면서도 현실에 부합하는 예를 실천할 수 있게 되었다.

3) 예송(禮訟)의 전개와 사상적 의의

기호학파와 영남학파의 예학은 연구의 방향성에서는 큰 차이가 없었지만, 예론의 현실적인 적용 문제, 특히 국가 전례(典禮) 문제에 있어서는 입장이 분명히 나뉘었다.

이에 따라 특정한 사안에 대해 양측의 서로 다른 예학적 입장이 충돌하는 일들이 발생했는데, 이것이 바로 예송(禮訟)이다. 즉, 예송은 기호학파와 영남학파가 왕실 의례에 대한 자신들의 예학 이론을 개진하면서 학문적·이념적으로 대립한 사건이다.

17세기의 예송은 크게 두 가지 문제를 둘러싸고 일어났다. 하나는 인조(仁祖)의 생부(生父) 정원군(定遠君)에 대한 호칭과 추숭(追崇)의 문제였고, 다른 하나는 효종(孝宗)과 효종비 사후 인조의 계비(繼妃)인 자의대비(慈懿大妃)의 복제(服制)를 어떻게 할 것인가의 문제였다.

첫 번째 문제는 인조가 반정(反正)으로 즉위하여 왕통(王統)으로는 할아버지 선조(宣祖)를 직접 계승하게 되면서 인조의 생부 정원군의 위상을 어떻게 규정할 것인가에 대한 논의에서 비롯되었다. 기호학파 예학을 대표하는 김장생은 종법(宗法)의 질서를 지키는 것이 더 중요하다는 입장을 가지고 있었다. 이에 따라 그는 인조가 왕통을 계승한 선왕 선조(宣祖)를 '고(考: 아버지)'로 부르고 생부인 정원군은 '숙부'로 불러야 한다고 주장하였다. 그리고 정원군을 왕으로 추존하는 것에도 반대 입장을 분명히 했다. 이에 비해 역시 기호학파의 예학자인 박지계(朴知誡)는 종법보다 혈연적인 부자 관계가 더 중요하다는 관점에서 생부인 정원군을 '고(考)'로 칭할 것을 주장했으며, 나아가 정원군을 왕으로 추존해야 한다는 입장을 피력하였다.

정원군의 위상 규정을 둘러싼 양측의 예학 논쟁에서, 정원군의 호칭 문제는 당시 정부 관료와 학자들의 중론이 정원군을 '고(考)'로 칭하는 쪽으로 기울어져 이를 따랐다. 그리고 정원군 추존 문제는 찬·반 양측이 오랜 기간 논란을 거듭하다가 1632년(인조 10)에 추존이 최종 결정되어, 정원군을 원종(元宗)으로, 인조의 생모 계운궁(啓運宮) 구씨(具氏)를 인헌왕후(仁獻王后)로 추존하였다.

두 번째 문제는 효종이 인조의 둘째 아들로서 왕위를 계승한 데서 비롯된 것으로, 1659년의 기해예송(己亥禮訟)과 1674년의 갑인예송(甲寅禮訟) 등 두 차례의 예송으로 표출되었다. 1659년 효종이 서거하자 인조의 계비, 즉 효종의 계모(繼母)인 자의대비(慈懿大妃)의 복제를 어떻게 할 것인가의 문제가 대두되었다. 당초 정부 관료들은 "부모는 아들을 위해 기년복(朞年服)을 입는다."는 『경국대전(經國大典)』의 규정에 따라 상기(喪期)를 1년으로 정했다. 이에 대해 근기남인 계열의 학자 윤휴(尹鑴)는 『의례

주소(儀禮注疏)』의 '차장자설(次子爲長)', 즉 "맏아들이 사망하면 둘째 아들이 장자(長子)가 된다."라는 내용에 근거하여 효종을 맏아들로 보아야 한다는 입장을 밝혔다. 그리고 맏아들 상에는 어머니가 3년복을 입는다는 『주자가례』 규정에 따라 삼년상(三年喪)의 시행을 주장하였다.

그러자 기호학파의 송시열이 '차장자설'은 맏아들이 어린 나이에 죽은 경우에 해당하는 것으로 장성한 후에 사망한 소현세자(昭顯世子)에게는 적용되지 않는다고 하여 윤휴의 주장을 반박하였다. 이어 그는 효종의 즉위가 『의례(儀禮)』에서 3년상을 할 수 없는 것으로 규정한 4가지 경우 중 하나인 '체이부정(體而不正)', 즉 서자(庶子)가 왕위를 계승한 것에 해당하기 때문에 기년복[1년]을 적용해야 한다고 주장하였다. 여기에서 송시열은 서자(庶子)를 '맏아들이 아닌 여러 아들'의 의미로 해석했다. 이에 대해 윤휴는 제왕의 상(喪)에는 모두가 3년복을 입는다는 이론에 근거하여 다시 한번 삼년상 시행을 주장했다. 여기에 근기남인 계열의 허목(許穆)은 서자(庶子)는 '첩자(妾子: 첩의 아들)'를 가리키는 말이며 따라서 송시열의 주장은 효종을 폄하하는 것이라고 하면서 송시열의 기년복 주장을 강력히 비판하였다.

자의대비의 복제에 관한 예론 논쟁이 점점 격화되면서 서인과 남인 간의 정치적 대립으로 비화되는 조짐을 보이자 영의정 정태화(鄭太和)를 비롯한 정부 관료들은 논쟁의 확산을 막기 위해 국제(國制), 즉 『경국대전』에 의거하여 기년복을 입는 것으로 결론지었다. 그러나 이로부터 15년이 지난 1674년(현종 15)에 효종비 인선왕후(仁宣王后)가 서거하고 자의대비의 복제 문제가 다시 대두되면서 논쟁은 재현되었다. 송시열을 비롯한 기호학파 학자들은 '체이부정(體而不正)'설에 근거하여 효종비를 둘째 며느리로 보아 대공복(大功服: 9개월)을 주장하였다. 그러자 남인 계열 학자들과 유생들은 15년 전 효종 국상 때와 마찬가지로 『경국대전』 규정을 적용한다면 이번에도 기년복이 되어야 한다는 점을 지적하며, 대공복의 부당함을 대대적으로 논박했다. 현종(顯宗) 역시 '체이부정' 적용의 부적절함을 지적하면서 남인의 손을 들어주었다. 이에 자의대비의 복제는 남인의 주장에 따라 기년복으로 확정됐고, 이것이 계기가 되어 같은 해(1674) 숙종(肅宗)이 즉위한 후 서인이 실각하고 남인이 집권하는 정권 교체가 이루어졌다.

이상과 같이 예송(禮訟)은 원래 국가전례 시행을 둘러싸고 서인 학계와 남인 학계의 이론가들이 대립한 사상 논쟁이었고, 기해예송까지는 학문적·이론적 논쟁이 중심이었지 정치적 성격은 크지 않았다. 하지만 1674년 갑인예송의 결과로 서인이 축출되고 남인이 중용되는 정국의 급변이 발생하면서 그동안의 학술·사상 논쟁은 정치 투쟁으로 변질되었고, 이후 서인과 남인 두 정파 간에 권력 독점을 위한 치열한 정쟁이 시작되었다. 이 점에서 갑인예송은 숙종 대 환국(換局)의 서막이라는 정치적 의미를 갖는다고 할 수 있다.

| 4 | 주자학(朱子學) 연구의 전통

16세기 중반 이후 조선 학자들의 주자학 연구와 이해 과정을 살펴보면 중요한 특징적 흐름을 발견할 수 있다. 그것은 주희(朱熹)의 저술을 재편집하거나 주석한 일련의 연구서들이 지속적으로 편찬되었다는 점이다. 이러한 흐름은 1558년(명종 13) 이황이 『주자서절요(朱子書節要)』를 편찬한 것을 필두로 이후 영남학파와 기호학파에서 공통적으로 나타났다.

1) 이황(李滉)의 『주자서절요(朱子書節要)』

이황은 주희의 문집 『주자대전』에 수록된 편지 중에서 중요한 내용을 선별하여 『주자서절요』를 편찬하였다. 이황이 남긴 수많은 저술 중에서 학파를 불문하고 후대 학자들에게 가장 큰 영향을 끼친 것은 바로 『주자서절요』라고 할 수 있다.

『주자대전』은 총 121권에 달하는 거질의 책으로, 고려말부터 부분적으로 그 내용이 우리나라에 알려졌으나 전질이 공식적으로 처음 수입된 것은 1518년(중종 13)이다. 당시 사은사(謝恩使)로 북경에 갔던 김안국(金安國)이 『주자대전』·『주자어류(朱子語類)』·『이락연원록(伊洛淵源錄)』 등을 구입해 옴으로써 『주자대전』의 전모가 알려지게 되었다. 이후 조선은 중국에서 새로운 판본의 『주자대전』이 간행될 때마다 지속적으로 수입했으며, 수입된 판본을 바탕으로 국내에서 여러 차례에 걸쳐 『주자대전』을 다시 간행하였다.

이황이 『주자대전』을 처음 접한 것은 서울에서 관직 생활을 하고 있던 1543년(중종 32)이었다. 1518년에 김안국이 구입해 온 『주자대전』을 바탕으로 1543년에 조선본 『주자대전』이 간행됐는데, 바로 이 책을 이황이 구한 것이다. 이후 이황은 관직을 그만두고 고향으로 돌아가 『주자대전』 연구에 전념했으며, 그 과정에서 주희의 편지에 깊은 뜻이 있음을 확인하였다. 이에 그는 『주자대전』에 수록된 1,700여 편의 편지 중에서 주희의 학문과 출처(出處)를 잘 보여주는 1,008편을 선별·정리하여 『주자서절요』를 편찬하였다. 이황은 『주자서절요』 각 권의 서두에 주희의 편지를 받은 인물들의 약력을 개략적으로 소개한 '제자목록(諸子目錄)'을 수록했다. 또 편지의 제목 아래에는 그 편지가 작성된 배경을 기록했으며, 서간의 끝에는 본문의 어려운 구절에 대한 주석도 수록하였다.

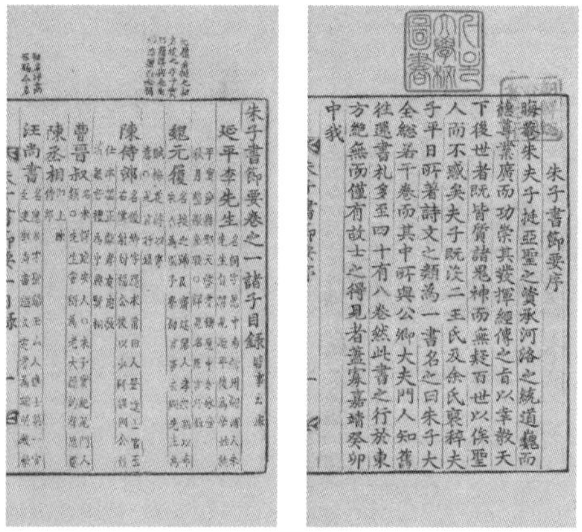

이황의 『주자서절요』 서문(우)과 본문(좌)
(규장각한국학연구원)

이황의 『주자서절요』는 1558년(명종 13)에 편찬되어 1561년에 활자로 처음 간행된 이후 여러 차례에 걸쳐 인쇄·보급되면서 주자학 연구의 필독서로 자리 잡았다. 『주자서절요』는 조선 학자가 편찬한 『주자대전』 선본(選本) 및 주석서의 효시라는 점에서 의의가 있다. 또, 『주자서절요』 편찬 이후 이황의 학통을 이은 영남학파뿐만 아니라 기호학파에서도 『주자서절요』를 계승한 연구가 18세기까지 계속 이어졌다.

먼저 영남학파에서는 『주자서절요』의 주석서인 『주자서절요강록(朱子書節要講錄)』과 『주자서절요기의(朱子書節要記疑)』가 편찬되었다. 또 정경세(鄭經世)는 『주자대전』에 수록된, 편지 이외의 산문 중에서 긴요한 내용을 선별·정리하여 『주문작해(朱文酌海)』를 편찬하였다. 이밖에 이재(李栽)·이상정(李象靖)이 『주자서절요강록』을 보완한 『주서강록간보(朱書講錄刊補)』, 이상정이 『주자어류(朱子語類)』에서 중요 내용을 선별·정리한 『주자어절요(朱子語節要)』, 유치명(柳致明)이 『주자서절요』를 재편집한 『주서절약(朱節彙要)』 등이 차례로 출현하였다.

기호학파에서는 조익(趙翼)이 『주자서절요』에서 더욱 긴요한 내용을 선별하여 재편집한 『주서요류(朱書要類)』와 박세채(朴世采)가 『주자대전』에 누락된 유문(遺文)들을 모아 편집한 『주자대전습유(朱子大全拾遺)』가 등장하였다. 또 송시열(宋時烈)이 『주자서절요』와 『주문작해』를 통합·편집한 『절작통편(節酌通編)』, 그리고 송시열이 『주자대전』 전체를 주석한 『주자대전차의(朱子大全箚疑)』 및 이에 대한 일련의 보완 저술들이 편찬되었다.

이상과 같이 수많은 학자들을 거치면서 250여 년 이상 지속된 『주자대전』 연구서의 편찬은 조선 중·후기 주자학 연구의 전통과 심화 과정을 보여준다는 점에서 매우 중요한 의미를 갖는다. 그리고 그 전통의 출발점이 바로 이황의 『주자서절요』였다는 점에서 이 책이 조선 학계에 끼친 영향력은 매우 컸다고 할 수 있다.

2) 송시열(宋時烈)의 『주자대전(朱子大全)』 연구

이황의 『주자서절요』는 앞서 본 바와 같이 『주자대전』의 중요 내용을 선별하여 편집한 선본(選本)이자 어려운 구절에 대한 해설을 덧붙인 주석서였다. 그리고 영남학파와 기호학파를 막론하고 많은 학자들이 『주자서절요』를 계승한 연구를 수행하였다. 그런데 그 학자들 중에서 영남학파의 종장(宗匠) 이황의 『주자대전』 연구를 가장 완벽하게 계승한 사람은 기호학파를 대표하는 학자 송시열(宋時烈)이었다. 송시열은 『주자대전』의 주석서로 『주자대전차의(朱子大全箚疑)』를, 선본으로 『절작통편(節酌通編)』을 편찬함으로써 『주자서절요』의 두 가지 성격을 모두 계승·발전시켰다.

송시열은 1674년 갑인예송(甲寅禮訟) 이후 서인이 실각하면서 이듬해 1월 함경도 덕원으로 유배되었는데, 이때부터 본격적으로 『주자대전』 연구에 전념하였다. 송시열이 『주자대전』 연구에 몰두하게 된 이유는 크게 두 가지로 나누어 볼 수 있다.

첫째로 송시열은 주자상대주의 학풍의 확산에 대응하는 방편으로 『주자대전』을 연구했다. 17세기 중반 윤휴(尹鑴) 등을 중심으로 주희를 여러 학자 중 한 사람으로 상대화하면서 독자적인 경서 해석을 주장하는 학풍이 유행하자, 주자학의 절대적 신봉자인 송시열은 큰 위기감을 느꼈다. 그리고 그는 위기 극복의 방안을 『주자대전』 연구에서 찾았다. 즉, 그는 주희의 사상이 집약된 『주자대전』을 깊이 이해하는 사람들이 많아질 때 윤휴와 같은 학풍이 사라지고 주자학의 위상이 확고해질 수 있다고 생각한 것이다.

두 번째 이유는 첫 번째와 연결되는 것인데, 학자들이 『주자대전』의 내용을 잘 이해하도록 도와줄 주석서가 필요했다는 점이다. 『주자대전』은 12세기 송나라의 역사적 상황에서 나온 저술이므로 17세기 조선 학자들에게는 난해한 내용들이 많았다. 송시열은 난해한 구절에 대한 주석의 부족이 『주자대전』 학습에 큰 장애가 된다고 판단하고, 이를 해결하기 위해 『주자대전』 연구에 전념하였다.

송시열은 이황의 『주자서절요』와 정경세의 『주문작해』를 출발점으로 삼고 점차 『주자대전』 전체로 범위를 확대하면서 난해한 부분을 만날 때마다 이를 기록하고 그에 대한 자신의 해석을 덧붙인 '차록(箚錄)'의 작성하였다. 그리고 이를 친구와 문인(門人)들에게 보내어 난해 구절 중 누락된 것을 추가하거나 자신의 주석에서 잘못된 부분을 수정·보완하는 감수(監修)와 교정(校訂)을 부탁하였다. 송시열은 그들의 회신을 반영하여 자신의 원고를 끊임없이 수정·보완했는데, 이 과정을 통해 정리된 결과물이 바로 『주자대전』의 주석서인 『주자대전차의』이다. 한편, 송시열은 『주자서절요』와 『주문작해』에 『주자대전』의 핵심이 담겨 있다고 하여 이 두 책을 『주자대전』의 연구와 학습에서 가장 중요한 서적으로 평가하였다. 이에 따라 송시열은 학자들이 이 책들을 보다 쉽게 접할 수 있도록 두 책을 하나로 종합하여 간행했는데, 그것이 바로 『절작통편』이다.

송시열 초상(국가유산청)

『주자대전차의』는 1689년 1월 기사환국(己巳換局)으로 송시열이 제주도로 유배될 때까지 미완성 상태였다. 이에 송시열은 「주자대전차

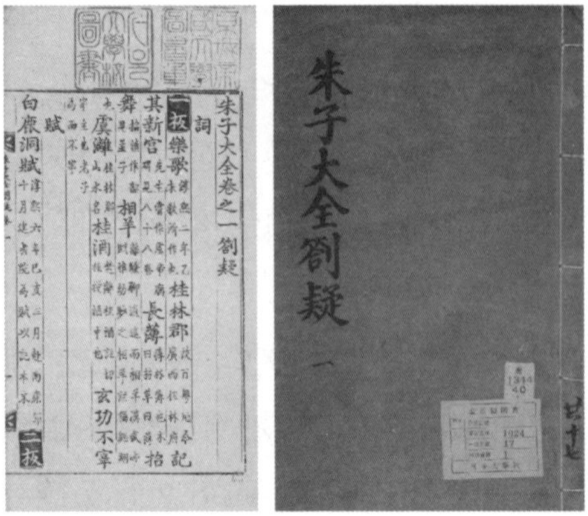

송시열의 『주자대전차의』 표지와 본문
(규장각한국학연구원)

의서(朱子大全箚疑序)」를 써서 자신이 『주자대전차의』를 편찬한 목적을 밝힌 후, 이를 권상하(權尙夏)에게 주면서 김창협(金昌協) 등과 협력하여 『주자대전차의』를 완성해 줄 것을 부탁하였다. 결국 『주자대전차의』는 송시열 사후 권상하·김창협 등의 마무리 작업을 거쳐 1716년(숙종 42) 교서관에서 활자로 간행됨으로써 최종 완성되었다.

『주자대전차의』와 『절작통편』은 송시열의 저작이지만 송시열 한 사람만의 힘으로 이루어진 것은 아니었다. 송시열은 『주자대전차의』의 초고를 여러 지인에게 회람시켜 감수(監修)와 조언을 구했고, 그에 따라 수많은 사람들이 『주자대전차의』 편찬에 직·간접적으로 참여했다.

『주자대전차의』 편찬 초기에는 송시열의 동년배 학자들이 핵심 조력자로 참여했는데, 그중 중요한 인물로는 김수증(金壽增)·김수흥(金壽興)·김수항(金壽恒) 3형제와 박세채(朴世采) 등을 들 수 있다.

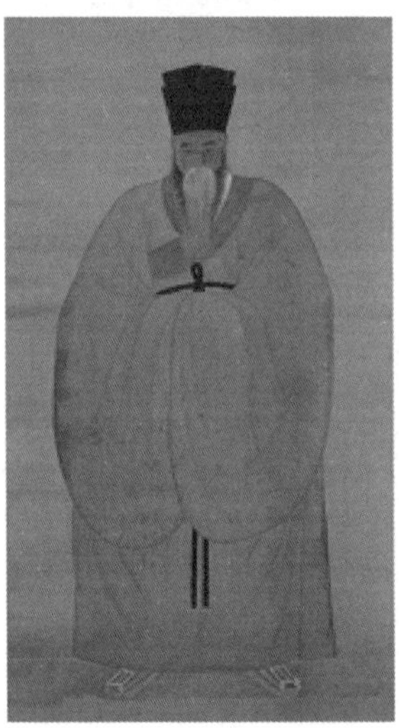

박세채 초상(국가유산청)

김수증·김수흥·김수항 3형제는 「주자대전차의서」에서 언급될 정도로 『주자대전차의』 편찬 초기부터 송시열과 깊이 교감하면서 『주자대전차의』 편찬에 많은 도움을 주었다. 김수항은 송시열이 『주자대전차의』 편찬을 처음 기획할 때부터 이 문제를 상의하고 조언을 구했던 인물로, 그는 송시열의 계획을 적극 지지했으며 여러 차례 서신 왕래를 통해 감수와 교정 작업을 수행하였다. 김수증과 김수흥도 『주자대전차의』의 교정·감수에 참여하여 자신들의 의견을 개진했으며, 김수흥은 숙종에게 『주자대전차의』의 편찬 사실을 알리고 교서관에서 간행하도록 건의하기도 했다.

박세채는 송시열이 『주자대전차의』 편찬 초기부터 감수를 부탁하고자 했던 인물이었다. 그는 송시열의 기대에 부응하여 『주자대전차의』의 교정과 감수에 최선을 다했다. 또 1683년에는 김수흥과 함께 숙종에게 송시열의 『주자대전차의』 편찬 사실을 알리는 등 『주자대전차의』의 존재와 가치를 널리 알리는 데에도 많은 기여를 했다.

남구만 초상(국가유산청)

『주자대전차의』 편찬 후반기에는 송시열의 문인·제자 그룹들이 중추적인 역할을 했는데, 가장 중요한 인물은 권상하와 김창협이다. 두 사람 역시 주로 송시열과의 서신 왕래를 통해 『주자대전차의』의 교정과 감수에 참여했지만, 때로는 송시열과 함께 생활하면서 집중적으로 교정 작업을 수행하기도 했다. 송시열은 1689년 5월 권상하에게 편지를 보내 "『주자대전차의』를 완성할 사람은 오직 그대[권상하]와 중화[仲和, 김창협]뿐"이라고 하면서 두 사람에게 『주자대전차의』 완성을 유언으로 남겼다. 송시열의 유지(遺志)를 받은 권상하와 김창협은 이후 다른 문인들과 함께 『주자대전차의』에 대한 연구와 교정에 전력을 다했고, 그들의 노력은 1716년(숙종 42) 『주자대전차의』의 간행으로 열매를 맺었다.

위에서 언급한 인물 외에도 민정중(閔鼎重)·민유중(閔維重)·남구만(南九萬)·이기홍(李箕弘)·이희조(李喜朝) 등 송시열의 수많은 지인과 문인들이 『주자대전차의』의 교정·감수에 함께 참여하였다. 이 점에서 『주자대전차의』는 송시열의 개인 저술이면서 동시에 송시열과 학문적 입장을 같이 했던 서인 계열 학자들이 공동으로 수행한 연구의 결과물이라고 할 수 있다.

송시열 이후 서인 학계의 『주자대전』 연구는 『주자대전차의』를 계승하면서 이를 수정·보완하는 방향으로 진행되었다. 이러한 흐름은 19세기 중반까지 지속됐는데, 대표적인 성과로는 김창협·어유봉(魚有鳳)의 『주자대전차의문목(朱子大全箚疑問目)』, 이의철(李宜哲)의 『주자대전차의후어(朱子大全箚疑後語)』, 김민재(金敏材)의 『주자대전차의보(朱子大全箚疑補)』, 김매순(金邁淳)의 『주자대전차의문목표보(朱子大全箚疑問目標補)』, 이항로(李恒老)·이준(李埈) 부자의 『주자대전차의집보(朱子大全箚疑輯補)』 등이 있다. 이상의 저술들은 『주자대전차의』의 계승과 보완이라는 17~19세기 서인 학계 주자학 연구의 학문적 지향을 분명히 보여준다.

■ 참고문헌

강문식, 「金正國의 性理書 편찬과 그 특징」『조선시대사학보』 100, 조선시대사학회, 2022.

강문식, 「김창협의 朱子書 연구와 『朱子大全箚疑問目』」, 『한국사연구』 160, 한국사연구회, 2013.

강문식, 「宋時烈의 『朱子大全』 연구와 편찬-『朱子大全箚疑』·『節酌通編』을 중심으로」, 『한국문화』 43, 서울대학교 규장각한국학연구원, 2008.

강문식, 「趙翼의 학문 경향과 『朱書要類』 편찬의 의의」, 『한국문화』 39, 서울대학교 규장각한국학연구원, 2007.

강문식, 「集賢殿 출신 官人의 學問官과 政治觀」, 『韓國史論』 39, 서울대학교 국사학과, 1998.

강문식, 「집현전(集賢殿)의 학풍과 학술 활동」, 『한국문화』 93, 서울대학교 규장각한국학연구원, 2021.

고영진, 「15~16세기 주자가례의 시행과 그 의의」, 『한국사론』 21, 서울대학교 국사학과, 1989.

김문식, 「조선본 「주자대전」의 간행과 활용」, 『조선시대문화사(상)』, 일지사, 2007.

김문식, 「조선시대 국가전례서의 편찬 양상」, 『장서각』 21, 한국학중앙연구원 장서각, 2009.

김문식, 『조선후기 경학사상 연구』 일조각, 1996.

김항수, 「16세기 經書諺解의 思想史的 考察」, 『규장각』 10, 서울대학교 규장각, 1987.

우경섭, 「朴世采의 朱子學 연구와 「朱子大全拾遺」」, 『한국문화』 39, 서울대학교 규장각한국학연구원, 2007.

이봉규, 「金長生·金集의 禮學과 元宗追崇論의 철학사적 의미」, 『한국사상사학』 11, 한국사상사학회, 1998.

이봉규, 「愚伏 鄭經世의 학문활동과 「朱文酌海」의 성격」, 『朱文酌海』(규장각자료총서 유학편), 서울대학교 규장각, 2005.

장동우, 「주자가례의 수용과 보급 과정」, 『국학연구』 16, 한국국학진흥원, 2010.

조성산, 「조선 성리학의 정치 이념과 갈등」, 『유교적 사유와 삶의 변천』(국사편찬위원회 편), 두산동아, 2009.

조성산, 『조선후기 낙론계 학풍의 형성과 전개』, 지식산업사, 2007.

최승희, 「集賢殿 研究(上)」『歷史學報』 32, 역사학회, 1967.

최승희, 「集賢殿 研究(下)」『歷史學報』 33, 역사학회, 1967.

최영성, 『한국유학사상사』 Ⅱ~Ⅳ, 아세아문화사, 1995.

한우근, 「『經國大典』 解題」, 『역주 경국대전 주석편』, 한국정신문화연구원, 1986.

제7장

조선 후기의 새로운 학풍

김문식(단국대학교 교수)

1. 자아 인식의 강화
2. 서학과 고증학의 도입
3. 생산기술의 개선
4. 교통 수단의 혁신
5. 국토방위의 중요성

| 1 | 자아 인식의 강화

조선 후기의 지식인들은 임진왜란과 병자호란을 통해 일본과 청의 침략을 경험한 이후 전란의 후유증을 극복하고 국가를 재건해야 하는 시대적 과제에 직면하였다. 특히 1636년에 병자호란이 발생하자 남한산성으로 피신하였던 국왕 인조가 삼전도로 나와서 청나라 태종에게 항복했던 사건은 조선의 지식인들에게 씻을 수 없는 정신적 상처를 남겼다.

조선 정부는 무너진 국가 기강을 확립하고 흩어진 민심을 수습하기 위해 안으로는 예치(禮治)를 통해 성리학적 이념을 실천하고, 밖으로는 북벌론과 존주론을 추진하였다. 이 중에서 북벌론(北伐論)은 동아시아의 안정된 국제질서를 무너뜨려 혼란에 빠지게 한 청을 공격하여 멸망시킴으로서 상처받은 국민적 자존심을 회복하자는 논의였다. 그리고 존주론(尊周論)은 주나라에서 계승된 중화 문화를 가진 명나라와 조선을 높이고 오랑캐인 청을 물리치자는 이념이었다.

그러나 18세기에 들어와 청이 중국의 강남 지역까지 완전히 장악하고 조선과 청의 관계가 정상화된 이후에도 북벌론을 계속 추진하는 것은 현실적으로 무리였다. 이때 북벌론은 우선 조선의 국력을 비축하여 내실을 다지고 청의 국력이 약해지는 국제정세의 변화를 보면서 청이 약해지는 기회가 오면 병자호란 때 당한 치욕을 갚자는 내수외양론으로 변하였다. 또한 존주론은 임진왜란 때 조선을 구원한 명에 대한 의리를 지키자는 대명의리론으로 변하면서 점차 강화되는 추세를 보였다.

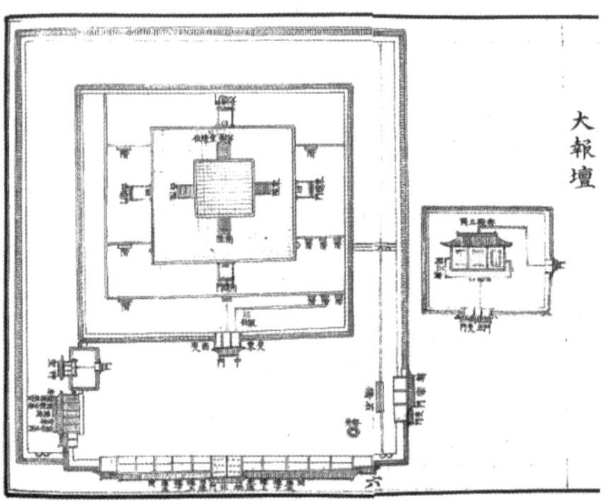

대보단 『황단증수의』(규장각한국학연구원)

숙종은 명나라가 멸망한 지 60주년이 되는 1705년

에 창덕궁 후원에 대보단(大報壇)을 설치하고, 임진왜란 때 구원병을 보내준 신종 황제에게 제사를 지냈다. 이는 18세기에 대명의리론이 강화되는 추세에 있었음을 보여주는 상징적 사건이었다. 그 이후 영조는 대보단의 제사 의식을 더욱 강화하고, 명의 태조와 마지막 황제인 의종을 추가하여 세 황제를 모셨다. 이후 대보단의 제사는 조선의 국왕들에게 꾸준히 계승되었다.

조선은 건국할 때부터 송나라 제도를 많이 따랐고, 송의 화이론(華夷論)을 수용하여 '소중화(小中華)' 의식을 정립하였다. 소중화 의식이란 조선은 중화 문화의 정수를 가진 문화국가이며, 그 규모에 있어서는 중국보다 작은 국가라는 의식이었다. 그러나 송의 문화를 계승하였던 명이 멸망한 상황에서 유교문화의 정통은 조선이 계승하고 있으므로, 조선이 곧 중화이며 조선의 문화가 중화 문화라는 '조선중화주의'가 나타났다. 이는 조선을 동아시아의 문화 중심국으로 위치시킴으로써 일본과 청의 침략으로 상처받은 조선인의 자존심을 회복하고, 조선의 전통 문화에 대한 관심을 강화하는 촉매제로 작용하였다.

조선의 지식인들은 '조선중화주의'를 바탕으로 자국의 문화에 자부심을 느꼈다. 이들은 조선 문화의 정수는 유학 가운데 특히 성리학에 있다고 생각하고, 성리학의 바탕위에서 예의와 도덕을 중시하고 근면함과 검소함을 미덕으로 여기면서 독특한 문화를 유지해 왔다. 박지원은 조선의 제일 장점으로 유교를 꼽으면서, 조선이 건국된 이후 학자들은 공자만을 익혀 불교나 도교와 같은 이단 종교가 발붙일 틈이 없음을 강조하였다. 또한 홍대용은 조선의 경전 해석은 주자의 견해와 같음을 자랑하였다. 정조는 평소에 주자의 글을 애독하고 핵심이 되는 구절을 뽑아서 편집한 선집(選集)들을 편찬하여 보급하였으며, 주자의 모든 저술을 모으고 조선인의 주자서 연구를 덧붙인 『주자전서(朱子全書)』를 편찬하려고 하였다. 조선의 지식인은 성리학 연구를 진행하면서 주자의 학설이 시기에 따라 변화가 있고 경전 원문의 해석에는 오류가 있다는 사실을 발견하였다. 이런 문제점을 해결하려면 새로운 학문 정보가 필요했다. 조선 지식인이 청나라 학계의 동향과 서적의 출판에 관심을 가지고 적극적으로 수용한 것은 성리학의 미비점을 보충하려는 욕구가 강하였기 때문이다.

조선의 지식인들은 오랑캐 왕조인 원이 편찬한 『송사(宋史)』와 청이 편찬한 『명사

(明史)』에는 사실의 기록이나 정통의 파악에 문제가 있다고 생각하였다. 조선의 지식인은 송과 명의 역사를 제대로 편찬하는 것은 유일하게 중화 문화를 계승한 자신들의 권리이자 의무라 생각하였고, 새로운 『송사』와 『명사』를 편찬하였다. 이들은 『송사』에서 송의 역사를 정통으로 하고 요·금·몽고의 역사를 송에 부속시켰으며, 성리학에 뛰어난 다섯 학자와 원나라 치하에서 송에 대한 절의를 지켰던 인물들의 행적으로 중요하게 다루었다. 또한 『명사』에서는 명 태조부터 남명의 영명제(永明帝)까지 역사를 모두 다룸으로써, 남명이 멸망하는 마지막 순간까지 정통을 부여하였다. 이는 송에서 명으로 이어진 정통을 조선으로 연결하고, 조선이 중시하던 성리학과 의리를 강조하기 위해서였다.

조선이 가진 또 하나의 중화 문화는 예제(禮制)였으며, 특히 의관(衣冠)의 제도를 중시하였다. 김창업은 조선이 소중화인 근거가 의관에 있으며, 청나라 황제가 조선 사신의 의관에 관심을 보인 사실을 자랑하였다. 서유문은 조선의 의복은 명나라 제도이고, 갓은 송나라 사람이 쓰던 것이며, 의복 제도는 『주자가례(朱子家禮)』를 따른다고 보았다. 이들은 조선의 의관만이 옛 제도를 계승하고 있고 중국에서는 모두 사라졌다는 사실을 확인했을 때 조선 문화에 대한 자신감을 가졌다. 그리고 청 정부가 한족들에게 오랑캐의 머리와 복장을 강요하는 정책을 비판하였다. 그러나 조선의 의관이라고 무조건 옛 제도에 맞는 것은 아니었다. 성대중은 조선이 신라와 고려의 제도를 답습하여 이적의 풍속이 섞여 있다고 하였고, 박지원은 조선의 부인복은 몽고의 제도이며 오히려 기생의 복장이 옛 제도에 해당한다고 생각하였다. 이처럼 조선의 제도에 미진한 부분이 있다고 생각할 때, 이를 보완할 수 있는 새로운 문물을 수용할 필요성이 있었다.

화이론의 입장에서 볼 때 '조선중화주의'는 '문화 중심의 화이론'이었다. 중화 국가가 되는 근거를 종족, 지역, 문화로 구분할 때, 오랑캐인 청이 중국을 장악하여 위세를 떨치는 상황에서 종족이나 지역은 중화 국가의 근거가 될 수 없었다. 이제 중화의 문물을 가지고 있으면 누구나 중화가 될 수 있다는 '문화 중심의 화이론'은 조선을 중화 국가로 규정하게 하고, 청이나 일본, 서양의 문물도 중화의 문물로 인정된다면 적극적으로 수용할 수 있다는 근거를 제공하였다.

| 2 | 서학과 고증학의 도입

서양의 국가들과 중국이 만날 때에는 서양 선교사가 교량 역할을 하였다. 특히 예수회(The Jesuit) 출신의 선교사는 그 중심에 있었다. 명나라 말기에 우수한 학식을 지닌 서양 선교사가 나타나자, 중국의 일부 지식인은 서양의 학문과 기술에 관심을 가지고 이를 배우려고 하였다. 그 결과 한문으로 번역된 서학서(西學書)가 많이 출판되었다. 청나라 정부가 들어선 이후에도 서양 선교사를 존중하는 분위기는 그대로 유지되었고, 예수회 선교사를 천문을 담당하는 흠천감(欽天監)의 장관으로 임명하였다. 그러나 청 강희제 때 이른바 전례문제가 발생하면서 사정은 달라졌다. 로마 교황청에서는 예수회의 선교 방식이 중국의 전통과 지나치게 타협하여 크리스트교의 가르침을 어겼다고 보았고, 이에 대응하여 청 정부는 예수회 이외의 선교사들을 모두 추방하였다. 1723년부터 청에서는 크리스트교의 포교가 금지되었다.

중국에서 한문으로 번역된 서학서는 조선으로 전해졌다. 먼저 서양인이 조선을 방문하여 서양 문물을 전한 경우가 있었다. 1627년에 영일만으로 온 벨테브레(Jan Jansz Weltevree, 박연) 등 3인과 1653년에 제주도로 온 하멜(Hamel) 등 36인은 바다에 표류하였다가 조선에 도착한 서양인이었다. 벨테브레는 훈련도감에 소속되어 조선인에게 홍이포(紅夷砲)의 제조법과 조종술을 가르쳤고, 하멜과 함께 온 일행 중에는 천문을 아는 자, 조총을 잘 쏘는 자, 화포술에 능한 자들이 있었다. 그러나 대부분의 서양 문물은 북경을 방문한 사신단을 통해 조선으로 들어왔다.

1631년에 명을 방문한 정두원은 선교사 로드리게스(Rodriquez)를 만나 서양식 화포, 망원경, 『천문략』, 「치력연기」, 이마두(利瑪竇)의 천문서, 『직방외기』, 곤여만국전도(坤輿萬國全圖)를 선물로 받아왔다. 여기서 이마두의 천문서는 마테오리치(Matteo Ricci)의 『혼개통헌도설』을 말하는 것으로 보인다. 또한 병자호란이 끝난 후 심양에 인질로 잡혀갔던 소현세자는 1644년에 청나라 군대와 함께 북경으로 입성하여 흠천감에서 근무하던 아담 샬(Adam Schall)을 만났고, 조선으로 귀국할 때 서학서, 지구의, 천주상 등을 가지고 왔다. 이 무렵 조선에는 아담 샬이 작성한 천문도와 역법이 들어와 시헌력을 채용하는 계기가 되었다.

곤여만국전도(규장각한국학연구원)

서양식 역법인 시헌력(時憲曆)을 채용하자는 논의는 1644년에 김육의 건의로 시작되었다. 1653년에 조선 정부는 시헌력을 채택한다고 선언하였고, 관상감 소속의 천문학자인 김상범을 북경의 흠천감으로 보내어 서양 역법의 계산법을 배워왔다. 숙종대에는 천문학자 허원이 북경에 가서 천문학자인 하군석(何君錫)을 만났고, 영조 원년(1724)에는 수정한 시헌력을 시행하게 되었다. 또한 정조 대인 1795년에 천문학자 성주덕은 서호수, 김영과 함께 『국조역상고(國朝曆象考)』를 편찬하였다. 『국조역상고』는 조선의 천문학 역사를 종합적으로 정리한 책이다.

이익의 『성호사설』(국립중앙도서관)

조선의 지식인들이 서학의 성과를 접하면서 서학을 활용하는 학자들이 나타났다. 이익은 조선에 들어온 서학서를 통해 서학을 이해하고, 『천학초함』에 포함된 『직방외기』, 『천문략』, 『기하원본』, 『간평의설』, 『칠극』, 『곤여도설』, 『혼개통헌도설』과 같은 책을 보았다. 이익은 아담 샬이 만든 시헌력을 역법의 으뜸으로 보았고, 지구가 둥

글다는 지원설(地圓說)을 수용하여 중국이 세계의 중앙에 있다고 생각할 필요가 없다고 하였다. 그는 서양의 우주관에 관심을 가지고 우주의 크기에 대한 자료를 소개하기도 하였다.

홍대용 묘(한국민족문화대백과사전)

홍대용은 1766년에 북경을 방문하여 흠천감 관리로 있던 할러스타인(Hallerstein)과 고가이슬(Gogeisl)을 만났다. 홍대용은 이들과 필담을 나누면서 자명종, 망원경, 안경, 풍금을 구경하였고, 관상대를 방문하여 천문을 관측하는 기구들을 보았다. 홍대용은 조선으로 귀국한 이후 자신의 집 뜰에 농수각이란 건물을 짓고 각종 천문 관측기구를 만들어 설치하였다.

박제가는 서양의 실용적인 기술을 수용하자고 제안하였다. 박제가는 농기구의 개량을 위해 서광계의 『농정전서(農政全書)』를 참고하자고 하였고, 매년 기술자 10명을 북경에 파견하여 새로운 과학 지식과 기계 제조법을 배워오게 하자고 하였다. 박제가는 서양의 과학기술을 배우기 위해 서양 선교사를 초청하자고 제안하였다. 그는 기하학에 밝고 이용후생의 기술에 능한 선교사를 초빙하여 조선의 젊은이를 가르치게 하면 조선의 과학기술이 진보할 수 있다고 생각하였다.

정약용은 이용감을 설치하여 서양의 과학기술을 도입하자고 하였다. 그는 매년 중국어를 잘하는 역관과 과학기술자를 북경으로 파견하여 새로운 기술을 습득하게 하며, 이를 국내에 잘 보급시키는 성과를 거둔 사람은 지방관으로 등용하여 승진시키자고 제안하였다. 이러한 정약용의 제안은 중인으로 차별받던 역관과 과학기술자를 우대하기 위해서였다.

한편 고증학은 청나라 초기의 경세학에서 나온 학문으로 18세기에 새로운 학문이 되어서 나타났다. 고염무(顧炎武)를 개조로 하는 고증학은 염약거(閻若璩), 호위(胡渭), 모기령(毛奇齡) 등으로 계승되었다. 그들의 학문은 경세학을 중시했던 초기 학풍과 달리 경세학에 이르는 수단으로서 고전의 고증을 중시하였다. 여기서 고전의 고증이란 원문의 글자와 그 진위(眞僞)까지 밝히는 작업이었다. 고증학은 경서 이외에 역사서, 지리서, 음운학 등 다양한 분야를 연구 대상으로 하였고, 금석문을 널리 수집하여 고전의 원문을 분석하는 근거로 삼았다.

조선 후기의 학풍은 주자의 성리학을 바탕으로 하였고, 주자의 『사서집주』를 비판하거나 다른 의견을 제시하는 것을 위험시하였다. 그러나 조선의 학자 가운데 주자의 경학 해석을 비판하는 학자들이 나타났다.

윤휴는 『상서』에서 「요전」 편과 「순전」 편을 하나로 합치고, 「순전」의 첫머리 28글자는 위작(僞作)이라고 하였다. 또한 그는 주자가 『중용장구』에서 『중용』의 원문을 33장으로 구분한 것을 비판하고, 이를 10장 28절로 구분하여 입장을 달리하였다. 윤휴는 『대학』에서도 주자의 『대학장구』 체제를 인정하지 않고 고본대학(古本大學)을 받아들여 7절로 구분하였다.

박세당은 『사변록』에서 경서를 새롭게 해석하였고, 특히 『대학』과 『중용』의 해석에서 주자의 견해와 달랐다. 박세당은 『대학』의 격물을 '물(物)의 법칙을 구하여 바른 것을 얻는 것'으로 해석하였고, 『중용』의 천명(天命)은 주자처럼 '하늘이 시키는 것'이 아니라 '하늘이 주는 것'으로 해석하였다. 윤휴와 박세당의 새로운 경학 해석은 주자의 해석을 비판하는 것이었다.

『목민심서』(국립중앙박물관)

정약용은 육경(六經)과 사서(四書)를 독창적으로 해석하여 방대한 경학 체계를 이룬 학자였다. 정약용은 경학과 경세학을 구분하여, 경학 연구는 자신의 수양을 위한 것이고, 경세학에 해당하는 『경세유표』, 『목민심서』, 『흠흠신서』는 천하 국가를 위한 것이라 하였다. 이는 학문의 최종 목표를 경세학에 두고 그 기반을 마련하기 위해 경학을 연구한다는 뜻이었다. 정약용은 한학과 송학의 장단점을 비교하면서, 한학의 훈고와 송학의 의리를 극복하여 경전 원래의 세계로 돌아가야 한다고 하였다.

> 한대의 학자는 경전을 주석할 때 고고(考古)를 준법으로 삼았으므로 분명하게 구분하는 것이 부족하다. 따라서 참위(讖緯)의 잘못된 설을 수록하였으니, 이것은 학이불사(學而不思, 배우면서 생각하지 않음)의 폐단이다. 송대의 학자는 궁리(窮理)를 위주로 하였으므로 간혹 고거(考據)에 소홀하였다. 따라서 제도와 명물이 잘못 다뤄지기도 하였으니, 이것은 사이불학(思而不學, 생각하면서 배우지 않음)의 폐단이다. (『논어고금주』)

성해응은 고증학을 수용하는 데 선구적인 역할을 한 학자였다. 그는 북학론을 주장한 성대중의 아들로 규장각의 검서관이 되어 규장각에 소장된 자료들을 두루 열람하였다. 그는 경학 연구의 목적이 경전의 원래 모습을 되찾아 성인의 본뜻을 이해하는 데 있다고 하였으며, 전문성을 특징으로 하는 한학과 의리를 중시하는 송학을 절충하는 연구 방법을 택하였다. 성해응은 고증학의 필요성을 분명히 인식하였으며, 고증학이 지나치게 자잘한 데로 치닫는 단점은 송학의 장점으로 해결하려 하였다.

김정희는 조선의 고증학을 집대성한 학자이다. 그는 박제가의 제자로 1809년에 부친 김노경을 따라 북경을 방문하였다가 청의 고증학자인 옹방강(翁方綱)과 완원(阮元)을 만났다. 김정희는 청 학자와의 만남을 통해 경학과 금석학에 관심을 가졌다. 김정희는 경학 연구에서 한학의 장점인 훈고와 송학의 장점인 의리를 흡수하여 종합적으로 보아야 한다고 주장하였다. 이는 옹방강이 주장한 '한송불분론(漢宋不分論)'과 같은 논리였다.

조선 후기에 고증학을 수용한 학자는 많으나 성리학의 장점인 의리의 중요성을 부인한 학자는 한 사람도 없었다. 조선 학계는 성리학 학자들이 주도하는 가운데 고증학은 성리학의 한계점을 보완하는 역할을 하였다.

| 3 | 생산기술의 개선

조선의 지식인이 청나라를 방문했을 때 도시의 풍경은 한마디로 놀라움 그 자체였다. 반듯하게 정리된 도로에 사람과 물건을 가득 실은 수레들이 바쁘게 움직였고, 도로변에는 벽돌로 지은 집의 치장이 화려하였다. 그리고 길거리에서 만나는 사람들의 차림새나 살림살이에서 시골티를 찾아보기가 어려웠다. 박지원이 국경 도시인 책문에서 목격한 풍경은 그의 자존심을 무너뜨리기에 충분하였다.

> 책문 밖에서 안을 바라보니 여염집들이 모두 높다랗고 대개 기둥이 다섯인 집이다. 이엉으로 집을 이었으나 용마루가 높이 솟고 문호가 번듯하며, 거리는 곧으며 판판하여 먹줄을 친 것 같다. 담장은 모두 벽돌을 쌓았고, 거리에는 사람을 태운 수레와 짐을 실은 수레가 오간다. 벌여 둔 그릇들은 모두 그림을 그린 꽃 사기로 일반 풍물이 하나도 시골티가 없어 보인다.
>
> 예전에 내 친구 홍대용에게서 중국 문물의 성대한 규모와 세밀한 심법(心法)을 들은 적이 있다. 오늘로 보아 책문은 중국의 동쪽 끝 벽지인데도 오히려 이 정도인데 앞으로 구경할 것을 생각하니 문득 기가 꺾였다. 여기서 발길을 돌리고 싶은 생각이 치밀면서 전신에 불을 끼얹은 것처럼 후끈한 느낌이 들었다. (『열하일기』)

박지원과 비슷한 시기에 청을 방문한 박제가에게 청의 도시 풍경은 지상의 낙원처럼 보였다. 도시에는 건축 장식이 번쩍이고 거리에는 수레가 밀려다녔으며, 음악 소리가 들리고 향내까지 넘쳐났다. 박제가는 조선인이 중화 문화의 상징이라 자랑하였던 의복 제도에서도 청의 제도를 칭찬하였다. 여성의 복식을 볼 때, 조선 복식은 몽고 제도를 답습한 오랑캐의 문물이지만 청나라 복식은 중화 문물이라는 것이다. 박제가는 청에 견줄만한 조선의 문물을 발견하기가 어려울 정도였다.

일본을 방문한 지식인도 번성하는 도시의 풍경을 목격하였다. 17세기에 일본을 방문한 경섬은 도로가 잘 정비된 가운데 집들이 즐비하며, 시장에는 파는 물건이 가득한 것을 보았다. 18세기에 신유한은 오사카(大阪)에서 통신사 행렬을 구경나온 시민들을 보았다. 그런데 구경나온 사람들의 복식과 치장이 너무 화려하여 그 부유함을 짐작하기 어려울 정도였다.

> 관광하는 남녀들이 양쪽에 담처럼 늘어섰으며 모두 비단옷을 입었다. 여자는 검은 머리에 기름을 바르고, 꽃 비녀에 대모 빗을 꽂고, 연지와 분을 바르고, 붉고 푸른 채색 그림의 긴 옷을 입고, 보배 띠로 허리를 묶었는데, 허리는 가늘고 길었다. 멀리서 보기에 불화(佛畵)와 같았다. 수려한 남자아이는 복색과 단장이 여자보다도 더 예뻤다. 나이 8세 이상만 되면 보배 칼을 왼쪽 옷깃에 꽂지 않은 자가 없었고, 강보에 있는 어린아이도 모두 구슬과 옥을 감고 무릎에 안겨 있거나 등에 업혀 있었다. 그 모습이 일천 수풀에 붉고 푸르고 누런 꽃 일만 송이가 피어있는 것과 같았다. (『해유록』)

조선의 지식인들은 일본이 잘 사는 것은 상업이 활성화되었기 때문이며, 그들의 경제 수준은 조선보다 훨씬 높다는 것을 알았다. 그리고 일본의 번영은 중국의 강남 지역과 무역을 하고 중국의 정교한 기술을 배워 습득한 데에 있다고 파악하였다.

조선 후기에 청과 일본을 방문한 지식인들은 조선이 상대적으로 낙후되었음을 깨달았다. 정약용은 시대가 내려오고 사람이 많아질수록 기술이 발달하는데, 조선은 오랫동안 중국의 새로운 기술을 도입하지 않아 생산력이 크게 떨어졌다고 보았다.

> 사람이 많이 모일수록 기술이 정교해지고, 세대가 아래로 내려올수록 기술이 더욱 공교롭게 된다. 이는 일의 형세가 그렇게 되지 않을 수가 없는 것이다. 따라서 시골에 사는 사람은 기술자가 있는 중소 도시에 사는 사람만 못하고, 중소 도시에 사는 사람은 기교가 있는 이름난 성이나 큰 도시에 사는 사람만 못하며, 이름난 성이나 큰 도시에 사는 사람은 새롭고 기묘한 제도가 있는 서울에 사는 사람만 못하다. (중략) 우리나라에 있는 온갖 기술자의 기술은 모두 예전에 중국에서 배운 것이다. 수백 년 이후로 딱 끊어버리고 다시는 중국에 가서 배워올 계획을 세우지 않고 있다. 이와 반대로 중국의 신식 기술은 계속 늘어나 이미 수백 년 전의 중국이 아니다. 그런데도 우리는 막연하게 서로 모르는 것을 묻지 않고 그저 예전의 것만으로 흡족하게 여기니, 어찌 그리도 게으른가. (『여유당전서』「기예론」)

조선의 지식인에게 청은 여진족이 일으킨 오랑캐의 나라였고, 조선을 침략한 원수

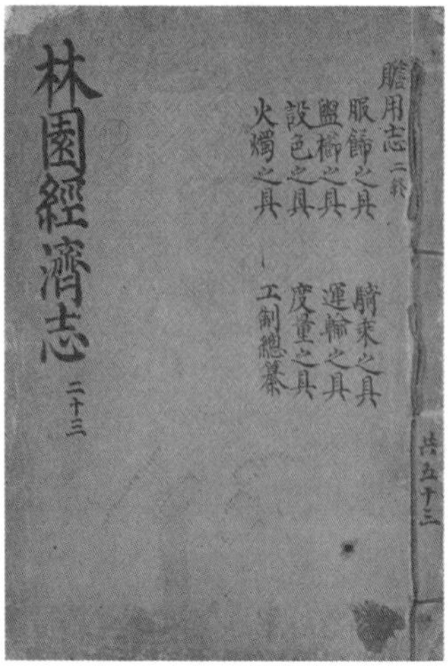

『임원경제지』(규장각한국학연구원)

의 나라였다. 그러나 18세기에 목격한 청은 엄청난 경제적 번영을 누리고, 그들이 가진 문물은 이전부터 중국에 있었던 중화의 문물이었다. 청이 오랑캐 나라이지만 그들의 생산 기술이 조선보다 앞선데다 중화의 문물이라면 조선에서 도입하지 않을 이유가 없었다.

서유구는 부녀자의 일이라 할 수 있는 길쌈 방법에 대해 상세히 기록하였다. 청이 가진 우수한 기술을 조선 사람에게 전하기 하기 위해서였다.

> 부녀자의 일이란 무엇인가? 길쌈하는 일이다. 무엇을 길쌈하는가? 누에, 삼, 모시, 칡, 목화 등을 길쌈하는 것이다. 이 지(志)에서는 길쌈하는 방법에 대해 상세하게 서술하고, 다시 그림 해설을 곁들여 밝혔다. 왜 그렇게 하였는가? 우리나라 사람들이 보고 배우게 하려고 해서이다. 보고 배운다는 것은 무엇을 말하는가? 좋은 방법을 선택하는 것이다. 좋은 방법을 어디서 찾을 것인가? 중국에서 찾으면 될 것이다. 우리나라에도 길쌈하는 방법이 있는데 어째서 중국에서 찾는가? 그 방법에 단점이 많기 때문이다. (『임원경제지』「전공지인」)

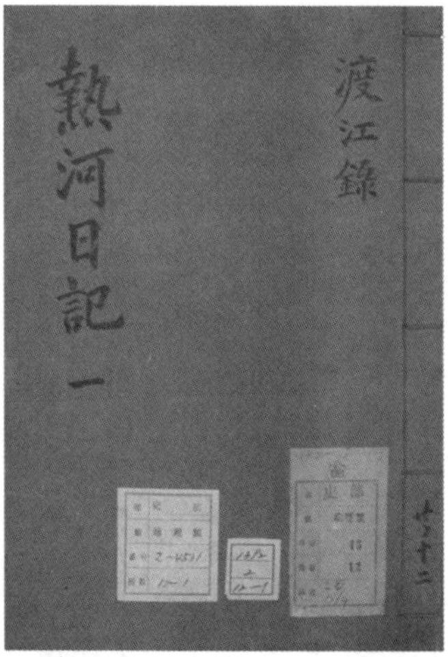

『열하일기』(한국민족문화대백과사전)

앞서 보았듯이 박지원은 청의 관문인 책문에서부터 큰 충격을 받았다. 그는 청의 생산 기술을 꼼꼼히 관찰하고 자세히 기록하기 시작하였다. 청의 선진적 생산 기술을 도입하기 위해서였다. 박지원이 보기에 청은 '○○차(車)'로 표현되는 기계를 사용하였고, 이는 서양의 과학기술서인 『기기도설』과 중국의 기술서인 『천공개물』, 『농정전서』에 나오는 것이었다.

밭에 물을 대는 것은 용미차·용골차·항승차·옥형자 등이 있고, 불을 끄는 것으로는 홍흡·학음 등이 있으며, 전쟁에 사용하는 수레는 포차·충차·화차 등이 있다. 모두 서양의 『기기도설』과 강희제가 만든 경직도(耕織圖)에 수록되어 있고, 글로 설명된 것은 『천공개물』과 『농정전서』에 있다. 뜻있는 사람이 이를 잘 연구하여 그 제도를 본받는다면, 우리나라 백성이 극도로 시달리는 가난의 병을 얼마쯤 고칠 수 있을 것이다. (『열하일기』 「성경잡지」)

조선의 지식인은 실제 사무에 대한 능력을 중시하는 가운데 민생을 안정시키고 부강한 나라를 만드는 것을 자신의 임무로 판단하고, 청의 선진적 기술을 도입하자고 주장하였다. 그런데 생산 기술을 도입하여 국가를 부강하게 만드는 일은 개인의 노력만으로 해결되지 않았다. 그들은 국가 차원에서 청의 생산 기술을 조직적으로 도입하는 방안을 제시하였다.

박제가는 청에서 농기구와 농사 기술을 도입하여 중앙에서 시험한 다음 전국으로 확산시키는 방안을 제안하였다. 농기구에 있어서는 청나라 요양에서 농기구를 구매하여 서울의 대장간에서 똑같은 것을 제작해 보고, 성과가 좋으면 철이 생산되는 지역에 해당 기술자를 파견하여 농기구를 제작하여 보급하는 방안이었다. 또한 농사 기술에 있어서는 서울 근처에 둔전이라 불리는 국영 농장을 설치하여 청에서 도입한 농법을 시험하며, 성과가 좋은 농법을 익힌 농민들을 전국에 파견하여 다른 농민에게 전수하는 방안이었다.

박제가는 더 적극적인 방안도 제시하였다. 그는 생산 기술이 뛰어난 서양 선교사를 조선으로 초청하여 그들의 기술을 직접 전수받는 방안도 제시하였다.

중국의 흠천감에서 역서(曆書)를 만드는 서양인들은 모두 기하학에 밝고 이용후생의 학문과 기술에 정통하다고 들었습니다. 국가에서 관상감의 비용으로 그 사람들을 초빙하여 관상감에 근무하게 하고, 나라의 뛰어난 인재를 그들에게 보내어 천문의 운행, 도

박제가의 『북학의』
(한국민족문화대백과사전)

량형과 천문을 관측하는 기구의 제도, 농업, 양잠업, 의약, 자연 재해, 기후의 원리, 벽돌의 제조, 가옥과 성곽 교량의 건축, 구리와 옥의 채광, 유리를 굽는 방법, 수비용 화포를 설치하는 법, 관개하는 법, 수레를 통행시키고 배를 건조하는 방법, 벌목하고 바위를 운반하는 법, 무거운 것을 멀리 운반하는 방법을 학습하도록 조치하십시오. 그렇게 하면 몇 년이 지나지 않아서 나라를 다스리는 데 알맞게 쓸 수 있는 인재가 배출될 것입니다. (『북학의』 「병오소회」)

정약용은 이용감이란 전문 관청을 설치하여 청의 생산 기술을 체계적으로 습득하자고 제안하였다. 그는 이용감에 수학에 능한 관리와 중국어에 능한 관리를 소속시키고, 이들을 정기적으로 북경에 파견하여 생산 기술을 익히고 생산 기구를 가져오게 하자는 것이었다. 북경에서 새로운 기술을 익힌 관리는 조선으로 돌아와 자신이 가져온 기구를 수도권에서 시험 제작하여 사용해 보고, 성과가 좋으면 이를 전국으로 확대 보급하는 방안이었다. 그리고 실적이 좋은 관리에게 승진의 혜택을 부여하면, 이들이 더 좋은 기술을 익히려고 분발할 것이라 기대하였다.

이강회는 우수한 기술자를 양성하기 위해 그들의 지위를 높여주고 보수를 상향 책정하며, 이들을 집단으로 거주하게 하여 기술력을 높이는 방안을 구상하였다. 이강회는 도량형을 전국적으로 통일시키고, 중국과 일본에서 각종 기계를 수입하며, 외국의

정약용 묘(국가유산청)

기술자로부터 금속 단련법을 습득할 것을 제안하기도 하였다.

이상에서 보듯 조선의 지식인들은 민생을 안정시키고 부강한 나라를 건설하는 것이 자신들의 임무임을 자각하였다. 이에 따라 이들은 청의 선진적 생산 기술을 도입할 것을 주장하고 이를 체계적으로 입수하는 방안을 제시하였다.

| 4 | 교통 수단의 혁신

오늘날 한국은 자동차와 선박의 생산에서 세계 최고의 수준을 자랑하고 있다. 그런데 불과 300년 전만 하더라도 조선의 지식인들은 청에서 수레와 선박의 새로운 제조법을 들여와 사용할 것을 주장하였다. 아직 자동차와 기차가 교통수단으로 등장하지 않았던 시기에 수레와 선박은 가장 중요한 교통수단이었기 때문이다.

18세기에 조선 지식인이 수레와 선박을 활용하자고 주장하는 것은 선진적인 소수 의견에 불과하였다. 당시에는 사람이 이동할 때 주로 가마나 말을 이용하고, 물자를 옮길 때는 소나 말에 등짐을 지우는 방식을 사용하였다. 그리고 수레가 다닐 수 있을 정도의 폭을 가진 도로가 제대로 정비되어 있지도 않았다.

이처럼 도로 사정이 열악하고 교통수단의 발달이 늦어지면 농산물이나 수공업 제품에 대한 수요가 물품이 생산되는 지역에 머물고, 물품의 수요가 제한되면 일정량 이상의 물품을 생산할 필요가 없어진다. 그리고 생산자는 일정 지역에서 필요로 하는 분량만 생산하고 말기 때문에 생산성을 높일 수 있는 기술의 발달은 늦어지고, 결국 모두가 가난해지는 길을 걷게 되었다.

박제가와 박지원은 수레를 사용하지 않아 농수산물의 유통이 원활하지 못하며, 이에 따라 나타나는 부작용을 거론하였다. 산골에 사는 사람은 바다에서 나는 해산물을 맛보지 못하고, 서북 지역의 사람은 남쪽 지방에서 생산되는 귤을 보지 못하며, 바닷가에서는 밭의 거름으로 쓰는 해산물이 서울에서 엄청나게 비싼 값을 받는 것은 모두 물품의 유통이 원활하지 못하여 생긴 일이었다.

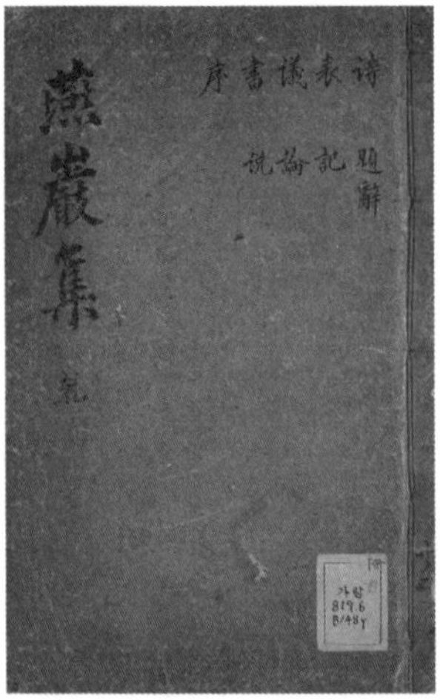

『연암집』(규장각한국학연구원)

> 우리나라 두메산골에서는 풀명자 나무의 열매나 배를 담가 그 신맛을 메주 대용으로 쓰는 사람이 있으며, 새우젓이나 조개젓을 보고 이상한 물건이라 한다. 그 가난함이 이와 같은 것은 어째서인가? 그것은 수레가 없기 때문이라고 단언할 수 있다. (『북학의』「거」)

> 영남 아이들은 새우젓을 모르고, 관동의 백성들은 풀명자 나무의 열매를 담가 장 대신에 사용하며, 서북 사람들은 감과 귤을 구별하지 못한다. 바닷가에서는 메기나 미꾸라지를 밭의 거름으로 쓰는데, 서울에 오면 한 웅큼에 1문(文)이나 하니 어찌 그렇게 비싼 것인가? (『연암집』「거제」)

물품의 유통이 원활하지 못하면 물품을 생산하는 규모가 축소되기 때문에, 적은 자본으로도 특정 물품을 독점하여 큰 이익을 남길 수 있게 된다. 생산 규모에 비례하여 시장의 크기가 결정되기 때문이다. 박지원은 만 냥의 돈이 있으면 농산물, 해산물, 약재 중의 한 가지를 전량 구매하여 비축해 두었다가 물건이 없어져 값이 오를 때 내다가 팔면 큰 이익을 남길 수 있다고 하였다. 조선의 시장 규모가 그만큼 영세한 수준에 있었음을 강조한 말이다.

> 조선이란 나라는 배가 외국에 통하지 않고, 수레가 나라 안에 다니질 못해 온갖 물화가 제자리에 나서 제자리에서 사라지지요. (중략) 대개 만 냥을 가지면 한 가지 물품을 독점할 수 있으므로 수레면 수레 전부, 배라면 배 전부, 한 고을이라면 고을 전체를 촘촘한 그물로 훑어내듯 할 수 있지요. 육지에서 나는 만 가지 중에서 한 가지를 독점하고, 물에서 나는 만 가지 중에서 한 가지를 독점하며, 의원의 만 가지 약재 중에서 한 가지를 독점합니다. 그러면 한 가지 물품이 한 곳에 묶여있는 동안 모든 장사치가 고갈됩니다. (『열하일기』「옥갑야화」)

물자의 유통이 원활하지 못한 결과는 가난으로만 나타나는 것이 아니었다. 서적 판매가 활발하지 않으면 지식의 유통이 원활하지 못하며, 이는 결국 학문의 쇠퇴로 이어졌다. 박제가는 북경의 서점에서는 서적 매매가 활발한데, 조선에서는 상인이 책 하나를 가지고 몇 달 동안 사대부 집을 돌아다녀도 팔지 못하는 현실을 개탄하였다.

> 내가 서사(서점) 한 군데를 들어간 적이 있는데, 서사의 주인이 판매 문서를 뒤적이며 피곤함에 지쳐있으나 잠시도 쉴 틈이 없는 것을 보았다. 그런데 우리나라의 서적상은 한 가지 책을 옆에 끼고 사대부 집을 두루 돌아다니는데, 어떨 때는 여러 달을 걸려도 팔지를 못한다. 나는 이 일을 통해 중국이 '문명의 숲'이라는 사실을 알게 되었다. (『북학의』「고동서화」)

이덕무도 서적 무역이 원활하지 못하여 정보가 단절되는 현상을 주목하였다. 조선에서는 해상 무역로가 막혀 있어 서적이 희귀한데, 조선 지식인이 남명 정부의 동향을 제대로 파악하지 못하였던 것도 정보가 부족하였기 때문이라고 지적하였다.

> 우리나라는 바닷길로 재화를 통하지 않기 때문에 문헌이 너욱 희귀하다. 따라서 서적을 갖추지 못하였는데 명나라 말기 세 왕의 사실을 몰랐던 것도 이 때문이다. (중략) 고려 때는 송나라 상선이 해마다 왔는데, 그때 고려 국왕이 예를 갖추어 대접하였으므로 온갖 물건이 갖추어졌다. (『청장관전서』「필담」)

그러나 일본의 유통 사정은 조선과 크게 달랐다. 국내 상업은 물론이고 국제 무역이 성행하여 시장에는 온갖 물품이 넘쳐나고, 일본 서점은 중국의 강남 지역에서 서적을 구매해 와서 없는 책이 없을 정도였다. 이강회는 일본이 원래 우리나라에서 문자를 배워간 나라였지만, 이제는 무역을 통해 여러 나라를 왕래하며 생산 기술이 정교해져서 물품의 질이 크게 향상되었음을 지적하였다.

『청장관전서』(규장각한국학연구원)

왜인들은 애초에 우리나라에서 문자를 배워갔다. 그런데 그들의 제조법이 정교하고 온갖 물건이 문명의 수준에 이른 것은 우리가 어리석고 저들이 지혜롭기 때문이 아니다. 그들 나라에 근본적으로 과거용 문장을 쓰는 법이 없기 때문이요, 백년 이래 나가사키(長崎)와 사쓰마(薩摩)에 천하의 외국 선박이 두루 왕래하여 온갖 화물과 기용(器用)을 교역하기 때문이다. 그 결과 보고 듣고 익숙해져서 나날이 정교한 상태로 진보하였기 때문이다. (『유암총서』「제거설」)

이덕무는 일본의 겸가당 주인이 3만 권의 서적을 소장하고 중국의 명사들과 교유하고 있으며, 그들의 고상한 기운이 조선보다 낫다고 하였다.

일본 사람들은 중국의 강남 지방과 통상하므로 명나라 말기의 옛 그릇이나 글씨, 그림, 서적, 약재 등이 나가사키에 가득 차 있다. 일본의 겸가당(蒹葭堂) 주인 목세숙(木世肅, 木弘恭의 자가 世肅)은 3만 권의 서적을 소장하고 있고, 중국의 명사들과 많은 교제를 맺고 있다. 문아(文雅)한 기운이 성대하여 우리나라에 견줄 바가 아니다. (『청장관전서』「천애지기서」)

조선의 지식인들은 외국 여행을 통해 조선의 경제적 형편이 중국이나 일본에 비해 크게 뒤떨어져 있음을 확인하였다. 그리고 이를 해결하기 위해 청의 우수한 생산 기술을 도입하자고 주장하였다. 그러나 선진 농법과 농기구를 도입하여 농업 생산량을 늘리고, 우수한 기계를 도입하여 수공업 제품의 생산을 늘려도, 이들 물품이 유통되어 판매되지 않는다면 아무 소용이 없었다. 이에 조선 지식인은 수레나 선박과 같은 교통수단의 혁신을 강조하였다.

목세숙(木世肅)이 그린 겸가당아집도(蒹葭堂雅集圖, 국립중앙박물관)

수레는 육상교통에서 가장 중요한 교통수단이었다. 우리나라에서 수레를 사용한 역사는 매우 오래되었으니, 고구려의 벽화에서도 수레가 발견된다. 그러나 수레는 지체가 높은 사람의 이동 수단으로 이용될 뿐 일반인이 이동하거나 물품을 운반할 때 수레를 사용하는 경우는 드물었다. 수레의 제작 기술이 발달하지 못하였고, 산이 많은 지형이라 수레로 이동하기가 어렵다고 판단하였기 때문이다.

그러나 1783년에 북경을 방문한 홍양호는 수레의 실용성을 확인하고 조선에서도 수레를 적극적으로 사용하자고 제안하였다. 수레를 이용하면 사람이나 말의 힘을 크게 절약하면서 많은 물건을 실을 수 있고, 험한 지형에서도 수레가 다닐 수 있음을 목격하였기 때문이다.

> 이번 여행에서 본 것을 말하자면 북경에는 수레바퀴가 서로 부딪치며 거리를 가득 메우고 있으니, 미천한 사람이나 가난한 아이가 아니면 대부분 수레를 타고 이동합니다. 북경에서 요하까지 천여 리 사이에 수레가 연이어져 하나의 바퀴 자국을 찍어놓은 것 같고, 방울 소리가 서로 들리는 것이 밤낮으로 끊어지지 않습니다. 관중·섬서·사천·촉도와 같이 험준한 곳이나 강소·절강·민월·광동과 같이 먼 지역에도 부유한 내상인들이 끊이지 않고 왕래하기를 마치 집 앞의 뜰을 다니듯이 합니다. 이것은 모든 도시와 국가의 재화가 풍부해졌기 때문만은 아니니, 수레를 사용하는 이익이 말보다 십 배, 백 배나 되는 것을 알 수 있습니다.
>
> 아홉 마리 이상의 말이 끄는 큰 수레는 말하지 않더라도, 통상적으로 다니는 상업용 수레를 보면 한 수레의 멍에를 맨 것은 작은 말 대여섯 마리에 불과하지만 싣고 가는 것은 말 수십 필에 필적합니다. 심지어는 작은 말 한 마리가 끄는 가벼운 수레라도 세 사람이 함께 타고, 외바퀴에 작은 끌채가 달린 수레는 한 남자가 뒤에서 밀고 다니니, 일은 반이지만 공은 배나 됨을 알 수 있습니다. 수레는 먹이를 먹지 않는 말이요, 길을 가는 집과 같습니다. 백성들의 큰 쓰임이자 국가의 이로운 도구 중에 이보다 큰 것이 없습니다. (『이계집』「진육조소」)

이강회는 수레가 조세를 운반할 때 크게 유용함을 강조하였다. 당시 제주도에서 매년 조정에 바치는 공물의 양은 한꺼번에 백 마리의 말을 동원해야 할 정도였다. 그런데 수레 열 대만 이용하면 운송 비용을 1/3로 줄이고, 강제 노역에 동원되는 백성들의 고통도 크게 경감시킬 수 있다는 것이 그의 논리였다.

> 탐라(제주)에서 조정에 바치는 물품이 한 해 일백 바리입니다. 탐라의 배가 달량포에 정박하면 농가를 뒤져서 농민들을 징발하여 등을 내리치고 뺨을 후려갈기며 구불구불 줄을 지어 길을 따라 짊어지고 가게 합니다. 이때가 되면 모내기를 할 자는 모를 내지 못하고, 김을 맬 자는 김을 매지 못한 채, 담을 넘고 달아나 숲속에 숨어 당해야 하는 욕된 일을 피합니다. 도호부에 도착한 뒤에는 강진읍 한 고을로 계산하면, 짐 한 바리의 운반비가 이천오백 전으로 정해져 있는데, 일백 바리면 그 값이 얼마입니까? 국가에서는 대동미를 쌓아두었다가 값을 쳐서 주는데, 일백 바리에서 들어오는 값을 모두 합하면 거의 3백여 관(3천 냥)에 이릅니다. 탐라의 공물로 인해 아래로는 백성들의 농사철을 심하게 빼앗고, 위로는 국가의 경비를 많이 소비합니다. 만약 수송에 드는 비용의 삼분의 일을 덜어 수레 열 대를 만들고 달량포의 진영에 두었다가 본진에서 서울까지 전담하여 수송하게 하십시오. 그렇게 하면 십년 동안 얻는 비용이 얼마나 되겠습니까? 세 고을의 농민들이 모두 기뻐하며 춤을 추고 농사를 즐겨 편안할 것이니 그 이익이 또 얼마이겠습니까? (『운곡잡저』「거설」)

홍양호와 이강회 이외에도 수레 제도를 도입하자고 주장한 지식인들은 많았다. 유수원, 김육, 이광려, 박지원, 박제가, 홍길주도 같은 주장을 하였다. 이들이 수레를 이용하자고 주장한 이유는 다음의 네 가지였다.

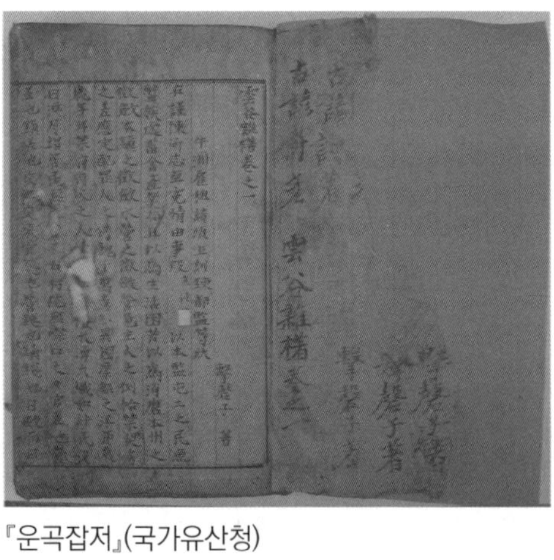

『운곡잡저』(국가유산청)

첫째, 수레를 사용하면 국가, 수령, 일반 백성이 지불하는 운송비용을 줄일 수 있다.

둘째, 미곡과 소금을 비롯한 물자의 유통을 원활하게 할 수 있다.

셋째, 물품 납부를 원활하게 하여 물자 수송의 과중한 고통으로부터 백성을 구제할 수 있다.

넷째, 온갖 상품의 유통을 편리하게 하여 물가를 조절할 수 있다.

수레가 육상의 교통수단이라면 선박은 물 위를 움직이는 교통수단이다. 조선시대에는 수로가 주요한 교통로였고, 지방에서 납부한 공물은 대부분 선박에 싣고 수로를 따라 서울로 운반되었다. 그러나 조선시대의 선박은 사람과 바람의 힘을 이용하여 움직였으므로 수심이 깊은 먼바다를 항해하지 못하고 육지의 연안을 따라서 난 항로로 이동하였다.

조선의 지식인이 선박 제도를 개선하려고 할 때 이들이 접할 수 있는 정보는 매우 제한되어 있었다. 조선의 사신단이 북경을 방문할 때는 육상으로만 이동하여 선박을 만날 기회가 거의 없었다. 그러나 일본을 방문하는 통신사는 부산 앞바다에서 배를 타고 이동하였고, 일본의 내해로 들어가면 일본 배로 갈아타고 이동하였으므로 선박의 제도를 살필 수 있었다.

실제로 일본을 방문한 통신사가 일본의 선박 제도를 도입하려는 시도가 있었다. 1763년에 통신사 정사였던 조엄은 함께 간 사공과 기술자에게 일본의 선박을 꼼꼼히 살펴 모형을 만들게 하고 이를 영남 통제영으로 보내 시험하게 하였다. 그러나 대부분의 조선 지식인은 선박의 제도를 청에서 도입하려고 하였다. 일본보다 청의 제도가 우수하다고 판단하였기 때문이다.

박제가는 청과의 공식 무역을 통해 선박 제도를 도입하려고 하였다. 그는 먼저 청의 무역선을 조선에 오게 하여 중국인으로부터 직접 선박 제도를 습득하자고 제안하였다.

> 연해의 섬에 거주하는 백성 가운데 물에 익숙한 사람을 모집하여 관원이 인솔하고 곡식과 돈을 소지하고 시장으로 갑니다. 등주, 내주에서 온 배들을 장연에 정박시키고, 각종 해산물을 선천에서 교역하게 합니다. 장강, 절강, 천주, 장주의 물품을 실은 배는 은진과 여산 사이에 모이게 합니다. 그러면 영남의 면화, 호서의 모시, 서북 지역의 실과 삼베, 비단, 담요를 거래할 수 있고, 대나무 화살, 한지, 곤포(다시마), 전복과 같은 물건을 금, 은, 물소 뿔, 병기, 약재와 교환할 수 있습니다. 또한 선박, 수레, 가옥, 집기 등 이로운 기구를 그들로부터 배울 수 있을 것이며, 천하의 서적을 국내로 들여올 수

> 있습니다. 그러면 조선의 풍속에 얽매인 선비들의 고루하며 좁은 견해를 깨트리려고 하지 않아도 저절로 깨어질 것입니다. (『북학의』「병오소회」)

박제가는 또한 청 정부를 설득하여 조선 상인이 중국에 가서 교역하는 방안을 제안하였다. 그는 청 정부가 이미 일본, 유구, 안남, 서양국에 무역을 허용하였기 때문에 조선 정부가 무역을 요청하기만 하면 청이 허용할 것으로 보았다. 청의 교섭 국가 가운데 조선은 가장 우호적인 국가였기 때문이다. 박제가는 조선 상인이 중국에 가서 무역할 때 솜씨가 좋은 기술자를 데려가 현지의 선박 제도를 관찰하고 그대로 제조하게 하면 된다고 생각하였다.

> 이제 장삿배를 외국과 유통하게 하려면 이렇게 하면 된다. 일본인은 약삭빨라 늘 이웃 나라의 틈새를 엿본다. 그렇지만 안남, 유구, 대만 같은 나라는 뱃길이 험하고 너무 멀어 그들 나라와 통상하기가 어렵다. 따라서 오직 중국밖에 없다. 중국은 태평을 누린 지가 백여 년이다. 우리나라가 공손하고 다른 마음을 품지 않는다고 판단하고 있으므로 논리를 잘 펴서 이렇게 말한다. "일본, 유구, 안남, 서양의 나라조차도 모두 민, 절강, 교주, 광주 등지에서 교역을 한다. 저 나라와 함께 하고 싶다." 이렇게 하면 저들은 반드시 우리를 의심하지 않고 허락하며 특별한 일이 일어날 것을 우려하지 않을 것이다. 그러면 나라 안의 재능이 빼어난 기술자를 모아서 선박을 만들되 중국의 선박 제조술을 채택하여 견고하고 치밀하게 만들기에 힘쓴다. (『북학의』「강남 절강 상선과 통상하는 문제에 대한 논의」)

정약용은 조선 해안에 표류하는 외국의 선박을 이용하여 우수한 제도를 수용하자고 주장하였다. 그는 조선 해안에는 매년 청과 일본의 배가 10여 척이나 표류하며, 유구나 여송(루손)의 배도 가끔 표류하는 데 그 제도가 우수하다고 판단하였다. 따라서 외국의 표류선이 오면 이용감에서는 즉시 관리와 기술자를 보내 선박의 제도를 꼼꼼히 조사한 후 이를 바탕으로 선박을 제조하면 중국에 가서 제도를 배워온 것과 같은 효과가 있다고 하였다.

> 배 만드는 법은 이용감이 중국에서 배워올 수 없는 것이며, 중국에 가르쳐줄 것을 의뢰할 수도 없다. 우리나라 연안에 표류하는 중국과 일본의 배가 해마다 10여 척이나 되고, 유구(琉球)와 여송(呂宋)의 배도 가끔 표류하는데, 그 제도와 모양이 기묘하고 견고하여 풍파에 출몰하면서도 파손되거나 침몰되지 않는다.
>
> 이런 배들이 표류하면 즉시 이용감 관리를 보내되 수학에 밝고 솜씨가 좋은 기술자와 함께 검사하면서, 물품의 길고 짧음, 넓고 좁음, 뾰족하고 뭉툭한 것, 높고 낮음을 모두 상세하게 살펴서 그 치수를 기록한다. 또한 선박의 재료, 유회(油灰)와 걸레로 배의 틈을 메우는 방법, 양쪽 날개에 판자를 붙이는 제도를 모두 물은 다음 이를 모방해 만들어서 털끝만큼도 어긋남이 없게 한다. 이렇게 하면 중국에 가서 배워온 것과 같다. (『경세유표』「수성사」)

이강회는 선박 제도에 대한 전문적인 글을 작성하였다. 그는 신안군의 어부 문순득으로부터 외국 선박의 제도에 관한 정보를 들었는데, 문순득은 바다에 표류하여 유구, 마카오, 중국, 필리핀 등지를 다니면서 서양 선박을 목격한 경험이 있었다. 이강회는 조선 선박과 외국 선박의 제도를 비교하면서, 외국 선박의 장점을 잘 포착하여 조선의 선박 제도에서 개선해야 할 점을 제시하였다.

> (외국 선박은) 취사실을 위층에 설치하고 여기에 의지하여 긴 난간을 만들며, 좌우에 작은 벽돌을 놓아 쌓는다. 위에는 나무틀을 놓고 솥을 걸며 유회(油灰)를 발라 봉한다. 위의 휘장은 소가죽으로 만들고 가죽은 기름으로 처리하여 그을음에 물들지 않게 한다. (중략) 우리 선박은 취사실을 선박의 복판에 설치하고 투시라 부른다. 밥을 짓는 사람이 연기를 내면 복판에 연기가 자욱하여 뱃사람들은 의복과 얼굴이 검정 귀신처럼 변한다. 복판 내부는 검게 그을려 비가 오면 젖었다가 햇볕이 나면 얼룩이 지고, 바람이 불면 떨어져서, 매우 거칠고 더럽다. 더럽고 습기가 밴 아래에 있는 이 풍속을 누가 고칠 수 있을까? (『유암총서』「운곡선설」)

박제가는 조선의 가장 큰 문제점은 가난이라고 생각하였다. 그는 재물은 우물과 같은 것이라고 하면서, 재물을 소비하면 늘 새로운 재물이 나오지만 소비를 멈추면 재물도 사라져 버린다고 주장하였다. 그는 생산과 소비가 위축되어 모든 사람이 가난해지면 아무도 구제할 방도가 없게 될 것이 두려웠다.

> 재물이란 우물에 비유할 수 있다. 물을 퍼내면 늘 가득하지만 길어내기를 그만두면 물이 말라버리는 것과 같다. 화려한 비단옷을 입지 않으므로 나라에는 비단을 짜는 사람이 없고, 그로 인해 여인의 기술이 피폐해졌다. 깨진 그릇을 사용하기를 싫어하지 않고, 기교를 부려 물건을 만드는 것을 숭상하지 않아, 나라에는 기술자, 목축, 도공의 기술이 형편없고 기술도 사라졌다. 더 나아가 농업은 황폐해져 농사짓는 방법이 형편없고, 상업을 박대하므로 상업 자체가 실종되었다. 사대부, 농업, 공업, 상업, 네 부류의 백성이 누구나 할 것 없이 다 곤궁하게 살기 때문에 서로를 구제할 방도가 없다. (『북학의』「시정」)

조선의 지식인은 가난을 구제하기 위해 우수한 생산 기술을 도입하여 제품 생산을 늘리고, 교통수단의 혁신을 통해 시장을 발달시켜야 한다고 생각하였다. 또한 청나라와 육로 및 해로를 통한 무역을 활성화하여 시장에서 유통되는 물품의 질과 양을 개선해야 한다고 생각하였다.

| 5 | 국토방위의 중요성

조선의 지식인은 조선과 청의 우호 관계가 계속 지속될 것으로 보지는 않았다. 청이 중국을 지배하는 것은 한계가 있어 결국은 청의 발상지인 영고탑 지역으로 되돌아갈 것이고, 그렇게 되면 조선에는 다시 전쟁의 위기가 닥칠 것이라 예상하였다.

이종휘는 청이 중원을 버리고 영고탑으로 돌아가면 조선에 곤란한 요구를 할 것을 걱정하였다. 이종휘는 청 정부가 세조 이후로 북경을 버리고 심양을 중시하는 정책을 썼는데, 이는 그들이 본거지로 돌아갈 때를 대비하는 증거로 보았다. 그런데 청이 본거지로 돌아갈 때 조선에게 길을 빌려 달라거나, 식량을 요청하거나, 군대를 징발하거나, 영토의 분할을 요청할 가능성이 있으며, 식량과 영토의 분할을 요청할 가능성이 가장 크다고 생각하였다.

조선과 청의 관계는 이처럼 미묘하였기에 조선의 지식인은 그 대비책을 서둘렀다. 조선의 지식인이 청에서 도입하려고 제안했던 제도에 벽돌, 목축, 수레, 선박이 있었다. 이들을 평상시에는 나라를 부유하게 하는 도구지만, 유사시에는 군대를 위한 전쟁 도구로 활용될 수 있었다. 벽돌은 평소에 궁궐이나 집을 짓는 데 사용하다가 유사시에는 성곽을 쌓을 수 있고, 목축에서 길러진 우수한 말은 전마로 이용할 수가 있었다. 또한 수레와 선박은 평소에 사람과 물품을 운반하다가 전쟁이 일어나면 전차와 전선으로 개조할 수 있었다.

청의 축성 기술이 도입된 수원 화성(『화성성역의궤』, 한국민족문화대백과사전)

박제가는 조선이 청의 우수한 제도를 배워 그들을 능가하는 실력을 갖추어야만 오랑캐인 이들을 물리쳐 명나라의 원수를 갚고 병자호란 때 당한 치욕도 갚을 수 있다고 하였다. 조선의 국력이 청을 능가하지 못하는 상황에서는 경제력과 국방력을 갖추는 것이 급선무라 생각하였기 때문이다.

> 지금은 중국의 법에 대해서 "배울 만하다"라고 말하면 떼를 지어 일어나서 비웃는다. 필부가 원수를 갚고자 할 때 원수가 날카로운 칼을 차고 있는 것을 보면 그 칼을 빼앗을 방법을 고민하는 법이다. 그런데 지금 당당한 천승(千乘)의 나라로 천하에 대의를 펼치려고 하면서 중국의 법은 하나도 배우려 하지 않고 중국의 학자 한 사람도 사귀려고 하지 않는다. 그러면서 우리 백성들은 숱하게 고생만 할 뿐 아무 효과도 보지 못하고, 궁핍에 찌들어 굶어 죽고 스스로 쓰러지게 하였다. 그리고 백배의 이익이 될 것을 버리고 실행하지 않았다. 나는 중국을 차지하고 있는 오랑캐를 물리치기는커녕 우리 안에 있는 오랑캐의 풍속도 다 변화시키지 못할 것이 염려된다. 오늘날 사람들이 오랑캐를 물리치려고 하면 먼저 누가 오랑캐인지를 분간해야 한다. 그리고 중국을 높이고자 하면 차라리 저들의 법을 완전히 시행해야 중국이 더욱 높아질 수 있다. 만약 다시 명나라를 위하여 원수를 갚고 우리가 당한 치욕을 설욕하고자 한다면 이십 년 동안 힘

써 중국을 배운 다음에 함께 논의해도 늦지 않을 것이다. (『북학의』「존주론」)

박제가는 청의 선진 제도를 적극적으로 도입하자고 했으나 청을 오랑캐로 보는 시각을 바꾸지는 않았다. 그는 청이 적국이라면 그 장점을 빠르게 습득하여 그들을 물리칠 능력을 길러야 한다고 주장하였다. 박제가가 도입하려고 한 청의 제도는 조선의 국방력을 강화하는 도구로 바꿀 수 있었다.

수레는 그 자체가 무기는 아니나 수레를 사용하면 저절로 군수물자를 편리하게 수송할 수 있다. 벽돌은 그 자체가 무기는 아니나 벽돌을 사용하면 만백성의 안전을 위한 성곽을 제대로 갖출 수 있다. 기술자의 기술과 목축은 그 자체가 무기는 아니나 삼군이 사용할 말이나 공격하고 전투하는 장비가 갖추어지지 않고 무기가 예리하게 정비되지 않았다면, 군사 활동을 전개할 방법이 없다. 따라서 망루에서 적의 동태를 살피고 창과 방패를 잡고 서 있는 것이나 앉았다 일어섰다 하면서 치고 찌르기를 훈련하는 것은 군사 활동의 말단에 해당한다. 천지 안의 재능 있는 학자를 얻어 편리하게 사용할 수 있는 장비를 마련하는 것이 군사 활동의 근본이다. (『북학의』「병론」)

정약용은 청의 벽돌 제도를 도입하여 외적을 방어하려고 하였다. 그는 이용감에서 벽돌 제도를 도입하여 만든 벽돌로 국경지대에 있는 성벽들을 차례로 고쳐 쌓아야 한다고 주장하였다.

중국에서는 성을 모두 벽돌로 쌓았기 때문에 견고해서 깨뜨리기가 어렵고, 평지에 있는 성은 모두 안팎을 겹쳐 쌓았다. 우리나라의 성은 모두 암벽을 깎고 벼랑에 기대어 쌓았으므로 한 꺼풀 안쪽은 푸석푸석한 흙이다. 한 사람이 끌어당겨도 손이 가는 대로 무너질 지경인데 이런 성을 어디에 쓰겠는가? 이용감에서 벽돌 굽는 법을 빨리 알아 오는 것이 마땅하다. 여러 도의 변경 성을 100년을 한정하여 차례로 고쳐 쌓을 것인데, 그전의 돌은 땅에다 펴서 기초를 만들고 그 위에 벽돌을 쌓으면서 치첩(雉堞)도 법식대로 설치하는 것을 그만둘 수가 없다. (『경세유표』「수성사」)

홍양호도 청의 제도와 문물을 도입하여 청과의 전쟁을 대비하자고 주장하였다. 그는 청의 우수한 말을 도입하여 군대에서 전마로 사용하고, 수레 제도를 도입하여 기병에 도움을 주고 전차를 만들자고 하였다. 또한 청의 벽돌 제도를 도입하여 궁성을 개축하고 청이 침입할 것으로 예상되는 길목에 있는 성곽을 보수하거나 신축하여 국방을 튼튼히 하자고 하였다.

이강회는 조선의 삼면이 바다로 둘러싸여 있고 외부에 강성한 국가들이 있는데, 이를 방비할 전선을 제대로 갖추지 못한 것을 걱정하였다. 그는 임진왜란 때 한산대첩의 승리는 조선의 전선이 일본보다 우수해서가 아니라 이순신 장군의 전략이 뛰어났기 때문이라고 생각하였다. 이강회는 해상으로 침략하는 외적에 대비하기 위해 전선의 정비와 보완이 필수적이라고 주장하였다.

조선의 국방력을 키우려면 성곽, 무기, 전차, 전함을 갖추어야 하였다. 그러나 전쟁 수단을 모두 갖췄더라도 국제정세에 대한 정확한 정보가 없으면 아무 소용이 없었다. 조선의 지식인들은 평상시에 유동적인 국제정세를 소상히 파악하였다가 비상시에 해당국과 의사소통을 원활히 하려면 유능한 역관이 필요하다고 생각하였다. 당시 동아시아 정세를 고려할 때 조선을 침략할 가능성이 큰 나라는 청, 몽고, 일본의 순이었고, 이에 대비하려면 중국어, 몽고어, 일본어의 습득이 시급한 문제였다.

이압은 청이 한자와 중국어를 알기 때문에 만주어를 몰라도 의사를 통할 수 있으나 몽고는 중국어를 모르므로 조선과 몽고에 외교 문제가 생기면 대처할 방안이 없음을 걱정하였다. 박제가는 평상시에는 역관에게 외교를 맡겨도 문제가 없으나 비상시에는 그럴 수 없으므로, 사대부가 중국어, 만주어, 몽고어, 일본어를 익혀야 한다고 주장하였다.

홍양호도 중국어와 몽고어의 습득이 필요하다고 강조하였다. 청의 급박한 요청이 있거나 군사력이 강한 몽고에 대비하기 위해 평소에 외국어를 습득해 두어야 하였기 때문이다.

『이계집』(규장각한국학연구원)

근세 이래 중국어를 가르치는 것이 형식만 남아 말

하는데 능통한 자가 매우 적습니다. 따라서 사신이 저들과 상대할 때 귀를 막고 입을 닫은 채 짤막한 한마디 말조차 역관에게만 의지하며, 역관들이 말하는 것도 길거리의 일상 회화를 아는 정도이니 장차 어떻게 심정과 의지를 통하여 어려운 일을 모두 분별할 수 있겠습니까? 다행히 지금은 양국 관계가 좋아 사신의 일에 지장이 되는 것은 없습니다. 그렇지만 요청하거나 바로잡아야 할 일이 있다면 제대로 수행하지 못할 것 같으니 작은 걱정이 아닙니다. 몽고어는 그저 헛된 이름만 끼고 전혀 가르치거나 익히지 않습니다. 몽고와 우리나라는 지금 비록 서로 사신을 교환하지 않지만, 국경이 매우 가깝고 병마가 가장 사나우므로 훗날의 일을 미리 짐작할 수 없습니다. 어찌 소홀히 하여 살피지 않겠습니까? (『이계집』「진육조소」)

박지원은 중국 여행을 통해 긴박하게 돌아가는 동아시아 정세를 보았고, 국제정세를 제대로 파악하려면 조선의 첩자가 청에 상주하면서 정보를 수집해야 한다고 생각하였다. 그는 사대부의 자제로 청의 과거 시험을 통과하고 관리가 되어 북경에 거주하면서 중앙정부의 동향을 파악할 인력과 상인으로 중국 각지를 다니면서 명의 회복을 기도하는 강남의 한인과 결탁할 수 있는 인력을 생각하였다. 그러자면 조선 사람도 청나라 한인처럼 머리를 깎고 오랑캐 옷을 입어야 하였다. 박지원은 조선의 관복이 중화 문화의 핵심이라 생각하지 않았고, 청의 관복이 말을 타고 전쟁을 수행하기에 편리한 점이 있다고 생각하였다. 박지원이 생각하기에 조선이 나아갈 길은 청나라의 우수

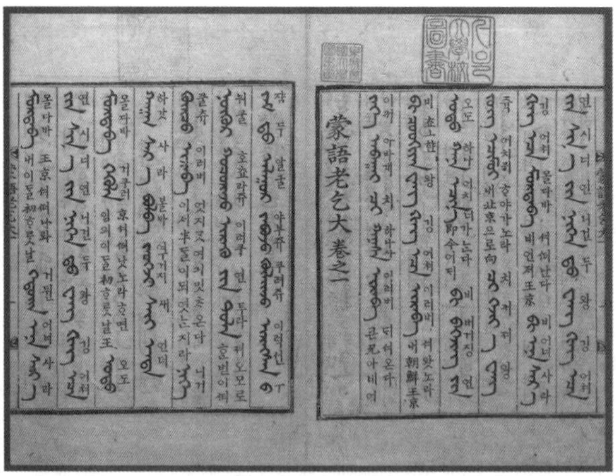

몽고어 교재 『몽어노걸대』(규장각한국학연구원)

한 제도를 도입하여 부국강병을 이루고, 다양한 정보망을 통해 국제정세의 변화를 꼼꼼히 살피는 것이었다.

> 천하에 대의를 외치려 하면서 먼저 천하의 호걸과 사귀지 않는 사람은 없다. 다른 국가를 정벌하려 하면서 먼저 간첩을 사용하지 않고 공을 이룰 수 있는 사람은 없다. 지금 만주(청)는 천하를 점거하여 주인 노릇을 하지만 스스로 중국과 친하지 않다고 여기며, 조선이 다른 나라보다 솔선하여 복종하니 저들이 믿는 바이다. 자제들을 파견하여 학교에 보내고 관리가 되기를 당나라, 원나라 때의 전례와 같이 하고, 상인들이 출입하는 것을 금지하지 말 것을 요청한다면, 저들은 반드시 친함을 보이는 것을 기뻐하여 허락할 것이다. 국내 자제들을 잘 뽑아서 머리를 깎고 오랑캐 옷을 입힌 다음, 군자는 빈공과 시험에 응시하게 하고, 소인은 멀리 강남으로 장사를 가서 그 허실을 정탐하고 호걸들과 사귀게 된다면, 천하의 일을 도모할 수 있고 국가의 수치를 씻을 수 있을 것이다. (『열하일기』「옥갑야화」)

조선의 지식인은 해외여행을 통해 새로운 세계를 경험하였고, 조선의 경제력이나 군사력이 청과 일본보다 크게 낙후한 현실에 문제 의식을 가졌다. 그들은 교류를 통해 자신들이 가진 새로운 학문 정보를 교환하였고, 청의 우수한 생산 기술과 교통수단을 도입하여 민생을 편안하게 하고 나라를 부강하게 만들려고 하였다. 또한 그들은 조선의 국방력을 키워 외적의 침입에 대비하고, 유능한 역관을 양성하고 외국어를 익힘으로써 비상사태에 대비하자고 제안하였다. 조선의 지식인은 급변하는 국제정세 속에서 자신들의 임무를 명확히 자각하고, 현실에서 나타나는 문제들을 해결하기 위해 노력하였다.

■ 참고문헌

『담헌서』; 『북학의』; 『여유당전서』; 『연암집』; 『운곡잡저』; 『유암총서』; 『이계집』; 『임원경제지』; 『청장관전서』; 『해유록』.

강재언, 『조선의 서학사』, 민음사, 1990.
김문식, 『조선후기 경학사상 연구 - 정조와 경기학인을 중심으로』, 일조각, 1996.
김문식, 『조선후기 지식인의 대외인식』, 새문사, 2009.
박성래, 「과학과 기술」, 『한국사』 35, 국사편찬위원회, 1998.
배우성, 『조선후기 국토관과 천하관의 변화』, 일지사, 2000.
신동규, 『근세 동아시아 속의 日·朝·蘭 국제관계사』, 경인문화사, 2007.
안대회, 「다산 제자 이강회의 이용후생학」, 『한국실학연구』 10, 2005.
이헌창, 「박제가 경제사상의 구조와 성격」, 『한국실학연구』 10, 2005.
정옥자, 『조선후기 조선중화사상연구』, 일조각, 1998.
최영성, 『한국유학사상사』 Ⅳ, 조선후기편 하, 아세아문화사, 1995.
하우봉, 『조선후기 실학자의 일본관 연구』, 일지사, 2000.

제8장

동학, 농민 운동과 민중 지성

임근실(단국대학교 교수)

1. 조선 사회의 변화와 민중의 고통
2. 민간 신앙과 서학의 영향
3. 동학의 발생과 확산
4. 농민 민중운동으로의 발전
5. 갑오농민전쟁과 민중 지성의 개화

| 1 | 조선 사회의 변화와 민중의 고통

19세기 세도정치가 시작되며 조선 사회는 변화에 직면하였다. 1800년 국왕 정조(正祖)의 사망 후 그가 주도했던 사회개혁은 정지되었고, 정치 질서는 무너지고 말았다. 순조(純祖)의 즉위 후 정순왕후가 수렴청정을 하면서 세도정권이 등장하였고, 소수 가문이 정권의 핵심은 차지하였다. 순조, 헌종, 철종의 3대에 걸쳐 어린 국왕이 즉위하면서 왕실과 혼인 관계인 가문이 정권을 장악하였다. 안동 김씨와 풍양 조씨의 왕실 외척 가문과 그와 연계된 소수의 관료가 비변사의 당상관 등 정부의 고위직을 독점한 것이다.

약 60년의 세도정치기에 조선의 정치 질서는 붕괴되었다. 또한 정치 질서의 문란으로 국가 재정은 만성적 적자에 시달렸고, 그 피해는 민중에게 전가되었다. 더구나 중앙 정계의 부정부패와 매관매직은 지방의 관리에게로 이어졌다. 지방의 관리들은 민중의 수탈을 통해 부족한 재정을 복구하고, 본인들의 사재를 채우려고 하였던 것이다. 더욱이 조선 후기의 임진왜란과 병자호란을 겪은 후 부족한 국가 재정을 보조하기 위해 공명첩(空名帖)과 납속책(納粟策)이 남발하면서 신분제가 동요하였다. 공명첩은 수취자의 이름을 기재하지 않고 관직을 제수하는 문서로 돈으로 관직을 사는 방식이었다. 납속책도 일정한 특전을 곡

정조 건릉(국가유산청)

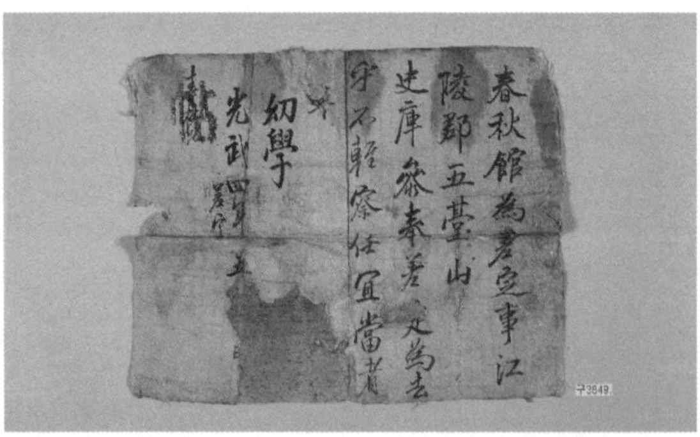

오대산사고의 참봉으로 임명하는 공명첩(국립중앙박물관)

식이나 돈을 내고 사는 것이었다. 납속책은 주로 노비의 신분에서 해방시켜주는 면천(免賤)이거나 부역의 의무를 면제해주는 면역(免役)이 주요한 방법이었다. 이 때문에 양반층이 급속히 증가하게 되었고, 민중들 사이에서도 부유층과 빈곤층이 분화하면서 여러 사회적 변화가 발생하였다. 결국 정치적인 부조리한 상황과 사회적 변동은 국가 재정의 문제로 연결되며 삼정(三政)의 문란을 야기하였다. 삼정 외에도 민중들에겐 신분에 따른 차별적 세금 적용과 명목에 없는 조세 납부가 부과되었다. 하지만 민중에게 가장 큰 고통은 삼정에 해당하는 조세의 부담이었다.

삼정은 당시 조세제도의 일환으로 전정·군정·환곡이었다. 전정(田政)은 토지에 부과하는 세금인 전세(田稅)였다. 17세기 이후 영정법(永定法)의 시행으로 법제상 1결당 4두에서 20두까지 토지세를 부과할 수 있었다. 하지만 실제는 여러 가지 명목의 세금이 덧붙여져서 농민들은 1결당 100두 정도의 전세를 납부해야만 하였다. 또한 세금은 쌀이나 면포로 납부할 수 있었으나, 관리들은 이를 화폐로 계산하여 원래의 가격보다 몇 배씩 부풀러서 징수하였다. 이처럼 지방의 수령과 서리들의 부정은 민중에게 직접적인 부담을 지웠다.

영조 어진(국립고궁박물관)

군정(軍政)은 군대에 가야 하는 성인 남자에게 부과하는 세금인 군포(軍布)를 말하였다. 1750년(영조 26) 국왕 영조(英祖)가 균역법(均役法)을 시행하여 평민 남자 1인당 1년에 베 1필만을 징수하게 되었다. 하지만 조선 후기 신분제가 동요하면서 군역이 면제되는 양반의 숫자가 대폭 증가하자 군포로 거두어들이는 수입은 감소하였다. 이때 세도정권에서는 군포를 인당 부과하는 방식을 대신하여 군현 단위로 정해진 군포의 액을 산정하여 징수하는 방식으로 변경하였다. 이 때문에 지방의 관리들은 군적에 오르지 않은 노인, 어린아이, 죽은 사람에게까지 군포를 징수하였다. 만약 당사자가 군포를 내지 못하고 도망치면 주변의 이웃이나 친척에게 대신 부과하기도 하였다.

환곡(還穀)은 빈민에 대한 구제 제도로 원칙적으로 세금이 아니었다. 환곡은 봄에 곡식이 떨어진 농민이 관청에서 곡식을 빌린 후 가을에 10퍼센트의 이자를 붙여 갚는 것이었다. 하지만 조선 정부는 부족한 재정을 충당하기 위해 환곡을 세금으로 변경하였다. 그리고 이를 지방의 관리들이 악용하여 자신들의 사리사욕을 채우기 바빴다. 실제로는 세금이나 고리대처럼 운영되었으며 받지 않으려는 민중에게까지 강제로 빌려주었다. 환곡을 줄 때는 묵은 곡식에다 곡식의 비율을 줄였고, 돌려받을 때는 온전한 햇곡식으로 몇 배의 이자를 붙여서 납부받았다. 이처럼 중앙 정부의 무능과 지방 관리의 수탈이 더해져 민중의 생활은 더욱 고통스럽고 곤궁해졌다.

삼정의 문란은 민중이 생활 터전을 떠나게 만들었다. 19세기 이후 점차 심해지는 정치·사회적 혼란과 삼정의 문란으로 민중은 한계에 몰리게 되었다. 토지에 기반하여 삶을 이어가던 농민들은 어려운 상황을 피하기 위해서 고향을 버리기 시작하였다. 그들은 유민이 되어 떠돌거나, 산속의 화전민으로 숨었고 국경 밖으로 이주하는 경우도 있었다. 또한 도시의 상공업이나 광산의 임금 노동자로 일하면서 낮은 임금을 받기도 하였다. 삶에 막대한 위협을 받은 농민층은 조선 정부에 극심한 불만을 가지게 되었다.

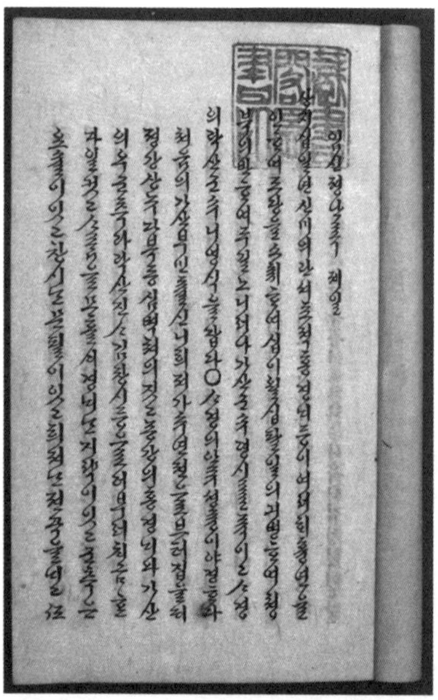

'홍경래의 난'의 전말을 한글로 기록한 『임신평난록』(한국민족문화대백과사전)

그뿐만 아니라 사회적 변화로 높은 경제력과 학문적 성과에도 신분제의 한계를 겪는 중인(中人)과 서얼 등의 중인층도 불만이 많았다. 또한 세도정권하에서 농촌의 하층 양반이었던 향반(鄕班)과 잔반(殘班)들은 관직에 진출할 수 없었기 때문에 몰락하게 되었고, 정부에 대한 반감이 커졌다. 이와 같이 극소수의 인원을 제외한 대다수 민중이 조선 정부에 강한 불만을 가졌고, 그로 인해 저항운동이 발생하였다. 하층에서 가장 억압받았던 농민과 천민들은 무장 집단을 이루며 저항운동을 시작하였고, 점차 몰락 양반의 지휘를 받으며 조직적으로 변화하였다. 1811년에 발생한 '홍경래의 난'이 대표적인 농민 항쟁이라 할 수 있다. 이후 민중의 투쟁은 전국적으로 확산하였고, 민간 신앙과 서학 등의 사상에 영향을 받으면서 점차 발전하였다.

| 2 | 민간 신앙과 서학의 영향

19세기에 들어서며 조선을 유지해 온 지배 질서가 혼란해졌다. 농민과 천민 등 곤궁한 민중은 이전까지 사회를 지탱했던 여러 부분이 무너져 감에 따라 더욱 불안정해졌다. 그리고 민중은 이러한 상황을 탈피하기 위해 유학과는 다른 내용을 담고 있는 사상에 기대기 시작했다. 그 중 대표적인 사상은 『정감록(鄭鑑錄)』과 미륵 신앙, 서학(西學)이었다. 이 중 『정감록』과 미륵 신앙의 공통점은 조선왕조를 부정하는 내용을 가지고 있다는 사실이었다. 따라서 현실의 어려움을 극복하기 위해 몸부림쳤던 민중은 이를 큰 위안으로 삼고, 기대기 시작하였다.

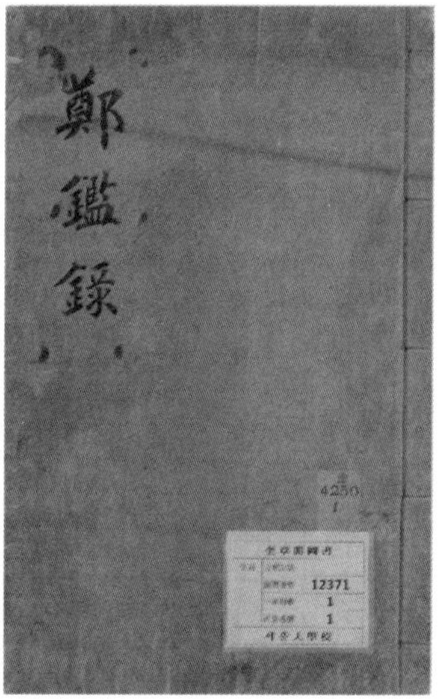
『정감록』(규장각한국학연구원)

민중들은 조선왕조의 멸망을 예언하는 내용을 담은 『정감록』을 믿었다. 『정감록』은 조선시대의 비기(祕記, 예언서) 가운데에서 가장 유명한 책이었다. 이 서적은 미래의 일에 대한 주술적 예언을 기록한 서적인 참위서(讖緯書)의 하나였다. 『정감록』은 '정진인(鄭眞人)'이 등장하여 이씨 왕조를 무너뜨리고, 계룡산에 새로운 왕조를 건설한다는 내용을 담고 있었다. 민중들은 현재의 사회적 모순을 해결할 수 있는 방법의 하나로 『정감록』의 내용을 믿고, 이것이 현실화하기를 기대하였다.

민중들이 신봉했던 사상 중 다른 하나는 미륵 신앙이었다. 민중들은 미륵 신앙도 『정감록』에 못지않게 믿으며 구원을 바랐다. 미륵 신앙은 미래의 부처인 미륵불 또는 미륵보살이 현실에 도래하여 고통 속의 민중들을 구원한다는 불교의 신앙이었다. 이는 삼국시대 이후 전통적으로 우리나라의 사상적 기반이었던 불교 신앙의 한 단면이었다. 미륵 신앙은 불교와 함께 우리 역사에서 전개되었고, 사회적 모순이 심각한 시기에 개혁의 한 사례로 제시된 것이었다. 후삼국시대 궁예의 사례가 대표적이었고, 조선시대에는 1688년(숙종 14) 승려였던 여환의 사건이 있었다.

여환은 모반을 꾸미며 농민과 천민 등을 유인하기 위해 미륵 신앙을 이용하였다. 여환은 이제 곧 현재의 부처인 석가불의 세상이 끝나고 미륵불의 세상을 열린다고 주장하였다. 이후 여환은 '이제부터 용이 아들을 낳아 나라를 다스릴 것이다.'라고 하면서 자신의 아내를 용녀부인이라고 부르며 역모를 계획하였다. 결국 여환은 적발되어 11명의 사람들과 함께 처형되었다. 이 사건에서 볼 수 있듯이 미륵을 현세의 구원자로 설정한 사상이 민중에 영향을 미쳤던 것은 당시 사회 분위기에서 유래한 사실이었다.

고창 선운사 마애여래좌상(국가유산청)

조선시대 미륵 신앙을 여실히 보여주는 사례 중 하나는 전라도 고창의 선운사 도솔암에 있는 마애불이었다. 민중들은 선운사의 마애불에도 미륵 신앙을 투영하였다. 마애불의 가슴 한가운데에는 배꼽과 같은 돌출부가 있었고, 이에 대하여 조선 후기까지 여러 가지 설화가 전해졌다. 이 마애불의 배꼽에는 예언서와 함께 벼락이 들어있어서 이 예언서를 꺼내면 한양이 망하고 새로운 세상이 열린다거나, 적임자가 아닌 인물이 함부로 손을 대면 벼락을 맞고 죽는다는 설화가 있었다. 이와 더불어 전라도 관찰사와 연관되는 예언도 있었다. 설화의 내용은 '1820년(순조 20) 관찰사 이서구가 상서로운 기운이 마애불의 배꼽에서 나오는 것을 보고, 감실을 열어보니 서적이 있었다. 하지만 갑작스러운 벼락으로 이서구는 "이서구가 열어본다."라는 글귀만 얼핏 확인하고서 놀라서 급하게 다시 집어넣었다.'는 이야기였다. 그 이후로도 여러 사람이 이 감실을 열어 책을 확인하고자 하였으나 벼락이 무서워서 열지 못하였다고 하는 설화였다.

조선 후기의 민중 신앙과 미륵 신앙은 19세기 현실의 어려움이 해결되기를 바라는 민중들에게 널리 전파되었다. 민중들은 현실에서 해결하기 어려운 사회적 모순을 신앙의 차원에서 해결되기를 바라며 염원하였다. 하지만 이와 같은 염원은 실현 가능성이 없었고, 고통스러운 현실은 계속되었다. 따라서 민중들은 스스로 현실을 변혁시키는 방향으로 지성을 발전시켜 나갈 수밖에 없었다.

민중들의 믿음은 서학(西學)에서도 영향을 받았다. 서학은 조선 후기 지식인층에게 사상적으로 주목받았으며, 남인계 지식인층은 종교로 서교(西敎, 천주교)를 수용하기도 하였다. 민중들도 현실이 어려워지자 서학을 종교로 수용하였으나, 그 교리는 조선의 유교적 의례와 서로 상충되는 부분이 많았다. 특히나 유교식 제사를 금지하는 조항이나 부모와 임금보다도 천주를 존중하는 천주교의 교리는 조선에서 사회적으로 큰 문제로 여겨졌다. 결국 조선의 정부에서는 서학과 천주교를 사이한 사상이라고 정의하며 사학(邪學)와 사교(邪敎)로 규정하기에 이르렀다. 이와 함께 유학적 사상과 이념으로 세상을 이해하던 지식인층도 서학과 서교를 위험한 사상으로 여기게 되었다.

서학서 『천주실의』(한국민족문화대백과사전)

18세기까지는 교화를 통해 천주교를 순화하려는 정책도 시행되었다. 정조는 성리학과 실학, 북학, 고증학 등 여러 사상과 철학을 이해하고 정치와 사회에 반영하였다. 따라서 그는 천주교도 무조건 배격하지만은

김대건 초상(한국민족문화대백과사전)

않았고, 비교적 신중하게 접근하여 조선의 실정에 맞게 교화하려 하였다. 하지만 순조 이후부터 세도 가문이 정권을 자치하면서 천주교와 관련한 다양한 문제가 대두되었다. 그 시작은 1801년(순조 1)에 발생한 신유박해(辛酉迫害)로 대규모의 천주교 신자들이 순교하고, 천주교가 억압되었다. 이러한 상황에서 황사영(黃嗣永)의 백서(帛書) 사건이 일어났다. 신앙의 자유를 찾기 위해 황사영은 중국 북경의 구베아 주교에게 밀서를 보냈다. 이 밀서는 약 60cm[2척(尺)]의 명주천에 썼기 때문에 '백서'라고 하는데, 약 13,311자나 되는 방대한 내용을 담고 있었다. 이 밀서의 내용으로 또 다른 사건이 발생하는데, 황사영은 조선 국내의 실정과 천주교를 인정하고 성직자를 피살한 죄목 등을 북경의 주교에게 요청하였기 때문이었다. 결국 밀서가 압수되면서 황사영은 국내의 일에 외세를 끌어들여 해결하려 했다는 죄목으로 체포되어 사형되었다. 외세를 끌어들이려 했다는 점에서 조선인으로 최초의 신부가 된 김대건(金大建)도 탄압을 받았다. 이와같이 천주교는 조선의 의례부터 문화와 철학에 이르기까지 근간을 흔드는 사상으로 간주되었다. 이 때문에 19세기 말까지 약 1만 명의 피해자가 발생하고, 천주교는 억압받았다.

민간 신앙과 서학은 민중에게 일정한 영향을 주면서 존속하였으나, 곤궁한 민중의 상황을 해결해 주지는 못하였다. 따라서 민중은 현실의 어려움을 직접적으로 개선해 줄 수 있는 새로운 사상이 필요하였다.

| 3 | 동학의 발생과 확산

1860년에 동학(東學)이라는 새로운 사상이 등장하였다. 조선에서 서양의 종교인 천주교가 민중들에게 많은 영향을 미치자 이에 자극을 받았던 사상적 반작용이었다. 사회적 고통에서 벗어나고자 하는 민중에게 최제우(崔濟愚)는 서학과 천주교를 대신하여 새로운 이상 세계를 제시하였다.

최제우 초상(국립중앙박물관)

최제우는 새로운 종교로 동학을 창시하여 민중들의 갈망에 대답하였다. 최제우는 경주의 양반으로 조선 사회에 대한 오랜 시간의 고민을 거친 끝에 동학을 만들었다. '동학'은 서학과 서교에 대응하는 사상이자 종교를 의미하였다. 따라서 동학은 매우 강렬한 민족주의적 성격을 가진 종교이자 사상으로 나타났다. 동학의 교리는 3교(三敎, 유교·불교·도교)의 요소와 함께 민간 무속신앙[샤머니즘], 나아가 천주교의 장점까지 받아들였던 사상이었다. 그러면서도 민중들이 현실 생활에서 사용할 수 있는 부적과 주술 등의 민중 신앙도 활용하였다. 이처럼 현실 친화적으로 민중들에게 전파된 동학은 비교적 짧은 기간에 급속도로 교세를 확장하였다. 초기 동학은 경상도 지역을 중심으로 전파되기 시작하였으나 곧 인접 지역으로 퍼져나갔다. 또한 짧은 시간에 산골 아이들까지 동학의 주문을 외울 정도로 널리 퍼지게 되었다. 현실 사회의 모순으로 고통받았던 민중들이 자신들과 비슷한 정서를 담고 있는 동학에서 큰 위로를 받았기 때문이었다.

교조 최제우는 경주 출신의 가난한 시골 양반으로서 최치원의 후예를 자칭하였다. 최제우는 서학인 천주교에 대항한다는 의미에서 동학을 창시하여 민중을 이끌었다. 그 후 동학은 머슴 출신의 최시형(崔時亨) 등 민중에 의하여 교리가 다듬어졌다. 이후 동학의 교리는 『동경대전(東經大全)』, 『용담유사(龍潭遺詞)』라는 두 권의 서적으로 정리되었다. 먼저, 『동경대전』은 한문으로 기록되어 있어 지식인층을 대상으로 한 교리서이었다. 다음으로 『용담유사』는 한글 가사체로 기록된 서적으로 민중들도 쉽게 이해할 수 있는 장점을 가진 서적이었다.

동학은 유불선 3교(敎)의 장점과 민간 신앙의 부적과 주술, 천주교의 교리가 혼합되

『동경대전』(국립중앙박물관)

었다. 사상적으로 보면 동학은 성리학 사상의 주기론(主氣論)과도 비슷하였다. 동학에서는 귀신을 기(氣)로 해석하면서, 귀신을 매개라고 하고 사람과 하늘이 하나가 될 수 있다고 하였다.

더욱이 동학은 윤리적이고 초세속적인 종교로 민중에게 다가왔다. 사람과 하늘을 하나로 보는 인내천(人乃天)의 사상은 유교와 삼신신앙, 경천사상에서도 긍정하는 부분이었고, 당시 민중의 공통적인 사상을 반영한 것이었다. 그리고 동학에서는 주역(周易)의 변화 논리도 일정 부분 수용하였다. 그 핵심은 운수관으로 표현되는 천운순환론과 인도(人道, 사람의 도)가 천도(天道, 하늘의 도)에 합치되어야 한다는 도덕론이었다. 따라서 천운에 순종하고, 천도에 합치되면 모든 인간은 군자(君子)가 될 수 있다는 교리였다. 이런 점에서 일체의 신분과 계급을 탈피하여 평등사상을 주창하였고, 이러한 부분은 서학인 천주교와도 연결되었다. 이 때문에 동학은 주로 농민과 천민 등 핍박받는 피지배층인 민중들 사이에서 주로 믿어졌다. 또한 동학의 교리에서는 지금의 시대를 말세로 보고, 곧 세상이 다시 열리며 새로운 시대가 온다고 선전하였다. 이와 같은 말세 사상과 개벽 사상은 이미 『정감록』과 미륵 신앙을 통해서도 전 사회적으로 유포되어 있던 사상이었다. 따라서 민중들 사이에 동학의 교리는 친화적이면서도 큰 호소력을 지녔고, 그 교세는 더욱 확장되었다.

종교로서의 동학은 천주(天主)인 한울님을 모시는 일과 부적을 가지고 다니는 일을 중요하게 여겼다. 이때 천주[한울님]은 서학인 천주교의 영향이었고, 부적은 전통적인 민간 신앙의 한 요소였다. 더욱이 일반적인 농민들이 갈구하는 현실구복적인 이익을 교리로 다수 수용했다. 그리고 동학은 '병을 낫게 하고, 오래 살게 한다.'라는 제병장생(濟病長生)의 사상도 제창하면서 민중 사이에서 급속히 보급되었다.

여기에 동학의 교리에서는 모든 사람은 마음속에 천주를 모실 때[시천주(侍天主)], '사람이 곧 하늘[신]이 된다.'라고 보아 이른바 인내천(人乃天)을 주장하였다. 또한 사인여천(事人如天) 사상으로 '사람을 섬기기를 하늘처럼 해야 한다.'라는 인간주의와 평등주의의 교리도 존재하였다. 부적은 민간 신앙인 샤머니즘 및 음양오행 사상과 관련이 있었다. 부적에 '궁궁을을(弓弓乙乙)'이라고 쓴 후 이를 태워서 마시면 병을 고치고, 죽지 않으며 영원히 살 수 있다고 하였다. 더불어 이때의 궁(弓)은 '활'을 뜻하고 을(乙)은 '새'를 뜻하는 글자여서, 활로 새를 제압하는 의미도 있었다. 이 의미는 나아가서 동(東)은 궁(弓)을 상징하고, 서(西)는 을(乙)을 상징하였기 때문에 동학이 서학을 제압한다고 믿었다.

동학은 민중들의 사회를 개혁하고자 하는 의지와 외세를 배척하려는 생각이 반영된 사상이었다. 동학은 종교이기에 신앙 운동으로써 주로 역할을 하였으나, 보국안민(輔國安民)과 광제창생(廣濟蒼生)이란 사회 개혁적인 사상도 주장하였다. 보국안민은 '나랏일을 돕고 백성을 편안하게 한다.'라는 의미였고, 광제창생은 '널리 백성을 구제한다.'라는 뜻을 가졌다. 따라서 동학은 이 2가지 사상을 통해 적극적으로 사회 개혁과 외세 배척을 주장하였고, 민중의 의지를 반영하였다.

이와같이 동학은 민족적이고 민중적인 사상이었다. 민중은 현실 사회의 모순에서 구원을 갈망하였고, 이들에게 동학은 희망이자 의지의 발현이었다. 민중은 구원자를 만난 듯이 동학을 받아들여 자신들의 사상적 기반으로 삼기 시작하였다. 이 때문에 삼남(三南, 충청도·전라도·경상도) 지역의 농촌 사회를 중심으로 동학의 교세는 급속히 확장되었다. 그리고 다수의 민중 참여로 인해 인적 자원이 풍부해진 동학은 포(包), 접(接) 등의 교단 조직을 이루었다.

이때 조선의 정부는 서구 세력의 동아시아 침탈과 내부 사회의 항쟁으로 격동의 시기를 맞았다. 특히 개항 이후의 조선 정부는 근대 문물의 수용에 따른 경비와 대외 관계에서 오는 비용 지출, 그리고 궁중의 예산 낭비 등 여러 요인으로 재정은 더욱 궁핍해졌다. 따라서 이를 충당하기 위하여 농민들에게 더 많은 세금을 걷어 더 큰 부담을 지울 수 밖에 없었다. 이러한 상황에서 1860년(철종 11) 영불 연합군의 북경 함락 소식과 1862년 전국적으로 전개된 농민 항쟁은 조선의 정부에 큰 충격을 안겼다. 조선 정부는 농민항쟁의 원인을 파악하기 위해 전국적으로 여론을 수집하였다. 이 시기 농민 항쟁의 주요 원인은 조세제도 운영 과정에서 나타난 부정부패, 조세제도 자체의 모순, 토지소유 구조의 모순 등이었다. 이를 수습하기 위해서는 조세제도의 전면적인 개혁이 필요하였고, 개혁안이 제시되었다. 세부적으로는 양전(量田) 사업의 전면적인 시행, 지세(地稅) 제도의 정비, 동포제(洞布制) 시행과 양반층의 군포 부담, 환곡제 폐지와 결전(結錢) 징수 등이었다. 이러한 해결책은 근대적 조세체계와 흡사한 방식으로 조세의 부과 대상을 토지로 일원화하는 것이었다. 따라서 민중의 조세 부담을 줄여주고, 나아가 농촌사회를 안정화할 수 있는 방법이었다.

하지만 조선 정부가 시행한 삼정이정절목(三政釐整節目)은 개혁안의 극히 일부만을 수용한 것이었다. 삼정이정절목은 삼정이정청의 총재관(摠裁官)인 정원용(鄭元容)이 편찬한 것으로 삼정의 폐해를 바로잡을 목적으로 만들었다. 삼정은 전정, 군정, 환곡의 3가지로, 토지세와 군역의 부과 및 양곡 대여와 환수를 말한다. 따라서 민중의 부담 가운데 가장 중요한 3가지에 대하여 그 폐단을 바로잡고자 한 것이다. 하지만 개혁안의 일부만 수용되었기에 근본적인 문제는 해결되기 어려웠다.

먼저, 전정에 해당하는 양전(量田) 사업은 비용 문제 때문에 시행되지 못하였다. 또한 지배층의 반발을 의식하여 군정에 해당하는 동포제와 환곡제 폐지도 시행되지 못하였다. 게다가 삼정이정절목에서는 잡세(雜稅)와 관련한 문제를 전혀 다루지 않았다. 잡세는 수공업과 상업, 광업, 어업, 유통업 등의 발달로 인해 징수되는 세금이었다. 따라서 잡세의 액수가 증가하는 것은 상품화폐경제가 발달한다는 의미였다. 근대적 조세체계에서는 전통적인 조세의 부과 대상이 토지로 일원화되는 근대적 조세체계는 점차 토지세의 비율이 낮아지고, 잡세의 비율이 높아지는 것이 일반적이었다. 조선 후기 이래 지배층이 사적으로 잡세를 수취하고 있었기 때문에 잡세의 수취액은 완만하게 증가하였다. 따라서 조선의 상공업은 정상적인 발전을 저해받고 있었다. 이 때문에 지배층의 사적 수취 대상인 잡세를 국가의 재정으로 편입시켜야만 상품화폐경제의 발달을 정상적인 궤도에 올려놓을 수 있었다.

1862년의 농민항쟁은 민중들로 하여금 당시의 사회적 모순과 그 극복 방안을 알 수 있게 하였다. 그리고 이러한 모순의 극복 방안은 근대화의 방향이라고도 말할 수 있었다. 하지만 조선 정부의 집권층은 사회적 모순을 제공한 당사자였기에 본인들의 경제 기반을 축소, 해체하는 개혁에 소극적일 수 밖에 없었다. 그러나 더 이상 모순적인 사회 구조를 방치할 수는 없었고, 근대적 개혁을 시행하여야만 하였다. 그럼에도 불구하고 1863년 국왕 철종(哲宗)이 후계자가 없이 사망하였으나, 세도정권은 다음 국왕을 제시하지 못하며 더 이상의 집권할 수 없었다. 흥선대원군 이하응(李昰應)은 집권 정치 세력의 공백 상태에서 본인의 아들을 국왕으로 제시하며 권력을 장악하였다.

대원군은 근대적 조세제도로의 개혁과 농촌사회의 안정을 추구할 수 밖에 없었다. 조선왕조의 종친이었던 대원군은 여흥민씨 가문과 혼인 관계로 결합되어 있었다. 여흥민씨 가문은 충청도 홍주, 예산과 그 인근에 기반을 둔 상업 세력이었다. 조선 왕실과 여흥민씨의 결합은 대원군의 아버지인 남연군(南延君)을 시작으로 대원군과 고종(高宗), 순종(純宗)의 4대에 걸쳐 이루어졌다. 하지만 대원군은 기존의 지배층인 세도정권과는 거리가 있는 인물로 평가되었다. 따라서 민중은 대원군이 왕실의 인물이라는 한계점을 가졌으나, 사회적 모순을 일정 이상 해소하고 시대적 변화에 조응하여 개혁 정책을 실시할 수 있으리라 기대하였다. 대원군은 집권한 이후 개혁 정책을 추진하여 기대에 부응하기도 하였다. 그가 이후 추진한 개혁 정책은 동도서기책, 갑오개혁 등을 꼽을 수 있다. 하지만 이러한 상황에서 민중들의 이상이 짙게 반영된 동학의 반체제적인 성격은 조선 정부의 불안을 계속하여 자극하는 요소였다.

동학은 점차 조직화되었고 교세가 확장되면서 갑자년(甲子年, 1864년, 고종 1)에 좋은 소식이 올 것이라는 예언까지 널리 퍼졌다. 이 때문에 조선의 정부에서는 1864년에 교조 최제우를 체포하여 혹세무민(惑世誣民, 세상을 현혹시키고 백성을 속임)의 죄를 씌워 사형에 처하였다. 최제우가 사형된 영향으로 동학의 교도들은 산속에 숨어들었고, 그 교세도 한때나마 약해졌다. 그러나 2세 교주인 최시형이 충청도 보은 지역을 중심으로 동학을 계속 전파하며 그 세력을 회복하였다. 그 신도들은 대부분 가난한 농민과 시골 양반인 향반으로 민중을 대표하였다.

이하응 초상(국립중앙박물관)

| 4 | 농민 민중운동으로의 발전

1860년에 종교로 만들어진 동학은 몇 년 만에 대다수 민중의 지지를 받으면 급속히 전파되었다. 조선의 정부는 동학의 전파 속도와 반체제적인 교리를 우려하여 1864년에 교주 최제우를 혹세무민의 죄로 사형에 처함으로써 동학은 잠시 기세가 누그러졌다.

그러나 1870년대에서 1880년대의 조선은 열강과 불평등 조약을 맺게 되었다. 이 시기 조선의 경제는 불평등한 수호통상 조약을 맺은 영향으로 약탈적 무역구조 속에 있었다. 이 때문에 농촌사회의 민중은 더욱 어려운 처지가 되었고, 동학은 다시금 큰 호소력을 가지면서 전파되어 나갔다. 2세 교주인 최시형의 열정적인 포교 활동도 동학의 확산에 많은 영향력을 미쳤다. 1870년대 후반에 동학은 경상도·충청도·전라도의 삼남 지방에서 민중 종교이자 사상으로 그 위상이 공고하였다. 1880년대 동학은 충청도와 전라도에서 지도자를 포섭하였다. 먼저, 충청도에서는 손병희(孫秉熙), 손천민(孫天民)을 포섭하였다. 전라도에서는 손화중(孫和中), 서장옥(徐長玉), 황하일(黃河一), 김개남(金開南)과 같은 지도자를 포섭하였다. 이후 이들은 각각 충청도의 북접(北接)과 전라도의 남접(北接)의 지도자로 동학을 믿는 민중을 선도하고, 그들의 지성을 자극하였다. 또한 손화중은 선운사 마애불의 비기를 탈취하여 동학에 도움을 주었다는 이야기가 전해져 당시 동학이 널리 전파되었고, 민중이 이를 굳게 믿었음을 알 수 있다. 그리고 동학의 지도자들은 민중들에게 최제우의 가르침을 명시하고, 신도로 인정하는 내용을 담은 증서인 첩지(牒旨)를 발행하여 소속감을 부여하였다. 이를 통해 민중들의 결속을 더욱 공고히 다질 수 있었다.

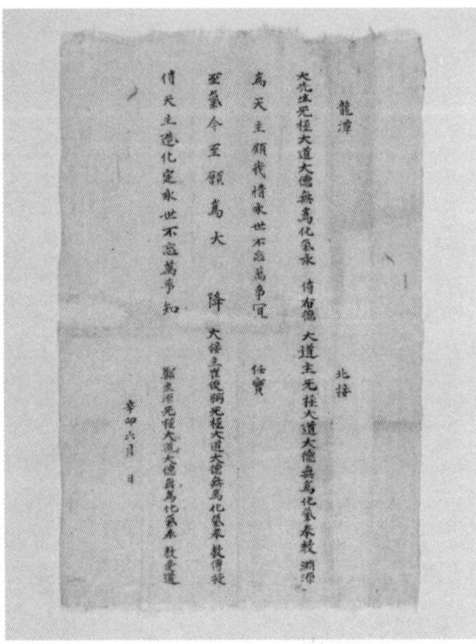
龍潭
北接
爲天主願我情永世不忘萬事宜
至氣今至願爲大降
侍天主造化定永世不忘萬事知
辛卯六月 日

동학교도 첩지(국립민속박물관)

이 시기 동학의 지도자들은 동학을 근대종교와 비슷하게 정비하였다. 그들은 지식인으로서의 학식과 함께 상당한 재산을 갖추었고, 동학의 교리와 교단 조직 등을 가다듬었다. 충청도 충주에는 중앙기관으로서 법소(法所)를 설치하고, 전국 각지에는 도소(都所)를 설치하였다. 그 하부 조직으로 크고 작은 접(接)을 두어, 그 기관의 책임자를 접주(接主)라고 불렀다. 그리고 경전을 통해 동학의 교리와 사상을 전파하였다. 지식인층을 대상으로 한문으로 쓴 『동경대전』과 민중을 대상을 한글로 기록한 『용담유사』를 발간하여 각계각층의 눈높이에 맞게 사상을 전파하였다.

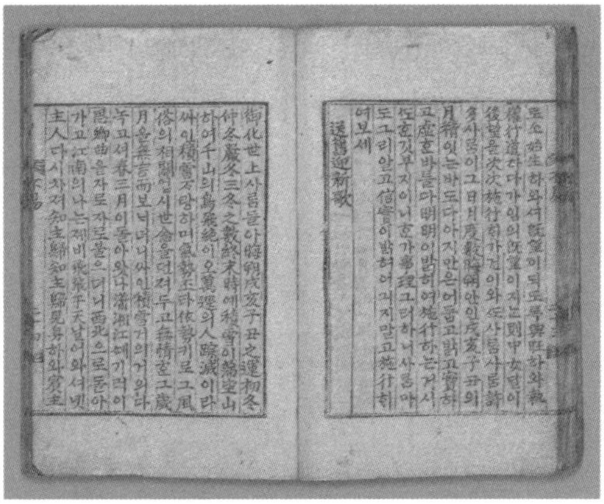

『용담유사』(국립중앙박물관)

동학이 다시금 민중 사이에서 급속도로 확산되자 조선의 정부는 큰 우려를 표시하였다. 정부에서 동학교도를 대대적으로 체포하자, 2대 교주인 최시형은 동학의 종교화에 집중하였다. 하지만 이에 반대하던 동학 지도자 중 한 명인 이필제는 동학을 사회적 변혁을 추진 조직으로 자리매김하게 하였다. 이필제는 동학의 교도들과 영해의 관아를 습격하기도 하였다. 이처럼 격변하는 당시의 현실은 동학을 종교조직에만 머물도록 허락하지 않았다. 특히 전라도 지역에서는 현실의 모순이 심각하였기에 충청도 교단의 노선과는 달리 사회 변혁 조직으로 변화해 나갔다.

1880년대에 들어서면서 그간 잠잠했던 농민 항쟁도 다시금 시작되었다. 1880년(고종 17)에 평안도 구성에서 일어난 항쟁을 시작점으로 하여 약 10년간 한해도 농민 항쟁이 없이 넘어간 해가 없었다. 1881년에는 황해도 장연에서 농민항쟁이 일어났고, 결국 수령은 삭주로 유배되었고 주모자는 중형을 당하였다. 농민항쟁이 다시 일어난 이유는 조세와 관련한 문제 때문이었다. 도결(都結)이나 환곡(換穀) 등의 조세는 전정·군정·환곡의 삼정과 관련한 문제였다. 20여 년 전인 1862년에 조선 전역에서 일어났던 농민 항쟁의 원인도 삼정(三政)이라고 불리던 조세 때문이었다. 이 문제가 근본적으로 해결되지 않았기에 20여 년 뒤에 농민항쟁이 조선 전역에서 다시 일어나기 시작한 것이었다.

1880년대 전반기부터 지속된 농민항쟁은 후반기에 전국적으로 확산되었다. 1885년에만 해도 경기도 여주와 강원도 원주 등에서 동시다발적으로 농민항쟁이 발생하였다. 1890년대에 들어서는 더욱 확산되었고, 이 시기엔 농민뿐만 아니라 상인들도 곳곳에서 대규모 시위를 벌였다.

1890년 1월 6일에는 서울의 상인들이 시위를 벌였다. 한성의 외아문 앞에서 시전 상인 수백 명이 상가의 문을 걸어 잠그고 시위를 시작한 것이다. 3일이 지난 1월 9일에는 다른 상인과 일반 민중까지 합세하면서 시위는 더욱 격렬하게 진행되었다. 이 시위는 외세와의 불평등조약으로 인한 약탈적 무역구조에 대한 반대 의사의 표명이었다. 당시 불공정한 조약이 체결되어 청과 일본의 상인들이 한성에 들어 와서 장사를 하였고, 시전 상인과 민중들은 그들을 한성에서 내보낼 것을 요구하였다.

기존의 시전 상인들은 한성에서 그들만이 상거래를 할 수 있는 독점권을 가지고 있었다. 하지만 개항 이후에 외국과 불공정한 조약이 맺어지면서 독점권이 위협받았다. 특히 1882년에 〈조청상민수륙무역장정(朝中商民水陸貿易章程)〉이 체결되면서 청의 상인에게도 한성의 상권이 개방되었다. 이를 기회로 여긴 외국의 상인들이 한성으로 몰려들었다. 1889년경의 한성에서는 청과 일본의 상인이 각각 600여 명씩이나 상업을 하고 있었다고 전해진다. 한성의 시전 상인들은 이와 같은 외국 상인들의 침투에 불안을 느껴 대규모 연좌시위를 벌였던 것이었다. 1887년과 1889년에도 시전 상인들의 철시 투쟁이 있었으나, 상황은 악화되었을 뿐이었다. 이러한 문제가 해결되지 않고, 외국 상인들의 침투가 점차 거세지자 1890년에 시전 상인들은 대대적으로 철시 투쟁을 재개한 것이다. 이처럼 개항 이후 한성의 시전 상인들은 외국 상인들의 상업 진출로 어려움을 겪었다.

어민들도 외세의 침투에 시위를 벌였다. 1890년에 조선의 남쪽 끝 제주도의 어민들은 집단적으로 항쟁하였다. 그들은 조선 정부에서 파견한 순심사를 추방하고 관청을 점거하였다. 어민들은 조선 정부에게 제주도 연안에서 일본 어선의 어로 행위를 막아달라고 요구하였다. 제주도에서 일어난 시위의 원인은 일본과 조선 사이의 〈조일통어장정(朝日通漁章程)〉이었다. 1889년에 조선 정부는 일본과 〈조일통어장정〉을 체결하였다. 이 장정의 주요한 내용은 일본의 어선은 연간 3~10원씩의 세금만 납부하면 조선의 연안에서 어로 행위를 할 수 있다는 것이었다. 더불어 조선에서 일본의 어선이 법을 위반하였을 경우에 그에 대한 재판과 처벌은 일본 영사관에서 하도록 한 사실도 현안의 하나였다.

제주도는 조선의 남쪽 끝으로 일본과 대한 해협을 사이에 두고 있었다. 따라서 제주도 연안은 일본 어선과 어장 문제가 가장 시급할 수 밖에 없는 위치였다. 더구나 일본의 어선들은 〈조일통어장정〉이 체결되기 전부터 최신식의 어업 기구인 잠수기 어선단까지 동원하여 제주도에서 어로행위를 하였다. 하지만 일본의 어선에 대한 단속은 제대로 시행되지 않았기 때문에 제주도 어민들의 피해가 컸고, 이에 대한 불만도 많은 상태였다. 이러한 상황에서 〈조일통어장정〉의 체결은 제주도의 어민들에게 엄청남 불안감을 가지게 만들었다. 이와같이 1890년대에는 조선 전역에서 외세의 압력과 침탈에 대한 민중들의 불만이 폭발 직전까지 커지고 있었다.

하지만 조선 정부에선 사회 모순을 극복하기 위한 근본적인 정책을 추진하지 않았다. 이 때문에 대원군와 여흥민씨의 집권기에도 조선 후기 이래의 사회적 모순은 더욱 심화되기만 하였다. 이와 더불어 개항으로 인한 외국과의 통상교역 확대는 농촌사회의 양극화와 해체 현상을 촉진하였다. 지주 계층은 개항 이후 곡물의 일본 수출로 곡물 가격이 상승하면서 더욱 이익을 얻게 되었고, 그 이익을 재투자하여 토지도 점차 더 많이 소유하였다. 균전사(均田使)와 전운사(轉運使)의 폐단도 심각하였다. 농지의 면적을 증가시키는 것을 목표로 한 농지 개발 사업과 조운 제도의 악습을 개선하기 위해 도입한 전운 사업은 농촌사회를 안정시키기보다는 오히려 농민들의 부담을 가중시켰다. 지역 사회의 관리인 수령과 서리층의 부정부패도 민중들에게 어려움을 가중시켰다. 농민층은 고리대의 피해까지 겹쳐 영세빈농층을 몰락하였고, 고향에서 내쫓겨 도시의 빈민, 유랑민, 화적이 되었다. 곡물 가격의 상승으로 인한 전반적인 물가의 상승은 농민층과 도시 빈민층의 몰락을 더욱 앞당겼다.

1890년대 조선의 농민 항쟁은 필수불가결한 상태였다. 이 시기 군현 단위에서 발생한 농민 항쟁은 전국적으로 확대되었고, 1880년대 말부터는 더욱 극심하게 발생하였다. 1893년 한해에만 65건의 농민항쟁이 일어났다는 사실에서 당시 민중들의 곤궁

최시형 사진(국립중앙박물관)

한 상황을 짐작할 수 있다. 이와같이 농민항쟁이 빈번한 상황에서 동학은 새롭게 변모하였다. 1892년에서 1893년까지 동학은 2세 교주 최시형을 중심으로 최제우의 억울한 죽음에 대하여 원통함을 풀고, 그의 지위를 복권하려는 교조신원운동이 중심이었다. 동학의 교조신원운동은 종교의 자유를 보장받고자 하는 이유가 지배적이었지만, 군현 단위를 뛰어넘어 여러 지역의 농민을 조직하는 계기가 되었다.

1892년 11월 2일, 전라북도 삼례(參禮)에서 수많은 민중과 동학교도가 모였다. 이때 모인 사람은 수천 명에 이르렀는데 세력 확장에 자신감을 얻은 동학의 지도자들은 억울하게 처형당한 교조의 누명을 벗기고, 포교의 자유를 획득하기 위해 집단행동을 벌이기 시작한 것이었다. 그 첫 번째 모임이 바로 삼례집회였다. 수천 명의 민중은 손천민의 지휘하에 움직였다. 그들은 충청도 관찰사인 조병식과 전라도 관찰사인 이경직에게 교조 최제우의 누명을 벗겨줄 것과 교도에 대한 탄압의 중지를 요청하였다. 이 집회에서 동학교도들에 대한 탄압의 금지는 약속을 받았지만, 교조의 신원은 관찰사의 권한이 아니라 하여 기각되었다.

1893년 3월에 박광호(朴光浩)를 대표로 한 40여 명의 동학교도들은 국왕 고종에게 직접 교조 신원을 상소(上疏)하였다. 그들은 과거에 응시하는 선비로 가장하여 서울에 침투하였고, 광화문 앞에 엎드려 국왕에게 상소를 올리는 복합(伏閤)상소를 추진하였다. 하지만 조선 정부는 상소를 작성한 우두머리를 체포하고 동학교도들을 강제로 해산시켰다. 이러한 상황에서 동학의 지도자들은 합법적인 상소 운동이 효과가 없다는 사실을 알게 되었다.

1893년 4월에 동학의 지도자들은 대단위의 민중 집회를 위해 충청북도 보은군 속리면 2만여 명의 동학교도를 모았다. 이 시기 동학의 집회는 종교적인 차원의 교조신원에서 탈피하여 반외세 운동으로 발전하였다. 이번 집회는 '일본과 서양을 물리치고

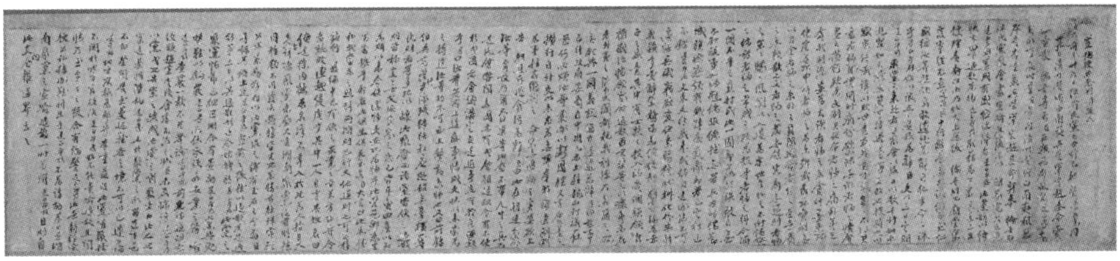

선무사 어윤중이 조선 정부에 보은집회의 결과를 보고한 상소(국립중앙박물관)

대의를 세운다.'는 내용의 깃발을 들고, 죽음을 무릅쓰고 싸울 것을 결의한 척왜양창의(斥倭洋倡義)였다.

동학의 기세에 놀라 조선 정부는 호조 참판 어윤중(魚允中)을 양호선무사(兩湖宣撫使)로 파견하였다. 어윤중은 동학 농민군을 진정시키고, 충청도와 전라도의 관찰사를 교체하는 등의 정책을 시행하였다. 하지만 다른 한편에선 홍계훈(洪啓薰)으로 하여금 600명의 관군을 출동시켜 동학 농민군을 진압하고자 하였다. 당시 동학 농민군은 산간벽지에서 20여 일간 호우와 식량 부족으로 지쳐 있었다. 이 때문에 충청도 관찰사 등의 처벌을 조건으로 일단 자진 해산하여 사태가 수습되었다. 하지만 그들의 요구가 관철된 것을 아니었으므로 불만은 여전히 쌓여 있었다. 더욱이 사회적 모순의 심화와 민중의 어려움은 가속화되었다. 따라서 이를 지켜보던 동학의 지도자들은 민중을 위한 평등사상과 반침략사상을 천명하였다. 동학 지도자들의 사상과 민중의 개혁을 실천하고자 하는 의지와 결합하면서 군현 단위에서 산발적으로 일어나던 농민항쟁은 1894년 갑오농민전쟁으로 귀결되었다.

| 5 | 갑오농민전쟁과 민중 지성의 개화

1894년의 갑오농민전쟁은 반봉건·반외세 운동이었다. 1893년 11월에 전봉준을 비롯한 인물들이 봉기의 계획을 세우고, 그 내용은 알리기 위해 사발통문(沙鉢通文)을 작성하였다. 통문은 조선시대에 민간의 단체 또는 개인이 동종의 기관이나 관련되어 있는 인물에게 공동의 관심사를 통지하던 문서로 주도자의 이름을 명확히 알 수 있었

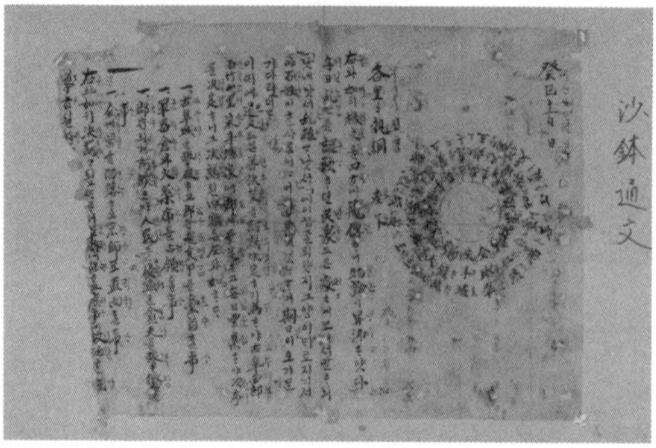

사발통문(국가유산청)

다. 하지만 사발통문은 봉기의 주모자를 숨기기 위하여 관련 인물들의 이름을 사발 모양으로 동그랗게 둘러서 적은 통문이었다. 조선시대 봉건적인 체제하에서 억압받았던 민중들의 지성을 엿볼 수 있는 부분이다.

1894년 상반기에 동학 농민군은 봉건적인 체재를 개혁하기 위해서 항거하였다. 그리고 그들은 1894년 하반기에 일본 제국주의의 침략으로부터 국권을 수호하기 위해 항일 무장투쟁을 전개하였다. 더욱 세부적으로 나누면 1~2월의 고부 농민봉기 단계, 3~4월의 호남창의소 단계(제1차 농민전쟁), 5월 초의 전주화약, 7~8월의 집강소 단계, 9월 이후 제2차 봉기 단계를 거쳤다. 7~8월의 집강소 단계까지 동학 농민군은 나주와 순천을 제외하고 전라도의 50개 읍을 장악하였다. 그리고 제2차 봉기 단계에서 충청도의 공주, 청주까지 진격하여 조선 관군과 일본군의 연합군과 전투를 전개하였다. 하지만 농민군은 공주와 청주 전투에서 패배하면서 연고지로 후퇴할 수 밖에 없었다. 더욱이 보수세력(관군, 일본군, 양반층)이 연합하여 후퇴하는 농민군에 대하여 토벌 작전을 전개하여 수많은 농민군이 희생되었다.

제1차 동학농민전쟁은 1894년 2월에서 1894년 6월 11일까지였다. 동학 교인들은 온건한 충청도 북접과 강경한 전라도 남접의 교인 사이에서 노선 차이가 있었다. 충청도 북접의 교인은 생활 여건이 비교적 좋았고, 몰락 양반도 많아서 종교운동의 차원을 크게 벗어나지 않으려 하였다. 이와 대비하여 전라도 남접의 교인은 소작농과 빈농 그리고 소상인들이 다수여서 한층 강경한 정치적 투쟁을 선호하였다. 1893년의 보은집회와 비슷한 시기에 전라도 금구에서도 서장옥 등의 남접이 주동한 별도의 집회가 있었다.

전라도는 전통적인 곡창지대로 개항 이후 근대화 정책으로 재정이 어려운 중앙 정부와 지방 수령의 탐학이 가장 심한 지역이었다. 더욱이 쌀의 수출과 관련하여 일본

상인의 경제적 침탈도 다른 지역에 비하여 컸다. 거기에 민중들에게는 중앙 정부와 지방 수령의 수세(水稅) 및 균전세(均田稅)의 징수, 전운(轉運) 폐단 등 각종 억울한 세금이 부과되었다. 그래서 전라도는 중앙 정부와 지방 수령 그리고 일본에 대한 적개심이 유별났다. 이 때문에 전라도 지역에서는 언제라도 폭동이 일어날 강경한 기류가 생성되어 있었다.

전라도 민중의 강경한 분위기를 더욱 자극한 것은 고부(古阜)의 군수 조병갑(趙秉甲)이 벌린 탐학이었다. 그는 만석보를 수축하는데 민중을 강제로 동원하여 일을 시켰을 뿐 아니라 이들로부터 고액의 수세를 징수하여 착복하였다. 또한 조병갑은 본인 아버지의 비각을 세운다는 이유로 약 1천 냥의 돈을 민중들로부터 추가적으로 수탈하였다. 이러한 상황에 분개한 민중은 고부의 동학 접주인 전봉준(全琫準)의 지위 아래 여러 차례 고부 관아와 전주 감영을 찾아가서 폐정의 시정을 요구하였다. 하지만 이 요구는 받아들여지지 않았고, 마침내 대규모의 폭동을 일으키게 되었다.

1894년 2월, 전봉준은 1천여 명의 민중을 지휘하여 고부 관아를 습격하였다. 동학농민군은 관청의 아전들을 처단하고 무기를 탈취하였고, 양곡을 몰수하여 주인에게 돌려주었다. 농민군은 고부읍을 점령한 후 중앙 정부에 조병갑의 학정을 시정할 것과 외국 상인의 침투를 금지하라는 등의 요구사항을 제시하였다.

조선 정부는 농민군의 항쟁에 놀라 군수 조병갑의 죄를 징벌하고, 안핵사인 이용태(李容泰)를 파견하여 조사하게 하였다. 하지만 이용태는 이 사건의 원인을 동학교도들의 악행으로 보고 그들을 색출하여 탄압하였다. 1894년 4월에 이용태의 대처에 격분한 전봉준과 민중들은 조직적으로 항거하였다. 그들은 '나랏일을 돕고 백성을 편안하게 하라.'는 뜻의 '보국안민(輔國安民)'을 위해 봉기하라는 통문을 사방으로 보냈다. 또한 '포악한 것을 물리치고 백성을 구원하라.'는 '제폭구민(除暴救民)'의 기치도 내걸었다.

동학농민군은 약 8천 명의 대오를 구성하여 조직적인 항거에 나섰다. 대장에 전봉준, 총관령에 손화중과 김개남, 총참모에 오지영(吳知泳) 등 지휘부는 대개 동학교도가 담당하였으나 참여자의 대부분은 일반 민중이었다. 이를 통해 볼 때 동학의 교단 조직인 포(包)가 군대의 동원과 규율에 이용된 사실을 알 수 있다. 즉, 동학 조직의 네

트워크가 농민군의 부대 편제에 활용되었고, 이후 특정 지역의 한계를 넘어설 수 있었던 것이다. 이들은 지역을 초월하여 죽창과 곤봉으로 무장하고, 노란 깃발을 표지로 삼으며 단결하였다.

민중들은 일본과 서양, 특권층을 축출하고 이상적인 왕정(王政)을 세우기 위해 싸울 것을 창의문이라는 형식의 선언서를 통해 밝혔다. 창의문의 주요 내용은 조정에 있는 간신들이 온갖 수탈을 하여 민중들은 살 수 없으며, 국가의 비용으로 쓸 재물도 없는데 탐관오리들은 호화롭게 살고 있어 나라를 지키고, 백성을 편안하게 하겠다는 기치를 내걸고 일어선다는 것이었다. 농민들의 민중운동에서 '반란'을 일으키면서 자신들의 생각을 이토록 분명하게 밝힌 경우는 세계사적으로 드물다. 아직은 왕을 높이고 나라를 지키겠다는 '유교적 언어'에 머물고 있지만, 당시 민중들의 지성이 설득력있는 논리성을 가졌다는 점을 알 수 있다. 그리고 이들의 논리는 이후 갑오개혁과 청일전쟁 등의 급변하는 시대 상황에서 창조적으로 발전하게 된다.

1894년 5월 농민군은 수 차례 대규모 전투에서 승리하였다. 농민군은 고부를 점령한 뒤 고부 북쪽의 백산(白山)에 진을 옮겨 대오를 정비하였다. 이후 고부 남쪽의 황토고개[황토현(黃土峴)]에서 농민군은 전주에서 출동한 감영의 군대를 이겼다. 이어 농민군은 남쪽으로 내려가서 정읍·고창·무장·영광 등의 지역을 점령하고, 다시 함평·무안·나주를 거치며 북상하였다. 이때 조선 정부에서도 사태의 심각성을 알고 군대를 파견하였다. 양호(兩湖) 초토사(招討使)로 임명된 홍계훈은 800여 명의 경군(京軍)을 지휘하여 싸웠지만 장성에서 패배하였다. 전체적인 군사의 수효와 사기에 있어서 농민군의 상대가 되지 못하였다. 농민군은 전주 감영을 점령하였고, 6월 초순에 이르러 전라남북도가 모두 사실상 농민군의 지휘를 받게 되었다.

하지만 청과 일본의 침략으로 농민군의 중앙 진출은 무산되었다. 임오군란(壬午軍亂) 이후에 청의 원세개(袁世凱)는 반청 감정이 높아진 조선 민중을 제압하기 위해 조선으로 출병하였다. 이에 대응하여 일본에서도 거류민 보호를 구실로 하여서 조선에 군대를 파견하였다. 따라서 청과 일본은 갑신정변(甲申政變) 이후 10년 만에 조선에서 군대를 대치하게 된 것이었다. 이러한 상황에서 조선 정부와 동학 농민군은 되도록 외세의 개입이 없이 문제를 해결하고자 하였다. 양측은 휴전 교섭을 통하여 1894년

6월 11일에 전주화약(全州和約)을 맺었다. 동학 농민군은 정부에 약 30개 조의 폐정 개혁안(弊政改革案)을 제의하였지만, 결과적으로 12개 조의 개혁안만이 합의되었다.

▷ 12조 폐정개혁안(오지영, 「동학사(東學史)」)

1. 동학교도와 정부 사이에 쌓인 원한을 씻고 모든 행정에 협력할 것
2. 탐관오리는 그 죄목을 조사하여 일일이 엄징할 것
3. 횡포한 부호(富豪)의 무리는 엄징할 것
4. 불량한 유림(儒林)과 양반의 무리는 징벌할 것
5. 노비문서는 불태워 버릴 것
6. 칠반(七班) 천인(賤人)의 대우를 개선하고, 백정(白丁)이 쓰는 패랭이를 벗겨 버릴 것
7. 청춘과부의 개가(改嫁)를 허락할 것
8. 무명 잡세를 거두지 말 것(일체 폐지)
9. 관리의 채용은 지벌(地閥)을 타파하고 인재를 등용할 것
10. 왜(倭)와 내통하는 자는 엄징할 것
11. 공사채(公私債)를 물론하고 기왕의 것은 무효로 할 것
12. 토지는 평균으로 나누어 경작하게 할 것

전주화약에 따라 전라도에서는 민정 기관인 집강소(執綱所)가 설치되었다. 전라도 관찰사 김학진과 전봉준은 전라도 53군의 집강소를 설치하고, 촌락마다 포(包)라는 세부 조직을 만들었다. 이러한 민정 기관을 통해 민중들은 지방 사회의 치안과 행정을 관리하였다. 집강소에는 한 사람의 집강과 그 밑에 서기, 성찰(省察), 집사, 동몽 등의 임원을 두었다. 집강소의 총본부인 대도소(大都所)는 전라도의 감영이 있는 전주에 설치하였다. 이때 전봉준은 전라우도인 북도를, 김개남은 전라좌도인 남도를 각각 통치하였다.

폐정개혁안의 주요한 내용은 농촌사회의 문제에 집중되어 있었다. 즉, 세금과 관련한 문제, 신분 차별 문제, 일본에 대한 경계 그리고 토지 문제가 중심이었다. 근대적인

국가를 건설하기 위해서 필요한 조직이나 국방, 재정, 상공업, 과학기술 문제 등은 거론되지 않았다. 이처럼 농민들의 요구조건은 근대 국가 수립에 필요한 모든 조항을 담은 것은 아니었지만, 농촌의 영세농과 소상인들의 생활 안정을 위해서는 반드시 해결되어야 할 과제였다.

하지만 조선 정부와 동학 농민군이 협의를 진행하는 과정에서 외세가 침투하였다. 유리한 계기를 만들기 위한 정부의 파병 요청으로 3천여 명의 청국군이 아산만을 통해 들어왔다. 1894년 7월 23일 청국군에 대응하여 7천여 명의 일본군이 인천을 통해 들어와 한성의 궁궐을 점령하였다. 일본군은 명성황후와 그 척족 세력을 숙청하고 대원군을 다시 집권시켰다. 그리고는 일본은 청의 군대를 기습공격하여 청일전쟁을 도발하였다.

제2차 동학농민전쟁은 1894년 10월에 시작되었다. 농민군은 일본군의 궁궐 점령을 계기로 10월에 '일본을 배척하자.'라는 척왜(斥倭)를 구호로 내걸고 재기하였다. 이제 농민군의 주요한 목표는 내정개혁에서 벗어나 일본과의 항쟁이라는 반외세였다. 10만여 명의 전라도 농민군은 전주 북쪽의 삼례에 집결하였다. 손병희는 그동안 전봉준의 봉기에 반대하는 입장이었다. 하지만 이번 항거에서 그는 교주 최시형의 승인 하에 10만여 명의 충청도 북접의 농민군을 지휘하여 청산에 집결한 후 논산에서 합류하였다.

남북 연합 농민군은 일본군을 격퇴하기 위해 북상하였다. 연합 농민군은 일본군의 병참기지를 습격하고 전신줄의 절단하면서 서울을 향하던 중 공주 남쪽의 우금치에서 관군 및 일본군과 큰 격전을 벌였다. 조선 정부에서도 여러 차례 군대를 파견하여 농민군을 진압하였다. 약 1주일간

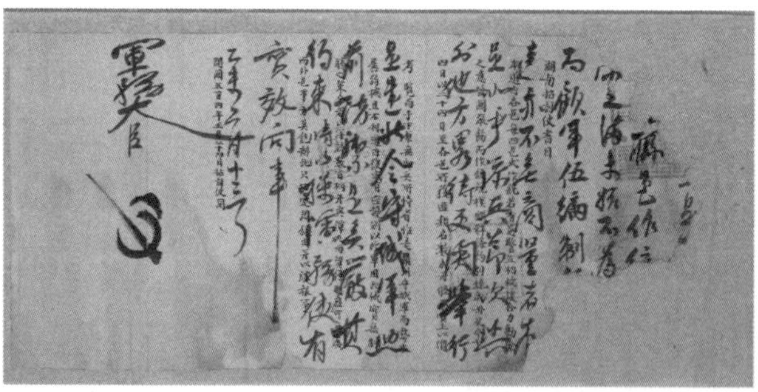

호남초토사 민종렬이 농민군을 진압하기 위해 총 수 백정과 탄환을 지급해달라고 군무대신에게 요청하는 서목(국립중앙박물관)

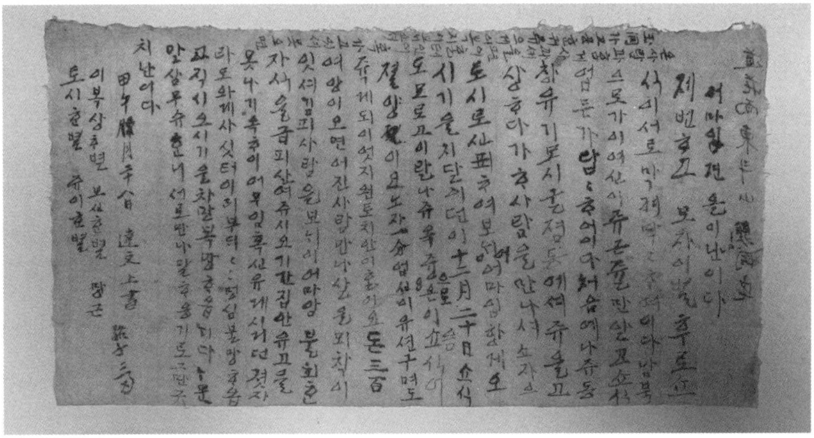

수감되어 구명을 요청하는 농민군의 편지(국가유산청)

50여 회의 공방전을 벌인 이 전투에서 농민군은 패배하였다. 농민군은 무기의 열세를 극복하지 못하여 대다수가 희생되었고, 약 500여 명의 생존자만이 전주 남쪽의 금구, 원평 지역으로 후퇴하였다. 농민군의 지도자 전봉준은 순창에서 체포되어 서울로 압송되었다. 이후 전봉준은 일본 공사의 재판을 받고 1895년 4월에 사형을 낭하였고, 나머지 지도자들과 여러 농민군도 체포 또는 살해되었다. 결국 동학농민전쟁은 약 1년 만에 실패로 끝나고 말았다.

농민군의 요구는 사회적 모순의 해소였다. 여흥민씨 세력의 축출과 대원군의 복귀, 조세제도의 개혁, 노비 제도의 폐지와 천민층의 신분 해방, 영세소상인층의 상업활동 보장 등을 요구하였다. 또한 잡세에 대한 혁파도 요구에 포함되었는데, 이는 소상공인의 요구를 반영한 것이라고 할 수 있다. 토지 소유 문제에 대해서도 일정한 지향이 있었을 것으로 추정하지만 구체적인 내용은 알려지지 않았다. 농민군의 이러한 요구는 조선 후기의 사회모순을 근본적으로 개혁하고자 하는 것이었다. 그리고 민중들이 반봉건·반침략의 입장에서 근대적 민족국가를 수립하려는 사상적 발전이라고 할 수 있다.

동학농민운동은 우리나라 역사상 가장 규모가 큰 농민 운동이자 민중의 지성이 개화한 사건이었다. 지방의 몰락 양반과 농민으로 대표되는 민중이 동학의 조직을 이용하여 일으킨 이 운동은 전근대적인 사회체제에 대한 밑으로부터의 혁명운동이라는 의미를 가진다. 또한 외세의 침략에 대항하는 민족주의적 성격도 가진 사건이었다. 다시 말하면 동학혁명은 대내적으로는 반체제, 대외적으로 반침략의 두 가지 성격을 아울러 가지고 있었으며, 민중의 지성을 개화하여 농민전쟁의 단계에까지 이르렀던 것이다.

동학농민전쟁은 이전의 민란과 뚜렷한 차이를 보인다. 먼저, 동학이라는 종교 조직과 동학인의 지도하에 일어난 민중의 항거라는 점이 차별된다. 더욱이 외세의 배척을 목표로 하였다는 점도 조선의 민중에게서 처음 보이는 사상이었다. 그리고 농민 운동의 실패 경험을 바탕으로 민중의 반일 애국주의가 다음 시기의 의병운동에 양반 유생과 더불어 참여하는 성숙성을 보여주게 되었다. 비록 실패하였지만 민중의 내정개혁 요구는 갑오경장에 부분적으로 반영되는 성과를 가져왔고, 이를 통해 조선 사회는 근대사회로 발전하는 계기가 되었다.

물론 보수연합세력에 의해 농민군은 결국 패배하였다. 1894년 7월부터 추진된 갑오개혁은 농민군의 이해관계를 반영하였으나 결국 양반층의 의병에 의해 실패로 끝나게 되었다. 따라서 조선 후기부터 계속적으로 쌓여온 사회적 모순의 극복은 더 이상 기대하기 어려웠다. 더구나 일본의 경제적 침략이 더욱 거세지면서 오히려 모순은 점차 심화되었다. 민중의 경제생활은 미곡의 만성적인 해외 유출로 인해 더욱 악화도 되었다. 거기에 전통적인 토포 산업도 외국산 면제품의 유입으로 인하여 붕괴되었고, 1894년 이후 조선은 일본 면제품 원료의 공급기지로 전락하였다. 또한 국가 재정으로 편입되었던 역둔토와 왕실의 재정기반이 궁내부 관리로 환원되어 새로운 문제를 발생하였다. 국가의 재정인 역둔토·궁장토의 소유권과 도조·결세(結稅)를 둘러싸고 작인과의 대립, 잡세 수취에서의 문제가 대두된 것이었다. 농민들은 광산 개발을 위한 광구 설정으로 토지를 침탈당하거나 경작을 중지당하기도 하였다. 또 전국 곳곳에 철도가 부설되면서 노동력을 강제 징발당하고 농사철을 놓치기도 하였다. 거기에 외래 종교인 천주교와 기독교의 교리가 전통적인 가치와 충돌하면서 민중의 반발을 사기도 했다. 농민전쟁의 중심지였던 전라북도 8군 지역에서는 농민전쟁의 직접적인 원인이었던 균전(均田) 수도(收賭)의 문제가 여전히 경작 농민을 어렵게 하였다. 1904년부터는 일본 제국주의의 토지 침탈이 본격화되어 농민들은 토지를 잃고 떠돌았다. 1906년에는 징세 기구를 개편하여 지역 사회의 서리층이 대규모로 실직하였고, 1907년에는 군대를 해산하여 군인층도 실직하였다

1895년부터 1907년까지 전국적으로 120여회 이상의 농민항쟁이 일어났다. 이 시기 민중들은 수십 명 규모로 무장하여 조선 전 지역에서 활동하였다. 특히 활빈당 조직으로 발전한 민중들은 이권 양여의 반대, 외국 상인의 상업활동 금지, 방곡령 실시 등을 주장하였다. 광산과 부두에서 일하던 노동자의 저항도 여러 지역에서 발생하였고, 실직에 따른 생계형 저항도 일어났다. 그리고 이러한 민중의 항쟁은 의병으로 발전하였다.

1907년에서 1908년에는 전국에서 평민 의병이 활동하였다. 이 평민 의병은 이전의 양반 유림층이 주도하는 의병과는 차이가 있었다. 평민 의병은 농민, 소상인, 노동자, 군인, 이서층, 활빈당 등 각계각층의 평민이 참여하고 주도하였고, 지역 민중의 지원을 받은 소규모 부대가 지속적으로 활동하였다. 전국 각지에서 평민 의병이 활발하게 활동했지만 1908년에서 1909년에는 호남지역에서 가장 많이 일어났다. 이처럼 동학농민전쟁이 격렬했던 전라도 지역의 민중은 동학을 통해 개화한 민중 지성의 영향을 받아 평민 의병으로 활동할 수 있었다. 더욱이 이들 중 많은 수가 일제 식민지에서 독립운동을 추진하였다. 따라서 동학으로 인한 민중 지성의 개화가 독립운동과 민족국가 수립으로 계승되었던 것을 알 수 있다.

■ 참고문헌

김태웅·김대호, 『한국 근대사를 꿰뚫는 질문 29』, 아르테, 2021.

동학농민혁명기념사업회, 『동학농민혁명과 사회변동』, 한울, 1994.

동학농민혁명기념사업회, 『동학농민혁명의 동아시아사적 의미』, 서경문화사, 2002.

동학학회, 『동학, 운동인가 혁명인가』, 신서원, 2002.

박경환, 「동학과 유학사상」, 『동학학보』 5, 동학학회, 2003.

박경환, 「동학적 민주주주의 토대, 동학의 인간관」, 『인문학연구』 46, 조선대학교 인문학연구소, 2013.

박찬승, 『근대이행기 민중운동의 사회사 : 동학농민전쟁·항조·활빈당』, 경인문화사, 2008.

역사문제연구소, 『한국의 역사』 3·4, 웅진지식하우스, 2011.

임태홍, 「최제우 동학사상의 본질: 샤머니즘 문화를 통해서 본 예언의 사상」, 『한국철학논집』 17, 한국철학사연구회, 2005.

한국사특강편찬위원회, 『한국사특강』, 서울대학교출판부, 2008.

한영우, 『(다시찾는)우리역사』, 경세원, 2003.

제9장

근대로 가는 지성

노관범(서울대학교 교수)

1. 신구의 교차
2. 변법과 자강
3. 역사와 미래

| 1 | 신구의 교차

한국의 수천 년 역사에서 대한제국은 독특한 국가이다. 조선에서 대한으로 국가가 변화했지만 왕조 교체가 일어난 것은 아니었기 때문이다. 대개 국가가 바뀌면 이를 따라 왕조도 바뀌는 법이다. 신라에서 고려로, 고려에서 조선으로 나라 이름의 변화는 언제나 왕조의 교체를 수반했다. 대한제국은 그렇지 않았다. 조선 건국 505년 후 조선 국왕 고종이 대한제국을 선포했기 때문에 국가는 변화했지만 왕조는 교체되지 않았다. 대한제국은 새로운 국가이면서 동시에 오래된 왕조의 양면성이 있었는데, 신(新)국가와 구(舊)왕조의 이중성은 대한제국 지성사에서 신구(新舊)의 교차라는 시대적 특성을 부여했다.

대한제국 지성사에서 신구의 문제는 거시적으로 한국 근대사의 문명사적 이해와 관련된다. 한국 근대사는 세계 근대사와 연결되어 있었기 때문에 '조선과 세계'라는 복합 공간의 역사로 진행되었다. 이것은 한국 근대사에서 신시대의 성격을 부각한다. 동시에 한국 근대사는 한국 전근대사와 연결되어 있었기 때문에 '전통과 근대'라는 복합 시간의 역사로 진행되었다. 이것은 한국 근대사에서 구시대의 성격을 부각한다. 대한제국 시기는 '조선과 세계'의 역사와 '전통과 근대'의 역사로서 신시대의 성격과 구시대의 성격이 혼재해 있었는데, 신시대와 구시대의 이중성도 대한제국 지성사에서 신구의 교차라는 시대적 특성을 부여했다.

『소년』 창간호(한국민족문화대백과사전)

대한제국이 이 땅에 존재했던 시기는 길지 않았다. 1897년 10월 12일 조선 고종이 황제로 즉위하여 대한제국이 시작한 날부터 1910년 8월 29일 병합조약이 공포되어 대한제국이 멸망한 날까지 만으로 13년이 완전히 차지 않는 기간이었다. 이 기간에 신구의 교차라고 부를만한 다양한 한국 지식인의 활동이 있었다. 이를테면 조선 순조 말년에 태어난 최익현(1833~1907)은 70대 노년에 을사늑약에 항거하여 의병을 일으켰다. 갑오개혁이 일어나기 몇 해 전에 태어난 최남선(1890~1957)은 20세가 되기 전에 잡지 『소년』을 창간해 신문화운동에 뛰어들었다. 19세기 전반 유년기를 보낸 전근대 인물부터 20세기 후반 노년기를 보낸 근대 인물까지 지식인의 스펙트럼이 넓었다.

그런데 대한제국에서 신구의 교차는 직접적으로는 갑오개혁의 종말에서 기인하는 문제였다. 갑오개혁 기간 고종은 종묘를 찾아가 맹세했다. '이제부터는 다른 나라에 의지하지 않으며 국운(國運)을 융성하게 하고 백성들의 복지를 가꾸어 자주 독립의 터전을 공고히 하겠다. 그 방도를 생각건대, 낡음에 빠지지 않고 편안히 지내지 않고 우리 선왕의 큰 계책을 따르고 세계 형편을 살핌으로써 내정(內政)을 개혁하고 적폐를 바로잡는 것이다.'(1894.12.12.) 이듬해 칙령에서는 이렇게 말했다. '짐은 작년 여름 이후로 국정을 새롭게 했다. 독립의 기초를 열고 중흥(中興)의 대업을 세웠다. 종묘사직에 맹세하고 팔도에 크게 유시하기까지 했다...경장(更張)하고 개화(開化)하는 것이 진실로 백성들을 위한 뜻에서 나온 것이라는 것을 알게 하라.'(1895.윤5.20)

그러나 조선의 지방 유림은 갑오개혁을 그렇게 생각하지 않았다. '선왕의 전장을 뜯어고치고 성현의 말씀을 저버리고 전통 있는 복식을 망가뜨리고는 자유라 독립이라 이름했으나 실상은 야만을 써서 문명을 변개시키고 인간을 강등시켜 금수로 만든 것이었다. 정령(政令) 하나 내는 일도 거조(擧條) 하나 내는 일도 반드시 왜적에게 자문해야 했으니 말은 큰 경장이라 하고 큰 개화라 했으나 국가를 멸망시키는 구실이었다.' (양재경(梁在慶), 국조기사(國朝記事))

서울 구 러시아 공사관(한국민족문화대백과사전)

그러한 가운데 일본은 청일전쟁 종료 후 조선에서 철병을 거부하고 명성황후 시해 사건을 일으켰고, 일본에 종속적인 조선 내각은 다시 단발령을 강행하였다. 갑오개혁의 '개화'에 순응하지 않고 '수구'를 견지하던 지방 유림은 이에 분노하여 복수와 보형(保形)의 의병을 일으켜 조선 내각에 저항하였고, 경복궁에 유폐되어 있던 조선 고종은 러시아 공사관으로 탈출하여 마침내 조선 내각을 붕괴시켰다.

이는 갑오개혁의 종말을 의미하였다. 갑오개혁의 종말은 조선에 신구의 선택을 남겨 놓았다. 갑오개혁 이전의 구체제를 회복할 것인가, 갑오개혁 기간의 신체제를 유지할 것인가? 조선 고종은 신구의 갈림길에서 대한제국의 선포라고 하는 자신의 길을 선택했다. 그는 황제 즉위식 다음날 전국의 신민에게 조서를 반포하여 자신이 황제에 즉위했고 천하의 이름을 대한으로 정했으며 광무라는 새 연호를 사용한다는 사실을 알렸다.

고종은 이 조서에서 크게 세 가지를 말했다. '대한(大韓)'이라는 새 국호, '광무(光武)'라는 새 연호, 그리고 '혁구도신(革舊圖新)'이라고 하는 새 정치의 방향이었다. 모두가 낡음(舊)이 아닌 새로움(新)의 뜻을 보였다.

첫째, '대한'의 의미이다. 이것은 한국사에서 조선시대의 역사적 위치와 관련된다. 조선시대 이전 가령 고려의 강역이 삼한(三韓)에 머물렀다면 조선은 삼한(三韓)을 넘어서서 탐라와 말갈까지 확대된 4천 리 강역에 독자적인 국가를 구축했음을 말했다. 그동안 이 국가의 이름을 '조선'이라 했는데 조선은 기자조선의 전통으로 인해 중국의 제후국이라는 인상을 주니 이를 사용하지 않고 그 대신 삼한보다 확대된 강역에 어울리는 이름으로 '대한'을 선택해서 자주독립의 천하로서 자국을 인식하겠다는 태도이다.

둘째, '광무'의 의미이다. 이것은 조선시대에서 고종 시기의 역사적 위치와 관련된다. 고종이 어려운 시절을 만나 위기를 극복하여 독립의 터전을 열고 자주의 권리를 행했음을 말했다. 사실 '광무'라는 연호는 이미 두 달 먼저 제정되어 있었다. 이 때 고종은 국가의 어려운 시절 화란이 일어나 반역의 신하들이 구제를 파괴했는데 자신이 곧 구제를 회복했고 이제 고금을 참작해 신제를 만들겠다고 말했다. 갑오개혁을 비판하고 이로부터 국가의 재건을 원한다는 뜻이었다. '광무'는 중국사에서 후한을 일으킨 광무제를 환기한다. 유방이 창업한 한나라가 도중에 외척 왕망에 의해 혼란을 겪고 쓰러지자 광무제는 왕망을 무찌르고 한나라를 광복했다. 평소 광무제의 중흥을 중시한 고종에게 '광무'는 조선 태조의 창업과 갑오개혁의 혼란과 자신의 중흥을 표상할 수 있는 적절한 표현이었다.

셋째, '혁구도신'의 의미이다. 이것은 고종의 새 정치의 방향을 집약하는 표어인데 글자 그대로 낡음을 개혁하여 새로움을 도모한다는 뜻이다. 그는 '혁구도신'을 통하여 교화가 유행하여 풍속이 아름답게 되기를 원한다고 간명하게 말했다. '혁구도신'을 줄이면 혁신이 되겠는데 혁신의 구체적인 내용을 명시하지는 않았다.

여기서 '혁구도신'은 대한제국 시기 신구 교차의 맥락에서 섬세하게 읽을 필요가 있다. 고종 황제는 전국 신민에게 반포하는 첫 조서에서 '혁구도신'을 말했지만 사실 그가 추구한 국가 경영의 기본 방향은 본래 '혁구도신'이 아니라 '구본신참(舊本新參)'이었다. 이것은 갑오개혁 종말 이후 국가 제도를 다시 정비해야 하는 상황에서 갑오개혁 이전의 낡은 제도와 갑오개혁 기간에 제정된 새로운 제도 사이에서 양자를 어떻게 절충할 것인가 하는 문제와 관련된 것이었다.

고종은 이 문제에 대해 갑오개혁 기간 반역의 무리가 국가 권력을 장악하고 국법을 파괴했는데 향후 선왕의 법을 따르되 새로운 법규를 참작한다[率舊章, 參新規]는 원칙을 제시했고, 이에 따라 갑오개혁 기간 제정된 내각을 혁파하고 조선의 의정부를 복구하되 의정부 대신은 조선과 달리 영의정, 좌의정, 우의정이 아니라 의정, 참정, 찬정을 두었다. 마찬가지로 그는 갑오개혁 이전의 구법과 갑오개혁 기간의 신법을 절충해서 국법을 통일하는 작업을 추진하게 했는데 이 때에 신구 절충의 방향에 대하여 구법을 근본으로 하고 신법을 참작한다[舊規爲本, 參以新式]는 원칙을 제시했다.

갑오개혁 종말과 대한제국 선포 사이에 고종이 제시했던 이와 같은 신구 절충의 원칙을 '구본신참'이라 부를 수 있다. 이것은 갑오개혁을 추동한 조선 내각처럼 신법의 전면적 강행에도 기울어지지 않고 갑오개혁을 부정한 보수 유림처럼 구제의 완전한 회복에도 기울어지지 않겠다는 태도를 의미한다. 그렇지만 구법을 근본으로 신법을 참작하는 수준에 머물러 있기 때문에 '구본신참'의 원칙에서 이루어지는 신구 절충은 결코 '혁구도신'이라고 표현할 수 있는 조처는 아니었다. 그렇다면 고종 황제의 조서에서 말한 '혁구도신'이란 '구본신참'과는 다른 차원의 제도 창출을 뜻하는 것이었을까?

'혁구도신'의 지향성은 구체적인 대상이 있었다. 그것은 다름 아니라 조선시대와 다

『대한예전』(한국민족문화대백과사전)

른 황제국으로서의 예와 법을 갖추는 것이었다. 대한제국의 예제와 법제를 창출하는 작업은 대한제국 기간 지속되었다. 대한제국의 예전으로는 1897년 사례소(史禮所)를 설치해서 편찬된 『대한예전(大韓禮典)』이 있었다. 대한제국의 헌법 강령으로는 1899년 법규교정소(法規校正所)를 설치해서 제정된 「대한국국제(大韓國國制)」가 있었다. 「대한국국제」 후에 다시 대한제국의 형법으로 『형법대전(刑法大全)』(1905)이 완성되었다.

「대한국국제(大韓國國制)」는 고종이 명시한 '혁구도신'의 의미를 이해하는 데 도움이 된다. 이것은 대한국은 자주독립의 제국이고(제1조), 대한제국의 정치는 만세불변의 전제정치이며(제2조), 대한국 황제는 무한한 군권이 있다(제3조)는 기본 규정들을 두고 『공법회통(公法會通)』과 같은 서양 근대 법전에서 관련 조목을 참조하여 대한제국이 전제군주제를 시행하는 근대 국가임을 밝힌 것이었다. 고종은 조선의 전근대 왕정을 개혁하여 대한제국의 근대 황제정을 도모하기를 원했고 이를 국제에 명시함으로써 '혁구도신'을 실행한 것이었다. 이것은 황제국으로서의 예와 법을 갖추는 문제와 함께 근대 국가 수립의 문제를 의식한 것이었다.

갑오개혁 종말 이후 국제와 국법의 재정비를 위해 고종이 제시한 '구본신참'과 '혁구도신'에 대한 대한제국 언론의 반응은 서로 다르게 나타났다. 『시사총보(時事叢報)』(1899.5.21.-23.)는 역대에 천하를 차지한 자가 고금을 참작해서 자기 시대의 법을 만들었으니 대한제국 역시 천자국으로서 마땅히 그러해야 한다고 주장했다. 또한 서양의 법률을 굳이 선호해야할 이유가 없으며 선왕의 법전과 현재의 시의를 참작해 법률을 개정하자고 주장했다. 이는 대한제국의 신법 제정을 기본적으로 동서의 절충이 아니라 고금의 절충에서 접근하는 것이었고, 고종이 추구한 '구본신참' 및 '혁구도신'의 방향과 들어맞는 태도였다.

皇城新聞

『황성신문』(대한민국신문아카이브)

반면 『황성신문(皇城新聞)』(1898.10.12.)은 고종 황제 조서의 '혁구도신'을 근대 서양을 모델로 하는 문명화의 관점에서 인식했다. 세계사를 보면 구법을 인순하는 나라는 쇠약하고 신법을 실시하는 나라는 부강한데, 한국의 경우 갑오개혁으로 신법을 제정했고 고종 황제의 조서도 '혁구도신'을 말했음에도 불구하고 문명이 진보하는 실효를 보지 못하고 있다고 평가했다. 이는 대한제국의 신법 제정을 고금의 문제가 아니라 동서의 문제로 접근하는 것이었고, 고종이 추구한 '구본신참' 및 '혁구도신'의 방향과는 상반된 태도였다.

특히 『황성신문(皇城新聞)』(1898.9.12.)은 대한제국 초기의 법제 상황에 대해 우려하고 있었다. 갑오개혁으로 신법을 제정했지만 신법과 구법이 혼재한 가운데 신법이 유명무실한 상황에 있으며 겉은 새롭지만 속은 낡은 '외신내구(外新內舊)'의 상태라고 인식하였다. 중국 법률을 본받는 구법과 서양 법률을 도입한 신법 사이에서 신구 절충이란 있을 수 없다고 생각하였고, 신법을 실시해 문명한 부강국이 되느냐의 여부를 관건으로 보았다.

『독립신문』(1899.8.8.)도 같은 맥락에서 일본, 이집트, 타이, 한국의 국가 개혁을 서로 비교한 외신 기사를 소개하였다. 일본은 서양의 신법을 수용해 자국의 구법을 완전히 고쳐서 부강한 나라가 되었고, 이집트도 서양의 선정을 본받아 나라를 잘 다스리고 있으며, 타이도 국왕의 결단으로 외국인 고문관을 초빙해 국정을 개혁하고 있는데, 한국은 겉모습으로는 서양의 신법을 수용한 것 같지만 사사건건 구습에 막혀서 신법을 시행하지 못하고 있다는 내용이었다. 한국은 일본과 타이를 본받아 진보해야 한다는 주장을 결론으로 제시했는데, 역시 서양 신법에 의한 문명화에 지고의 가치를 부여한 것이었다.

사실 『독립신문』(1897.10.14.)은 고종의 황제 즉위를 축하하는 논설에서도 문명의 진보를 강조하는 인상적인 필력을 보였다. 대한제국의 선포는 조선이 자주독립의 황제국이 되었음을 의미하는 것으로 한국사에서 가장 영광스런 사건임이 분명하지만 이보다 더 중요한 것은 조선 신민이 이를 계기로 대한제국이 세계 일등국이 될 수 있도록 구습을 버리고 문명의 진보에 노력해야 한다는 것이었다. 자주독립의 새로운 황제국을 시작했다 하더라도 문명진보의 실질을 얻어야 의미가 있다는 주장인데, 이것은 어디까지나 서양의 문명과 조선의 구습이라는 구도에서 신구의 문제를 설정한 것이었다.

'구본신참'과 '혁구도신'은 대한제국 선포 전후 새로운 국제 수립과 관련하여 구제와 신제, 또는 구법과 신법의 관계를 세우는 원칙으로 제시된 개념이었다. 이 가운데 '구본신참'은 종래 대한제국의 국가 정책의 기본 방향이 유교 이념을 근본으로 서양 제도를 참작하는 방식으로 작용했음을 드러내기 위한 역사 용어로 사용되어 왔다. 이것은 대한제국 이전 개항기 조선의 국가 정책의 기조가 유교 이념을 바탕으로 서양의 과학기술을 결합하는 '동도서기'에 있었다는 설명과 동일한 관점이었다. 하지만 대한제국의 황제정은 '혁구도신'의 방향에서 조선의 전근대 왕정을 개혁하고 근대 국가 수립을 추구하는 성격이 있었던 것이 사실이다.

독닙신문

『독립신문』(대한민국신문아카이브)

이를테면 대한제국 기간 유교 전통과 서양 학문에 대한 국가 정책의 방향을 살펴볼 필요가 있다. 1899년 4월 27일 고종 황제는 두 조칙을 내렸는데 하나는 국가 부강을 위해 이용후생의 격치학을 가르치는 학교를 설립해야 한다는 것으로 구체적으로 상공학교 설립의 실행을 지시했다. 다른 하나는 국가 변란을 막기 위해 종교를 유지해야 한다는 것으로 구체적으로 성균관 제도 개혁을 지시했다.

이것은 서양 학문의 진흥과 유교 전통의 유지를 뜻하는 것으로 '구본신참'의 원리가 개입한 것처럼 보일 수 있다. 그런데 성균관 제도 개혁이 '구본신참'의 관점에서는 유교 전통의 유지로 보이겠지만 '혁구도신'의 관점에서는 새로운 의미를 갖는다.

종교 유지 조칙은 이렇게 시작한다. "세계 만국의 종교 존상이 매우 극진한데 모두 인심을 선하게 하고 치도(治道)를 창출하기 위해서이다. 우리나라는 종교에 어찌 그리 범범하게 높이고 실이 없는가? 우리나라의 종교는 공자의 도가 아닌가?" 세계 문명의 하나로 종교를 인식하고 이를 바탕으로 한국의 종교로서 유교를 재인식한다는 발상이다. 이 맥락에서 고종 황제는 '유교 종주'가 되어 공자의 도를 천명하겠다고 밝혔다. 전제군주제의 근대 국가를 지향하는 입장에서 유교 전통조차 전근대 조선왕국의 방식이 아닌 근대 대한제국의 방식으로 접근했으니 '혁구도신'의 관점이 작용한 것으로 볼 수 있다.

대한제국 시기 한국 지성사의 핵심 주제의 하나는 신구의 교차이다. 대한제국의 선포를 전후하여 고종이 국가 정책의 기본 방향으로 차례로 천명한 '구본신참'과 '혁구도신'은 한국 지성사에서 근대에 관한 사유 방식을 신구의 관점에서 일깨우는 역할을 했다고 볼 수 있다.

| 2 | 변법과 자강

대한제국 초기 국제와 국법의 정비는 자연스럽게 변법의 문제를 야기했다. 변법은 제도와 법의 변화를 통한 국가 개혁을 추구한다는 점에서는 통시적인 성격을 갖는 것이었다. 중국사에서 상앙의 변법이 진(秦)나라의 부강을 추구했고 왕안석의 신법 제정이 송(宋)나라의 개혁을 추구했으며 캉유웨이의 무술변법이 청나라의 근대화를 추구했음은 잘 알려져 있는 사실이다. 한국사의 경우 조선후기 실학자 이익은 이이와 유형원의 변법론이 조선 사회에서 제대로 시행되지 못했음을 안타깝게 생각했지만 대동법과 균역법의 실시에서 보듯 조선시대에도 변법의 전통은 존재했다.

대한제국 시기 변법의 문제는 이전과는 다른 역사적 상황에 처해 있었다. 장지연은 『시사총보』 논설(1899.1.26.)에서 세계사에서 역사 변화의 대국면을 두 가지 말했는데, 하나는 중국의 아득한 삼황오제 시절에서 시작한 역사가 전국시대의 혼란에 도달한 국면, 다른 하나는 진한의 통일 제국에서 시작한 역사가 당대에 다시 새로운 전국시대의 혼란에 도달한 국면이다. 후자의 경우 지구의 전 세계가 교통·통신으로 서로 연결된 가운데 국가간에 세력을 경쟁하고 침략과 병탄을 자행하고 있다고 설명되었다.

동시에 대한제국의 변법이 직면한 또 다른 역사적 상황은 대한제국 직전 겪었던 갑오년과 을미년의 역사의 격변이 초래한 국론의 대분열과 민심의 불안정이었다. 한편으로 국가 개혁을 위한 변법이 단행되는 동시에 다른 한편으로 왕비가 살해되고 국왕이 핍박받는 미증유의 사태가 일어남에 따라 인간 세상에서 항상 지켜야할 것은 무엇이고 제 때에 변화시킬 것은 무엇인지 상(常)과 변(變)에 관한 사고가 성장했다.

장지연은 천지 만물의 이치에는 인간 윤리의 불변성, 곧 상(常)의 이치와 국가 제도의 가변성, 곧 변(變)의 이치가 모두 존재한다고 생각했다. 상(常)에만 집착하고 변(變)에 소홀한 부류와 변(變)으로만 치달아 상(常)에 어긋나는 부류 모두 문제가 있으며 상(常)을 붙잡으면서 변(變)에도 통해야 한다고 생각했다. 따라서 그는 개화한 나라에서도 준수하는 인간 윤리를 파괴한 명성황후 시해사건에 대한 복수를 주장하면서 동시에 대한제국의 새로운 예제 창출을 위해 『대한예전』도 편찬했다.

장지연의 변법론의 근원에는 개화와 수구의 분열로 인한 국가의 혼란을 막고 그 대안을 찾아야 한다는 의식이 자리했다. 그는 『시사총보』 논설(1899.2.22.)에서 화이론의 관점에서 외국인을 배척하는 '완고'의 부류와 허명을 추구하며 외국인에게 동화되려고 하는 '이른바 개화(所謂開化)'의 부류를 모두 비판하고 '참 개화(眞開化)'가 이루어지기를 소망했다.

그는 『목민심서』가 간행되자 이를 기념하는 『황성신문』 논설(1902.5.19.)에서 다시 개화와 수구의 문제점을 지적했다. 서양의 신법을 준행해야 부강의 터전을 만든다고 주장하는 '개화'의 부류나 중국의 고법을 모방해야 삼대의 지치를 일으킨다고 주장하는 '완고'의 부류나 모두 '허담(虛談)'에 불과하다는 비판이었다. 그는 동서고금을 막론하고 좋은 법을 시의에 맞게 참작하고 절충하되 한국은 한인의 문물을 구비하고 한인의 법도를 실행해야 한다고 주장했다.

장지연은 이런 맥락에서 정약용의 『목민심서』가 세계에 통용될 수 있는 한국 정치학 제일의 신서라고 높이 평가했다. 이것은 그가 대한제국 변법의 지적 자원을 조선후기 정약용의 학문에서 구했음을 의미한다. 실제로 『목민심서』는 대한제국 지방 관리의 행정 개혁에 기여할 책으로 높은 평가를 받았다. 러일전쟁 기간 김우식은 내부 대신에게 상서해서 『목민심서』를 학습하지 않은 사람은 고을 수령에 임명하지 않도록 하자고 주장했다. 그는 『목민심서』를 가르칠 전문 학교로 '목민학교'를 설립하여 지방관 교육의 제도적 기초를 닦고자 했다.

대한제국 초기 변법론을 설파한 대표적인 인물은 평안도 유학자 전병훈이었다. 장지연이 상(常)과 변(變)을 분별했듯이 그는 도(道)와 법(法)을 분별하여 도는 영원불변의 근본이지만 법은 시대에 따라 가감하여 적합하게 만들어야 한다고 생각했다. 그는 1899년 1월 1일 만언소(萬言疏)를 올렸는데 구체적으로 군병 양성, 기계 제조, 재정 정돈, 인재 양성, 언로 개방, 국외 중립 도모의 6개 조목의 개혁안을 제시했다.

첫째, 군병 양성이다. 그는 조선 유학자 이이의 10만 양병설을 기억하고 한국과 지리적 조건이 비슷한 오스만 투르크의 30만 군사력 보유를 고려하여 중국과 서양을 참고해 신법을 세워 대한제국의 친위대 10만을 양성할 것을 주장했다. 실제로 대한제국은 병력 확충에 힘써서 약 5천 명에 달하는 시위대 병력을 보유하였다.

전병훈 초상(『정신철학통편』, 국립중앙도서관)

둘째, 기계 제조이다. 그는 메이지 일본과 표트르 대제의 러시아를 거울삼아 대한제국 중앙 정부에 '제조국'을 설치하여 무기와 농기구 제조에 힘쓰고 지방 고을도 이를 따를 것을 주장했다. 이는 정약용이 『경세유표』에서 중앙 정부에 '이용감'의 설치를 말하고 『목민심서』에서 고을 수령의 임무로 농기구와 방직기의 개량을 말했던 것과 비슷한 생각이었다. '제조국'이라는 이름은 중국 양무운동 기간 상하이 등지에 세워진 무기공장 이름과 동일하다. 실제로 대한제국의 공업 시설물 설치로는 용산 지역의 도량형 제작소, 전기 발전소, 총기 제조소 등이 손꼽힌다. 이는 서울에 전기철도가 가설되어 서대문-동대문-청량리 구간의 본선과 함께 용산선이 개설되면서 촉진되었다.

셋째, 재정 정돈이다. 그는 양전(量田) 사업에 찬동하되 비용 절감 방안을 찾고 균세를 위해 호구 조사를 정확히 하고 외국과의 통상 장정을 개정하여 미곡 유출을 방지하고 농업과 잠업을 장려하는 규정을 세우고 인삼업의 세금 부과 방식을 개량할 것을 주장했다. 대한제국의 양전·지계 사업은 국가 부세를 위한 토지 측량과 소유권 확인을 내용으로 하는데, 그는 양전 사업의 개선 방안을 제안했고 실제로 황해도 양무 감리에 임명되어 국가 사업에 헌신했다.

넷째, 인재 양성이다. 그는 과거제 폐지 후 학교에 교육의 모델이 없고 인재 선발의 법규도 없음을 개탄하면서 전국에 현량과(賢良科)를 실시해 매년 선비를 천거하게 하고 격치학교(格致學校)와 무학교(武學校)를 설립해 매년 인재를 선발하게 해서 서울의 성균관과 학부에서 이들을 시무책과 기예로 시험한 다음 중앙 정부의 각 부서에서 채용할 것을 주장했다. 실제로 대한제국은 현량과는 실시하지 않았지만 무관학교와 의학교, 상공학교, 광무학교 등은 설립하였다.

다섯째, 언로 개방이다. 그는 대한제국의 언관 폐지가 본래 의도한 만민의 언론을 보장하지 못하니 중추원 의관에게 대간(臺諫)의 역할을 주도록 하고 다시 외국의 하의원(下議院) 규례를 따라 고을마다 인재 한두 사람을 선발해 매년 정월 서울에 와서 백성과 나라의 사무에 관해 논해서 국가 정책의 향상을 도모할 것을 주장했다. 이것은 독립협회가 국가 개혁의 급선무로 외국의 의회 제도 도입을 주장하고 실제로 중추원을 의회로 개편할 것을 요구한 사실과 비교하면 중추원에는 조선시대 언관 언론의 사명을 부여하고 대신 하의원의 기능은 별도의 방법으로 창출하기를 제안했다는 특색이 있다.

여섯째, 국외 중립 도모이다. 그는 벨기에와 스위스의 사례를 참조해 수교 국가로부터 2, 3년 국외 중립을 인정받아 민심을 안정시켜 부강에 집중할 시간을 확보하고, 청나라와는 새 조약을 맺어 대한제국의 자주독립을 인정받고 청나라의 요동 변방과 러시아의 블라디보스톡 등지의 한국 유민 4, 50만 호를 보호하기 위해 영사관을 설치할 것을 주장했다. 실제로 대한제국은 적극적으로 중립화를 추진했고 중립국 벨기에와도 수교했으며 러일전쟁 발발 당시 국외 중립을 선언하기도 했으나 결국 중립화에 성공하지는 못했다. 다만 청나라와는 한청조약의 체결에 성공했고 청나라 안에 있는 서간도와 북간도에는 간도관리사를 파견해 한국 교민을 관리했다.

대한제국 중기 변법론을 설파한 인물로는 장지연과 박은식이 있다. 장지연과 박은식은 을사늑약이 강제 체결되어 대한제국이 독립국의 지위를 상실하자 각각 황성신문사과 대한매일신보사에서 항일 언론을 이끌었던 것으로 유명하다. 그런데 대한제국이 독립국으로서의 성격이 훼손된 시점은 러일전쟁 발발 직후 한일의정서(1904.2.23.)의 체결이었다. 한일의정서 제1조는 한국 정부는 일본 정부를 확신하고 시정 개선에 관한 충고를 용인한다는 것인데, 여기서 '충고'는 사실상 '명령'을 뜻하기 때문에 대한제국의 국가 주권이 일본에 침탈되는 상황을 의미했다.

이에 『황성신문』은 정치 개혁 여론을 조성하였다. 한국 정부가 스스로 국가를 쇄신하여 '유신'의 정치를 시행하지 않는다면 일본이 한국 정부를 대행하여 국치를 당할 것이라고 우려하였다. 한국 정부가 즉시 '정치경장'에 착수하지 않으면 일본의 '충고'가 박두하여 끝없는 협박을 받을 터이니 한국 정부의 조속한 국가 개혁이 필요하다는 논리였다. 이런 상황에서 『황성신문』 주필 장지연과 『제국신문』 기자 김상연이 협력하여 함께 '정치경장'의 55개조 방안(1904.3.19.)을 직접 중추원에 제출했다.

'정치경장'의 주요 내용은 다음과 같았다. 먼저 대한제국은 만세 일계의 황통을 유지하는 황제의 고유한 주권으로 통치하는 전제군주국이라는 사실을 확인하였다. 동시에 황제 독재의 권한은 입법권으로 한정하고 행정과 사법에 관한 권한은 정부에 위임하도록 하였다. 정부의 국정 안건은 중추원의 심사를 받게 하고 일반 국민의 헌의도 중추원에서 채납하게 하여 중추원을 통해 국시를 수호하고 여론을 통일하게 하였다. 중추원을 의회로 개편한 것은 아니었지만 중추원 의원의 자유 언론을 보장하여 정부 국정의 견제와 국민 여론의 반영을 도모하였다.

특히 중요한 것은 메이지 헌법을 참조하여 대한제국의 헌법 강령으로서 「대한국국제」에 누락되어 있는 '대한 신민'의 기본 권리와 의무에 관한 규정을 두었다는 점이다. 이것은 국가를 구성하는 법적 존재로서 국민에 관한 인식에서 진보를 보였다고 할 수 있다. 또한 중대한 정치 사안은 한일의정서의 취지에 따라 조처하고 한일의정서의 유효 기한과 미비 조항에 대해 추가로 협정하게 했으며, 국가 개혁에 필요한 외국인 고문관이나 외국인 교사와 기사는 일본인을 다수 채용하게 하였다. 이것은 청일전쟁 기간 갑오개혁이 추진되었듯이 러일전쟁 기간 이와 상응하는 국가 개혁을 재차 추진하도록 하고 여기에 한일의정서를 한시적인 지렛대로 활용하자는 구상이었다.

이와 더불어 대한제국의 교육 개혁 방안을 엮은 박은식의 『학규신론(學規新論)』(1904.11.)도 출현했다. 이 책의 성격은 각각 이기(李沂)와 김택영(金澤榮)이 지은 서문에서 볼 수 있다. 이기의 서문은 '집정한 군자들이 속히 채용해서 우리 황제 폐하의 유신의 정치를 도와 달라.'고 했는데, 이것은 이 책이 러일전쟁 이후 대한제국에서 다시 치솟는 변법론의 열기를 공유하고 있음을 뜻한다. 김택영의 서문은 '대략 청나라 사람이 지은 『이언(易言)』과 서로 표리가 되는데 더욱 뜻을 극진히 했다.'고 했는데, 이것은 이 책이 『이언』을 지은 중국 근대 지식인 정관잉(鄭觀應)의 변법론의 지향을 공유하고 있음을 뜻한다. 『이언』은 대한제국 이전 조선 정부의 개화 정책 과정에서 지대한 관심을 받아 언해본까지 간행된 책이고, 다시 이를 증보한 『성세위언(盛世危言)』은 청일전쟁 이후 양무론에서 변법론으로 중국 지식인의 사상적 전환에 기여했다고 평가된다.

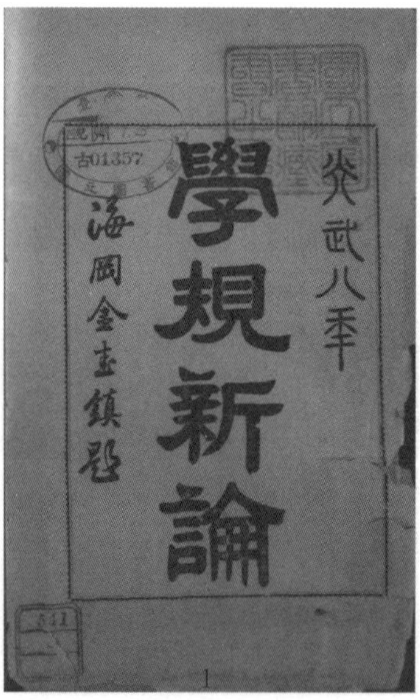

『학규신론』(국립중앙도서관)

『학규신론』의 교육 개혁 방안은 기본적으로 인재 양성과 인민 교육에 주안점이 있었다. 이에 앞서 박은식은 「흥학설」(1901)을 지어 학부대신에게 보내 교육 개혁을 건의했는데 사실 인재 양성과 인민 교육은 이 글에서 이미 제기했던 논점이었다. 이로부터 서양의 신학문을 한국 사회에서 진흥하는 방안, 한국의 유교를 현대 종교로 제도화하는 방안을 모색하였다.

「흥학설」을 전면적으로 확장한 이 책에서 두드러진 점이 있다면 19세기 일본과 18세기 프랑스를 모델로 삼아 한국 사회를 혁신하고자 하는 열망이었다. 먼저 일본의 경우 일본이 서양의 법제를 학습해 국가의 융성이 이루어졌다는 것, 일본이 귀족 세력이 조정 관직을 사유해 왔는데 국가 공직 시험을 통해 그 폐해가 사라지고 인재가 모이게 되었다는 것, 메이지 일본이 동서양의 학문을 회통해서 양서가 많으니 일문 서적을 번역해 신지식을 보급하자는 것을 말했다. 이것은 인재 양성의 문제에 메이지 일본을 결부시킨 것인데 대한제국 중기 변법의 분위기를 여실히 보여준다. 메이지유신에 관한 역사 지식의 대중적인 보급은 『황성신문』에 「일본유신삼십년사(日本維新三十年史)」(1906.4.30.~12.26.)가 연재되면서 가능했다.

프랑스의 경우 『학규신론』이 주목한 것은 프랑스의 백성이었다. '루이 15세 치하의 프랑스 백성은 안팎으로 학정에 고통받고 병화에 시달리며 천하에서 가장 애처로운 상태였다. 그러나 이들은 분발자강(奮發自强)하여 상공업에 힘썼고 특히 학업에 매진하여 선정을 강구해서 끝내 도탄에서 벗어났는데 이것이 국가 부강의 기초였다. 지금 한국 백성도 치욕을 알아 분발자강할 날이 되었는데 학문과 실업에 힘쓰지 않는다면 어떻게 될까?'(『학규신론』「논학유발분(論學由發憤)」) 이것은 인민 교육의 문제에 구체제의 프랑스 백성을 결부시켜 국가 부강에 이르는 길로 인민의 자강이라는 새로운 논점을 제시한 것이다.

『학규신론』은 대한제국 중기의 한국 사회를 변법과 자강의 두 가지 키워드로 인식하였다. 러일전쟁 기간의 한일관계가 부과하는 특수한 국면은 한편으로 국가 개혁의 실행을 위한 정부의 변법을 촉구하게 했고 다른 한편으로 국가 치욕의 설욕을 위한 인민의 자강을 구상하게 했다. 인민이 자강의 정신으로 학문과 실업에 매진하는 것이 국가 부강의 기초가 된다는 생각은 『학규신론』의 중요한 논점이었다. 이것의 전면적인 분출은 러일전쟁이 종료된 후 대한제국에서 전개된 자강운동을 기다려야 했다.

대한제국의 현실개혁론의 역사에서 을사늑약(1905.11.17.)은 중대한 분기점이라 이를 수 있다. 정부의 변법에서 인민의 자강으로 논점의 전환이 일어나는 역사적 계기가 되었기 때문이다. 을사늑약의 표면적인 내용은 한국 외교권의 일본 위탁이었지만 그 실질적 함의는 한국 정부를 통제하는 일본 통감부의 설치였다. 이에 일본 통감부의 지도와 보호에 의지하지 않고 자강의 정신으로 대한제국의 실력을 양성해서 잃어버린 독립을 회복하고자 하는 자강운동이 전개되었다.

이 시기 인민의 자강이 부상하는 배경에는 정부의 변법에 대한 비관론도 주효하게 작용했다. 『황성신문』은 대한제국 정부에 변법을 촉구하는 언론을 거듭 쏟아냈지만 조금도 채택되지 않는 현실을 응시하였고, 교육도 없고 학문도 없는 정부 관리를 대상으로 아무리 변법을 독책해 보았자 아무 소용이 없음을 토로하였다. 법이 변해도 사람이 변하지 않으면 법이 제대로 실행될 수 없기 때문에 날마다 변법한들 사람이 그대로 이면 무의미하다고 공언했다.

이런 맥락에서 한국의 자강운동은 먼저 자강의 주체를 만드는 문제를 중시했다. 자강운동의 중심적인 사회단체라 할 대한자강회(大韓自强會)의 취지서(1906.3.31.)는 자강의 문제를 자강의 기술과 자강의 정신으로 구별하였다. 자강의 기술이 교육의 발달과 산업의 발달을 통해 인민의 개명과 국력의 양성에 도달하는 것이라면 자강의 정신이란 '국민정신', '자국정신', '조국정신' 등으로 주체의식을 확고하게 고취하는 것이었다. 즉 실력 양성과 함께 정신 배양을 자강의 핵심으로 강조한 것이다. 동일한 맥락에서 박은식의 「대한정신」은 '자강적 사상'으로 '자강적 실력'을 양성한다고 말했고, 장지연의 「자강주의」도 자강을 '자강불식(自强不息)'이나 '면려자강(勉勵自强)'으로 풀이하였다. 자강은 근본적으로 주체의 문제였던 것이다.

자강은 주체의 수립과 아울러 사업의 실천을 의미했다. 이 때 사업의 단위는 고립된 개인이 아니라 개인과 개인이 결집한 결사체였다. 박은식은 서우학회(西友學會)를 조직하고 그 회원들에게 국권 회복과 인권 신장을 위해서는 일반 인민이 '사회'에 결집하여 청년 교육에 힘써야 한다고 당부했다. '사회'라는 용어를 낯설게 느낄 수 있는 회원들을 위해 이를 정의했다. 사회란 '일반 인민이 상호 결합하여 국가와 민족의 공익사업을 협력해서 진취하는 것'이었다. 인민의 자강에서 교육과 산업으로 실력 양성을 추구하는 실질적인 사업 주체는 '사회'가 되는 셈이었다.

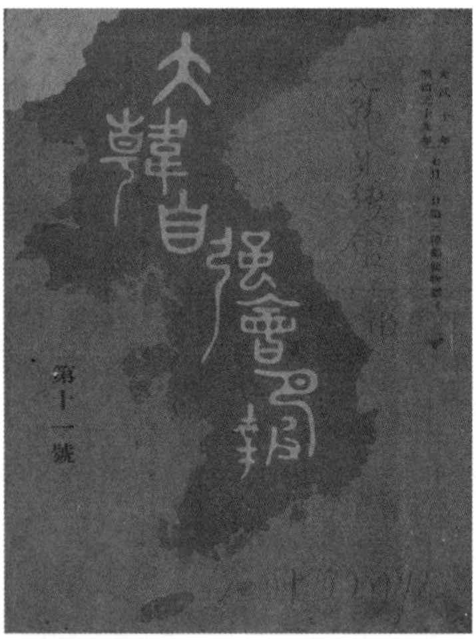

『대한자강회월보』(국립중앙도서관)

'사회'의 조직은 자강의 관건이었다. 서우학회의 취지서(1906.10.)는 '세계에 생존경쟁은 천연(天演)이오 우승열패는 공례(公例)라 이르기 때문에 사회의 단체가 이루어졌는지 여부로 문명과 야만이 구별되며 생존과 멸망이 결판난다'고 명언했다. 또, '사회의 조직은 공중의 역량을 연합하여 사업 경영의 좋은 결과를 얻고자 한다. 여기에 주력해서 우리 대한 전국 13도로 큰 단체 한 개를 결합하여 공통 교육을 확장'하겠다고 말했다. 이것은 '사회'의 역량에 따라 국가간의 경쟁과 승패가 결정됨을 강조하면서 '사회'의 궁극적 도달 지점으로 전국 규모의 유일 단체를 상정한 것이다.

『서우』창간호(국립중앙도서관)

따라서 '사회'는 결성도 중요하지만 확장도 중요했다. 서우학회는 실제로 한북흥학회와 통합하여 서북학회로 확장되었다. 그런데 서북학회에 이르러 자강의 관건이 '사회'의 조직에서 '단합'의 실현으로 변화하였다. 서북학회의 취지서(1908.2.)는 '단합은 인군(人群) 고유의 성질이다. 단합하는 것이 없으면 윤리의 정제도 사업의 성취도 국가의 유지도 인군(人群)의 생존도 얻을 수 없다.'고 말했다. 여기서 단합이란 일가, 일향, 일국의 모든 구성원이 일체감을 갖고 결합해 있고, 그 일체감의 근원에 동일한 강역과 동일한 민족에서 유래하는 공동체 의식이 존재하는 것으로 설명되었다. 이에 의거하여 서북학회가 형체적 단합에서 정신적 단합으로 승화되고 나아가 대한의 전국에서 '일체(一體) 단합(團合)'이 완성되기를 기대할 수 있었다.

서우학회의 사회 조직에서 서북학회의 정신 단합으로 자강론의 논점이 변화한 데는 이유가 있었다. 두 학회의 창립 사이에는 고종의 강제 퇴위와 정미 7조약(1907.7.24.)이 있었다. 일본 통감부는 이를 계기로 대한제국의 법령 제정, 행정 처분, 관리 임용 등 내정 전반의 권력을 탈취했고 대한제국 군대를 해산했으며 일본인을 대한제국 정부 관리에 임용하여 이른바 차관정치를 단행할 수 있었다. 이는 대한제국의 철거와 준식민지 상황을 의미했다. 이에 따라 민족의식이 고양되고 그것이 자강사상에 영향을 미쳐 민족의식에 기반한 정신적 단합이 강조되는 변화가 발생한 것이다.

특기할 점이 있다면 중국 사상가 캉유웨이와 량치차오의 변법론의 한국 유입이다. 대한제국 초기 민영환의 서문과 함께 학부 편집국에서 번역한 량치차오의 『청국무술정변기』(1900.11.)는 대한제국 출범 이듬해 청나라에서 발생한 무술변법을 서술했는데, 책 속의 캉유웨이는 중국에 시급한 변법이란 '수구'의 태도를 버리고 '개신(開新)'의 태도를 취하여 서양의 법제를 전면적으로 수용하는 것이라고 말했다. 박은식은 량치차오가 변법을 논한 대표작 『변법통의』에서 「학교총론」을 번역해 서우학회의 학회지에 연재했는데 이는 이 글이 자강운동에 유익하다고 생각했기 때문이다.

| 3 | 역사와 미래

대한제국은 짧지만 극적인 역사를 보였다. 이 시기는 한국사에서 보면 조선시대와 일제강점기 사이에 있었다. 대한제국 고종 황제가 서거하자 3.1운동이 일어나 대한민국 임시정부가 수립되었는데, 이것은 조선 왕국의 왕정이 대한제국의 황제정을 거쳐 대한민국 임시정부의 공화정으로 진입한 역사적 사건이었다. 또 이 시기는 동아시아 역사에서 보면 청일전쟁과 신해혁명 사이에 있었다. 청일전쟁 패배 후 청나라는 쇠망의 길을 걷다가 급기야 공화혁명으로 사라졌는데, 청나라 쇠망의 시작과 끝에 대한제국의 시작과 끝이 있었다.

또 이 시기는 세계사에서 보면 독일, 오스트리아, 이탈리아의 삼국동맹과 영국, 프랑스, 러시아의 삼국협상이 진행되어 결국 제1차 세계대전이 촉발되는 흐름 속에 있었다. 그 사이에 동아시아에서는 청일전쟁(1894~1895)과 러일전쟁(1904~1905)이, 아메리카에서는 미서전쟁(1898)이, 아프리카에서는 보어전쟁(1899~1902)과 이탈리아-투르크 전쟁(1911~1912)이 일어났다. 전쟁과 더불어 혁명이 들불처럼 퍼져갔다. 중국의 공화혁명(1911), 러시아의 제1차 혁명(1905), 페르시아의 입헌혁명

(1905~1911), 투르크의 입헌 혁명(1908)이 일어났다. 세계의 전쟁과 혁명 속에 대한제국의 시작과 끝이 있었다.

대한제국 말기 『황성신문』은 세계의 격변 속에서 새로운 역사를 발견하였다. 신문 논설은 청나라, 투르크, 페르시아의 입헌과 세르비아와 불가리아의 독립을 기념해 이것을 신사(新史)라고 부르고 동서 전세계에서 일어나는 정치의 풍운과 역사의 진화로 해석하였다.(1909.5.11.) 신문 논설은 다시 청나라, 투르크, 페르시아, 세르비아, 불가리아의 새 역사를 거론한 데 이어 필리핀이 미국 의회에 독립 승인을 청원하여 세계에 독립사상을 발표했다고 감탄하고 20세기 이후는 세계의 진화가 점점 빨라져 인도와 정의가 창성하고 침략과 병탄이 종식될 것이라 기대하였다.(1909.5.26.)

사실 신사(新史)라는 관념은 대한제국 초기부터 확산되고 있었다. 그 근원은 무엇보다 중국 상하이의 개신교 선교단체 광학회가 출판한 『태서신사남요(泰西新史攬要)』였다. 이 책은 맥켄지의 『The 19th Century : A History』를 티모시 리처드가 번역한 19세기 서양사인데, 청일전쟁의 패배로 충격을 받은 중국 지식인에게 폭발적인 인기를 얻었고 한국 사회에서도 널리 읽혔다. 대한제국 학부는 이 책에 큰 관심을 보이고 한문 복각본과 국문 번역본을 출판하였다. 한국 최초의 여성 단체로 생각되는 서울의 찬양회는 여성 교육 교재로 이 책의 국문 번역본을 채택했다.

흥미로운 사실은 대한제국 학부가 공립 소학교 학생에게 이 책을 읽고 논술 문제 답안을 작성하게 했다는 것이다. 논술 문제를 몇 가지 예시하면 다음과 같다. '법국(法國, 프랑스)이 무슨 까닭에 대란大亂이며 나파륜 제1세는 어떠한 영웅인가', '영국은 어떻게 해서 세계 일등국이 되었으며 정치의 잘잘못이 우리나라에 비하면 어떠한가', '아국(俄國, 러시아)의 정치와 영토

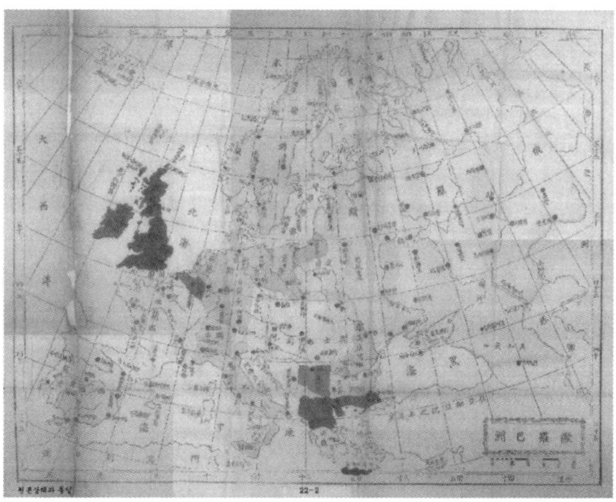

『태서신사남요』(한국학중앙연구원 장서각)

확장과 속지 국민의 대우가 어떠하고 그 나라와 깊이 사귐이 어떠한가', '신정이 일어난 후 세계가 전에 비하면 어떠한가', '우리 대한은 어떤 정치를 써야 세계 일등국이 되며 또 구습을 고치지 않으면 어떠한 지경에 이를까'.

여기서 '신정이 일어난 후 세계가 전에 비하면 어떤가'는 19세기 세계사의 핵심을 묻는 문제였다. 이 책의 제23권 「구주안민(歐洲安民)」에 모범 답안이 있다. 서양의 인민이 제왕의 전제정치 하에 노복으로 신음하다 프랑스대혁명 이후 '민주'의 마음이 일어나 마침내 남아메리카 독립(1820), 프랑스 7월 혁명(1830), 프랑스 2월 혁명(1848)으로 분출했고 결국 서양 각국이 '신정'을 실시하고 학교를 설립하여 '안민'에 이르렀다는 것이다. 여기서 서양의 '신정'이란 다름 아닌 의회의 개설과 운용을 가리킨다. 그렇게 보면 논술 문제에서 대한의 구습을 말하고 대한에 필요한 정치를 물은 것은 대한제국의 전제정치를 비판하고 독립협회의 의회 개설 시도를 지지한다는 속뜻이 담겨 있었다.

이 책의 유행으로 과거 중국사 중심의 역사가 구사(舊史)로 물러나고 서양사 중심의 역사가 신사(新史)의 지위를 얻기 시작했다. 역사와 현실의 관계에서 발생하는 역사 지식의 유효성은 이제 서양사의 새로운 기준으로 판단하게 되었다. 『황성신문』 논설은 광산 개발 때문에 명나라 말기 국망에 이르렀다는 '구사'의 판단과 광산 개발이 서양의 부강에 도움을 준다는 '신사'의 판단을 들고 어느 역사 지식이 유효한지 물었다. 이 책을 자와 저울로 삼아 기존의 역사 지식이 합당한지 새롭게 판단할 것을 제안하였다.(1899.7.29.)

역시 광학회에서 출판한 『중동전기본말(中東戰記本末)』도 한국 사회에서 널리 읽혔다. 이 책은 광학회의 중심 인물 영 알렌이 편찬한 청일전쟁 역사책인데 조선은 청일전쟁의 주요 전장이었고 이 책 안에 조선에 관한 서술도 적지 않아서 한국 사회에서 비상한 관심을 끌었다. 대한제국 선포 몇 달 전에 조선 임금 고종은 편찬자 영 알렌에게 수를 놓은 병풍을 선물로 보냈고, 대한제국 초기 황성신문사는 주필 유근의 서문을 넣어 이 책의 국한문 번역본 『중동전기를 간행하였다. 영 알렌은 이 책에서 서양의 신법 수용을 놓고 청나라와 일본이 서로 다른 태도를 보였고 그것이 청일전쟁의 서로 다른 결과를 낳았다고 말했는데 『황성신문』 논설 「청일양국론」은 이를 옮기고 대한제국이 중국의 길을 걸을 것인지 일본의 길을 걸을 것인지 물었다.(1899.9.17.)

대한제국 초기에는 그밖에 『미국독립사』, 『파란말년전사』, 『법국혁신사』가 출판되어 각각 미국, 폴란드, 프랑스의 역사 지식을 제공하였다. 미국 독립의 역사는 대한제국이 독립의 이름은 얻었지만 독립의 실력을 갖추어야 한다는 문제를 일깨웠고, 폴란드 말기의 역사는 대한제국이 폴란드의 전철을 밟아 외세에 의존해 파당이 대립하여 국망에 도달할 수 있다는 위기의식을 일으켰다. 프랑스 혁신의 역사는 대한제국 중기 러일전쟁 기간에 다시 주목받았는데, 프랑스 계몽사상의 이해를 바탕으로 대한제국의 개혁이 천부 인권과 국가 독립에 관한 관념으로 한국 인민을 계몽하는 방향에 놓여야 한다는 의식과 연결되었다.

포츠머스 조약으로 러일전쟁이 종결된 1905년 9월 황성신문사는 『애급근세사』를 간행했다. 중국 맥정화(麥鼎華)의 원본을 황성신문사 주필 장지연이 번역하고 대한매일신보사 주필 박은식이 서문을 써서 세상에 나온 것이다. 포스머스 조약 다음날 박은식이 지은 이 책의 서문이 『황성신문』에 실려 「애급사문답」이라는 이름으로 전국에 퍼졌다. 러일전쟁의 종결과 『애급근세사』 번역본의 간행이 동시에 일어난 것은 대한한국이 맞이할 현실 상황이 이집트와 닮았다는 통절한 인식 때문이었다.

박은식의 「애급사문답」의 내용은 이러했다. 근대 이집트를 일으킨 무함마드 알리는 미국의 워싱턴과 프랑스의 나폴레옹을 합한 불세출의 대영웅이라 하겠는데, 해외 유학파 이스마일이 유럽 문명에 심취해 서양을 모방하는 근대화 정책을 추진했다가 막대한 외채를 쌓았다. 결국 외채 문제로 이집트 재정은 외국인 고문관의 손아귀에 넘어갔다. 이집트 정부는 영국에 나라의 권리를 빼앗기고 백성은 노예가 되었다.

이것은 러일전쟁 기간의 한일관계, 특히 한일의정서에 이어 한일협약이 체결되어 미국인 고문 스티븐스가 한국의 외교를 장악하고 일본인 고문관 메가다가 한국의 재정를 장악해 한국이 이미 실질적으로 독립을 잃은 상황을 비판하고 이보다 더 상황이 악화될 수 있음을 경고하는 것이었다.

「애급사문답」은 이집트 비극의 원인에 관해 이렇게 말했다. '대저 국정을 개량하여 신문화를 향해 전진하려면 반드시 자국 습속의 알맞음으로 인해 점진적으로 개도해야 실제 효과가 있을 텐데 이스마일은 유럽에 유학한 기량으로 다만 외국의 화려한 물색에 심취하여 자국의 습속은 헤아리지 않고 일체 사업이 다 유럽인을 모방하고자 하는데 재정의 부족을 근심하였다.'

또 이집트 국민의 저항에 관해 이렇게 말했다. '이에 공분(公憤)이 격발하고 중노(衆怒)가 비등하여 국민당의 운동이 일어나니 아라비는 천하의 의사(義士)이다. 분연히 자신을 돌아보지 않고 국권을 회복하며 백성을 구제하고자 하여 동지를 규합하고 민당을 격기하여 자주의 대의를 창론하고 개혁의 의론을 주장해서 전국의 여론이 국가의 명운과 인민의 생활을 아라비 한 몸에 맡겼더니 저들의 철갑 전함이 홀연 알렉산드리아 항구에 모였다.'

『애급근세사』는 영국과 투쟁한 아라비가 인도양의 실론으로 유배된 이야기에서 이집트 근대사를 끝마쳤다. 이 책을 읽은 한국 독자라면 을사늑약에 저항하여 의병을 일으킨 최익현이 바다 건너 대마도로 끌려간 사실을 보고 최익현을 아라비로 생각했을지도 모르겠다. 단, 아라비는 다시 이집트로 귀국했지만 최익현은 대마도에서 세상을 떠났다.

결국 대한제국은 『애급근세사』 간행 두 달 후 을사늑약으로 독립국의 지위를 완전히 잃었다. 을사늑약의 취소와 을사오적의 처벌을 요구하는 상소운동이 실패했고 전현직 고관 민영환과 조병세, 지방의 유학자 송병선이 자결했다. 일본의 한국 통감부가 설치되어 초대 통감으로 이토 히로부미가 부임하였고 이것은 한국의 망국을 가시화하는 사태로 비쳤다.

이러한 상황에서 베트남 지식인 판보이쩌우(潘佩珠)가 구술하고 중국 지식인 량치차오가 편찬한 『월남망국사(越南亡國史)』가 한국에서 현채의 국한문 번역(1906)과 주시경의 국문 번역(1907)으로 출간되었다. 판보이쩌우는 19세기 조선 사신이 중국 베이징에서 베트남 사신에게 선물한 한시를 읽고 유년기부터 조선을 친근하게 생각했다. 후일 중국에 망명한 다음 신규식의 『한국혼』을 읽고는 서문(1923)을 지었는데, '한국과 월남은 아시아의 형제국으로 인종도 같고 학문의 계통도 같은데 지금은 고통도 같다'고 말했다. 『황성신문』 논설 「애안남(哀安南)」(1906.5.5.)도 한국과 베트남이 영토와 인구도 서로 같고 국가의 쇠퇴도 서로 같은데 그 원인을 자강을 도모하지 않은 데서 구하였다.

『월남망국사』의 한국 번역본은 베트남의 망국을 통해 대한제국의 망국을 말하고자 하는 책이었다. 이를 위해 원본의 구성에 변화를 주었는데, 원본에 있던 「월남소지(越南小志)」를 대부분 삭제하고 그 대신 원본에 없는 「조선망국사략(朝鮮亡國史略)」, 「일본지조선(日本之朝鮮)」, 「멸국신법론(滅國新法論)」을 첨가했다. 이 세 작품은 모두 량치차오의 저술인데 이것들을 『월남망국사』에 끼워넣음으로써 이 책의 독자에게 베트남의 망국이 곧 한국의 망국임을 체감하게 하였다. 『황성신문』은 이 책의 독후감을 신문 논설로 내보냈는데 베트남을 소개하면서 나라 이름이 '대남(大南)'이고 군주 칭호가 '황제'인데 전국의 고혈을 외국인이 흡수하여 살래야 살 수 없고 죽을래야 죽을 수 없는 상태가 되었다며 세계의 망국 중에서 가장 참혹한 망국이라고 표현했다. 후일 박은식은 『한국통사(韓國痛史)』(1915)를 지어 한국의 망국이 세계의 망국 중에서 가장 참혹하다고 말했다.

그러나 대한제국의 현실을 비추어줄 절망의 세계사도 중요했지만 대한제국의 미래를 전망하는 희망의 세계사도 필요했다. 박은식이 번역한 『서사건국지(瑞士建國誌)』(1907), 곧 스위스 건국 이야기와 신채호가 번역한 『이태리건국삼걸전(伊太利建國三傑傳)』, 곧 이탈리아 건국의 세 위인 이야기는 대한제국의 미래를 위해 '건국'이 요청되고 있음을 보여주는 사례이다.

본래 『서사건국지』는 독일의 작가 실러의 최고 걸작으로 꼽히는 희곡인데 1804년 바이마르에서 처음 공연되었고 세계적인 인기를 얻었다. 박은식의 번역 대본은 정관(鄭貫)의 중국어 번역본인데 정관은 청나라에 반대하고 공화혁명을 추구하는 정치사상을 지녔다. 그는 이 책의 표제에 '정치소설'이라는 말을 붙였는데 '정치소설'이란 인민을 각성시켜 정치에 영향을 미치는 소설을 뜻하는 것으로 청나라 말기 중화민국 초기 중국에서 유행했다. 박은식의 번역본은 말하자면 한국 사회에 최초로 '정치소설'을 제공한 셈이었다. 사실 이 책의 내용

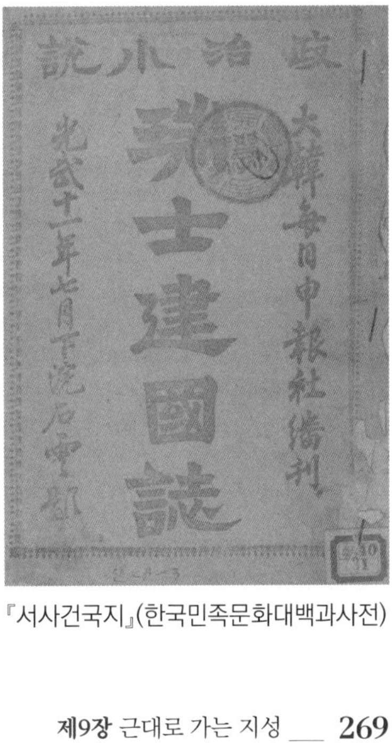

『서사건국지』(한국민족문화대백과사전)

은 스위스 인민의 한 사람 빌헬름 텔이 뛰어난 궁술로 고난을 이겨내고 애국당을 조직하여 스위스의 독립을 이룩한 다음 의회를 개설하고 공화정을 수립했다는 것이니 '정치소설'에 합당한 내용이다.

다만 박은식의 서문은 '오늘날 경쟁하는 시국을 만나 국력이 시들고 국권이 추락하여 결국 타인의 노예가 된 원인은 곧 우리 국민의 애국사상이 천박한 까닭이다.'라고 말했고, 또 '후일 우리 한국도 저 스위스와 같이 우뚝 열강 사이에 표치(標置)하여 독립자주를 공고히 하면 우리 동포 생활이 곧 지옥에서 떨어져나와 천국에 오를 것'이라고 말했는데, 이것은 애국과 독립을 강조한 것이었다. 박은식이 서문을 쓴 1907년 7월은 대한제국 고종이 강제 퇴위하고 정미 7조약이 체결되어 한국의 망국이 뚜렷하게 현실화된 때였다. 이 절망의 시기에 박은식이 번역한 스위스 건국 이야기는 대한제국의 인민을 위한 '정치소설'로서 희망의 미래를 제시한 것이었다.

『이태리건국삼걸전』은 마찌니, 카부르, 가리발디의 이야기를 통해 19세기 이탈리아 통일운동을 서술한 책이다. 매리어트의 원작 『The Makers of Modern Italy』는 국왕 중심의 온건한 개혁가 카부르를 중심으로 하는 보수적 시각을 보였는데, 히라다 히사시(平田久)의 번역본도 이 시각을 계승하여 메이지유신 이후 일본의 역사를 이탈리아 성공담과 동일시했고, 량치차오의 번역본도 청나라에 대한 혁명에 반대하는 보수적 시각에서 카부르 중심의 삼걸전을 유지했다. 그런데 신채호는 한국의 정치적 변혁을 위한 혁명가적 영웅을 염원하는 마음으로 카부르와 대비되는 공화주의 혁명가 마찌니 중심의 삼걸전을 만들었다.

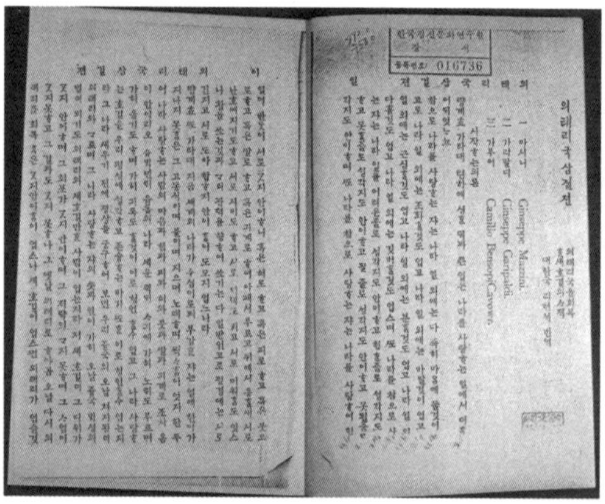
『이태리건국삼걸전』(한국민족문화대백과사전)

다만 장지연의 서문은 '삼걸전은 왜 번역하는가? 삼걸은 애국자이기 때문이다. 왜 애국자를 흠모하는가? 애국심은 나라의 빛이며 생명의 양식이며 학문의 근원이기 때문이다'라고 말했고, 신채호의 서문은 '문명의 등불은 세계에 찬란하고 자유의 종은 사방에 요란한데, 우리들은 무슨 죄가 있어 홀로 이 지옥인고...이 책의 인연과 이 책의 소개로 대한 중흥 삼걸전, 아니 삼십걸전, 삼백걸전을 다시 쓰게 되는 것이 나의 피끓는 영원한 염원이다'라고 말했다. 이것은 애국과 중흥을 강조한 것이었다. 이 책이 출판된 1907년 10월은 박은식의 『서사건국지』가 나온 지 석 달이 지난 때였다. 역시 절망의 시기에 이탈리아 건국 이야기로 희망의 미래를 제시한 것이었다.

박은식과 신채호는 서문에서 직접적으로 공화를 말하지는 않았지만 『서사건국지』는 박은식에 앞서 정관의 번역본에서 『이태리건국삼걸전』은 신채호의 번역본에서 공화의 성격을 보였다. 이것은 이들이 정미 7조약 이후 한국의 상황을 실질적인 망국으로 이해하고 그 대안으로 공화정을 지향했음을 뜻한다고 볼 수 있다.

대한제국 시기에 간행된 세계사 책은 역사와 현실, 역사와 미래를 함께 보여주었다. 특히 박은식이 번역한 스위스 건국과 신채호가 번역한 이탈리아 건국은 한국의 미래를 위한 메시지가 강렬하였다. 세계사 책은 아니지만 한국의 구체적인 미래를 보여주는 미래소설도 등장하였다. 대한제국 시기 한성사범학교에서 가르쳤고 헤이그 밀사를 지원했던 미국인 헐버트가 발행하던 월간지 『The Korea Review』 1906년 4월호에 수록된 존 믹슨이 지은 「A Visit to Seoul in 1975」라는 제목의 미래소설이 그것이다.

이 소설은 미국에 망명한 한국인의 손자 제임스 스미스가 1975년 6월 화창한 월요일 아침 10시30분 부산발 서울행 특급 기차를 타고 해질녘에 남대문역에 도착해서 화요일부터 서울의 명소를 탐방하는 이야기이다. 화요일에는 청계천 일대의 부촌을 둘러보고 수요일에는 종로의 드 로리엥 극장에서 바그너 오페라 파르시팔을 관람하고 목요일에는 광화문 앞 육조 거리에 있는 정부 청사와 국민이 선출한 중추원 의원이 국정을 토론하는 국무성 건물을 둘러보고 금요일에는 황실도서관과 국립도서관에 찾아가고 토요일에는 서울에서 제일 큰 제국대학교, 서울대학교, 대동대학교를 방문하고 일요일에는 청계천 부촌에 있는 파크 애비뉴 교회의 예배에 참석하였다.

소설의 마지막에 이런 문장이 있다. '1906년 이 사람들은 독립을 거의 잃었다. 하지만 쓰라린 교훈을 배운 뒤부터 그들은 일하기 시작했다. 그리고 누구에게도 의지하지 않았다. 미국, 영국, 러시아, 독일, 프랑스, 중국, 일본 그 누구에도. 오직 자기 자신에게 의지하며 신에게만 도움을 의지하며 그들은 마침내 약 40년 전에 굴레를 벗어 던졌다. 그것이 이 나라가 성공한 비밀이다. 그리고 내 의견으로는 물질적 발달은 물론 정신적 발전을 놓고 보더라도 어떤 다른 나라도 이 나라보다 계몽된 나라가 없으며 어떤 민족도 이 고요한 아침의 나라에 사는 수천만명보다 진보적인 민족은 없다.'

한편 대한제국 말기에는 한국사를 전통적인 사관에서 벗어나 근대적인 시각에서 재해석하려는 노력이 일어났다. 『대한매일신보』 주필로 활약하던 신채호는 『을지문덕』(1908.5.)을 지었고 『대한매일신보』에 「수군 제일 위인 이순신」(1908.5.2.~1908.8.18.), 「독사신론」(1908.8.27.~1908.12.13.), 「동국 거걸 최도통」(1909.12.5.~1910.5.27.)을 연재했다. 그는 후일 『조선일보』 연재물 「조선사」의 총론에서 역사를 '아(我)와 비아(非我)의 투쟁의 기록'이라고 말했는데, 실은 이 관점을 적용하여 이미 을지문덕, 연개소문, 최영, 이순신을 통하여 이들이 살았던 시대를 아와 비아의 투쟁의 역사로 채색했다.

이를테면 을지문덕의 시대에 아와 비아의 투쟁이란 '한족(韓族)'과 '한족(漢族)'의 민족 투쟁, 고구려와 수나라의 국가 투쟁이었으며 동시에 민족과 국가 내부에서 아의 본질인 '독립'과 비아의 본질인 '비열'의 상호 대립이 있었다. 신채호는 아의 본질인 '독립'을 체현하는 영웅으로 을지문덕, 최영, 이순신을 제시했으며 비아의 본질인 '비열'을 보여주는 주체로 외세에 순응하는 임금과 신하를 제시하였다. 그는 「독사신론」에서 고구려 연개소문을 영국의 청교도 혁명의 주역 크롬웰에 비유하여 연개소문이 영류왕을 처단하고 집권한 사건을 '반역'이 아니라 '혁명'으로 해석하였다.

을지문덕(『을지문덕』, 국립중앙도서관)

대한제국 국망 직후 서간도에 망명한 박은식은 신채호를 이어 한국사 저술에 힘썼다. 그는 「역사가」라는 노래 가사를 지었는데 한국사의 큰 줄기를 단군, 고구려 동명성왕, 광개토대왕, 연개소문, 발해 태조, 금나라 태조로 엮었다. 그리고 『대동고대사론』, 『동명성왕실기』, 『명림답부전』(1911.9.), 『천개소문전』(1911.9.), 『발해태조건국지』(1911.10.), 『몽배금태조』

(1911.11.) 등을 차례로 저술했다. 노래 가사에 나오는 역사 인물 중에서 광개토대왕은 명림답부로 바뀌었지만 나머지 인물은 그대로 저술의 주인공이 되었다.

그는 고구려 동명성왕과 발해 태조를 통해 한국사에서 '광복'의 의미를 강조했고, 명림답부와 연개소문을 통해 한국사에서 '혁명'의 의미를 부각했다. 즉, 고구려의 건국은 고조선의 광복이고 발해의 건국은 고구려의 광복이라고 해석함으로써 대한제국의 광복이라는 소명의식을 심어 주었고, 명림답부와 연개소문의 정변을 신채호와 마찬가지로 영국 크롬웰의 청교도 혁명으로 재해석하였다.

특히 그가 광개토대왕 대신 선택한 명림답부는 그가 원했던 혁명의 의미를 절절하게 보여주는 인물인데, 『명림답부전』에 의하면 고구려 수성왕의 가혹한 전체정치에 신음하던 고구려 인민은 수성왕에 의해 유폐된 전왕 태조왕의 죽음으로 장례를 치르는 날에 집결하여 고구려 종교 지도자 명림답부의 즉석 연설에 호응하여 혁명군을 조직하고 수성왕을 타도하여 민권을 회복했다. 이것은 대한제국을 멸망시킨 일본이 대한제국 고종을 유폐하고 조선 총독을 두어 조선 총독의 가혹한 전제정치로 한국 인민의 민권을 탄압하고 있는데 고종의 죽음으로 장례를 치르는 날 한국 인민이 한국 종교 지도자의 지도를 받아 혁명군을 조직하여 조선 총독을 타도하고 민권을 회복한다는 이야기로 해석될 수 있었다. 『명림답부전』을 읽은 서간도 교민이 훗날 고종의 죽음과 3.1운동의 분출을 보았다면 필시 『명림답부전』의 고구려 혁명을 떠올리고 이를 미래를 예언하는 책으로 떠올렸을지 모른다. 앞서 박은식이 『서사건국지』를 통해 스위스의 건국으로 한국의 미래를 보였다면 『명림답부전』을 통해서는 고구려의 혁명으로 한국의 미래를 다시 보인 것이다.

역사와 미래, 그것은 대한제국 시기 한국인이 번역하고 저술한 세계사와 한국사를 관통하는 핵심적인 주제였다고 하겠다.

■ 참고문헌

『The Korea Review』; 『단재신채호전집』; 『대한매일신보』; 『대한자강회월보』; 『독립신문』; 『미국독립사』; 『백암박은식전집』; 『법국혁신사』; 『서북학회월보』; 『서사건국지』; 『서우』; 『시사총보』; 『애급근세사』; 『월남망국사』; 『이태리건국삼걸전』; 『장지연 전서』; 『중동전기』; 『청국무술정변기』; 『태서신사』; 『파란말년전사』; 『학규신론』; 『황성신문』; 『희암유고』.

김도형, 『대한제국기의 정치사상 연구』, 지식산업사, 1994.
노관범, 『기억의 역전』, 소명출판, 2016.
노관범, 『대한제국기 박은식과 장지연의 자강사상 연구』, 서울대학교 박사학위논문, 2007.
민족문학사연구소 편역, 『근대계몽기의 학술·문예사상』, 소명출판, 2000.
박찬승, 『한국근대정치사상사연구』, 역사비평사, 1992.
서여명, 『중국을 매개로 한 애국계몽서사 연구』, 인하대학교 박사학위논문, 2010.
서진교, 『대한제국기 고종의 황제권 강화정책 연구』, 서강대학교 박사학위논문, 1998.
이화여대 한국문화연구원, 『근대계몽기 지식의 굴절과 현실적 심화』, 소명출판, 2007.
이화여대 한국문화연구원, 『근대계몽기 지식의 발견과 사유 지평의 확대』, 소명출판, 2006.
최기영, 『한국근대계몽사상연구』, 일조각, 2003.

제10장

독립국가 건설전략

김인호(동의대학교 교수)

1. 민족주의 국가건설 전략
2. 사회주의 국가건설 전략
3. 좌우 연합의 민족국가 수립 전략

| 1 | 민족주의 국가건설 전략

1) 복벽에서 민주공화로

한국병합 이후 종래의 의병운동은 임병찬(林炳贊)의 독립의군부 운동처럼 '복벽(復辟)' 운동(왕정복고)의 모습으로 지속되었다. 이런 흐름 속에서도 일부 지식인들은 한국병합에서 조선왕조는 그야말로 무기력했다는 점을 지적하면서 민주공화제에 기반한 독립국가 수립을 결의하기 시작하였다. 그리고 그 결실이 바로 1917년 「대동단결선언」이었다.

> 우리 한국(韓國)은 한인(韓人)의 한(韓)이요, 비한인(非韓人)의 한(韓)이 아니다. 한인 간의 주권 수수는 역사상의 불문법이요, 비한인에게 주권 양여는 근본적으로 무효이다. 경술년(1910년) 융희 황제의 주권 포기는 우리 국민에 대한 묵시적 선위이다.

즉, 한국의 주권은 한국인끼리만 주고받을 수 있는 것이므로 현재의 주권은 순종(純宗)으로부터 일반 국민에게 전해졌다는 논리이다. 그러므로 주권 계승의 자격이 없는 일본의 한국병합은 무효라는 주장이다. 본 선언에는 중국의 신해혁명(辛亥革命)의 영향도 있었다. 대한제국은 완전 식민지가 되었지만 중국은 혁명으로 공화제 정부가 수립되었기 때문에, 만주나 중국에 망명한 조선인 독립운동가들도 중국혁명에서 제시된 주권재민 논리를 적극 받아들였다.

평등한 대동(大同) 사회를 꿈꾸는 것은 1919년 2월에 발표된 무오(戊午)독립선언에서도 재차 확인된다. 여기서 독립운동가들은 모든 인민이 동등한 대동사회, 대동세상를 염원하였다.

> 독립을 회복하고자 하는 것은…지구에 발붙이고 사는 권리로서 세계를 개조하여 대동사회를 건설하는 것을 돕기 위해서이다.…모든 동포들에 동등한 권리와 동등한 재산을 베풀어서 남자와 여자 그리고 가난한 자와 부자가 고르게 살 수 있도록 하며 지혜로운 자와 어리석은 자 그리고 늙은이와 어린이 모두가 동등한 지식과 동등한 수명

을 누리도록 하여 온 세상의 인류를 바로잡고자 하는 것이니, 이것이 우리가 나라를 세우면서 내세우는 깃발이다.

고종 어진(국립고궁박물관)

한편, 1917년 러시아혁명에 따른 약소민족해방 이념과 더불어 제1차 세계대전 직후 미국 대통령 윌슨이 표방한 민족자결주의는 조선독립의 절실함을 느끼게 하는 큰 동력이 되었다. 이러한 상황에서 1919년 초 고종(高宗)이 독살되었다는 소문이 돌았고, 도쿄 유학생들의 2·8독립선언이 있었다. 이 선언에서는 민족자결주의에 대한 기대와 민족자결주의 주장 이면에 숨겨진 열강의 무책임한 속셈을 동시에 비판하면서 조선독립의 당위성을 설파하고 있었다.

우리 민족은 일본의 군국주의적 야심의 사기와 폭력 아래 민족의 의사에 반하는 운명을 당하였으니 정의로 세계를 개조하는 이 때에 당연히 이를 바로잡을 것을 세계에 요구할 권리가 있다. 또한 오늘날 세계 개조의 주역이 된 미국과 영국은 을사보호조약과 한국병합을 지난날 스스로 솔선하여 승인한 잘못이 있으므로 지금이야말로 지난날 잘못을 속죄할 의무가 있다고 단언하는 바이다.

이처럼 복벽에서 공화로, 차별에서 평등으로, 기만에서 도의(道義)로, 일국사에서 세계사 차원으로 조선독립의 당위성에 대한 이론적 정밀도가 높아지면서 독립운동의 사상적 기반도 크게 공고해졌다.

1919년 3월 1일 파고다 공원에서 시작된 3.1운동은 독립선언문 낭독 및 만세 시위를 통하여 대규모 집회와 시위의 연쇄반응을 일으켰다.

우리는 우리 조선이 독립된 나라임과 조선 사람이 자주적 국민임을 선언하노라. 이를 세계 모든 나라에 알려서 인류가 평등하다는 큰 뜻을 밝히고, 자손만대에 일러서 민

파고다 공원(국가유산청)

족자존의 마땅한 권리를 영원히 누리도록 할 것이다.

기미독립선언은 2.8선언처럼 강력한 서구 열강의 무관심과 약소국 외면에 대한 비판은 드러나지 않는다. 오로지 조선의 자주독립과 조선의 주권이 조선인에게 있다는 논리를 단호하게 그 당위성을 설명하려고 했다. 당대 세계에서도 쉽게 접하지 못하던 선진적인 민주주의나 민주국가 이론을 아주 대중적인 용어로 편안하면서도 정확하게 표현하였고, 조선 민족의 단호한 독립 의지를 분명히 알리려 하였다.

선언서 발표 이후 3월 상순까지는 기독교와 천도교 주도로 경기도, 황해도 등 북부 지방에서 만세 시위가 발생하였다. 중순 이후에는 남부를 포함하여 전국적으로 확산되어 5월까지 전국 230여 개 부와 군에서 1,491건의 만세 시위가 잇달았고, 시위 인원은 2백만 명을 넘었다. 도시에서의 운동은 학생과 노동자·상인층이 주도했으며, 장

기미독립선언서(한국민족문화대백과사전)

날을 택해 일어난 농촌에서는 농민들이 앞장섰다. 운동의 지역적 확산은 그 계층적 확대를 수반하여 투쟁 형태도 집회, 시위 이외에 노동자의 파업, 학생들의 동맹휴교, 상인들의 철시, 하급관리와 일본인회사 사무원의 퇴직 등 다양한 모습으로 나타났다.

3.1운동 태극기(한국민족문화대백과사전)

이러한 상황에서 총독부는 조선 내의 헌병과 군대는 물론 일본본토의 경찰과 군대까지 동원하여 유혈진압에 나섰다. 평화시위 중인 군중에 대한 무차별 실탄사격은 물론이고, 마을 사람들을 교회당에 감금하여 불을 질러 학살하고는 온 마을을 불태우기도 했다(수원 제암리 사건). 이러한 탄압 아래서 노동자, 농민의 투쟁은 자연스럽게 폭력적 양상을 띠었다. 농민들은 농기구 등으로 무장하여 헌병주재소, 면사무소, 토지회사, 친일지주 기옥 등을 습격했으며, 민적부(民籍簿), 과세대장, 소작계약서 등을 소각하였다. 일시적이나마 몇몇 지방에서는 농민들이 일본인 관리를 내쫓기도 했다. 노동자들도 공장시설 점거, 헌병주재소, 일본인 상인 습격에 나섰다.

그런데 당시 운동의 지도자들은 대중투쟁을 고양시킬 방책을 제대로 세우지 못했다. 그들의 이목은 파리평화회의에 쏠려 있었다. 그러나 이 회의는 피압박 민족들의 의지를 무시하고 제국주의 사이의 세력권 재분할에 관심이 집중되었다. 또한 비조직적이며, 무장력을 갖지 못한 민중 투쟁은 총독부의 유혈탄압 앞에 수많은 희생자를 낸 채 약화되었다.

3월 1일에서 5월 말 사이에 7,509명이 살해되고, 1만 5,961명의 부상자, 4만 6,948명의 검거자가 발생했다. 검거자 중에서 흥미로운 수치가 있는데, 전 경제인구의 1%에 못 미치는 조선 상공업자가 전체 피검자의 23%에 달하고 있다는 점이 주목된다. 즉, 3·1운동은 아직은 미약하지만 자산가계급의 반제·반침략 민족의식이 상당히 드러났다는 점이다. 실제로 1910년대 총독부는 이른바 '무단통치(武斷統治)'라고 하여 헌병경찰로 특징되는 폭력과 억압을 통하여 기존의 전통적 생산양식을 해체하고 이를 식민지 자본주의적인 것으로 전환하려고 시도하였다. 「회사령」과 토지조사사업

유관순 영정(국가유산청)

을 필두로 그 과정은 본격화되었고, 그 과정에서 조선인 자본의 축적기반이 현저히 손상을 입는 대신 일본인 자본의 투하기반은 조금씩 정비되었다. 아울러 조선인 자본의 자유로운 자본 이용이 어려워졌다.

「회사령」에서 조선인 회사에 대하여 출자 자본의 내역과 소유자 그리고 임원의 재산 상태까지 신고해야 했던 것은 조선 총독이 조선인 자본의 운영에 개입하여 혹여 '독립운동의 돈줄'이 되는 일을 막으려는 것이었다. 1910년대 자본가 계급은 주체적 근대화와 식민지 근대화의 기로에서 생존을 위해 다양한 고뇌를 했지만, 대체로 총독부의 무단통치에 의해서 자주적 근대화의 잠재력은 파괴당하는 방향으로 나아갔다. 그렇기에 자립적인 경제 단위를 확보하고 안정적 이윤추구의 터전을 획득하려는 조선인 자산계급의 욕망이 3·1운동으로 표출된 것이다.

요컨대, 3.1운동을 민족주의적 맥락에서 본다면, 일면 총독부의 압제에서 벗어나 자주적 국가건설을 기도하려는 자주국가 수립 운동(독립론)이면서 일면 각종 정치적 경제적 수탈과 차별로부터 조선인의 근대적 권리를 회복하려는 부르주아 민족주의 운동(민주화운동=차별철폐운동)이라는 두 가지 성격을 모두 가졌다고 할 수 있다. 그러므로 당대 조선인 민족주의 운동에서 이상의 자주국가론(독립)과 차별철폐론(민주화)이라는 두 개의 가치를 어떻게 현장에서 절충하거나 합의할 지 여부가 중요한 과제였다.

한편, 독립론, 민족론에 경도된 민족주의 그룹은 자칫 그들의 이상주의로 인해서 조선인 대중의 현실을 구체적으로 이해하고 해결하려는 기획력은 빈약하였다. 하지만 식민지 지배가 고착화할 수록 현장에서 극도로 가난한 조선인의 삶을 바라보면서 제국주의의 수탈에 대한 저항감을 폭로하게 되는 이른바 '민중 기반 민족주의'가 대두하였다. 그동안 1910년대 민중운동은 크게 주목받지 못했으나, 토지조사사업이나 강압적인 농업정책에 저항한 농민운동에서 비교적 빈번하게 등장하고 있었다. 예를 들어 1912년에서 1918년 철원군 마장면 농민 5백여 명의 면사무소 습격 사건, 남원군 농민폭동, 춘천군 농민 350여 명의 면사무소 습격, 문천군 농민의 헌병대 분견소 습격은 좋은 사례이다. 노동자의 파업도 해를 거듭할수록 늘었다. 1912년에는 6건에 참가자 1,500여 명에 불과했으나 1918년에는 50건, 참가자 6,105명에 달했다. 아직은 생존권 수호 중심의 투쟁이었지만, 점차 반제국주의적 정치색을 띠게 되고 민족주의적 국가론과 결합하기 시작하였다.

이렇듯 1910년대까지 지배적이었던 민족주의적 독립방략은 국가론, 민족론, 민중론이 서로 엉키면서 무척 복잡한 이념대립을 불렀다. 그 이면에는 '연줄[緣故]'에 기반한 지역주의가 강하게 자리하였다. 문제는 이후 국가건설운동 과정에서 국가, 민족, 민중, 지역이라는 민족주의 그룹 내에서 각종 이념이 각기 정치적 목적과 이해관계에 따라 복잡하게 분기하였다는 점이다. 이런 현상은 다양한 민족주의론 형성을 불렀고, 민족주의 세력의 자기 분열과 도태를 반복하게 하였다.

2) 임시정부의 외교독립론과 독립전쟁론

1918년 세계대전이 종결되고 세계질서가 격변하는 상황에서 미국 대통령 윌슨이 승전국 식민지에 대한 민족자결주의 원칙을 선포하자 김규식, 김철, 장덕수 등 동제사(同濟社) 회원들은 "민족자결주의가 이제는 세계적 풍조이므로, 이 기회에 독립운동을 하면 반드시 목적을 달성할 수 있을 것"이라고 하면서 독립을 위한 열강 외교를 추진하기로 했다. 그리하여 여운형의 대표로 한 신한청년당(新韓青年黨)이 조직되었다.

> 우리 사업의 시초는 독립을 완성이다.…그러나 그것이 우리 목적의 전체라 말하지 말라. 우리에게는 독립 이상의 중요한 사업이 있도다.…우리 민족을 근본적으로 개조하여 선하고 정대하고 충실하고 정직하고 애국심 있고 박애심 있고 고달한 이상을 포부하는 신(新) 대한 민족을 이루어야 하며…단군의 피에서 나온 신문화가 전인류에게 위대한 행복을 주기에 이르기를 기할지니라."

선언문을 보면 독립도 중요하지만 조선사회의 근본적인 개조에 방점을 찍겠다는 것이다. 종래와 같은 봉건 지배와 신분제 등 불평등한 사회가 아니라 박애와 정직, 이상이 있으며, 전인류에게 행복을 주는 사회를 건설하겠다는 논리였다. 국권회복을 넘어 사회변혁을 통한 민주국가를 건설하겠다는 포부였다. 하지만 현실적으로 물리력이 없었던 민족자결주의를 선도한 윌슨의 힘을 빌리고 싶었다. 그래서 1918년 11월 28일 윌슨대통령의 특사인 크레인에게 일본의 학정을 막아주고 조선을 독립할 수 있도록 미국이 힘을 보태 달라는 '독립청원서'를 보냈다. 이어서 파리강화회의에는 일본의 한국침략 과정과 한국민의 저항, 식민지배하 조선인의 참상 등을 밝힌 다음, 합병조약의 무효 선언과 한국문제 토의를 요구하였다.

이런 기반 위에 국내에서 3·1운동이 전개되었고, 서울에 한성정부, 상하이에 대한민국 임시정부, 연해주에 대한국민의회가 만들어졌다. 1919년 4월 11일에는 현순 목사가 천도교 손병희 교령으로부터 지원받은 2,000원의 자금으로 주변 기독교 조직을 기반으로 한 임시정부판무처를 발족하였고, 이어서 9월 6일에는 세 군데의 임시정부가 상하이에서 통합하여 대한민국임시정부를 발족하였다. 임시정부는 민주주의에 입각한 근대적 임시 헌법을 갖추었고, 임시 의정원(臨時議政院)과 국무원(國務院)이 양립된 우리나라 최초의 공화정체 정부였다.

> 인민일치(人民一致), 중외협응(中外協應), 서울에서 의(義)를 일으킨 이래 30여 일간 평화적 독립을 3백여 주에 선언하고, 국민의 신의로써 완전히 조직한 임시정부는 항구한 자주독립의 복리를 우리 자손여민(子孫黎民)에게 대대로 전하고자 임시의정원의 결의로 임시 헌장을 선포한다.

임시정부 의정원은 이런 헌장의 정신에도 불구하고, 대한제국 황실을 우대한다는 의미로 국호를 대한민국(大韓民國)이라고 결정하였다. 과거 왕정(王政) 시대의 전통을 깡그리 무시하지 않겠다는 의도였다. 이런 조치로 잔존하던 복벽주의자를 임시정부의 울타리 안으로 끌어들일 수 있었다. 또한 연통제를 실시하여 상하이와 국내·만주를 잇는 연락망을 확보하려 했으며, 민족운동의 최고지도기관임을 자임했다. 요컨대, 대한민국이라는 국호는 과거와 완전히 단절한 새로운 나라라는 의미가 아니라 유구한 역사를 계승하고, 정통을 이어간다는 의미를 가진 것이다. 다시말해, 대한민국임시정부에서 출발하여 1948년 8.15일 대한민국 정부 수립까지의 여정은 그러한 유구한 역사적 정통을 계승하려는 국민적 여망이 일단 단독정부라는 형태로 발현된 것이었다.

임시정부는 1920년을 '독립전쟁의 원년'으로 선포하고, 이동휘가 국무총리로 취임했는데, 그는 독립군의 근거지인 북간도와 지린(吉林) 지역 독립운동 단체의 지지를 받고 있었다. 이에 임시정부도 무장독립노선을 분명히 하였다. 1920년 3월 2일 국무총리 이동휘가 임시의정원에서 밝힌 시정방침을 보면, "독립운동의 최후 수단인 전쟁을 대대적으로 개시"할 것을 천명하였고, 이를 위해 14개 항의 실행사항을 제시하였다. 주요 내용은 군사 인재를 모으고, 각지에서 10만 명 이상의 의용병 편성을 도모하며, 각지 군사기관을 군무부 아래에 편성하고, 상하이· 만주 및 노령에다 사관학교를 설립하며, 외국 군수물자 수입을 타진한다는 것이었다.

이런 움직임에 가장 먼저 부응한 단체가 북간도의 통일기관을 자처하던 대한국민회였다. 대한국민회는 통합임시정부에 발족에 따라 의정원 의원을 상하이로 파견하였고, 북간도의 군정부도 1919년 12월 임시정부의 방침에 따라 군정서(북로군정서)로 명칭을 바꾸었다. 노령에 주둔해 있던 대한독립군도 임시정부 지지를 선언했다. 서간도의 독립운동 단체들도 차례로 임시정부를 지지한다고 하였다. 3·1운동 직후 군정부로 통합된 서간도의 무장세력들은 군정서(서로군정서)로 개칭하고 임시정부 산하로 편입되었다.

임시정부의 '독립전쟁론'이 힘을 받으면서 한·만 접경지역에서 독립군의 활발한 국내진공작전이 전개되었다. 특히 1920년 6월 4일 홍범도·최진동 부대가 두만강을 건너 강양동에서 국경초소를 습격하였다. 급보를 받은 일본군 남양수비대가 출동하였다. 이후 치열한 교전이 이어졌다. 6월 7일 홍범도, 최진동 부대는 안산촌(安山村)으로 일본군을 유인하여 격퇴하였다. 패배한 야스카와 부대는 전열을 재정비하여 독립군을 추격하여 고려령(高麗嶺)에 이르렀다. 이때 북방 및 동북방 고지에서 매복하고 있던 독립군의 공격을 받아서 120명이 사살되었다. 홍범도는 당황한 일본군을 보고, 봉오동으로 유인하는 작전을 세웠다. 그는 일단 1, 3, 4중대를 봉오동 후방 산속에 매복시키고, 2개 중대를 인솔하여 봉오동 입구에서 포위망을 만들었다. 일본군 주력부대가 포위망에 들어설 즈음 일제 사격을 가하였다. 이 전투에서 일본군은 157명이 사살되고 200여 명이 부상을 당했다.

독립군 활동에 위협을 느낀 일본은 1920년 10월의 훈춘사건(琿春事件)을 조작하여 간도에 출병하였다. '독립군 토벌' 방침을 확인한 독립군 부대들은 안전한 곳으로 이동하였고, 북로군정서도 안도현(安圖縣)으로 이동해 서로군정서와 합류한 다음 백두산 지역에 기지를 건설하기로 했다. 10월 10일에는 홍범도 부대와 김좌진 부대가 청산리에서 만났다. 양반 출신 김좌진과 천민 포수 출신 홍범도가 신분의 벽을 허물면서 항전대책을 세웠다는 점에서 뜻깊은 일이었다. 10월 19일 회의에서 피전론(작전상 후퇴론)이 채택되었다.

김좌진 부대는 피전론에도 불구하고 일본군과 일전을 감행하였는데, 10월 21일 김좌진과 이범석의 지휘하에 청산리 백운평(白雲坪)에 매복하였다. 오전 9시경 야스가와(安川) 일본군 부대가 매복지점에 들어오자 일제사격을 가해서 전멸시켰다. 뒤이어 야마타(山田)가 지휘하는 본대도 치열한 교전 끝에 패주시켰다. 완루구(完樓溝)에서는 홍범도 부대가 일본군의 양면 공격을 받았으나 포위망을 교묘히 벗어나 역으로 협공을 가하였다. 다음 날 새벽까지 계속된 전투에서 일본군이 크게 패주하였다. 10월 22일 새벽 갑산촌에서 합류한 김좌진 부대의 제1, 2지대는 천수동(泉水洞)에 일본군 기병대가 머물고 있다는 정보를 입수하고 이를 전멸시켰다. 이어서 어랑촌 부근의 고지

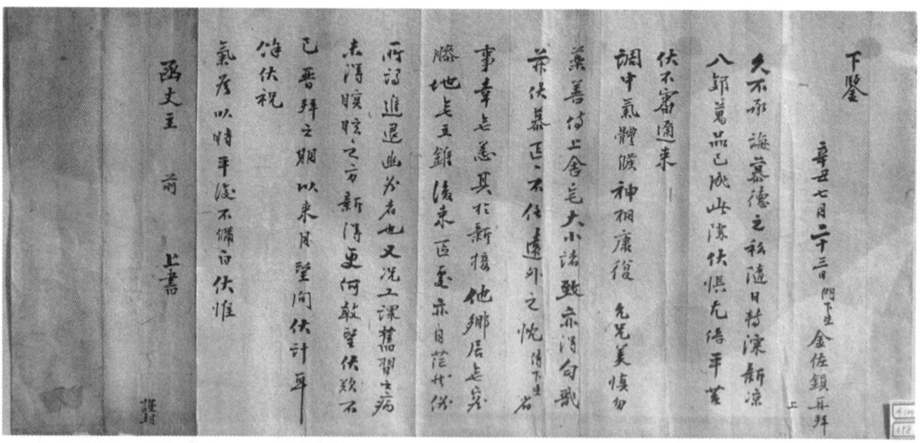

김좌진 친필(한국민족문화대백과사전)

로 이동하다 일본군의 포위를 당했다. 이때 부근에 있던 홍범도 부대가 포위된 김좌진 부대를 도와서 일본군과 교전하여 대승을 거두었다.

10월 25일에는 일본군이 고동하 계곡의 독립군 야영지를 습격하였으나, 어둠을 이용해 신속히 대피하였다가 전열을 정비, 진지를 점령한 일본군을 역습하였다. 결국 일본군은 대규모 사상자를 내면서 후퇴하였다. 임시정부가 기관지 『독립신문』에 발표한 '전투상보'에 따르면 10월 21일부터 시작된 청산리대첩에서 26일 새벽까지 10여 회의 전투를 벌인 끝에 적의 연대장을 포함한 1,200여 명을 사살하였다고 한다.

물론 우리 독립군도 무척 힘든 조건에서 악전고투한 것이 사실이었다.

> 화룡현·삼도구·청산리 또는 이도구에서 적군과 전투를 벌여 수많은 적의 장졸을 살상했는데, 다행히 아군의 사상은 극소하였다. 아군은 맹렬한 전투를 치러 장졸이 모두 피로한 가운데, 적은 병력을 보산(寶山) 이남으로 집중하였던 바, 그 기세가 대단하였다. 이에 아군은 몇 개의 부대로 나누어…직진하니, 당시 추운 계절에 옷과 신발을 제대로 착용하지 못하여, 그 정경이 참으로 말로 하기 어려웠다.(『독립신문』, 1921년 2월 25일, 「대한군정서 보고」)

이러한 대승에도 불구하고 임시정부는 민족운동의 방법을 둘러싸고 외교독립론과 무장투쟁론이 대립하였고, 결국 내분(內紛)의 씨앗이 되었다. 무엇보다도 초창기 뭔가 열매를 맺어 줄 듯하였던 외교독립론이 그다지 성과를 내지 못했다. 특히 기대를 걸었던 1919년의 파리평화회의에서는 물론 1921년 말 워싱턴회의에서도 그 기대는 물거품이 되었다.

이렇듯 임시정부가 외교활동에 주력하면서 아무런 성과를 거두지 못하자 실망한 민족운동 세력들은 하나둘 임정을 떠났다. 게다가 대통령 이승만의 '국제연맹위임통치론'은 임시정부를 걷잡을 수 없는 내분으로 몰아넣었다. 1923년 1월 70개가 넘는 각 지역 민족운동단체의 대표 100여 명이 국민대표회의를 열어 대책을 논의하였으나 민족운동의 최고지도기관을 새로 만들자는 창조파(創造派)와 임정을 개조하는 데 그치자는 개조파(改造派)가 맞서, 결국 회의는 결렬되었다. 이후 임정은 일개 민족운동단체로 전락하여 겨우 명맥만 유지할 따름이었다.

한편, 1920년대에 들면, 지식인과 부르주아 중심으로 '독립'과 '민족'이라는 2가지 가치로 주류를 형성하던 국내 민족주의 운동의 주체는 점차 노동자·농민이 적극적으로 참여하는 '민중, 민주'적인 것으로 변화하였고, 그 과정에서 다양한 전술로 대중을 동원하는데 기여한 청년·학생층에서 민족운동의 새로운 활동가가 다수 배출되었다. 특히 3·1운동은 만주·연해주의 무장투쟁에 거대한 활력을 불어넣었으며 대한민국 임시정부의 수립을 가져왔으며, 미국을 비롯한 서구 열강에 대한 기대(期待)가 환멸(幻滅)로 바뀌고, 러시아혁명과 소비에트에 대한 관심이 고조되는 계기가 되었다.

이에 대응하여 총독부는 지배 방식을 무단통치에서 '문화정치'로 변경하였는데, 제한된 범위에서나마 합법 공간을 획득한 것은 3·1운동의 일부 성과로서 민족운동 전개에 유리한 조건을 만들었다. 그럼에도 여전히 엄격한 총독부의 검열과 통제 속에서 제한된 범위의 '차별극복론' 중심의 운동을 전개할 수 밖에 없었다. 이른바 '실력양성운동'이었다.

이에 전국 각지에 노동자·농민·청년·여성 등 계급별·계층별로 다양한 단체가 우후죽순 조직되었고, 그것은 다시 전국적 단위로 결집되어 갔다[조선청년회연합회·조선노동공제회 등]. 이들 단체는 계몽 활동에 주력했는데, 특히 노동야학이 도시와 농촌에 널리 보급되어 노동자·농민과 그 자녀를 대상으로 민족의식을 고취했다. 민족주의 세력은 『동아일보』·『조선일보』·『시대일보』 등의 한글신문과 『개벽』, 『신생활』, 『동광』, 『조선지광』, 『신천지』 등의 월간지나 주간지를 발간하여 민족운동의 선전기관 역할을 수행하였다.

그러나 실력양성을 목표로 내건 이 운동은 당시 일제의 자본주의적 침탈로 신음하고 있던 근로 대중 속에 뿌리내리기에는 한계가 있었다. 게다가 이 운동을 주도했던 조선인 자산층의 무기력으로 인해 추진력이 무척 약했다. 이 운동은 1923년의 민립대학설립운동과 물산장려운동으로 절정에 올랐으나 재정 문제와 이념대립 등으로 실패했다.

3) 독립유보의 대가, 조선 자치론

3·1운동 이후 조선의 독립이 현실적으로 어려워지는 상황에서 민족주의 계열 가운

데 김성수, 송진우 등의 『동아일보』 계열과 최린 등의 천도교 신파는 독립이라는 목표를 당분간 유보하고 식민지 통치 속에서 타협적 형태의 운동, 나아가 자치를 추구할 것을 제안했다. 즉, 군사, 외교 같은 외정(外政)은 일본이 맡고, 행정 · 치안 같은 내정(內政)은 조선인이 맡자는 것이었다.

일본 헌정회 가토 총리대신도 이미 3·1운동 발발 직후인 1919년 4월, 헌정회 동북지방대회 연설에서 조선에 '십수 년 후에', 때를 보아 '어느 정도의 자치'를 허용할 것을 언급하는 등 헌정회 내각을 중심으로 '조선자치 허용' 주장이 커지고 있었다. 당시 일본에 있던 친일파 송병준(宋秉俊)은 이런 분위기를 간파하고, 자치청원에 열심이었다. 그는 3·1운동 직후 조슈번 출신 야마가타 아리토모(山縣有朋)나 입헌정우회의 하라 다카시(原敬), 조선총독 출신의 테라우치 마사다케(寺內正毅, 1852~1919) 등 역대 총리대신을 만나 조선 자치 문제를 논의하기도 하였다.

물론 3 · 1운동 이전인 1918년 12월에도 송진우, 최린 등이 권동진과 오세창 등과 민족자결의 원칙을 실천하기 위한 자치운동을 진행하고자 했다. 무엇보다 3·1운동 이후 조선 독립의 길이 요원해진 것을 느낀 민족주의자들은 점차 '자치론'에 관심을 가지기 시작했다. 특히 『동아일보』 계열, 천도교 신파, 그리고 3.1운동 당시 독립청원론을 주장한 기독교 계통의 인물들이 중심이 되었고, 1921년 이후에는 신문이나 잡지에 자치의 필요성을 강조하는 글을 싣거나, 총독부 및 일본 정계의 요인을 만나 자치문제를 타진하기도 했다.

당시 이들이 가졌던 절절한 조선 자치를 향한 염원은 다음 글에서 느낄 수 있다.

> 원래 개인은 개인이 스스로 다스리고(治), 지방은 지방이 스스로 다스리며(治), 민족은 민족이 스스로 다스리는 법이다. 국가는 국가가 스스로 다스리는 것이라. 스스로 다스려도 오히려 이익과 행복이 원만하게 생기지 않거늘 하물며 다른 것의 다스림을 받고서 그런 것이 생길리 있나.…자치제도가 없는 지방의 실정을 보아라. 문화가 있는가. 부[富力]가 있는가. 부[富力]는 도시로 가고, 문화도 도시에 집중하여 한 도시의 번영으로 인해 수 많은 지방의 부와 문화가 유린되지 않는가. (『동아일보』1922. 1. 22).

당시 『동아일보』는 '자치'에 사활을 걸고서 아일랜드, 타이완. 아라비아, 필리핀, 폴

『개벽』 창간호(한국민족문화대백과사전)

란드, 몽고, 인도, 중국 등 각 지역의 자치 사례와 문제를 다루는 기사를 내보내기도 했다.

또한 천도교의 이종린(李鍾麟)은 1922년 11월 『개벽』에 투고한 글에서 '개화된 정치는 정치의 의사가 한 개인에 있지 않고 인민 전체의 여론으로 방침을 정하고 처리한다.'고 하면서, 민중이 정치적 식견을 갖고 정치를 토의하고 비판하고, 나아가 전 민족의 살림살이를 자기의 손으로 해결하려는 의지와 그 능력을 가져야 하고, 이에 일본은 조선인에게 자치권과 참정권을 부여할 필요가 있다고 하였다.(「조선인과 정치적 생활」)

1923년 9월부터 이 운동의 주체로서 연정회(研政會) 결성 움직임이 시작되었다. 이는 당시 상하이에서 열린 국민대표회의가 개조파와 창조파의 대립으로 좌절되면서 일부에서 그 대안으로 자치운동을 전개하자는 의견이 나왔기 때문이었다. 그리하여 1923년 12월 하순 김성수가 중심이 되어 송진우, 신석우, 안재홍, 천도교의 최린, 이종린, 기독교의 이승훈, 법조계의 박승빈, 평양의 조만식, 대구의 서상일 등 16~17명이 모여 조직을 구성하였다. 여기에 참여한 세력은 주로 『동아일보』와 『조선일보』 등 언론계와 천도교·감리교(이승만)·장로교(안창호) 등의 종교계였다. 출신지역은 평안도와 전라도가 다수였고 유학생 및 자본가 계급이 다수 참가하였다. 이처럼 개신교와 산업화에 관심이 많은 평안도의 기독교 인사라든가, 일본으로 유람이나 유학 경험이 있는 천도교 인물 등 대체로 자유주의 성향을 지닌 인물이었다.

때마침 하와이에서 소년병학교와 대조선국민군단을 설립한 무장투쟁론자 박용만이 조선에 귀국해서는 느닷없이 사이토 총독과 만나서 조선의 자치 문제를 논의하였다. 항일무장투쟁을 지향하던 박용만이 이런 행동을 한 것이 민족운동 진영에게는 큰 충격이었다. 사회주의자들은 안창호와 이광수가 짜고 총독부의 협력을 받아 연정회를 조직하고는 조선 자치를 음모한다고 하고, 특히 박용만의 총독 면담은 안창호와 친분에 의한 것으로, 박용만이 안창호의 생각을 구체적으로 총독과 논의하려고 한 것이라 주장하였다.(「안창호성토문」(1926.10.8.)

이런 상황에서 『동아일보』에다 이광수가 조선의 독립을 유보하자는 「민족적 경륜」을 게재하였다. 민족운동 진영에서는 더 이상 두고 볼 수 없는 국면이었다. 특히 조선노농총동맹은 1924년 4월 20일, 연정회가 총독부 경무국장 마루야마 츠루키지 등의 협조로 조직되었고, 연정회를 선전하기 위해 「민족적 경륜」이 기고되었다고 하였다. 연정회는 반(反)민족적 세력이라는 것이다. 민족을 배신한다는 도덕적 상처를 받은 연정회는 당분간 제대로 활동을 할 수 없는 상황이었다.

그러다 1925년 일본에서 「보통선거법」이 통과되면서, 일본의 정치인과 총독부의 관료들은 빈번하게 조선 자치를 언급하고 다녔다. 연정회 참여자들은 이 기회에 운동을 벌여서 자신들이 민족운동의 중추가 되고자 생각했다. 먼저, 천도교에서는 연정회 결성 시점인 1923년 9월에 천도교청년회를 천도교청년당으로 전환했고, 개신교 측에서는 안창호와 이광수 등이 주도하여 수양동맹회와 동우구락부를 합동하여 수양동우회를 조직하였다. 이런 움식임을 조선에 자치권이 부여된 이후 나타날 국내 권력 재편에 대비한 것이었다. 또한 자치권이 부여되면 보통선거가 이뤄질 것이고, 이에 정치적인 입지를 강화하려면 농민을 유력한 정치적 배경으로 확보해야 한다고 하면서 천도교는 조선농민사, 기독교는 YMCA 농촌부를 설치하였다.

일본인들이 '조선인에게 자치권을 주겠다.'고 선전한 것은 실제로 자치권을 주겠다는 것이 아니었고, 줄 의사도 없었다. 이런 가능성을 띄우면서 조선인 민족주의자들의 분열을 꾀했고, 실제로 민족주의 운동권에 커다란 분열을 가져왔다. 즉, 일본인들의 '자치허용론'이 거짓임을 눈치챈 『조선일보』 계열 인사들과 천도교 구파는 여기서 이탈하여, 이른바 자치반대민족주의 좌파그룹을 형성하였다.

이후 민족주의 좌파는 사회주의자 특히 제2차 조선공산당의 주축인 화요파 인사들과 제휴하면서, 함께 6·10만세운동을 도모하였다. 그러면서 '자치주의자'들의 타협성 혹은 반(反)민족성을 문제 삼았다. 그리하여 그동안 자치운동을 겨냥하던 안창호 세력은 이광수 등에게 자치운동을 맡기고, 중국에 가서 민족대독립당을 결성하기 위한 북경촉성회를 발기하였다. 이른바 민족유일당운동이었다. 하지만 일본에서 유학하여 일본인과의 정치적 인맥이 두터웠던 『동아일보』의 김성수와 송진우, 천도교의 최린은 이런 파국에도 여전히 자치에 대한 미련을 버리지 않고서 자치운동을 지속하였다. 하지만 이것은 헛된 꿈이었다. 일본은 끝내 조선에 대한 자치권을 부여하지 않았다. 당시 '문화통치'라고 일컫는 조선통치 기준도 결국 자치주의보다는 내지연장주의(內地延長主義)에 기반한 것이고, 조선을 일본의 철저한 복속 아래에 두려는 군부와 정치가들의 입김이 지배하는 상황에서 '조선 자치' 주장은 그저 찻잔 속의 폭풍일 뿐이었다.

4) 아시아민족연대론과 참정권론

일본은 1930년 이후 서구열강과 정치적 군사적 갈등이 심화되자 대(大)아시아 민족의 정신적 고향을 퉁구스로 설정하면서, 오족협화(五族協和)와 아시아 민족의 단합을 통한 반(反)서구 항쟁을 주창하였다. 특히 그들이 주창한 '퉁구스족설'은 단군을 시조로 하는 조선 민족과 일본 민족은 퉁구스 민족에서 파생된 본래 하나의 민족이고, 아시아 민족 또한 알고 보면 일본 민족과 형제라는 생각을 담은 것이었다.

이는 일본이 전쟁을 일본 대 서구가 아닌 '아시아민족 대 서양제국주의'라는 구도로 전환하기 위해 '창조된 전통'이기도 했다. 아시아 침략에 저항하는 지금의 전쟁은 곧, '성전(聖戰)'이라는 것이고, '정의의 전쟁이며 나라만들기(肇國)의 이상'(1940년 9월 16일 임시 도지사회의 총독훈시)이라는 것이었다. 이 전쟁으로 아시아의 탈서구(脫西歐)가 가속되고, 경제적으로도 서구제국의 약탈적 원료·상품시장에서 벗어나 '대동아 자주경제'를 이루게 되었다고 선전하였다.

이런 상황에서 일부 조선인들도 이런 일본의 '상상된 전통'에 부화뇌동하였다. 종래와 같은 자치나 독립이 아니라 진정한 내선일체(內鮮一體)를 실현하여 일본과 어깨를 나란히 하여 아시아 민족 중 일등민족(一等民族)이 될 수 있다는 희망을 품은 것이다. 그들은 내선일체란 '또다른 민족차별 극복의 길'이라고 여겼고, 일본에 대한 협조가 친일이나 매국이 아니라 민족이자 애국이라고 생각하였다. '1등 조선인의 꿈'은 실제로 현실에서 구현되는 듯했다. 당시 신문에 군영에서 탈출하려는 조선인 병사 있었다고 했는데, 동료 조선인이 '조선인으로서 비겁하게 도망하는 것은 조선의 자존심과 반(反)하는 것'이라고 하자 크게 후회했고, 이후 두 조선인은 굳게 전장터를 지켰다고 했다.

그들은 종래까지 친일=매국, 독립=애국, 자치=비겁이라는 프레임에서 벗어나기 쉽지 않았다. 하지만 침략전쟁 이후 일본과의 협력을 강화하고 그 전위대가 되는 것이 '애국= 조선민족을 위한 길'이라고 생각하였다. 다시 말해 '민족을 위한 친일'이라는 무장이 두터워진 것이다. 사실 이런 민족과 국가의 분리 현상은 아시아 민족의 제휴와 공영에 대한 열광을 자아냈고, 식민지인이라는 열등감을 해소하는데 영향을 미쳤다. 비록 국가는 모르겠지만 내가 하는 일이 민족을 위한 것이다. 그래서 나중에 연합군 재판에서 사형선고를 받은 포로감시원은 '천황폐하만세!'와 '조선독립만세!'를 함께 연호하기도 했다.

침략전쟁에 참가했던 친일 조선인의 이런 복잡한 심경은 반민특위 재판과정에서 잘 나타난다.

> (A) 원산서 강연한 제목은 '정의는 반드시 이긴다'였습니다. 세계 혹은 동양정세에 비추어서 동양은 언제나 동양인의 동양이라야 하며, 일·중(日中) 양국은 반드시 서로 도와야 하는데, 현실에서는 외래의 모략이 있으니 바로 미·영의 패권적 야심이 숨어 있는 것입니다. 그리고 일본은 세계평화 또는 동양을 보호할 목적으로 하여 정치, 경제, 문화 또는 인종적 견지에서 정당방위을 수행한 것입니다.(반민법 피의자 전필순[全弼淳] 신문조서, 1949년 4월 1일)

> (B) 영·미가 승리한다고 또는 일본이 꼭 승리한다고 생각지 아니하였다. 그들이 승리하는 것이 동양 전체에 대해서나 우리 민족을 위해서나 유리하다고도 생각하지 아니하였다. 만일 영·미가 승리하는 날에는 우리 동양인은 앵글로색슨의 노예가 되질 않을까 했다. 그 당시 나의 심경을 솔직히 고백하면 차라리 일본이 승리하는 편이 도리어 나을까 생각한 일도 있다. (중략) 어느 편이 승리하던 우리에게는 무슨 기회가 오리라 하는 생각이었다.(반민법 피고 조병상[曺秉相] 수기(1949년 2월~4월?),

(A)는 미·영 격멸은 동아(東亞)를 인종적, 정치 · 문화적으로 짓밟는 서구제국에 대한 정당방위라는 논지이다. 이는 "지역적으로나 또는 정치, 경제, 문화, 인종적으로 자수자보(自守自保)하여 외래 침략을 방어하고 서양과 비견하여 세계평화를 도모한다는 의미"라는 것이다. 그리고 (B)는 전쟁에서 각종 물자공출, 강제동원 등으로 피를 나눈 조선인들에게 일본이 승리할 경우 어떤 형태로든 상응한 대가가 있을 것이라는 신념이다. 위 증언은 하나같이 전쟁 참가는 우리 민족을 지키거나 발전시키기 위한 '또 다른 보험'이라는 생각이 담겨있었다.

어떤 친일파는 민족갱생과 더불어 봉건 질서 압박을 해체하는데 강력한 국가의 필요성과 침략전쟁의 필요성을 강조하고 있었다.

> 대동아전쟁(태평양전쟁)의 의의와 제국의 지위는 일찌기 역사의 어느 시대나 어느 나라의 그것보다 위대하다.…나라가 있어야 산하(山河)도 예술도 있다. 오늘 혁혁한 일본의 지도적 지반(地盤) 위에 현란한 문화를 건설하여야 할 것은 오로지 예술가에게 지어진 커다란 사명이다.(「대동아 전쟁과 문필가의 각오」, 「만선일보」 1942년 2월 일자.)

이런 경향은 소설가 최정희가 군국모성론(軍國母性論)을 주장하면서 국가주의(천황제, 군국주의) 비호로 '반봉건(反封建)적 = 근대적'인 여성상을 구축하려 한 것과 같은 맥락이다.

그들은 조선의 독립은 유보되었으나 언제나 조선민족의 차별극복은 최우선 과제였다. 이른바 '반서구 제국주의론' '아시아 1등 국민론'이 조선인에게 주는 마취제 같은 효용이었다. 민족해방을 위한 바람직한 민족주의는 아닐지라도 이완용의 민족론, 이광수의 민족론 등은 친일파 나름의 조선사회발전론을 제시한다고 믿고 있었다. 실제로 많은 아이디어를 '민족의 이름'으로 쏟아내었다.

정리하면 상당수 친일 인사들이 가졌던 '반서구 반제국주의 의식'은 비록 일본의 이데올로기 공세에 크게 현혹된 면도 없지 않지만, 그래도 완전한 독립이 어려운 사정 아래서 '현실의 힘'을 가진 동양의 주자 일본과 손잡아 나름의 민족적 갱생과 자치를 꿈꾸려는 기대감을 잔뜩 품고 있었다. 이 과정에서 특히 조선인의 민족적 요구를 수용할 참정권 확보가 중요한 과제로 여겼다. 국민협회 상의원장이던 조병상의 신문 조서를 보자.

문) 부회(府會), 도회(都會) 의원으로 출마한 동기가 뭐냐?.

답) 총독부[倭政]가 준 '자치 민권'이기에 이러한 권리를 포기할 필요가 없다고 생각했다.

문) 민권이 과연 우리 민족에게 자주독립을 찾는 하나의 단계이냐?

답) 자주독립의 단계로는 생각하지 않는다. 총독통치[倭政]에 대한 일종의 타협이라 생각하였다. 그러나 현실 문제나 국부적인 문제에서 우리 민족에게 가능한 문제를 해결하자는 의미이다.

문) 학병 권유 및 그 강연은 어떻게 하였나?.

답) 일제가 우리에게 학병을 요구하는 것은 결코 많고 적음이 아니라. 일제 신민으로서의 동등한 권리를 부여하기 위한 것이다. 또한 우리도 군사학을 배워 둘 기회라고 생각하였다.(조병상 제3회 신문조서(1949년 2월 19일).

정리하면, 조병상은 자신들의 '전쟁 참가는 (현실적) 문제 해결의 가능성을 여는 길' 혹은 '미래 조선을 위한 투자'라는 이해였다. 그리고 이런 생각은 조선인 전반에 걸쳐서 '전쟁에서의 조선인 역할론'으로 나아갔다. 특히 태평양전쟁 단계에서 반(反)서구제국주의 담론이 확장된 것도 그런 의식이 가속화된 결과였다. 실제로 조병상은 1927~28년에 열린 '전조선공직자대회'에서도 참정권 부여의 필요성을 제기하였고, 이후 국민협회 총무, 상담역, 국민협회 기관지인 「민중신문」 부사장을 맡으면서도 1939~1941년간 3차례나 조선인 참정권 부여를 위한 청원서에 서명하였다.

참정권 청원운동은 이미 3·1운동 이전부터 시작되었고, 특히 3·1운동 이후 민원식의 국민협회가 주동이 되어 추진하던 사안이었다. 이들은 본토에서 가토 수상이 조선인에게 참정권 부여 가능성을 언급하자 부화뇌동하면서 제국의회와 일본 정부를 상대로 조선에도 「중의원선거법」을 시행하라는 운동을 개시하였다. 이후에는 김명준이 국민협회 회장 자격으로 1922~1924년, 1927~1929년에 건백서(建白書)를 제출했고, 이

사장 자격으로 1933년 이후 1941년까지 거의 해마다 청원서를 제국의회에 제출하였다. 1935년에는 이명구(李明求) 등이 「제16회 중추원회의참의서면답신」에서 의무교육 · 지원병제의 조속한 실시와 함께 참정권 부여를 주문하였다. 1942년에도 고희준 이외 35명의 청원서가 제출되었다. 하지만 일본은 이러한 움직임에 대해 '민도'를 이유로 늘 '시기상조'라고 하면서 외면했다.

그러다 태평양전쟁 말기에 들면서 일본인들이 그토록 외면하던 참정권 논의는 급물살을 탔다. 일본 조야에서 조선과 대만에 참정권을 부여하자는 논의가 커지더니 1944년 9월 9일 열린 중의원 예산총회 석상에서 고이소(小磯) 조선 총독이 지원병제나 징병제로 황국일본의 승리에 기여했음에도 조선인의 처우는 여전히 차별받기에 그들에게 '국정 참여의 권리'를 부여할 필요가 있다고 주장하였다.

> 조선 · 대만은 인류학상 일본본토와 피를 같이 나누고 있다고 생각된다. 조선은 지원병제도와 징병제로 황국일본의 흥성과 대동아전쟁의 필승을 위하여 노력하고 있을 뿐 아니라 산업·경제·행정 등 각 방면에 걸쳐 참으로 그 의무를 완전히 수행하려고 노력하고 있다.…그런데 그들은 아직 본토 동포와 전혀 다른 대우를 받고 있다. 그런데 그들에게 국정 참여의 권리를 주는 것이 어떨까 하는 점에 대해선 오늘날까지 아무런 논의도 이뤄지지 않은 것은 오히려 뒤늦은 감이 든다.(-고이소 총독 중의원 연설-, 『매일신보』 1944년 9월 10일)

이런 움직임에 한상룡, 박중양, 윤치호 등 참정권론자들은 1944년 12월 26일 아베(阿部) 총독을 방문하여 감사를 전하고, 국민총력연맹도 처우개선감사봉고제를 각지 신궁 · 신사에서 개최하였으며, 1945년 1월 17일에는 경성 부민관 대강당에서 처우감사총궐기운동을 위한 '전조선대회'를 개최하였다. 또한 윤치호 등 6인의 조선 대표로 구성된 처우감사사절단을 일본에 파견하였다.

마침내 일본정부는 1945년 4월 1일 「귀족원령 개정령」과 「중의원의원선거법 개정법률」을 공포하고, "조선 및 대만 주민을 위하여 제국의회 의원이 될 길을 열어 국정에 참여토록 한다."는 천황의 조서가 발표되었다. 중의원의 경우 1946년 9월 28일 총선거 시점에 조선 23명, 대만 5명, 사할린 3명의 의원을 선출하기로 했고, 귀족원령 개정으로 공포 즉시 조선은 박중양, 한상룡, 윤치호, 박상준, 김명준, 송종헌, 이기용 등 7명의 칙임 의원을 임명하였다. 하지만 이런 조치는 이미 전세가 기운 상황이었고, 극단의 전쟁 경과로 인해 임명된 조선인 의원의 참정 기회는 원활하지 않았다.

5) 누구와도 타협할 수 없는 아나키스트

1920년대 일본에서는 이른바 '다이쇼(대정(大正)) 데모크라시'라고 하여 사상 및 집회의 자유가 이전보다 눈에 띄게 좋아졌다. 한편으로는 경제적으로 철저히 버림받은 사람들이 길거리에 즐비한 현실도 목격되었다. 이런 모습은 일본에 유학하던 일부 조선인에게 단순히 민족 간의 억압에 대한 문제가 아닌 체제와 구조적인 억압에서 모든 것이 비롯된다는 믿음을 가지게 하였다. 이들은 구조적인 억압의 정점에 천황이 있고, 현실 생활에는 관료제 정부가 있으며, 자본주의와 파시즘 등이 인간의 자유를 억압하는 기구로 작동한다고 생각하였다. 그러면서 진정한 자유인으로서의 해방과 그에 대한 염원을 꿈꾸게 되었다. 이에 박열, 이유희 등은 1923년 2월에 풍뢰회(風雷會= 흑우회(黑友會)가 결성되고, 박열의 활동을 지원할 별동대로 불령사가 결성되었다. 기관지로는 『불령선인』, 『현사회』 등으로 거기에는 '닫힌' 현실에 대한 지사적인 고민과 민족해방의 방략을 찾고자 하는 열정이 동시에 녹아있었다.

당시 일본 유학생 다수가 아나키즘을 수용하였는데, 특히 오스키 사카에의 영향이 컸다. 오스키는 당시 일본을 대표하는 아나키스트로 그의 저작 『정의를 구하는 마음』은 '자유의지'로 모인 노동자의 단결된 힘으로 총파업, 시위, 태업, 공장 철거 등의 수단을 동원해 경제 정의를 달성하고, 궁극적으로 억압적인 국가기구를 해체하자는 주장을 담아서, 많은 독자들의 반향을 일으켰다.

1931년 만주침략(만주사변)을 계기로 재일본 아나키스트들은 대거 중국 관내로 이동하여 남화한인청년연맹을 결성하였다(류기석, 1930.4). 당시 선언문을 보면, 당시 조선인 아나키스트들이 크로포트킨의 상호부조적 이념에 얼마나 깊이 감동하고 있었는지 보여준다.

> 만물은 누구라도 내 것이라고 주장할 권리가 없다. 각 개인이 자기의 필요에 따라 취하고 자기의 능력에 따라 일하는 절체적 공산 사회이지 않으면 안 된다. 그렇게 되면 가장 먼저 금전의 필요가 없어지게 된다.…민중 여러분! 전사이려고 하는 형제자매 여러분! 우리들의 맹렬하고도 꺽이지 않는 직접 행동이 반드시 머지않은 장래에 자유를 탈환하게 할 것이라는 사실은 잘 알고 있다. 따라서 이 광명의 가치를 펄럭이려고 할 때, 항상 우리들은 우리 민족의 손으로서 조선 전도에 진실한 자유해방과 평등의 사회를 건설해야 하는 촌락의 농민과 도시의 노동자가 자유로이 연합해서 그것을 유지하는 사회를 건설하는 것으로 현대 사회의 모든 불행의 원인을 동시에 일소하고 인류해방의 사회혁명을 수행해야 한다(「재상해남화한인청년연맹강령규약급선언」(1935.11.30.), 『사상휘보』(5)).

남화한인청년연맹의 목표는 '각 개인이 자기 필요에 따라 가지고 능력에 따라 일하는 것'이며 '각 개인이 자유의지로 선택한 사회'와 누구든 '자유롭게 일할 수 있는 사회'를 만드는 것이라고 했다. 이어서 국가를 비롯한 모든 집권(執權) 조직, 사유재산제, 종교, 결혼 및 가족제도를 철폐하고 산업 집중을 없애며, 공업과 농업의 병합과 산업의 지방적 분산을 시행하는 사회를 만들어야 하고, 개개인의 맹렬하고 좌절하지 않는 직접행동으로 자유연합의 원리에 따른 사회혁명을 달성해야 한다고 주장하였다.

행동방침에서도 종래까지 신채호가 「조선혁명선언」에서 '인민의 자유의지에 의한 민중의 직접혁명'을 주장한 것을 넘어서 혁명의 예봉을 조선에 있는 일본제국주의를 겨냥하고, 의열투쟁과 같은 맥락에서 일제에 대한 직접 공격을 통한 문제 해결을 지향하였다. 한마디로 아나키즘을 '민족화'하겠다는 전략이었다. 그런 차원에서 류기석, 신현정, 최석영 등이 텐진 일본영사관을 폭파하는 등의 의열투쟁이 전개되었으나 수포로 돌아갔다.

한편, 1931년 11월 30일과 12월 1일 왕야차오(王亞樵), 화쥔스, 사노 이치로, 백정기 등 4인은 상하이 프랑스조계에서 흑색공포단(黑色恐怖團)을 조직하였다. 이 조직은 본래 각국의 아나키스트들이 국제적 유대를 강화하고자 결성한 동방무정부주의자연맹(항일구국연맹)의 행동대였다. 그러다 새로운 직접 행동 즉 모든 파괴공작이 사회혁명의 시기를 단축시킨다는 취지로 결집하여 만든 국제적 단체였다. 실제로 강령에서는 ① 각국의 무정부주의자를 입회시킬 것, ② 흑색공포단 내에 경제부, 선전부, 정보부를 두고, 왕야차오를 경제부 책임자로 하고 다른 부서는 책임자를 두지 않으며, ③ 각 회원은 그 국적에 의해 동지를 획득하고, 자국에 대해 파괴공작을 하며 ④파괴공작은 일시와 장소를 가리지 않고, 기회가 있을 때마다 실행할 것 등이 결정되었다. 이처럼 흑색공포단(黑色恐怖團)의 목표는 앞서의 일반적인 아나키스트 단체의 목표와 같았으나, 특이한 점은 '한국을 일본에서 독립시키고 한국에 아나키스트 사회를 건설한 다음 일본의 입헌군주제도 및 사유재산제도를 폐지하고 중국 기타 각국에서 아나키스트 사회를 건설'한다는 국제혁명론에 입각한다는 점이다.

문제는 자금이었다. 이들은 1931년 12월 상순 상하이 조계내 부유한 조선인 상인이나 금은방을 습격하기도 하고, 친일 인사들을 공격하는데 주저하지 않았다. 특히 행동대인 흑색공포단은 이후 쑹쯔먼(宋子文, 1891-1971) 암살 음모, 중국 외교부장 왕징웨이(汪精衛) 저격 그리고 푸젠성(福建省) 샤먼의 일본영사관 폭파 사건을 기획하였고, 1932년 12월에는 텐진의 일본 침략 기관들을 기습하였다. 그리고 원심창, 백정기, 이강훈 등은 1933년 3월 17일에는 아리요시(有吉) 상하이 일본영사를 암살하는 계획을 추진하다 체포되기도 했다(육삼정 사건).

| 2 | 사회주의 국가건설 전략

1) 지식인 중심에서 민중 기반 혁명전략으로

사회주의 사상은 1918년 연해주에서 한인사회당을 조직한 이동휘 등이 러시아 혁명을 체험하는 가운데 받아들였다. 3·1운동 이후 이동휘는 상하이로 활동공간을 옮기면서 1921년 연해주에서는 또 다른 사회주의 그룹이 조직되었는데, 이른바 이르크츠크파 공산당이었다. 1920년부터는 국내외를 막론하고 사회주의는 부르주아 민족주의 퇴조에 이어서 '전염병처럼' 전파되었으며, 합법·비합법의 숱한 사회주의 사상단체가 조직되기 시작하였다. 당시 조선에서 사회주의 열풍은 1922년 모스크바에서 개최된 동방근로자 대회에 참가한 조선대표가 57명으로 가장 많은 수였다는 점에서도 이해된다.

이후 국내 사회주의자들은 이합집산을 거듭하여 서울청년회계와 화요회계라는 두 세력으로 결집하였고, 대중운동의 지도에 주력하여 조선노농총동맹과 조선청년총동맹이라는 전국 단일의 대중조직체도 건설하였다. 조선노농총동맹은 1922년에 노동해방을 앞에 내건 조선노동연맹회의 후신으로서, 1924년 4월에는 전국 174개 노동자·농민단체를 망라하여 건설되었다. 이 이후 각 지방에서도 노동단체의 결성과 그 발전이 급속히 이루어졌다. 최초의 합동노조에서 직업별 노조로, 다시 직업별 노조의 지역 연맹체로 발전했고, 나아가 산업별 노조로의 개편을 꾀해 나갔다.

한편, 1925년 4월 이들 사상단체 및 대중단체를 기반으로 조선공산당과 청년조직인 고려공산청년회가 꾸려졌다. 새로 결성된 조선공산당은 코민테른 집행위원회에 조선공산당의 창건을 알리고 승인을 얻기 위해 모스크바에 조동호와 조봉암을 파견하여 승인을 받았다. 또한 당대회를 통해서 조선 혁명의 과제를 민족해방혁명, 반제국주의 혁명으로 규정하고, 강령으로 민주공화국 건설, 비밀·보통·평등선거의 실시, 농민조합 승인 및 각 직업별 조합 결성권, 파업권, 야간노동 및 아동노동 금지, 대지주 및 대규모 자산가의 점유 토지 몰수 및 분배, 소작료 3할 이내 규정 등 40개 항에 이르는 강령을 내걸었다.(『불꽃』, 조선공산당선언, 1926.6.7.) 아직은 지주제의 완전한 철폐나 무상몰수, 무상분배와 같은 급진적인 강령은 나오지 않았다. 현실적으로 자본가 계급의 협조가 절실했기 때문이었다. 그러나 제1차 조선공산당은 1925년 11월 신의주 사건으로 발각되어 와해되었다.

제2차 조선공산당은 1926년 6월 10일, 순종 장례 때 고려공산청년회의 책임비서인 권오설을 중심으로 6·10투쟁특별위원회를 설치하고, 「격고문」, 「복상(服喪) 통곡(慟哭)하는 민중에게 격함!」 등의 전단을 배포하고자 했으나, 사전에 발각되어 100여 명의 조선공산당 당원이 체포되었다. 다만 조선공산당 산하 학생지도부에 의해서 준비가 지속되어 6월 10일 당일에 서울과 인천 등지에서 만세 시위가 벌어졌다.

이렇게 1·2차 조선공산당 사건'으로 조직이 와해되었지만 서울청년회 그룹인 고려공산동맹이 주도가 되어 조직을 재건하여 1926년 12월 6일 조선공산당 2차 당대회를 개최할 수 있었다. 여기서 사회주의자들은 새로운 혁명방략인 「민족운동에 관한 방침」을 결정하여 '민족주의자와의 제휴'를 천명하였다. 이 결정은 1927년 2월 신간회의 결성으로 구체화되었다. 대회는 또한 계급적 이해가 상충되는 조선노농총동맹을, 노동총동맹과 농민총동맹으로 나눌 것을 결의하여 노동쟁의 및 소작쟁의가 독자적인 전술에 입각할 수 있도록 개선하였다.

조선공산당은 1928년 2월 말 제3차 당대회를 열어 노동자 출신 차금봉을 책임비서로 선출하였고, 3월에는 조선공산당 중앙집행위원회가 「조선민족해방운동 관한 테제」를 통하여 당시 조선 혁명 단계를 '부르주아 민주주의 혁명' 단계로 설정하고, "장래 국가는 조선 사회의 정세에 기초한 혁명적 인민공화국이어야 한다. 조선에 소비에트 공화국을 건설하는 것은 좌익소아병"이라고 비판하였다. 1928년 말 코민테른은 조선공산당이 노동자, 농민대중의 기반이 취약하고, 고질적인 파벌투쟁으로 제 역할을 하지 못한다고 하면서 조선공산당 승인을 취소하는 이른바 '12월 테제'(1928.12.10.)를 발표하였다.

그리하여 프롤레타리아트 혁명 역량을 강화하고, 소농, 중소기업 등의 소규모 자산가 즉 소부르주아지의 민족혁명 운동에 보다 강력한 계급성을 부여하여 타협적인 민족개량주의에서 분리시키는 전략이 강조되었다. 또한 종래까지 지식인과 학생 중심으로 당이 운영되었기에 파벌투쟁이 불가피했다고 보고, 공장노동자와 빈농을 기반으로 한 당의 재건을 지시하였다. 이후 코민테른은 '1국1당 원칙'에 따라 조선공산당 승인을 취소하고, 1930년 3월에는 만주총국을, 1931년 10월에는 조선공산당 일본총국을 해산시켰다.

이처럼 1920년대까지 조선의 사회주의 운동은 그 주체가 개화기 이후 민족의 계몽과 자주독립을 주장하던 민족혁명가들이나 혹은 그들의 제자 가족 등이 많았다. 이들은 일정한 자산가 계급이었으며, 상당수는 일본에서 유학한 지식인 계층 그리고 서구 선교사들이 포교를 통해서 전파한 자유주의 이념을 수용한 기독교계 학생들이었다. 그런 면에서 이시기 사회주의 운동은 민족주의 운동의 지도세력과 동일한 유형의 사람들이라고 할 수 있다. 한층 '서구화'된 고등교육을 받은 상층 자산계급 소속의 인물들이 민족혁명을 특별히 강조하는 사회주의를 주창하였던 것이다.

요컨대, 일제강점기 조선에서의 사회주의 운동은 당면 목표가 기본적으로 계급해방이지만 민족해방(독립)의 과제가 절실하다고 보고, 혁명을 주도해야 할 부르주아계급이 친일화하거나 우경화한 사정에 따라 노동자, 농민, 학생 등 기층계급이 힘을 합쳐서 계급혁명과 민족혁명을 동시에 수행해야 한다는 입장이었다. 따라서 전체적으로 당대 조선인 사회주의 운동은 민주국가 수립을 위한 독립운동으로 나아갔고, 이 점이 계급 해방을 우선시하는 서구의 사회주의 운동과 차별되기도 했다.

2) 공산당 재건과 해방구를 만들려는 사회주의자들

1930년대 자치론이니 참정권론이니 하면서 독립을 유보하고 '민족의 이익선을 확보하자.'는 취지로 민족개량주의자들이 대거 민족운동에서 이탈하는 상황이 발생하였다. 아울러 「치안유지법」이 공포되고, 조선공산당에 대한 탄압이 계속되는 속에서 이들 사회주의 세력과 제휴하던 노동총동맹과 농민총동맹은 물론 기존 노동자·농민 조직도 상당한 동력을 상실하였다. 이런 상황에서 사회주의자와 대중조직은 비밀리에 '혁명적 노조', '혁명적 농조'의 건설을 시도했다. 여기에는 코민테른의 당재건 방침에 따라서 노동자, 농민 속에서 운동의 기반을 넓혀 해체된 조선공산당을 재건하는 토대를 만든다는 목표가 포함되었다.

혁명적 노조는 공장신문, 전단을 배포하여 각종 기념일[5·1노동절, 8·1반전의 날, 11·7러시아혁명기념일 등]에 8시간노동제, 최저임금제, 동일노동 동일임금, 구속자 석방 나아가 일본의 만주(滿洲)침략 반대, 만주·조선 주둔 일본군의 철수, 중국혁명 지지, 소련사수 등을 선전했다. 이 운동은 공업시설이 집중된 흥남, 함흥, 원산 일대에서 가장 활발했다. 1931년에서 1935년까지 혁명적 노조운동으로 검거된 건수는 70여건, 피검자는 1,759명이나 되었다. 혁명적 노조운동의 영향으로 1930년대 노동자의 파업투쟁은 더욱 격렬했다. 1931년 평양의 평원고무공장 파업, 1932년 제주도 해녀들의 주재소 습격 해상시위, 1933년 평양, 서울, 부산 등의 고무공장 파업, 1934년 흥남제련소 파업, 1935년 일본광업 남포제련소 파업 등이 이어졌다.

혁명적 노동조합 운동이 소수의 열성 노동자를 중심으로 전개되었다면 혁명적 농민조합 운동은 빈농을 중심으로 전개되었다. 특히, 함경도 일대의 혁명적 농조는 군-면

-리의 정연한 조직을 갖추고 대규모 검속에도 불구하고 그때마다 재건되는 등 튼튼한 기반을 가지고 있었다. 예컨대 함남 정평군의 경우, 전체 소작농의 53.7%가 조합원이었으며, 전체 216개 리 가운데 133개 리에 농민조합 조직이 있었다. 이들 지역의 마을 공회당에서는 맑스-레닌의 사진이 걸리기도 했으며, 한 군에 수십 개나 되는 야학에서 사회주의 사상을 강의하거나 사회주의 서적을 탐독했으며, 어린이들은 혁명가를 부르고 다녔다. 농민들은 소련의 콜호즈를 모델로 한 초보적 공동경작을 시도했으며, 조합에서는 지주로부터도 조합비를 세금처럼 징수하였고, 지주들로부터 빚 문서를 압수하여 소각하기도 했다.

그중에서도 함남 영흥군, 홍원군과 함북 명천군 농조의 투쟁은 가장 치열했다. 1937년까지 강력한 투쟁을 지속한 명천군에서는 농민들이 마을마다 계엄대, 규찰대, 동지탈환대, 연락대 등을 조직하여 저항하였고, 산속이나 동굴 등 주요 지점 35곳에 아지트를 만들어 무기와 식량을 비축하고 회의를 하거나 인쇄물을 만들었고, 간부의 은신처로 이용했다. 혁명적 농조에서는 '일제타도!'·'「치안유지법」 철폐' 및 '토지는 농민에게로'라는 구호를 내걸었으며, 전국 80여 개 군에 조직되었다. 1931~1935년간 43건의 혁명적 농조 사건이 발생하여 4,121명이 검거되었다.

침략전쟁 이후 혁명적 노조·농조운동은 침체했다. 그러나 해방 직후 40여 일 만에 조선노동조합전국평의회라는 전국 단일산별노조가 건설되고, 전국 각지에 인민위원회가 건설될 수 있었던 것은 이러한 경험이 있었기에 가능했다. 실제로 인민위원회를 설치하여 통치기능을 행사한 지역과 일제 강점시기 혁명적 농조가 조직되었던 지역은 거의 일치했다.

한편 세계대공황 상황에서 조선공산당재건운동도 활발했다. 그런데 공산당 재건은 녹록치 않아서 코민테른의 「12월테제」와 프로핀테른의 「조선의 혁명적 노동조합운동의 임무에 관한 테제(9월테제)」, 범태평양 노동조합의 「조선의 범태평양 노동조합 비서부 지지자에 대한 동비서부의 서신(10월서신)」 등을 통하여 노동자·농민의 당 중심으로 거듭나라는 주문을 강하게 받고 있었다. 그리하여 김규열, 이동휘, 김철수, 윤자영, 김영만 등 과거 서울파와 상해파 그룹은 1929년 3월 만주 길림성(吉林省)에서 조선공산당재건설준비위원회 발기회를 조직하고 『볼세비키』, 『노력자신문』을 발행하며 당재건운동을 벌였다. 1929년 11월에는 '화요파' 출신인 김단야, 권오직 등이 서울에서 조선공산당재조직준비위원회를 결성하였다. 이후 블라디보스톡 등지에서 활동하던 김단야 등은 1931년 3월 박헌영과 『콤뮤니스트』 창간호를 발간하여 조선공산당재건 방침을 시도하였다.

1931년 2월에는 양명, 한위건 등 ML파 사회주의자 그룹이 기관지 『계급투쟁』을 발행하고 조선공산당재건설동맹을 결성하였다. 1933년 8월 서울에서 이재유를 중심으로 경성트로이카그룹이 결성되어 1934년 11월 경성재건그룹, 1935년 9월 조선공산당 재건경성준비그룹 등의 움직임이 있었으나, 소규모 비밀결사 수준을 벗어나지 못했다. 그 가운데 이재유 그룹을 이은 박헌영 등의 '경성콤그룹'은 1940년대 초까지 지하활동을 계속했다.

| 3 | 좌우 연합의 민족국가 수립 전략

1) 민족적 대단결, 신간회와 건국동맹

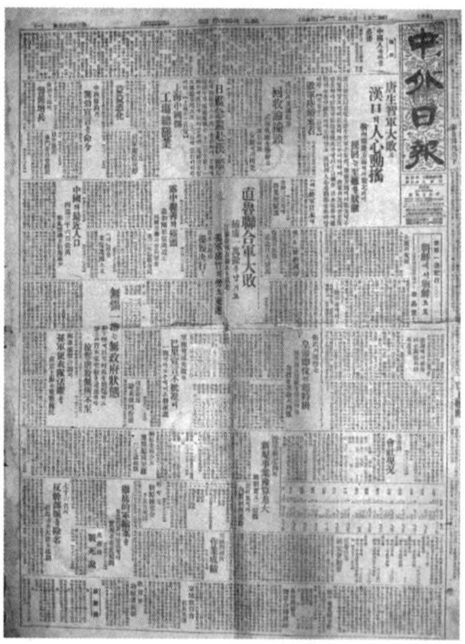
中外日報

『중외일보』(국립중앙도서관)

일부 타협적 민족주의자들이 '자치론'이나 '참정권론'에 기대하면서 개량화하는데도 『중외일보』 계열과 천도교 구파 등 일부는 자치주의를 거부했다. 이른바 '자치반대 민족주의그룹'이었던 이들은 사회주의자와 결합하면서 '민족주의 좌파'로도 불렸다. 여기에 사회주의 운동이 급성장하여 조선공산당이 결성되고 노동운동이 활발해졌고, 이에 총독부의 탄압이 격심해지자 사회주의 계열과 민족주의 좌파 세력은 일제뿐 아니라 민족개량주의 운동에 대해서도 공동투쟁하자는 기운이 고조되었다. 특히, 1926년 6·10만세운동과 그해 11월의 정우회 선언으로 이러한 기운은 더욱 고양되었다.

> 현재 세계 대세는 식민지 대 제국주의 군벌의 전쟁과 무산자계급 대 자본가계급의 전쟁으로 전개되고 있다. 제국주의 군벌에 대한 전쟁은 민족적·정치적 해방을 목적으로 하는 것이며, 자본가 계급에 대한 전쟁은 계급적·경제적 해방을 목적으로 한 것이다. 그러므로 식민지에선 민족해방이 곧 계급해방이고 정치적 해방이 곧 경제적 해방이라는 것을 알지 않으면 안된다.(「대한독립당 격고문」(1926))

먼저, 6·10만세운동 당시 대한독립당의 격고문을 보면 현재의 식민지 민족해방운동은 곧 계급해방운동인데, 이는 식민지 민족이 모두가 무산계급이며 제국주의가 곧 자본주의이기 때문이라는 것이었다. 그러므로 독립이 곧 해방이라는 의미로서 적극적으로 제국주의에 저항하는 모든 식민지 무산계급이 단결해야 한다는 것이었다. 그래서 격문의 말미에는 '혁명적 민족운동자 단체 만세! 조선독립만세!'라고 명기할 수 있었다.

이런 분위기와 함께 사회주의 운동이 파벌과 파쟁으로 제대로 역할을 할 수없게 되자, 그 활로를 모색하게 되고, 일차적으로 민족주의 세력 즉 민족주의부르주아 계급과의 제휴가 천명되었다. 사회주의의 대중적 베이스를 확장하자는 취지였다. 그리하여 다음과 같은 정우회 선언이 천명된 것이다.

> 민족주의 세력의 등장하면서 진행된 정치 운동의 흐름은, 그것이 하나의 필연적 과정인 이상 우리는 무심히 강 건너 불 보듯 할 수 없다. 그것보다 우리 운동 자체가 경제투쟁에 국한되어 있던 과거의 한계에서 벗어나 한층 계급적이고 대중적이며 의식적인 정치적 형태로 비약해야 할 전환기에 도달하였다. 따라서 민족주의 세력에 대해 그 부르주아 민주주의적 성질을 명백하게 인식하는 한편, 우리와 과정적 동맹자가 될 수 있음을 충분히 인정하면서 그것이 타락한 형태로 나타나지 않는한 적극적으로 제휴하여 대중의 개량적인 이익을 위해 이전의 소극적인 태도를 버리고 분연히 싸워야 한다.
> (「정우회의 신진용」, 『조선일보』, 1926년 11월 17일)

그리하여 1927년 2월 조선일보사의 이상재를 회장으로, 천도교 구파의 권동진을 부회장으로 하는 신간회(新幹會)가 창립되었다. 강령으로서, ①우리는 정치적, 경제적 각성을 촉진함 ②우리는 단결을 공고히 함 ③우리는 기회주의를 일체 배격함 등을 채택했다. 중앙간부는 비타협적 민족주의 명망가가 주로 차지했고, 사회주의자들은 지방지회 설립에 주력하였다. 그 결과 군 단위 지회는 141개, 그 회원은 4만에 이르렀고, 일본과 만주에도 지회가 조직되었다. 또한 신간회의 자매단체로서 근우회(槿友會)가 조직되어 여성운동을 통일적으로 지도했다.

총독부의 간섭으로 전국대회가 성사되지 못하는 상황에서 신간회 운동은 지회를 중심으로 전개되었다. 각 지회는 노동·농민운동과 학생운동을 지원했다. 총독부는 신간회의 급속한 발전에 당황하여 1929년에 11월 광주학생운동을 지원하고 민중대회를 준비하던 허헌 등 지도부 40여 명을 체포하였다. 이러한 탄압 속에서 신간회 내부에도 와해 조짐이 나타났다.

허헌 집행부의 뒤를 이은 김병로 집행부는 합법주의와 타협적 태도를 보였다. 이로 말미암아 사회주의자가 지도하는 지회와 중앙본부 사이에 마찰이 빚어졌다. 게다가 중국의 장제스 쿠데타에 따른 제1차 국공합작이 실패하면서 코민테른은 민족부르주아와의 연대에 부정적인 방침을 내렸다. 아울러 1920년대 말과 1930년대 초 노동자, 농민운동의 혁명화와 일제의 탄압은 운동의 변화도 요구하였다.

한편, 1943년 일본 제국주의의 패망을 예견하고 여운형, 조동호(趙東祜), 현우현(玄又玄) 등이 서울 경운동 삼광의원에 모여 비밀리에 건국동맹을 조직하였다. 목적은 조선인이 주체가 되어 해방을 맞이하고, 조선인의 손으로 새로운 나라를 건설하자는 취지

『여운형투쟁사』(독립기념관)

였다. 결국 그 방법은 서로 다른 각 정파들이 협력하여 함께 대일 연합전선을 이룸으로써 새로운 민주주의 조선을 건설하자는 취지였다. 다음은 조선건국동맹 강령이다.

1. 각인 각파를 대동단결하여 거국일치로 일본 제국주의 세력을 구축하고 조선민족의 자유와 독립을 회복할 일
2. 반추축국 여러 나라와 협력하여 대일 연합전선을 형성하고 조선의 완전한 독립을 방해하는 일체의 반동세력을 박멸할 일
3. 건설 부면에 있어서 일체 시행을 민주주의 원칙에 의하고 특히 노농대중의 해방에 치중할 일. (이만규, 『여운형투쟁사』, 총문각, 170쪽, 1946년 5월 25일).

1944년 10월에는 여운형을 위원장으로 하는 중앙조직을 결성하였고, 지방에도 충청도, 경상도, 전라도, 황해도, 평안도, 함경도 등 전국 10개도에 책임자를 정하고 지방조직을 설치하였다. 당시 지방조직 책임자에는 임시정부계열의 민족주의자를 비롯하여 사회주의 계열의 인물들도 포함되어 있었다. 인망(人望) 중심으로 편성함으로써 이념대립보다는 지역친화적인 인물을 내세워서 조직 저변을 확대하고자 한 것이었다.

1944년 10월에는 경기도 용문산에서 농민동맹을 결성하여 일제의 징병, 징용, 식량 공출, 군수 물자 수송 등을 방해하였다. 1945년 3월에는 좌익인 정재달, 이승엽 등과 연계하여 군사위원회를 조직하고, 일제의 통신 시설 및 철도 선로 파괴 등 후방 교란을 위한 무장 활동을 계획하였으나 실행은 어려웠다. 화북조선독립동맹이나 충칭(重慶)의 대한민국 임시정부와도 연계를 시도하고자 연락원을 파견하였다. 1945년 7월 대한애국청년당의 부민관 폭파 사건으로 8월 4일 건국 동맹의 이걸소·황운·이석구·조동호 등 1차 중앙 간부 다수가 검거되자, 여운형은 2차 중앙 간부로 최근우·김세용·이여성·이상백·김기용·이만규를 새로 선출하였다.

2) 항일 유격대의 통일전선 운동

1930년을 전후하여 만주 재주 조선인 농민의 입장은 복잡하였다. 일부에서는 일본

군의 위협보다 더 악랄하게 조선인을 수탈하는 중국인 지주와 상인에 대한 적개심이 깊어 갔고, 급기야 만보산사건이 발생하여 조·중 양국민의 갈등의 골은 걷잡을 수없었다. 하지만 일부에서는 제국주의 모순과 일본의 강권적 지배에 저항하려는 조·중 항일연대를 주장하면서 조직적인 사회주의운동이 전개되기도 했다.

만주에서 일본은 조선인을 통하여 이 지역의 지배권 확립을 도모하면서, 조·중 양국민간의 갈등을 조장하였고, 결국 중국인의 탐학에서 조선인을 구한다는 명분으로 만주사변(滿洲事變)을 일으키기도 했다. 만주라는 복잡한 정치적 경제적 환경에서 많은 조선인들이 방황하였다. 일부 독립운동가조차도 만주사변은 조선인을 위한 선의의 노력이라 생각하기도 했다. 그만큼 구체적인 현실에서 중국인과 조선인의 갈등 해결은 실마리를 찾기 어려웠다. 중국측도 조선인들이 일본의 침략에 앞잡이 역할을 한다고 오해하면서 조선인 사회주의자를 대거 학살하였다.

하지만 만주사변 직후 간도의 조선인들은 만주사변이 가지는 기만성을 파악하면서 반제국·반봉건 투쟁을 통하여 각종 모순을 해결하고자 시도하였다. 이에 1931년 가을부터 1932년 봄에 걸쳐 소작료 인하를 요구하는 가을봉기[추수폭동], 춘궁기 식량확보를 겨냥한 봄봉기[춘황폭동] 등을 통하여 중국인 지주, 봉건 군벌에 대한 저항을 이어갔다. 하지만 탄압은 가혹하여 이 과정에서 4만 명 이상의 조선인이 희생되었다.

농민봉기는 자연스럽게 항일무장투쟁으로 발전했다. 이에 1932년 봄 안투· 왕칭· 옌지· 훈춘· 화룽 등지에서 항일유격대가 조직되었다. 유격대는 1932년 하반기에서 1933년 봄에 걸쳐 산간지대에 소규모이지만 8개의 유격근거지(해방구)를 만들어 자치정부를 세우고 토지개혁 등을 실시했다. 1933년 9월 만주성위원회에서는 동북인민혁명군을 조직하여 만주에 산재한 무장부대를 통일했었고, 조선인 항일유격대가 그 중심이 되었다. 문제는 여전히 내면화된 조·중 갈등이었다. 결국 만주사변으로 빚어진 갈등을 '반민생단(反民生團) 투쟁'이나 조·중연합전선을 통하여 해결을 시도하였고, 완전히 친일로 돌아선 조선인 이외에는 대체로 항일전선으로 복귀하기 시작하였다.

특히 1935년 7월 코민테른 제7회 대회에서는 파시즘의 대두에 대응하여 반파시즘 인민전선과 식민지 민족통일전선 방침을 제기했다. 곧이어 중국공산당도 '8·1선언'을 발표하여 국민당에 대해 내전중지와 항일통일전선 결성을 호소했다. 이에 따라 북호

두(北湖頭)회의, 미혼진(迷魂陣)회의, 동강(東崗)회의가 있었고, 그 과정에서 1936년 5월 5일 조국광복회(祖國光復會)가 결성되었다. 그리고 선언문에서 "전 민족의 계급·성별·지위·당파·연령·종교 등의 차별을 불문하고 백의 동포는 반드시 일치단결 궐기하여 원수인 왜놈들과 싸워 조국을 광복시킬 것"을 천명하였다. 조국광복회가 창립되자 남만주 일대에서 동북항일연군과 합작하던 조선혁명군 의용군의 대원 상당수와 조국광복회는 1938년경 동북항일연군으로 합류하였다.

1937년 7월의 하리회의 이후 조국광복회의 주력인 동북항일연군 제2군 3사도 부대 편재가 바뀌었다. 동북항일연군 제1군과 제2군은 통합하여 제1로군이 되었다. 따라서 제2군의 3사는 제6사로 개편되었고 활동 무대는 식민지 조선과 가까운 백두산 일대로 하였다. 이후 제1로군 6사는 유격근거지를 만들고, 중국인을 대상으로는 항일구국회, 조선인을 대상으로는 조국광복회라는 대중조직 사업을 본격화하였다.

조국광복회는 광범위한 항일민족통일전선의 실현과 조선민족의 단결을 제안하는 「조국광복회 10대강령」을 발표하였다.

○ 한민족의 총동원으로 광범한 반일(反日)통일전선을 실현함으로써 일본 강도의 통치를 전복하고 진정한 한국의 독립적 인민정부를 수립할 것.

○ 한중 양 민족의 친밀한 연합으로 일본 및 그 주구인 만주국을 전복하고 한중의 인민이 자기가 선거한 혁명정부를 설립하여 중국영토에 거주하는 한인의 진정한 자치를 실행할 것.

○ 일본군대·헌병·경찰 및 그 주구의 무장을 해제하고 (그것으로 우리 부대를 무장시켜서) 독립을 위해 싸우는 군대로 만들 것.

○ 일본의 모든 기업, 운행, 철도, 해상의 선박, 농장, 수리기관, 매국적 친일분자의 모든 재산과 토지를 몰수하여 독립운동 경비로 쓰며, 일부 곤란한 동포를 구제할 것.

○ 일본 및 그 주구들의 인민에 대한 채권, 각종 세금, 전매제도를 없애고 대중생활을 개선하며 민족적 공·농·상공업을 지장없이 발전시킬 것.

○ 언론·출판·사상·집회·결사의 자유를 전취하고, 왜놈의 봉건사상을 장려하는 백지

공포의 실현에 반대하며 모든 정치범을 석방할 것.

○ 양반·상민 및 기타 불평등의 배제, 남녀·민족·종교·교육 등의 차별을 하지 않으며, 일률적 평등과 부녀의 사회상의 대우를 제의하고 여자의 인격을 존중할 것.

○ 노예·동화교육에 반대하고 우리 말과 글을 학습하며 의무적 면비교육을 실행할 것.

○ 8시간 노동제 실행, 노동조건의 개선, 임금의 인상, 노동법안 확정, 국가기관으로부터 각종 노동자의 보험법을 실행하여 실업(失業)상태의 노동대중을 구제할 것.

○ 한민족을 평등하게 대우하는 민족 및 국가와 친밀하게 연락하며, 우리 민족해방운동에 대해 선의·중립을 표시하는 국가 및 민족과 동지적 친선을 유지할 것.(장세윤, 「1930년대 만주지역 항일무장투쟁」, 2009,).

강령의 요지는 '광범위한 통일전선을 실현하여 일제의 통치를 전복하고 진정한 한인의 인민정부 수립, 한인의 참다운 가치의 실현, 조선의 독립을 위해 싸울 수 있는 혁명적 군대를 조직하고, 이에 독립을 쟁취한 후 인민정부를 수립하자.'는 것이었다. 이 강령은 1935년 7월에 발표한 조선혁명당의 강령을 이어받았고, 1941년 대한민국 임시정부의 건국강령에도 영향을 끼쳤다.

조국광복회는 광범한 민족통일전선의 실현을 위하여 박달·박금철 등 국내 공산주의자들과 연계하여 1937년 1월 조국광복회 국내 조직인 조선민족해방동맹을 조직하였다. 조선민족해방동맹은 조국광복회의 강령을 수용하여 짧은 기간 동안 함경남도 갑산군 일대에 반일청년동맹·반일그룹·반일부인그룹·반일회·농민조합·결사대·야학회 등 35개 하부 비밀조직을 결성하는 세력 확장에 성공하였다. 조국광복회 조직은 만주의 장백현과 함경도 갑산군 주민 사이에 빠른 속도로 확대되어 갔다. 당시 만주의 장백현과 함경도 지역의 천도교인들도 조국광복회 조직에 적극적으로 가입하였다.

항일유격대는 또한 민족해방동맹과 합동으로 국내진공작전을 감행했다. 1936년 6월 4일 밤 김일성이 이끄는 동북항일연군 2군 6사 유격대 80여 명이 갑산군 혜산면 보천보를 점령하여 경찰주재소와 면사무소 등을 불태우고 돌아갔다. 유격대는 추격하는 일본군경을 장백현 간삼봉에서 다시 물리쳤다. 보천보 전투는 1939년 5월의 무산전

투와 함께 국내에도 보도되었다. 일제는 1937년 10월부터 2차례의 검속사태를 벌여서 739명을 검거했다[혜산사건].

이후 민족해방동맹 등의 조국광복회 조직이 파괴되었다. 동북항일연군의 활동도 위축되어 소부대로 재편하여 시베리아로 북상했다. 이들의 일부가 1945년 8월 10일경 소련군이 만주와 국내로 진격할 때 소련군과 함께 국내로 진격하여 일본군 소탕전에 참가했다.

3) 임시정부 주도의 연합전선 운동

1935년 7월 김원봉의 의열단과 만주에서 후퇴한 무장세력을 중심으로 민족혁명당이 조직되었다[주석 김규식]. 민족혁명당은 조선민족전선연맹으로 개편하여 1938년 10월 중국국민당의 도움을 받아 조선의용대를 편성하고 중일전쟁에 참여했다. 그러나 주력부대는 항일전쟁에 소극적인 국민당 노선에 반대하여 최전선인 화북(華北)으로 이동하여 1941년 6월 중국공산당 군대인 팔로군 전방총사령부가 있는 옌안 동부 샨시성 태항산맥에 진지를 구축하고 화북조선청년연합회를 결성했다.

이 조직은 1942년 화북조선독립동맹으로 확대 발전했다[주석 김두봉]. 조선의용대는 팔로군과 협력하여 호가장전투(1941.12)와 반(反)소탕전(1942.5) 등에서 전과를 올리고 1942년 8월에 조선의용군[대장 무정]으로 개명하여 해방까지 무장항쟁을 계속했다. 이에 화북조선독립동맹은 결성 당시 강령을 통하여 앞으로 만들 국가건설 전략의 청사진을 펼쳤다. 기본강령에서 '본 동맹은 일본제국주의의 조선통치를 종식시킨

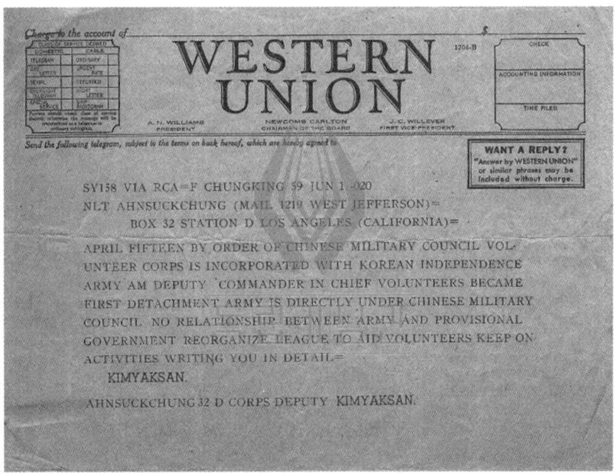

Charge to the account of

WESTERN UNION

1206-B

A. N. WILLIAMS PRESIDENT

NEWCOMB CARLTON CHAIRMAN OF THE BOARD

J. C. WILLEVER FIRST VICE-PRESIDENT

CHECK

ACCOUNTING INFORMATION

TIME FILED

Send the following telegram, subject to the terms on back hereof, which are hereby agreed to

WANT A REPLY? "Answer by WESTERN UNION" or similar phrases may be included without charge.

SY158 VIA RCA=F CHUNGKING 59 JUN 1 -020
NLT AHNSUCKCHUNG (MAIL 1219 WEST JEFFERSON)=
BOX 32 STATION D LOS ANGELES (CALIFORNIA)=

APRIL FIFTEEN BY ORDER OF CHINESE MILITARY COUNCIL VOLUNTEER CORPS IS INCORPORATED WITH KOREAN INDEPENDENCE ARMY AM DEPUTY COMMANDER IN CHIEF VOLUNTEERS BECAME FIRST DETACHMENT ARMY IS DIRECTLY UNDER CHINESE MILITARY COUNCIL NO RELATIONSHIP BETWEEN ARMY AND PROVISIONAL GOVERNMENT REORGANIZE LEAGUE TO AID VOLUNTEERS KEEP ON ACTIVITIES WRITING YOU IN DETAIL=
KIMYAKSAN.

AHNSUCKCHUNG 32 D CORPS DEPUTY KIMYAKSAN.

김원봉의 전보(독립기념관)

뒤 독립 자유의 조선민주공화국 건립을 목적'으로 한다고 하여 민주공화국 수립을 전면적으로 앞세웠다.

1. 전 국민의 보통선거에 의한 민주정권을 수립한다.
2. 언론 · 출판 · 집회 · 결사 · 신앙 · 사상 · 파업의 자유를 확보한다.
3. 국민의 인권을 존중하는 사회제도를 실현한다.
4. 법률상, 사회생활상 남녀평등을 실현한다.
5. 자주의 원칙 아래 세계 각국 및 각 민족과 우호적인 관계를 수립하다.
6. 일본제국주의자들이 조선에서 소유한 일체의 자산과 토지를 몰수한다. 일본제국주의와 밀접한 관련이 있는 대기업은 국영으로 삼고, 토지의 분배를 실행한다.
7. 하루 8시간 노동제를 실시하고, 사회노동보험제를 도입한다.
8. 인민에 부과되는 부역과 잡세를 폐지하고 단일누진세 제도를 도입한다.
9. 국민 의무교육제를 실시하고, 그 경비는 국가가 부담한다.
10. 조선 문화를 연구하고 국민문화를 널리 보급한다.

(『해방일보(解放日報)』, 1942년 8월 29일. 국사편찬위원회 편, 『대한민국임시정부자료집』 (40), 2011)

이상의 목적을 달성하기 위하여 중국내 조선인의 삶의 개선과 일본파시스트의 중국침략에 대항한 항일전쟁에 적극 참여하는 한편, 대중의 혁명역량 증진에 노력하며, 특히 전 조선 민족의 반일(反日)통일전선의 확대를 공고하는데 노력하기로 했다. 인민공화국이 아니라 민주공화국이라고 한 것은 역시 국공합작에 따른 민족주의 세력의 통일전선 참가를 독려하려는 의도도 포함하여 근대적 자유주의와 민주주의 질서의 안착을 고민하는 이른바 부르주아민주혁명론적 입장을 드러낸 것이었다.

한편, 김구(金九)의 노력으로 겨우 간판만 유지하고 있던 임시정부는 후퇴하는 국민당 정권을 따라 충칭(重慶)으로 이동했다. 임정은 1940년 4월 같이 관내로 이동한 군소 당파를 모아서 한국독립당을 만들어 우익측 통일전선을 완성하고, 1940년 9월에는 한국광복군을 창설했다[총사령 이청천]. 화북으로 가지 않은 김원봉 휘하의 조선의

용대 일부도 가세함으로써, 임시정부는 좌익도 포함하는 거국적인 연합전선 정부가 되었고, 그것에 따른 조국해방의 방법론도 변화했다. 이른바 조소앙 등이 기초한 〈건국강령〉은 임시정부가 주도가 되어 '혁명적 삼균제도(정치·경제·교육의 균등)로서 복국(復國)과 건국(建國)의 대의를 달성하겠다.'는 국가건설전략이었다. 다음은 건국강령 총칙이다.

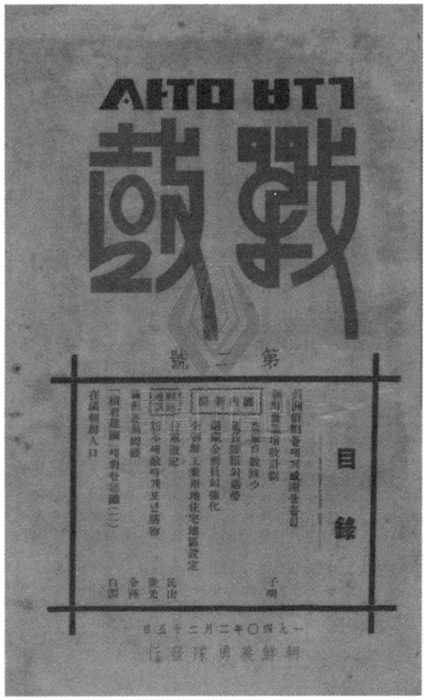

조선의용대의 잡지 『전고』(독립기념관)

> 우리나라의 건국 정신은 삼균제도(三均制度)의 역사적 근거를 두었으니 옛 현인이 분명히 명령하여 「수미균평위(首尾均平位)하야 흥방보태평(興邦保太平)하리라」 라고 하였다.…임시정부는 13년(1931) 4월에 대외선언을 발표하고 균등제도의 건국 원칙을 천명하였다. 이른바 「보통선거제를 실시하여 정권(政權)을 고르게 하고, 국유제를 채용하여 이권(利權)을 고르게 하고, 공비(公費) 교육으로 학권(學權)을 고르게 하며, 국내외에 대하여 민족자결의 권리를 보장하여 민족과 민족 및 국가와 국가의 불평등을 없앨 것이며, 이를 국내에 실현하면 특권계급이 곧 소멸하고, 소수민족이 침략당하는 일을 모면하고, 정치와 경제와 교육의 권리가 고르게 되어 헌지(軒輊)가 없어지니, 동족과 이민족에 대하여 또한 이렇게 한다」라고 하였으니, 이는 균등주의의 제1차 선언으로, 우리가 발양·광대할 것이다. 임시정부는 이상에 근거하여 혁명적 삼균제도로서 복국(復國)과 건국(建國)을 통하여 일관한 최고 공리인 정치·경제·교육의 균등과 독립·민주·균치(均治)의 삼종 방식을 동시에 실시할 것이다.(대한민국임시정부 선전부, 『1946년 1월 대한민국임시정부에 관한 참고문건 제1집』, 1946.2.1.).

즉, 임시정부는 앞으로 해방 후 재건될 조국에서는 자주독립과 민주공화제를 전제한 위에 균등을 강조하는 사회주의적인 이상을 접합하겠다고 했다. 그러면서 그동안

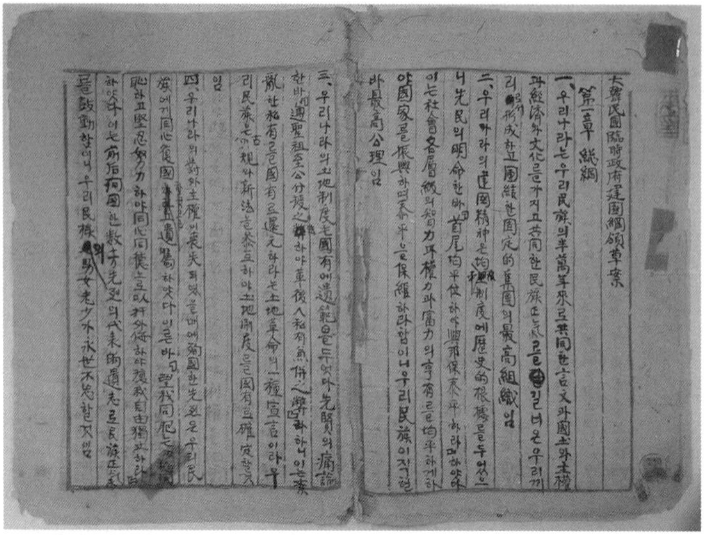

대한민국임시정부 건국강령 초안(국가유산청)

일본에 의해 자행된 민족차별적이고, 조선인의 희생을 강요했던 제국주의적 자본주의 질서의 폐해를 철저히 해소하겠다는 의지를 표방하였다. 물론 이렇게 삼균을 강조한 것은 자유주의적 질서가 극단적으로 후퇴한 당시 상황과 관련된다. 즉, 「건국강령」은 조선인의 전체 뜻으로 구성된 독립된 국가권력이 주도하여 그동안 왜곡된 자유를 회복하고, 조선인의 삶의 질을 박탈한 자유주의 경제의 문제점을 극복하며, 정선된 평등경제로 복귀하고, 그것을 뒷받침할 균등한 교육체계를 확립하겠다는 것이고, 그리하여 새시대에 걸맞는 근대적 국가만들기, 국민만들기의 초석을 다지겠다는 임시정부의 결의였다.

「건국강령」에 따르면, 정치적으로 자유주의 정치 질서의 회복을 위하여 만 23세 이상의 평등, 비밀, 직접의 보통선거제도 및 선거권, 피선거권, 입법권, 파면권 등 정치적 참정권을 보장하고, 노공(老工), 유년공(幼工), 여공(女工)의 야간노동과 각종 불합리한 노동을 금지하고, 노동자에게는 노동권과 휴식권을 보장하며, 국민에게는 피구제권·피보험권·면비수학권 등 신체 자유를 구성하는 제 권리들을 보장하겠다는 것이었다. 나아가 거주·언론·저작·출판·신앙·집회·결사·유행·시위 및 운동·통신 비밀 사회적 이해에 참여할 수 있는 권리 등 근대국민권의 기본적인 내용을 보장하겠다는 이른바 '건국공약'과도 같은 것이었다.

특히 구래의 악습이었던 연좌제(連坐制)를 금지하고, 병역, 세금, 교육 등 국민적 의무를 규정하는 한편, 대규모 생산기관의 생산수단을 국유화하고 토지·광산·어업·농림·수리·소택과 수상·육상·공중의 운수사업과 은행·전신·교통 등과 대규모 농·공·상 기업과 공업구역의 주요한 공용적 방산(房産)도 국유하기로 했다. 이들 모두 조국광복회나 이후 좌익운동자의 정강에서 대중적 지지를 획득할 수 있도록 제시된 사회주의적 정강이었다.

적산(敵産)몰수 조항도 흥미로운데, 이것은 일본 공기관이 남겨둔 재산뿐만 아니라 일본인이 소유한 일체의 사유자본 및 부적자(附敵者=친일파)의 소유 자본과 부동산을 몰수하여 국유로 하겠다는 것이었다. 그리고 몰수한 재산은 빈공(貧工), 빈농(貧農)과 일체 무산자를 위한 국영 혹 공영(公營) 기구로 전환하겠다고 했다. 나아가 토지의 상속, 매매, 저당, 상속, 전조차(轉租借)를 금지하고, 고리대금업과 사인(私人)의 고용농업(=소작제)를 원칙적으로 금하며 두레농장·국영공장 및 생산, 소비와 무역의 합작기구를 조직하겠다고 했다.

그런데 문제는 배타적 '1물 1권'에 기반한 사적 소유를 강조한 근대 민법의 정신과 정면 배치되는 발상이다. 결국 「건국강령」은 당시 임시정부가 '시장 질서'를 무척 부정적으로 이해한다는 증거이기도 했다. 또한 국제무역이나, 전기 또는 대규모 인쇄·출판· 영화 등을 국유 국영으로 한다고 하였다. 이것은 앞으로 생길 경제체제가 결코 자유주의적 자본주의 구성체가 아니라는 점을 분명히 한 것이었다. 자연스럽게 토지분배 정책에서도 자력자경인(自力自耕人)에게 분급 및 고용농·소작농·자작농·소지주·중지주 등 농민 중 저급(低級)부터 우선 분배한다고 하여 빈농, 고농 중심의 토지개혁을 추진하겠다는 원칙을 분명히 하였다. 경제 개혁은 전적으로 사회주의권에서 주장하는 반시장, 반독점, 친무산계급 정신을 그대로 반영하고 있다고 해도 과언이 아니었다.

한편, 교육적으로 국민도덕과 생활지능과 자치능력을 키워서 완전한 국민을 만든다는 원칙으로, 6세부터 12세까지의 초등 기본교육과 12세 이상의 고등 기본교육에 관한 일체 비용은 국가가 부담하고 의무교육을 실시하기로 했다. 또한 인구·교통·문화·경제 등 정형을 따라 일정한 균형적 비례로 교육기관을 설치한다고 하고, 매 읍(邑)이나 면(面)마다 5개 소학과 2개 중학을, 매 군(郡)이나 1부(府)마다는 2개의 전문학교를, 매 도(道)마다는 1개 대학을 설치하겠다고 하였다. 당시 조선총독부가 1면 1교(초등) 정책이 추진된 데 대한 대응으로 보인다.

임시정부는 이러한 개혁을 통하여 민주공화국의 토대를 구축했다는 점은 당대로선 의미가 각별했다. 하지만 결정적인 문제는 그것을 담지할 세력 즉, 경제적으로는 균산주의 세력, 정치적으로는 좌·우연합세력이 과연 존재하며, 그러한 질서 구축을 주도할 만한 토대가 있는가 하는 점이었다. 다시 말해, 복잡한 국제정세 속에서 삼균을 유지할 수 있는 주체적 역량이 과연 존재하는가 였다.

아울러, 삼균이라는 대의명분을 넘어서 특히 침략전쟁 시기에는 조선의 지정학적, 전략적 가치, 한반도의 국제정치학적 지형, 경제적 위상 등에 대한 충실한 고민이 더 반영되는 국가전략이 필요했다. 내적으로는 사회주의적 베이스가 확대되고, 전통적인 사회공유적 가치가 확장되는 속에서도 그것을 흡수할 장치에 대한 고민이 더욱 배가가 되어야 했다.

나아가 교육 균등과 국민 균산을 실현할 재원 마련에 대한 고민이 취약했다는 점이다. 이러한 수준의 개혁을 실행하려면 단순히 적산을 몰수하여 이룰 수 있는 것은 아니었다. 결국 자산가 계층의 동의를 구해야 할 바이고, 국제사회의 지극한 경제적 지원이 필수일텐데, 임시정부의 구성 자체가 그것을 실현가능하게 할 조건이 되었는가도 곰곰이 돌아보아야 한다. 그러니 「건국강령」말고 사회주의 혁명적 방법이 현실적이라는 비판을 면치못하게 되는 원인이 되기도 했다. 마지막으로 중요기구(중요산업, 금융, 전신, 교통 등)의 국유화와 더불어 시장을 완전히 부정하는 토지의 매매, 상속, 저당 등의 근대적 민법 질서 즉, 시장 질서를 과소평가한 점은 우파들의 집중적인 공격 대상이 될 가능성이 컸다.

어쨌든 「건국강령」으로 무장한 임시정부는 1941년 12월 태평양전쟁이 발발하여 국민당 정부가 일본에 정식 선전포고를 하자 12월 10일 대일 선전포고를 하는 등 정규군을 통한 독립전쟁노선을 분명히 했다. 이에 1943년 광복군 8명이 영국군을 도와 미얀마 전선에 파견했고, 1945년 4월 미국전략공보처(OSS) 지휘하에 조선내 침투훈련을 받았다. 같은 달 중국군의 통제장치인 행동준승에서 벗어난 광복군은 본토진공작전을 기획하고, 웨더마이어 장군과 함께 광복군의 본토투하를 준비하던 중에 일제의 항복소식을 들었다. 비록 광복군의 깃발은 전장에서 나부끼지 못했지만, 임시정부라는 주권대행기구에서 발족한 정규군에 의한 무장투쟁이었다는 점에서 역사적 의미가 각별하다.

임시정부 요인과 광복군(독립기념관)

4) 침략전쟁 시기 한중합작의 독립운동

침략전쟁 시기에 들면서 중국은 제2차 국공합작 등 반제(反帝)항일노선이 확립되면서, 조선인 독립운동 세력과의 연계도 절실하였다. 특히 조선의 독립운동에 호의적이던 국민당 장제스(蔣介石)는 임시정부을 비롯한 독립운동가들이 항일에 나서도록 지원하려고 했다. 이에 정제스는 조선의용대와 한국광복군 등 2개의 조선인 부대를 승인하였고, 1940년 9월 충칭에서 한국광복군이 정식 창설되자 지원을 공식화하였다.

당시 한국광복군은 창설되었지만 운영 자금이 부족했고, 작전권이나 활동이 중국군에 예속된 처지라서 어려움이 있었다. 조선의용대도 임시정부와 거리를 두는 상황이었다. 중국군사위원회 위원장 장제스는 1941년 10월 참모총장 허잉칭(何應欽)에게 광복군과 조선의용군을 함께 국민당 군사위원회에 소속시켜 참모총장이 통일적으로 운용, 관리를 지시하였다.

그동안 임시정부는 광복군 총사령부를 시안(西安)으로 이전하면서 중국과 군사협력을 지향하였고, 이에 국민정부는 광복군의 법적 지위와 재정 문제 그리고 연합작전의 필요성을 이유로 광복군을 중국군사위원회 아래로 예속시키려고 하였다. 이에 중국군사위원회는 광복군 활동에 소요되는 보급품을 직접 지원하기로 하는 한편, 임시정부의 동의를 구하여 광복군을 중국군사위원회 참모본부의 지휘 아래에 놓게 하는 '한국광복군9개행동준승'을 체결하였다. 임시정부는 '우리의 주권을 침해하지 않으며 양국 간 연합작전의 효율화를 위하여 중국군 군령에 복종하여야 하나 대한민국 국군의 지위는 동요됨이 없이 엄연히 존재한다.'고 밝혔다. 그러면서 중국군에 예속된 기한을 항일연합작전 시기로 국한하였다.

또하나 중요한 문제는 광복군과 조선의용대의 통합이었다. 중국군사위원회는 임시정부가 이 문제를 조율하도록 했고, 임시정부 국무회의에서는 광복군과 조선의용대 통합안을 작성하였다. 중국군사위원회도 조선의용대를 해산한 뒤 광복군에 편입시켜 지휘권을 일원화할 것을 독촉하였다. 마침내 1942년 4월 한국독립당과 조선민족혁명당이 협의하여 광복군과 조선의용대의 합편안을 만들었고, 중국군사위원회는 1942년 5월 조선의용대를 광복군에 편입시키고, 조선의용대 사령관 김원봉(金元鳳)을 부사령관으로 임명하였다.

통합 후 광복군은 김구와 김원봉의 이원화된 통수구조를 정리하고, 중국정부(군사위원회)의 지원 내용을 확인할 필요가 있었다. 이를 위하여 1942년 8월에 김구와 김원봉은 몇 차례 논의를 거친 다음 다음 사항을 합의하였다.

○ 중국에 있는 한국의 당·정·군에 대한 지도와 연락은 군사 문제만 군사위원회의 책임으로 하고, 나머지 당과 정 문제는 중앙당이 맡는다.
○ 한국 정부의 활동을 협조하고자 정부 차관 100만원을 대여한다.
○ 적당한 시기에 대한민국 임시정부를 승인하는데 그 시기는 장제스에게 건의하여 결정한다.

그리하여 1942년 7월 중국 중앙군사위원회도 3항 15개조에 달하는 '대한국재중국혁명역량부조운용지도방안'을 작성하였고, 장제스는 당비서 우티에청(吳鐵城)에게 다음 4가지 사항을 지시하였다.

○ 당·정·군은 사실상 불가분이므로 통일적으로 운영과 지도를 해야 하고 허잉칭(何

應欽) 참모장 외 한 두 사람을 참가시켜 책임을 맡는다. 금후 한국 문제에 관하여 당·정·군을 막론하고 본 위원회 협의에 따라 처리한다.

○ 다른 나라보다 먼저 대한민국 임시정부를 승인한다는 원칙에 따라 적당한 시기를 택하여 처리한다.

○ 한국의 내부파쟁을 너무 의식하지 말고 특정 정당 또는 단체에 고정되지 않으면서 적절하게 처리한다.

○ 차관은 임시정부에만 국한하지 말고 복국(復國) 역량 또는 중국의 항일전쟁에 도움 여부를 우선 확인하여 당에서 결정한다.

본 방안은 1942년 12월 27일부터 실시되었다. 총칙과 3개 항의 요지, 8개 항의 실시방안을 담고 있었다. 이에 장제스는 국민당 중앙위원회 비서장 우티에청(吳鐵城)과 조직부장 주자화(朱家驊), 군사위원회 참모총장 허잉칭(何應欽) 등 3인으로 지도위원회를 만들었다. 예하에는 각기 실행방안은 실천할 전담기구를 배치하였다. 임시정부는 이로서 정부경비, 당무경비, 군사경비, 교민생활경비 등을 지원받을 수 있게 되었다.

먼저 정무경비는 처음에는 6원이 보조되었으며 1943년 5월부터는 20원으로 증액되었고, 조직경비로 1945년에는 300원으로 증액되었으며, 김구 등에게는 개인적으로 비밀경비가 지급되었다. 당무경비 명목으로 1942년부터 매월 1만 5천원씩을 한국독립당과 조선민족혁명당에 지원하였고, 각 당파 단합을 위하여 1944년부터 경비 지급을 임시정부로 일원화하였다. 군수품을 비롯한 모든 경비는 중국군사위원회에 예속된 이후 부담하였으며 1945년 5월 비로소 광복군이 임정에 귀속되었는데, 이때부터는 차관(借款) 형식으로 급식을 지급받았다.

한편, 정치적인 지원도 만만치 않았다. 먼저, 중국 국회격인 국민참정회의는 임시정부 승인을 건의하여 결의안을 통과시켰다. 이어서 『대공보(大公報)』와 『중앙일보(中央日報)』 등의 중국 신문들은 조선독립과 임시정부를 지지하는 각종 기사와 칼럼을 게재했다. 이어서 중앙문화협회가 설립되어 양 민족의 문화교류를 촉진하였다.

이러한 전폭적이고 구체적인 중국 정부의 지원으로 임시정부도 효과적으로 항일운동을 지속할 수 있었다. 그러나 문제도 있었다. 중국은 광복군의 확충에 무척 미온

적이었다. 임시정부가 병력 및 무기확충을 여러 차례 타진했으나 중국측의 적극적인 호응은 미미했으며, 이미 체결된 '행동준승 9개조'가 광복군의 자유로운 활동을 방해하기도 했다.

1943년 임시정부는 '행동준승 9개조'를 개정할 것을 요구하면서, 중국정부도 임시정부와의 관계 악화를 우려하여 협의한 결과, 1944년 8월 중국군 참모총장 허잉칭은 광복군을 임시정부 직속으로 하고, '행동준승 9개조'을 취소하겠다고 통보하였다. 이후 임시정부와 중국 정부간의 교섭으로 1945년 3월에 「원조한국광복군판법(援助韓國光復軍辦法)」이 결정되었다. 이로서 광복군의 지위가 한국군으로 인정을 받게 되었다. 그런데 중국군사위원회의 예속은 벗어났지만 작전권은 여전히 8.15해방까지도 중국군이 가지고 있었다.

■ 참고문헌

강동진, 『일제의 한국침략정책사』, 한길사, 1980.

김동명, 「15년전쟁하 일본제국주의의 식민지지배체제의 전개 - 식민지 참정권 부여문제를 중심으로 - 」, 「일본학」 20, 동국대 일본학연구소, 2001

김동명, 『지배와 저항, 그리고 협력 - 식민지 조선에서의 일본제국주의와 조선인의 정치운동 - 』, 경인문화사, 2006.

김인호, 『심지와 불꽃, 원심창이야기』, 평택문화원, 2018.

김정인, 「초기 독립운동과 민주공화주의의 태동」, 『인문과학연구』 24, 2017.

김희곤, 「대한독립여자선언서」, 『한국논단』 2009.

박찬승, 『한국근대정치사상사연구』, 역사비평사, 1992.

배경한, 「한국독립운동과 신해혁명」, 『한국근현대사연구』 75, 2015.

서희경, 「대한민국 건국헌법의 역사적 기원(1898-1919): 만민공동회 · 3·1운동 · 대한민국 임시정부헌법의 '민주공화' 정체 인식을 중심으로.」, 『한국정치학회보』 40-5, 2006.

신주백, 「1910년 전후 군주제에서 민주공화정체로 정치이념의 전환: 공화론과 대동론을 중심으로」, 『한국민족운동사연구』 93, 2017.

윤덕영, 「1920년대 중반 민족주의 세력의 정세인식과 합법적 정치운동의 전망」, 『한국근현대사연구』 53, 2010.

윤덕영, 「1920년대 중반 일본 정계 변화와 조선총독부 자치정책의 한계」, 『한국독립운동사연구』 37.

이덕주, 「3·1운동과 기독교」, 『한국기독교와 역사』 47, 2017.

이승렬, 「역대 조선총독과 일본군벌」, 『역사비평』 26, 1994.

이준식, 「김규식의 민족운동 노선과 이념」, 「한국민족운동사연구」 39, 2004.

이태훈, 「일제하 친일정치운동 연구」, 연세대학교 박사학위논문, 2010.

이현희, 「우사 김규식 연구」, 『사학연구』 68, 2002.

이현희, 「의암 손병희 성사와 천도교의 3·1운동」, 『동학학보』 10-1, 2006.

임형진, 「묵암 이종일의 민족의식과 3·1운동」, 『청소년과 효문화』 15, 2010.

전상숙, 「1920년대 사이토오(齋藤實) 총독의 조선통치관과 '내지연장주의'」, 『담론』 11-2, 2008.

정병준, 「중국 관내 신한청년당과 3·1운동」, 『한국독립운동사연구』 65, 2019.

정태욱, 「조소앙의 「대한독립선언서」의 법사상」, 『법철학연구』 14-3, 2011.

조동걸, 「1917년 대동단결선언」, 『한국학논총』 10, 국민대학교, 1987.

최석영, 『일제의 동화이데올로기 창출』, 서경문화사, 1997.

하희정, 「국내외 독립 선언문 다시 읽기: 3·1운동과 시민 주권」, 『神學思想』 184, 2019.
홍선표, 「헐버트(Homer B. Hulbert)의 재미 한국독립운동」, 『한국독립운동사연구』 55, 2016.

제11장

민주화와 시민사회의 형성

정용욱(서울대학교 명예교수)

1. 해방 직후의 국가 건설 운동과 민주주의
2. 분단 이후의 민주주의, 4월혁명과 5·16군사쿠데타
3. 1960~70년대 민주화 운동의 발전
4. 1980년대 민주화 운동의 대중화와 6월민주항쟁
5. '촛불혁명'과 민주화 이후의 민주주의
6. 한국 민주주의의 성격과 특징

| 1 | 해방 직후의 국가 건설 운동과 민주주의

해방 직후 한국 사회는 일제 식민지기에 민족해방운동을 통해 발전시켜온 민주주의적 이상과 목표를 실현하기 위한 정치적 열기로 들끓었다. 일본의 패전으로 동아시아에서 반제반파쇼투쟁은 민주주의 세력의 승리로 귀결되었다. 그러나 일제에 대항한 반파시즘 진영은 하나의 힘이 아니었고, 일제의 무조건 항복은 여러 세력이 공동으로 노력한 결과였다. 반파시즘 진영은 자본주의 체제를 대표하는 미국, 사회주의 체제를 대표하는 러시아, 반제반일투쟁 과정에서 성장한 동아시아의 민족해방운동 세력으로 구성되었다.

해방 직후 남북을 막론하고 거의 모든 한국인들이 독립국가 건설과 민주적 개혁의 조속한 실현을 열망했다. 그것은 일제 강점기 민족해방운동의 발전과정에서 도달한 귀결점인 동시에 해방 후 각 정파들의 주장에서 나타난 일관된 구호였다. 그러나 이 과제의 수행과정에서 남북 사이에 일정한 차이가 나타났는데, 여기에는 미·소 양군의 점령과 그것을 매개로 한 양국의 대한정책이 결정적 영향을 끼쳤다. 38선 이북에서는 소련군이 행정권을 일찍이 지방인민위원회에 이관했고, 임시인민위원회가 통치와 치안을 담당했음에 비해서 이남에서는 미군이 군정 실시를 선포하고 조선인이 수립한 자치 기구를 인정하지 않았다.

외세의 점령과 남과 북의 서로 다른 정치적 조건 속에서도 해방 직후부터 조선 사회 내부로부터 나라의 독립과 새 정부 수립의 요구가 분출하였다. 해방 직후 활동을 개시한 조선건국준비위원회는 1945년 8월 25일 '완전독립'과 '진정한 민주주의 확립', '대중생활 확보' 등의 내용을 골자로 하는 선언과 강령을 발표했다. 해방 직후 한국인들에게 독립, 민주주의 확립, 생활권의 확보는 서로 분리할 수 없는 과제로 인식되었다.

식민지 상태에서 갓 해방된 나라답게 대부분의 한국인들이 새로운 국민국가 수립을 민주주의 실현의 전제조건으로 간주했다. 또 독립국가 수립 이전에 일제 잔재 청산이라는 당면 과제도 해결해야 했다. 즉, 해방 직후 민주주의를 둘러싼 논의는 사상·이념의 차원보다 독립국가 건설을 위한 정치·사회·경제 등 제반 개혁과 식민 유제 청산의 차원에서 전개되었으며, 각 정치세력은 다양한 국가건설론과 개혁론을 제기하고 이를 실천에 옮겼다. 그러나 미·소의 분할점령과 냉전의 도래는 국가건설과 개혁을 둘러싸고 한국 사회 내부에 격렬한 대립을 불러일으켰고, 남한에서는 당면한 일제 잔재의 청산조차 불가능하게 만들었다.

38선 이남에 진주한 미군은 중앙의 건국준비위원회와 지방의 인민위원회 등 한국인들이 자생적으로 만든 정치 기구를 부정함으로써 민중 자치의 실현을 저지했다. 미군은 현상 유지를 앞세워 일제 식민지 통치기구를 온존시켰을 뿐만 아니라 일제에 협력했던 한국인 관료, 경찰을 점령통치기구에 대거 충원했다. 미군은 민족반역자 처단에 응하지 않았고, 오히려 일제에 부역한 친일 지주, 기업가, 관료 등 부일협력배를 온존시키고 이를 비호했다. 미군은 식민유제의 물적 청산을 위한 토지개혁과 적산(귀속재산) 처리 요구에도 불응했다. 소련군이 점령한 38선 이북에서는 사회주의자들이 정치적 주도권을 장악했다. 모스크바 삼상회의의 「조선에 관한 결정」이 국내에 전달되자 소련군은 반탁을 주장하는 우파 민족주의자들과 자유주의자들을 억압하기 시작했으며, 이후 북한 정치는 다양성을 상실해갔다. 북한에서는 일찌감치 임시인민위원회를 중심으로 토지개혁과 중요산업 국유화 등이 실행됨으로써 일제 식민지배의 물적 토대를 해체했고, 부일협력배 처단을 통해 일제 식민통치를 인적으로 청산했다.

분할점령이 장기화됨에 따라 한국 사회의 민주주의 논의는 독자적인 국가건설론과 개혁론으로부터 미·소의 체제 이념에 순응하거나 그것을 선전하는 차원으로 전락했다. 한쪽에서는 반공주의를 앞세워 보통선거를 통해 남한 단독정부라도 세워야 한다고 주장했고, 그것이 민주주의를 실현하는 것이라고 주장했다. 다른 한쪽에서는 단선·단정을 거부하고, 통일정부를 수립하는 것이 진정한 민주주의의 길이라고 주장했다. 단정 수립의 주역이었던 이승만은 1946년 6월의 이른바 '정읍발언'에서 확인되듯이 일찍부터 좌우합작에 의한 임시정부, 통일정부 수립에 대해서 부정적인 입장을 견지했다.

1947년 9월 미국이 미소공동위원회 결렬을 선포하고 한국 문제를 유엔으로 이관하자, 소련은 유엔 이관에 반대하며 대신 미·소 양군 동시 철퇴와 한국인에 의한 한국 문제의 해결을 주장하였다. 미·소 양측은 각각 상대방의 제안을 거절했다. 단정 수립에 따른 한반도 분단의 위기가 현실화하고, 남북 간 군사적 대결에 대한 우려가 점증하는 가운데 1948년 2월 김구는 김규식과 함께 북의 김일성, 김두봉에게 남북협상을 제안했다. 두 사람의 제안에 북한이 호응하면서 4월 18일부터 30일 사이에 평양에서 남북연석회의가 개최되었다. 일련의 지도자협의회와 요인회담을 거쳐 4월 30일 '남북조선 제정당·사회단체 공동성명서'가 발표되었다. 그 내용은 첫째, 미소 양군 철수, 둘째, 북한의 남침에 대한 우려 불식, 셋째, 전국총선에 의한 통일국가 수립, 넷째, 남한의 단선·단정 반대로 요약할 수 있다.

남북협상은 한국 문제의 자주적 해결을 주장했고, 외세의 간섭 배제를 합의문 첫머리에 올려놓았지만 남북합작은 성공할 수 없었고, 남북협상 정신은 선언으로 남을 수밖에 없었다. 김구와 김규식은 남북협상 결과에 만족감을 표시했고, 남쪽으로 돌아와서 공동성명서의 결정을 실현하기 위해 노력했다. 그러나 그들의 노력은 미군정과 이승만, 한민당의 반대에 부딪혀 성공할 수 없었다. 1948년은 전 세계적으로 냉전체제가 형성되기 시작한 시점이었다. 분단을 저지하려는 남북협상파의 때늦은 지혜는 남북통일을 외세가 아닌 우리 민족 스스로의 힘으로 해결할 가능성을 제시했다는 점에서 커다란 의의를 가졌지만 그러한 희망은 역사적 과제로 남았다. 그리고 이남의 단독정부는 좌익은 물론이고 임정을 끝까지 사수한 김구나 좌우합작의 우측 대표였던 김규식 등과 같이 남북협상을 추진했던 민족주의 계열의 인사들까지 배제한 채 추진되었다.

남북협상을 통한 통일정부 수립을 제창한 김구는 1948년 4월 19일 김규식 등과 함께 38선을 넘어 평양으로 갔다. 그러나 이들 일행은 공산측의 제스처분인 협상 태도로 끝내 아무런 성과 없이 되돌아 올 수밖에 없었다. (좌) 북행 길의 김구 일행 (우) 북행에 앞서 가진 김구 기자회견(국가기록원)

두 개의 한국을 거부하고 통일된 자주 독립 국가를 세우려는 움직임은 좌우합작운동과 남북연석회의에 국한되지 않았다. 사실상의 단독정부 수립 방침이 굳어지는 것과 때를 같이해서 이를 반대하는 민중들의 투쟁이 고양된 것은 아래로부터의 요구가 무엇을 지향했는지 잘 보여 준다. 자주적 통일 독립국가의 수립은 단순히 정파 간의 통합에 의해서 주어지는 것이 아니고 민중의 사회경제적 요구를 해결할 수 있는 민주적 개혁을 담보로 그들의 참여와 지지를 얻어 낼 때 비로소 가능한 것이었다.

미군정은 지방인민위원회를 중심으로 하는 농민들의 소작료 인하투쟁이라든가 토지개혁 요구, 일제가 남기고 간 적산기업에서 벌어진 노동자들의 자주관리운동 등을 공산주의자의 선동 탓으로 돌리며 다양하게 분출된 민중적 요구를 저지했으나 이들의 처지를 개선하기 위한 실질적 대안을 마련할 수 없었다. 민중들은 조선노동조합전국평의회(전평)나 전국농민조합총연맹(전농) 등이 주도하는 단체와 더불어 자신들의 주장을 펼치거나 때로는 9월 총파업이나 '10월항쟁' 등에 나타나듯이 그것을 벗어나 폭력적 형태로 문제를 해결하고자 시도했다. 그리고 위로부터의 문제해결 가능성이 희박해지고 단독정부 수립이 현실화되자 '10월항쟁', 4·3항쟁과 같은 대규모 항쟁으로 단정 수립에 반대했다.

1947년 여름 이후 미소공동위원회가 정체 상태에 빠지자 미국은 한국문제를 UN에 이관했고, 소련은 양군 동시철군 후 한국인에 의한 자주적 해결을 주장했다. UN결의에 따른 남한만의 단독선거로 대한민국 정부가 수립되었고, 남에서 민주주의 논의는 보통선거 실시 등 형식적이고 절차적인 민주주의 제도의 도입 차원으로 왜소화되었다. 이미 미군 점령 하에서 '10월 항쟁', 제주4·3사건, 여순사건 등 민중 봉기가 끊이지 않았고, 정치·사회적으로 폭력과 테러가 난무하는 가운데 민중적 차원에서 민주주의 실현의 기초가 와해되었다. 이승만 정권은 정부 수립 직후부터 국가보안법 제정, 국민보도연맹 조직, 민보단 설치 등 강압적인 통제체제 구축에 전념했다. 이어서 벌어진 6·25전쟁은 그러한 구조를 고착시켰고, 휴전 이후 이승만의 극우독재체제가 장기간 지속되었다. 북한 사회는 전후 복구과정을 거치면서 사회주의 제도 확립과 김일성 유일지도체제 수립의 길로 들어섰고, 민주주의 논의는 사회주의적 개혁을 합리화하기 위한 이론적 명분론으로 변질되었다.

| 2 | 분단 이후의 민주주의, 4월혁명과 5·16군사쿠데타

정부 수립 이후에도 이승만 정권의 협소한 지지기반과 계속되는 사회경제적 혼란으로 인해 좀처럼 정치가 안정되지 않았고, 이승만 정권은 다른 정치세력과 제휴하거나 사회경제적 개혁을 실시하기보다 '반공드라이브' 정책을 통해서 위기를 극복하려 했다. 이승만 정권 수립 후에도 정파 간 대립과 분열은 계속되었는데 이승만 옹립에 결정적인 역할을 했던 한민당 계열과 이승만 계열의 대립이 대표적인 예다. 한편 1, 2대 국회에서 중도우파와 소장파들은 주한미군 철수, 반민족행위처벌법, 농지개혁, 통일문제 등을 둘러싸고 이승만 정부와 대립했다. 이승만 정권의 위기가 최고조에 달한 1949년 6월에 반민특위 습격, 국회프락치사건, 김구 암살이 연이어 일어났다. 이승만 정권의 이른바 '6월 공세'는 국회 내 소장파 의원들과 국회 외부의 반단정세력 등 반대파를 폭압적으로 잠재웠고, 국가보안법체제로 대표되는 극우반공독재체제를 전면화했다.

남한에 새로운 정부가 들어섰음에도 불구하고 민주적 개혁이나 대중생활의 개선을 위한 적극적인 정책은 추진되지 않았다. 농지개혁이 계속 지연되었는가 하면 민족반역자, 부일협력배 처벌을 위한 반민족행위특별조사위원회(반민특위)의 활동은 이승만 정권의 반대와 친일경찰이 지배하는 경찰의 조직적 저항으로 사실상 무위로 돌아갔다. 귀속재산은 권력에 영합하는 일부 관료, 매판자본가, 모리배의 수중으로 들어갔다. 우여곡절 끝에 1950년 3월 공포되어 6·25전쟁 직전에 일부 지역에서 실시되기 시작한 '유상몰수·유상분배' 원칙의 농지개혁도 지가보상의 부실과 인플레이션 등으로 인해서 소기의 효과를 거둘 수 없는 경우가 많았으며, 중소지주들 또한 몰락하는 사태가 다수 발생했다. 새로이 형성된 대다수 자작농들의 생활 역시 지가상환의 부담과 고리대, 조세부담 등으로 인해 곤란한 형편이었다.

6·25전쟁은 한국인에게 엄청난 희생을 강요했고, 남북 모두에 심각한 피해를 가져왔다. 남북 모두 각각 100만 명 이상의 인명 피해를 보았고, 전 국토가 황폐화했다. 또 살아남은 사람들 사이에 강한 적대감이 형성되었고, 이후 남북의 화해와 협력을 가로막는 결정적 장애 요소가 되었다. 6·25전쟁으로 해방 이후 우리 민족이 그토록 열렬

히 원했던 통일독립국가의 수립은 더욱 멀어지게 되었다. 6·25전쟁 이후 남과 북은 서로 다른 체제로 발전하였고, 분단이데올로기는 장시간 깨뜨리지 못할 성역으로 남게 되었다. 전쟁은 분단체제를 고착시키는 결정적 계기였다.

남하하는 피난민 행렬(국가기록원)

이승만 정권은 6·25전쟁을 거치면서 강력한 경찰과 군부, 청년단체와 각종 관제 어용단체, 자유당을 통해 장기집권을 위한 기반을 구축했다. 6·25전쟁을 겪은 뒤 남한 사회에서 북에 대한 대결의식과 적대감이 고조되었으며, 다른 한편으로 이승만 정권은 이러한 정서를 정적과 비판 세력을 탄압하고 권력을 강화하는 데 적극 활용했다. 이승만 정권하에서 북진통일론은 반공주의의 외피를 쓴 채 일체의 정치적 반대를 허용하지 않는 내부통제용 이데올로기 구실을 했고, 반일주의는 반공주의를 보조하는 역할을 했다. 민주주의는 이승만 정권의 극우반공독재체제하에서 제대로 기능할 수 없었다. 전쟁 중 좌익 제거를 명분으로 일어난 가혹한 부역자 처리, 수많은 민간인 학살 사건, 이승만 정권의 부패구조를 단적으로 보여 준 '국민방위군사건'을 비롯하여 1950년대 역대 선거에서 빈번히 자행된 관권 개입에 의한 부정 선거 등 이 시기 자유민주주의는 허울에 불과했다.

정부 수립 당시 제정된 제헌 헌법에 따르면 대통령의 임기는 4년이었고, 대통령은 국회에서 국회의원들이 선출하도록 되어 있었다. 1952년 제2대 대통령 선거 역시 국회에서 치러야 했는데, 이미 국회의 지지를 잃은 이승만이 재선출될 가능성은 거의 없었다. 이승만은 자신의 권력 연장에 불리한 대통령 선출 방식을, 국민이 직접 대통령을 선출하는 '직선제'로 바꾸고자 했다. 직선제가 시행되면, 정부에서 공무원과 경찰, 각종 관변단체, 청년단체, 반공단체 등을 총동원해 선거에 얼마든지 개입할 수 있었다. 물론 개헌에 대한 권한 역시 국회에 있었기에 이승만 정부는 국회를 굴복시키기 위해 무력을 동원했다. 1952년 5월 25일 임시 수도였던 부산 일대에 계엄령이 선포됐고, 다음 날부터 헌병대는 이승만에게 비판적인 국회의원들을 국제공산당이라는 혐의로 체포하기 시작했다. 이른바 '부산 정치파동'이 일어난 것이다. 군을 앞세운 이승만 대통령의 위협에 국회는 굴복할 수밖에 없었다. 국회는 이승만과 타협해 이승만 정부가 이전에 제출했던 개헌안에서 직선제 등 핵심 내용을 발췌하고, 당시 많은 국회의원이 별도로 제출했던 내각책임제 개헌안에서 일부 조항을 발췌해 새로운 개헌안을 만들었다. 1952년 7월 4일 국회는 이를 거의 만장일치로 통과시켰다. 이런 연유로 제1차 헌법 개정을 흔히 '발췌 개헌'이라고 부른다. 결국 1952년 8월에 치러진 제2대 대통령 선거는 이승만의 뜻대로 직선제로 진행됐을 뿐 아니라, 이승만은 손쉽게 재선에 성공했다.

이승만의 권력욕은 여기서 그치지 않았다. 그는 1956년 제3대 대통령 선거에도 재출마해 정권을 계속 유지하고자 했다. 이때도 문제는 역시 헌법이었다. 당시 헌법상 대통령은 1차 중임, 즉 2번까지만 할 수 있었기 때문이다. 권력 연장을 위해 이승만은 또다시 개헌을 시도했다. 우선 이승만 정부는 1954년 5월에 치러진 제3대 국회의원 선거에서 경찰과 공무원 등을 총동원하고, 금품 살포와 부정선거 등을 자행해 여당인 자유당 소속 후보들을 대거 국회의원에 당선시켰다. 국회에서 헌법 개정에 필요한 재적 3분의 2 수준의 의석을 확보한 자유당은 현 대통령인 이승만에 한 해 3선 금지 조항을 적용하지 않는 것을 핵심으로 하는 개헌안을 국회에 제출했다.

1954년 11월 27일 국회에서 이 개헌안에 대한 표결이 이뤄진 결과, 재적 203명 중 찬성 135표, 반대 60표, 기권 7표, 결석 1표가 나왔다. 개헌안이 통과되기 위해서는 재적 203명 중 3분의 2 이상이 찬성해야 했기에 136표가 필요했다. 그러나 표결에서 찬성이 135표에 머물렀기 때문에 결국 1표 차이로 개헌안은 부결됐다. 그런데 부결이 선포된 다음 날 정부는 203명의 3분의 2는 136명이 아니라 135명이며, 따라서 개헌안이 부결이 아니라 가결이라고 주장하기 시작했다. 반올림에서 4 이하는 버리고 5 이상은 올린다는 이유로, 203의 3분의 2인 135.3333…을 반올림하면 135가 된다는 궤변이었다. 결국 그다음 날인 11월 29일 자유당은 단독으로 국회를 열어 개헌안의 가결을 다시 선포했다. 제2차 헌법 개정은 반올림의 한자 표현인 사사오입(四捨五入)을 따서 흔히 '사사오입 개헌'이라고 불린다. 이 결과 이승만은 1956년 제3대 대통령 선거 출마는 물론 이후에도 횟수에 상관없이 대통령 후보에 오를 수 있는 특권을 갖게 됐다. 발췌 개헌과 사사오입 개헌은 이승만 정권기 자유민주주의의 실상이 어떤 것이었는지 잘 보여준다.

1956년 대통령 선거에서 진보당의 조봉암은 피해 대중을 위한 정치와 평화통일론을 내세워서 216만여 표를 얻었는데, 이는 이승만이 얻은 504만여 표에는 미치지 못했지만 선거가 기본적으로 관권 개입에 의한 부정과 조작으로 이루어졌다는 점과 조봉암이 서울 등 대도시에서 얻은 높은 득표율을 감안한다면 투표 결과는 이승만의 집권을 위협하는 것이었다. 이에 이승만 정권은 1958년 1월 '진보당사건'을 조작하여 간부들을 구속했고, 이어서 진보당의 정당등록을 취소했다. 이승만 정권은 진보당의 평화통일론, 조봉암과 북한의 연루를 문제 삼았는데 재판 결과 혐의 사실이 대부분 조작되었음이 밝혀졌으나 조봉암은 사형을 선고받고 '법살(法殺)'되었다. 진보당사건에서 드러나듯이 이승만 정권은 이미 그 한계에 도달했지만 1960년 정·부통령 선거에서 권력 유지를 위해 보다 노골적이고 대대적으로 부정선거를 자행했다.

1960년 3월과 4월에 걸쳐 부정선거에 항의하는 민중항쟁이 시작되었다. 서울을 비롯한 전국 주요 도시에서 발생한 시위와 항쟁에 민중들이 적극적으로 참가했고, 이승만 정권은 4월 26일 마침내 붕괴되었다. 항쟁은 부정선거에 대한 반발을 넘어서서 이승만 독재체제에 대해 총체적인 불만을 표출했다. 항쟁의 도화선에 불을 붙인 것은 고등학생, 대학생들 위주의 청년학생들이었고, 이들이 초기의 항쟁을 이끌었으나 이어서 전민중적 항쟁으로 발전했다. 희생자 186명 중 하층노동자 61명(32.8%), 고등학생 36명(19.4%), 무직자 33명(17.7%), 대학생 22명(11.8%), 초등학생·중학생 19명(10.2%), 회사원 10명(5.4%), 미상 5명(2.7%)으로 분류된 통계에서 나타나듯이 항쟁은 도시에 거주한 모든 연령대의 다양한 계급, 계층을 망라했다. 특히 하층노동자와 무직자, 고등학생의 희생이 큰 데에서 알 수 있듯이 도시의 노동자들과 실업자들, 젊은 학생들이 항쟁을 격화시키는 데 큰 역할을 했다.

항쟁은 이승만 정권의 붕괴를 가져왔으나 자연발생적이고 고립분산적으로 진행되었고, 새로운 권력을 창출할 구심점을 형성하지는 못했다. 항쟁의 결과는 이승만이 하야 직전 임명한 외무부 장관 허정이 과도정부를 구성하고, 자유당 의원들이 그대로 포함되어 있는 기존 국회에서 개헌을 통해 새 정권을 창출하는 것으로 귀결되었다. 허정 과도정부와 국회는 '혁명을 비혁명적 방식으로 추구한다'고 내걸고 내각책임제 개헌을 단행했으며, 1960년 7월 29일 총선거를 실시했다. 자유당이 무력화된 상태에서 치러진 선거는 민주당의 독무대가 되었다. 1950년대 진보당의 맥을 이은 혁신세력도 선거에 참여했지만 조직력과 자금의 열세 속에서 참패했다. 민주당은 3분의 2에 가까운 의석을 획득하는 압승을 거두었다. 그 후 민주당 내부는 구파와 신파로 나뉘어 대립하다가 대통령에 구파의 윤보선이, 실질적인 행정 수반인 총리에 신파의 장면이 각각 선출되어 내각을 구성했다.

4월혁명은 보수 야당에 의한 정권교체로 일단락되었지만, 민주당 정권 수립 후 새로운 차원으로 진전했다. 이승만 정권 붕괴 직후부터 교원노조를 필두로 각종 노동조합이 결성되었으며, 생존권 보장을 요구하며 노동운동을 활성화했다. 총선에 참패한 혁신정당 세력은 4개의 정당으로 재편되면서 본격적으로 조직 확대에 나섰다. 한편 학생운동도 이승만 정권 붕괴 초기에는 학원민주화운동, 신생활운동, 국민계몽대운동 등 계몽운동 차원에 머물렀지만, 1960년 11월 서울대 민족통일연맹의 발기를 계기로 한국 사회가 가진 구조적 문제의 해결을 위해서는 남북통일이 필요하다며 통일운동으로 전환했다.

민중운동도 1961년에 접어들면서 단순한 민중생존권 옹호 차원을 넘어 구조적인 사회개혁을 제기하고, 민족통합을 추구하는 통일운동으로 나아갔다. 1961년 2월 대부분의 혁신정당과 민족·민주운동 단체가 참여하여 민족자주통일협의회가 결성되었다. 4월혁명과 이후 고양된 사회운동, 대중운동은 5·16군사쿠데타로 중도에서 좌절되었지만 민중의 저항으로 기존 정권을 붕괴시킨 한국 사회 민주화 운동 승리의 첫 페이지를 장식했다. 특히 이 시기에 표출된 자주화, 민주화, 통일이라는 지향성은 이후 민족·민주운동으로 계승, 발전되었다.

한국의 군부는 6·25전쟁을 계기로 급속히 성장했다. 휴전 직후 무려 72만 명 규모로 증강된 군대는 이후 감군이 있었으나 60만 명 이상의 비대한 병력을 계속 유지했다. 한국군이 전쟁 이후 사회적 영향력을 가진 집단으로 부상하는 상황에서 일부 군인들은 1950년대부터 쿠데타를 모의하는 등 정치화되는 양상을 드러냈다. 박정희와 김종필을 중심으로 하는 일부 군인들이 장면 정권의 무능과 사회적 혼란을 명분으로 마침내 1961년 5월 16일 쿠데타를 일으켰다. 장면 정권은 무기력하게 무너졌으며 미국은 쿠데타를 인정하고 군사정권을 지원했다.

미국은 1950년대 후반부터 제3세계에서 미국 대외정책의 동맹자로 군부세력에 주목했다. 케네디 대통령의 국가안보보좌관 로스토(Walt W. Rostow)와 밀리컨(Max F. Millikan) 등 근대화론자들은 제3세계의 정치적·사회적 불안정과 소련으로의 경도가 해당 국가의 경제적 낙후성에서 비롯된다고 보고, 선진국의 원조와 차관을 통해서 후진국 개발을 뒷받침하고 그 관리 세력으로 군부를 지지해야 한다고 주장했다. 이러한 제3세계 전략하에 미국은 한국의 5·16쿠데타를 묵인하고 군사정권을 지지했다.

6·25전쟁은 기존의 가치규범과 공동체의 파괴를 초래했다. 전 한반도 차원에서 급격한 인구 이동과 도시화가 일어났고, 전후 학교 교육의 양적 팽창이 이루어지는 등 급속도로 사회적 변화가 진행되었다. 이 시기 문화계는 반공주의가 최상위에서 군림하는 가운데 대중문화의 경우 미국에서 직수입된 말초적이고 향락적인 소비문화, 퇴폐문화가 지배했다. 지성계도 전쟁의 충격에서 헤어나지 못한 채 초현실주의, 퇴폐주의 등 현실과 유리된 세기말적인 사조가 만연했다. 이러한 상황에서 이승만 정권의 민주주의 유린은 젊은이들로 하여금 정권의 극심한 부정부패와 억압 통치에 항거하게 만들었다.

휴전 이후 한국 사회에서 민주주의는 이승만 독재정권의 억압통치와 백색테러, 용공조작, 부정선거 등으로 인해 그 내용이 사실상 형해화 되거나 사문화 되었다. 독재정권 하에서 한국 사회의 민주주의 이해는 일반 민중의 자치와 지배, 개인의 자유와 인권, 기본권 보장 등 민주주의의 고유한 원리가 부정되고, 기껏해야 경쟁에 의한 대표 선출이나 정치지도자간의 공정한 경쟁 보장 여부를 따지는 최소주의적 이해의 영역을 벗어나지 못했다.

1960년의 4월혁명이 학생들의 부정선거 반대운동으로 시작해서 반독재 민주화운동으로 발전하고, 결국 이승만의 하야를 이끌어냈지만 이승만 정권의 종식 이전에 학

5·16군사쿠데타 당시 시가지로 진입하는 군인들(국가기록원)

생층의 요구가 헌법에 명시된 민주주의 원리의 보장과 준수 차원 이상을 벗어나지 못했던 것은 전후 민주주의의 한 단면을 보여준다. 하지만 이승만 정권 몰락 후 정치적 자유가 확대되자 거창 민간인 학살 진상 규명 요구, 교원 노조 설립 운동 등 다양한 정치·사회적 요구들이 조직적으로 분출했으며, 한미행정협정 개정 운동과 통일운동의 확산 등 짧은 시간 안에 분단체제 자체의 변화를 요구하는 운동으로 발전했다. 정치적 민주화 요구와 초보적인 민주적 권리 회복으로부터 출발해서 투쟁이 발전함에 따라 보다 근본적인 정치·사회적 과제의 해결과 민주적 개혁을 요구하고 나아가 분단구조의 시정을 요구하는 양상은 광주민주항쟁 이후 다시 나타난다.

5·16군사쿠데타는 합법적으로 선출된 정부를 무력으로 전복하고 권력을 찬탈했을 뿐만 아니라 4월혁명 이후 고양된 민주적 개혁 열기와 분단체제 극복 노력을 정면으로 부정했다는 점에서 그 반민주적 성격이 한층 두드러진다. 5·16군사쿠데타는 이후 박정희 장기독재체제를 구축하는 계기가 되었다.

| 3 | 1960~70년대 민주화 운동의 발전

군사정권은 반공과 경제 우선 정책을 강조하면서 정권을 강화해 나갔다. 먼저 중앙정보부를 창설해 국가의 모든 정책 결정 과정에 개입했고, 이를 토대로 강력한 권한을 가진 민주공화당을 창당함으로써 권력의 토대를 다졌다. 1964년 민정 이양 이후 군사정권은 중앙정보부와 민주공화당을 중심으로 정국을 운영하면서 군사독재체제를 강화했으며, 1969년 3선 개헌을 통해서 장기집권을 모색했다. 이에 야당은 1960년대 초반의 분열 상태에서 벗어나 신민당이라는 거대 야당으로 통합되었고, 야당인 신민당과 재야 정치세력 및 사회운동 세력은 힘을 합쳐 3선 개헌 반대투쟁을 펼쳤다.

군사정권은 장면 정권의 경제개발정책을 이어받아 본격적인 경제개발에 착수했다. 쿠데타 성공 이후 곧바로 경제기획원을 설치하고 1962년부터 제1차 경제개발계획을 시작했다. 군사정권은 초기에는 수입대체산업을 육성하여 자립적이고 내포적인 공업화를 추진하려 했으나 미국의 압력으로 수출주도형 외자의존 성장정책으로 전환했다. 이러한 정책 변화는 미국의 동북아시아 지역통합전략과 밀접한 관련 속에 추진되었으며, 1965년 한일협정 타결, 한국군의 베트남 파병으로 이어졌다. 1960년대 중반 이래 경제가 크게 성장했으나 다른 한편으로 노동자들의 희생, 이농 현상에 따른 도시빈민의 증대, 그리고 농촌의 피폐화를 가져왔다. 박정희 정권은 출범 초기부터 국민의 반대운동에 직면했다. 1964년 파행적이고 굴욕적인 한일회담의 진행과 비준에 반대하는 운동, 1967년의 부정선거와 1969년의 3선 개헌에 반대하는 반독재민주화운동, 군사독재하에서의 민주적 권리 확보를 위한 투쟁이 지속되었다. 그 과정에서 '재야' 세력이 형성되었으며, 4월혁명 시기 청년단체에서 활동했던 사람들을 중심으로 비합법 조직운동이 추진되기도 했다.

1960년대 말, 1970년대 초 박정희 정권은 안팎으로 위기를 맞이했다. 닉슨독트린 발표에서 드러나듯이 베트남전쟁의 패배와 미국 내 반전여론의 고조에 따라 미국이 기존의 아시아정책으로부터 후퇴해야 했고, 데탕트의 진전에 따라 동북아시아에서 긴장이 완화되고 미·중관계가 정상화되는 등 국제정세의 변화는 박정희 정권의 위기의식을 고조시켰다. 무분별한 상업차관 도입에 따른 원리금 상환난과 차관기업의 부실화로 경제적 위기가 도래했고, 저임금·저곡가 정책에 드러나듯 노동자·농민의 희생에 의한 성장 위주의 경제개발정책 실시로 누적된 사회모순은 KAL빌딩 폭동 사건과 광주대단지 사건, 전태일 분신 사건 등 민중의 처절한 생존권 투쟁으로 폭발했다. 박정희 정권의 폭압적 지배에 저항하는 학생과 재야세력의 반독재민주화운동 역시 1969년 9월 3선 개헌안의 국회 통과 이후 점차 격화했다.

민심 이반으로 인한 정권 위기에서 탈출하고자 박정희 정권은 특단의 조치를 취했다. 경제적으로는 상환부담이 없는 외국자본의 직접 투자를 유치하기 위하여 '외국인 투자기업의 노동조합 및 노동쟁의 조정에 관한 임시특례법'을 제정·공포했으며, 1972년 8월에는 사채 동결과 재벌에 대한 금융·조세상의 특혜를 골자로 하는 '8·3비상조치'를 마련했다. 박정희 정권은 국제적인 데탕트 분위기에 편승하고, 국내의 정치적 위기를 무마하기 위해 7·4남북공동성명을 발표하여 남북관계 개선 시늉을 내었으나 곧바로 유신체제를 출범시킴으로써 박정희 1인 종신집권체제의 길로 접어들었다. 유신체제는 만성적인 정치·사회적 위기를 긴급조치권 발동, 일상적인 사회통제, 여론조작 등을 통해서 벗어나려는 시도였으며 온 사회를 병영화했다. 유신체제는 출범 초부터 개헌을 요구하는 개헌청원운동 등 국민들의 광범한 저항에 부딪혔고, 이어서 유신반대 운동이 전국으로 확산되었다.

박정희 정권은 1970년대 후반 중화학공업을 수출주력산업으로 설정하고 이 부문에 집중투자와 특혜금융을 실시했다. 정부의 중화학공업화정책에 힘입어 한국 경제는 제3차 경제개발 5개년 계획 기간 동안 연평균 9.7%에 이르는 고도 성장률을 기록했고, 산업구조 또한 공업과 중화학공업의 비중이 각각 농업과 경공업을 능가했다. 한국의 중화학공업은 기초산업이 아닌 원료와 중간재를 수입에 의존하는 최종소비재 산업이었으며, 중화학공업의 건설을 위한 외자 도입은 외채 위기를 불러왔다. 한국 경제는 더욱 해외의존적·수출지향적 성장을 추구했다. 중화학공업화 정책하에 진행된 대기업으로의 경제력 집중은 중소기업을 몰락시켰고 독점재벌의 출현을 가져왔다. 또한 중화학공업부문에 대한 중복된 투자는 시설과잉과 경영부실을 불러왔다. 이러한 박정희 정권의 경제성장정책은 선성장 후분배의 기치 하에 부의 불평등을 초래했으며, 사회모순을 더욱 심화했다.

유신체제 수립 이후 박정희 정권의 폭압성과 반민중성이 그 강도를 더해감에 따라, 반독재민주화운동 또한 강화되어 갔으며 민중지향성을 띠기 시작했다. 참가층도 학생, 지식인, 언론인, 정치인, 노동자, 농민 등 한국 사회 전 계층으로 확산되었고 경우에 따라서는 야당도 이들과 공동노선을 취했다. 사회적 갈등이 심화됨에 따라 민중들의 생존권 투쟁 또한 활발히 전개되었다. 1970년 전태일 분신 이후 성장하기 시작한 노동운동은 민주노조운동으로 발전하기 시작했다.

1979년 10월 박정희 정권에 대한 전 민중적 항쟁이 부산에서 시작되었다. 부마항쟁으로 불리는 부산·마산 지역의 격렬한 학생·시민·노동자 시위는 박정희 정권 내부의 분열을 촉진시켜 유신체제가 몰락하는 계기를 만들었다. 10월 26일 중앙정보부장 김재규가 쏜 총탄에 박정희가 살해됨으로써 유신체제가 몰락했지만 야당과 민주화운동 세력, 유신세력 어느 쪽도 곧바로 사태를 장악할 만한 힘을 가지지 못한 권력공백 상태에서 전두환, 노태우를 중심으로 한 정치군인들이 12월 12일 기습적으로 쿠데타를 감행했고, 지배체제를 재편하기 시작했다.

박정희 정권은 6·3민주화운동 이래 수시로 발동된 위수령에서부터 1967년 6·8부정선거, 삼선개헌, 유신헌법, 긴급조치에 이르는 일련의 통치 행태에 나타나듯이 시간이 지날수록 반민주 폭압정치를 강화했다. 특히 1972년 10월에 선포된 유신헌법은 '체육관 선거'를 통한 대통령 선출로 상징되듯이 국민의 선거권조차 부정하고, 삼권분립의 원리를 부정한 것은 물론 인간의 기본권과 생존권을 유린하는 반민주 악법이었다. 이후 수립된 유신체제 하에서 발령된 각종 긴급조치는 박정희 군사독재정권의 장기집권에 반대하거나 저항하는 모든 시도를 철저하게 탄압했다. 유신체제는 온 사회를 통제된 병영국가로 만들었고, 온 국민을 침묵하게 만들었다.

1960년대 후반부터 박정희 정권의 독재와 장기집권에 반대하는 학생들의 시위가 끊이지 않았다. 박정희 정권의 대대적인 탄압 하에서도 학생운동은 1974년 민주청년학생운동연합이라는 전국적인 조직의 결성을 시도했고, 교회나 학내의 비공개 이념서클을 중심으로 노동야학 활동을 벌이며 민중들과 연대를 강화했다. 또 수많은 경찰들과 정보요원이 대학에 상주하는 상황에서 학생운동은 민주주의 회복과 학원자유화를 요구하며 학내외에서 선도적인 투쟁을 벌였고, 운동의 조직화와 이념적 심화, 민중과의 연대 활동을 강화했다. 1970년대 민주화운동을 주도한 것은 학생운동 세력과 이른바 '재야'로 불리는 야당 정치인, 지식인, 종교인, 교수, 문인, 법조인, 언론인, 여성계 인사들이었다. 재야운동은 1973년 '개헌청원 100만인 서명운동', 1976년 '3·1민주구국선언문'과 1977년 '민주구국헌장' 선포 등 반독재민주화투쟁의 상징적인 구심역할을 했고, 박정희 정권의 혹독한 탄압 속에서도 1979년 3월 '민주주의와 민족통일을 위한 국민연합'이라는 국민조직을 결성하기에 이르렀다.

1970년대 민주화운동은 군사독재에 대항해서 절차적 민주주의와 정치적 민주주의를 복원하기 위해 벌인 저항운동이었고, 국민의 자유와 기본권 수호, 인권 옹호를 위해 노력했다. 그것을 주도한 것은 학생운동과 재야운동이었지만 1970년 전태일 분신 사건, 1979년의 YH사건과 부마항쟁에 상징적으로 나타나듯이 1970년대에 이른바 민중세력이 조직적으로 성장하기 시작했다. 전태일 사건은 노동자들의 조직적 노동운동과 노학연대의 시작을 암시하기에 충분했고, 1970년대를 통해 경공업 분야에서 노조설립 운동과 노조민주화 투쟁이 끊이지 않았다. 또 이 시기에 가톨릭교와 개신교의 후원을 받아 농민운동과 도시빈민운동의 조직화가 산발적으로 이루어졌다. 1970년대부터 널리 쓰이기 시작한 '민중'이라는 용어는 반독재민주화운동의 정치적·이념적 구심점 역할을 했을 뿐만 아니라 노동자, 농민, 도시빈민을 묶는 계급·계층 연합의 의미로 정착했고, 한국사학, 문학, 신학, 사회과학 분야에서 그것의 개념화를 위한 다양한 논쟁이 뒤따랐다.

| 4 | 1980년대 민주화 운동의 대중화와 6월민주항쟁

1970년대 내내 계속된 반독재 민주화투쟁이 유신체제 몰락에 중요한 역할을 했지만 민주화운동 세력과 유신 세력 어느 쪽도 사태를 장악하지 못한 상태에서 전두환을 중심으로 하는 정치군인들이 12월 12일 기습적으로 쿠데타를 감행하여 권력을 장악했고, 국민들의 민주화 열기를 무력으로 진압하면서 권력체제 재편에 들어갔다. '신군부집단'은 '서울의 봄' 투쟁 등 민주화운동 세력의 강력한 저항에 직면했으나 광주민주항쟁에 대한 유혈진압에 드러나듯이 무자비한 탄압을 통해 집권했고, 불법연행, 고문, 투옥, 각종 의문사 등에 나타나듯이 공권력의 이름으로 자행해서는 안 되는 불법적이고 노골적인 폭력을 통치수단으로 삼아 민주화운동에 대한 탄압의 강도를 높여갔다.

신군부의 1980년 5·17계엄확대 조치에 반대하는 전남대 학생들의 시위가 공수부대의 무자비한 탄압에 맞선 광주 시민들의 무장항쟁으로 발전했다. 계엄군에 대항한 시민군의 투쟁은 광주 시민들의 지지 속에 1주일간 계속되었으나 계엄군의 진압으로 수많은 인명 피해를 남긴 채 진압되었다. 광주항쟁은 신군부의 권력장악 기도에 반대하는 민중항쟁이자 민주화운동이었고, 광주시민들의 열흘에 걸친 투쟁은 신군부의 폭력성과 반민주적 속성을 그대로 드러냈다. 또 광주항쟁을 고비로 광주항쟁 유혈진압에 대한 미국의 책임문제가 제기되었다. 미국이 한국군 작전통제권을 장악하고 있는 상황에서 광주항쟁 진압을 위한 한국 군대 이동을 미국이 묵인, 방조한 것에 분노한 청년, 학생들이 이후 미 문화원 점거 시위 등의 형태로 반미운동을 펼쳤다. 광주항쟁 이후 미국의 군사독재정권 지원을 반대하는 반미운동이 본격화하기 시작했으며, 이는 대학생들의 전방입소 거부나 반전반핵 구호에 나타나듯이 한반도 평화구조를 지향하는 운동으로 발전했다.

전두환 정권의 폭압통치에도 불구하고 광주항쟁 이후 민주화운동은 오히려 활성화되는 추세였다. 학생운동의 조직화와 급진화가 두드러졌고, 대학생 수의 증가로 그 대중성도 강화되었다. 1980년대 학생운동은 학내외 시위, 민정당사 점거 등 선도적 투쟁을 통해서 전두환 정권에게 직접 정치적 타격을 주었고, 농촌활동, 공장활동, 철거민 지원투쟁 등 민중과 연대활동을 강화했다. 재야운동은 1980년대 들어서 민주화운동청년연합, 민중문화운동협의회가 결성되는 등 부문별로 조직화가 진행되었고, 지역별로도 조직화가 진행되기 시작했으며, 이를 기반으로 1985년 민주통일민중운동연합이라는 전국적 조직을 결성했다.

1985년 2월 국회의원 선거에서 신한민주당은 사실상 창당한지 불과 보름도 채 안 되어 선거를 치렀으나 전국 합산 29.3%의 지지율로 지역구 50석, 전국구 17석을 얻어 총 67석으로 제1야당으로 등극했다. 특히 서울에서 여당인 민주정의당은 겨우 27.3%를 득표한 것에 그

6월항쟁의 도화선이 된 이한열 추모 시위 사진(서울역사박물관)

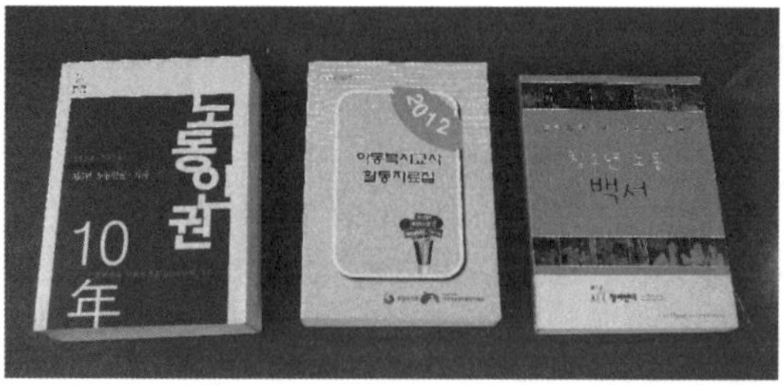

1980년대에 출간된 노동운동 자료들(서울역사박물관)

친 반면 신민당은 43.9%의 득표율을 올렸는데, 중선거구제라서 호각이었지 만약 소선거구제로 치러졌으면 대도시 지역의 의석수를 대거 신한민주당이 싹쓸이했을 수도 있었다. 이 총선은 전두환 정권의 폭압적인 태도와 언론의 편파 보도에 염증을 느낀 일반 시민들의 민주화에 대한 의지를 확인하는 계기가 되었고, 재야세력은 야당과 연대하여 대통령직선제 개헌운동을 전개했다. 1986년 직선제 개헌을 추진하기 위한 인천집회에 수만 명의 시민이 참가했고, 투쟁 규모의 확대와 지속성, 투쟁 열기라는 측면에서 그 이전과 다른 양상을 보여주었다.

대중투쟁의 위력은 1987년 6월민주항쟁으로 유감없이 발휘되었다. 1987년 1월 '박종철 고문치사사건'은 전두환 정권에 대한 국민들의 분노를 폭발시켰다. 이 사건을 계기로 정권 타도와 직선제 개헌을 외치는 학생, 시민들의 격렬한 시위가 잇따라 일어났다. 전두환 정권은 '4·13호헌조치'로 이에 맞섰지만 오히려 불에 기름을 붓는 격이었고, 사회 각계각층의 호헌반대 성명이 줄을 잇는 가운데 야당과 재야는 '호헌반대 민주헌법쟁취 국민운동본부(국본)'를 결성했다. 6월 내내 서울을 비롯한 전국에서 국본이 주도하는 국민대회와 평화대행진이 국민들의 지지 속에 이어졌고, 수십 수백만 명의 시민, 학생 시위대는 곳곳에서 경찰을 무장해제 시켰다. 전두환 정권은 마침내 국민들의 민주화 요구에 굴복했고, '6·29선언'을 발표하여 직선제 개헌안을 받아들였다.

청계천 변 전태일 열사 동상(대한민국역사박물관)

직선제 개헌 쟁취라는 정치적 승리는 민중의 권리의식을 크게 고취시켰다. 7, 8, 9월 석 달 동안 전국적으로 3,300여건의 노동쟁의가 일어났고, 참여 인원은 122만 여 명으로 10인 이상 사업체 총노동자 333만 명의 37%였다. 특히 종업원 1,000명 이상의 대규모 사업장 가운데 75.5%에서 쟁의나 시위가 일어났다. 광주민주항쟁 이후 많은 대학생과 지식인들이 노동운동에 뛰어들었고, 1980년대 전반에 크고 작은 사업장에서 노조 설립과 노조 민주화를 위한 투쟁이 끊이지 않더니 1985년에는 구로동맹파업과 같이 기업별 노조의 한계를 뛰어넘는 연대투쟁을 성사시켰다. 1987년의 노동자 대투쟁은 그 이전 시기 노동운동의 조직적 성장으로 가능했고, 전국적 규모의 파업·시위 발생, 운동의 주된 참가자가 여성노동자나 중소기업 노동자에서 대기업 남성노동자로 바뀌었다는 점에서 그 이전과 다른 특징을 가졌다.

| 5 | '촛불혁명'과 민주화 이후의 민주주의

1987년 6월항쟁 이후 한국은 정치, 사회, 경제, 문화 등 다방면에 걸쳐 국민의 민주화 요구를 제도화하는 길에 들어섰다. 1992년 대통령 선거에서 민자당 대통령 후보인 김영삼이 당선됨으로써 1993년 '문민정부'가 탄생했다. 문민정부의 등장은 32년간의 군부독재 체제에서 벗어나 민간인 출신 정치인이 집권했다는 점에서, 그리고 선거를 통해 민간정부가 수립됐다는 점에서 6월항쟁 이후 한국 사회에서 화두가 된 민주주의를 절차적으로 수립하는 계기가 됐다. 문민정부 출범은 일정 부분 한계도 있다. 민정당으로 대표되는 군사독재 정권 이래의 집권세력과 기득권세력이 3당 합당의 한 축으로 문민정부에 참여했다. 이로써 6월항쟁 이후 그들이 처했던 정치적 수세 국면을 극복하고 지배체제의 안정적 재생산을 위한 정치적 기반을 확보할 수 있었다. 여당인 민정당, 야당인 통일민주당, 민주공화당 3당 합당에 의한 민자당의 탄생은 국민의 강렬한 민주화 열기에 대응해서 권력을 온존하려는 독재세력과 야당세력이 타협한 결과물이라는 한계를 가졌다.

오랫동안 야당을 이끌며 민주화운동에도 참여했던 김영삼은 1993년 2월 대통령에 취임하자 일련의 개혁정책을 추진해 한국 사회의 민주화 요구를 일정하게 실현했다. 김영삼은 군부 내 사조직 하나회를 해체해서 군부의 정치 개입을 차단했고, 「공직자윤리법」을 개정해 공직자의 재산을 등록케 함으로써 공직사회의 투명성을 확보하고자 했다. 1993년 8월에는 금융거래 시 가명이나 차명을 허용하지 않는 금융실명제를 전격 실시했다. 금융실명제는 지하경제를 없애고 금융질서를 투명하게 만들기 위해 도입되었고, 기업의 비자금 축적 관행, 차명계좌를 통한 정치자금 밀거래를 방지해 정경유착의 고리를 끊겠다는 목적을 가졌다.

1995년에는 전직 대통령 전두환과 노태우가 구속되었다. 1997년 4월 대법원은 12·12사태를 군사반란으로 결론 내리고 두 전직 대통령을 처벌했다. 김영삼은 1994년 3월 공직선거 및 선거부정 방지법, 정치자금법 개정 법률, 지방자치법 개정 법률 등에 서명했고, 선거제도 개혁 등 정치개혁을 시도했다. 1991년 기초의회 의원 선거를 시작으로 1995년 6월에는 도지사·시장·구청장·군수 등 지방자치단체장 선거가 실시되면서 1961년 5·16군사쿠데타 이후 유보됐던 지방자치제가 부활했다. 김영삼 정부의 개혁정책은 각종 제도 개혁과 과거사 청산 등으로 과거 독재체제의 유산과 결별하고 일정한 성과를 내기도 했으나 수구세력의 반발과 수구언론의 개혁 흠집 내기 등 기득권층의 공세에 시달리다가 점차 일관성을 상실한 채 전진과 퇴행을 거듭했고, 급기야 1997년에는 외환위기라는 수렁에 빠졌다.

김대중대통령 한국·민주노총위원장 접견기념촬영(국가기록원)

외환위기로 시작된 금융위기가 한창 진행 중일 때 실시된 15대 대선에서 야당의 김대중 후보가 당선되었다. 그의 당선은 5·16군사쿠데타 주모자의 한 사람이었고 일부 보수세력을 이끌던 김종필과의 연합으로 가능했다는 한계가 있다. 그러나 국민들의 정권 교체 열망에 힘입어 민주화운동에 오랜 기간 헌신했던 야당 지도자가 대통령으로 선출됨으로써 선거에 의한 야당으로의 평화적 정권 교체가 이루어졌다.

김대중 정부는 외환위기로부터 비롯된 경제위기가 진행되는 와중에 정부를 인수했고, 자신의 정책 방향으로 '민주주의와 시장경제의 결합'이라는 구호를 제시했다. 김대중 정부는 당시 거세게 몰아치던 신자유주의적 세계화를 피할 수 없는 흐름으로 인식했고, 그 연장선상에서 집권 초기 국제통화기금(IMF) 처방에 입각해 경제위기를 관리했다. 김대중 정부는 자본시장 개방, 노동시장 유연화, 공기업 민영화 및 규제 완화 등 신자유주의적 개혁정책을 추구하는 한편, 4대연금 확대, 「국민기초생활보장법」 도입 등 사회복지 확대로 경제위기를 극복하고자 했다. 급격한 구조조정과 국민들의 뼈를 깎는 고통과 희생을 통해서 한국은 예상보다 빠른 기간 내에 외환위기로부터 벗어났다.

금융위기는 경제와 사회에 엄청난 충격을 주었다. 재벌, 금융, 공공, 노동 4대 부문에 걸쳐서 구조조정이 이루어졌으며, 외환·무역·자본의 자유화 등 경제의 전면적인 대외 개방이 이루어졌다. 구조조정 작업은 재벌 개혁, 부실기업 정리, 금융 분야의 누적된 부실 해소와 금융 감독체계의 재정비 등 부분적으로 개혁의 효과를 가져왔으나, 다른 한편으로 초국적 금융자본의 공세 속에 외국계 금융기업의 국내 기업 사냥과 국부의 해외 유출, 개인과 기업의 명목·실질 소득의 급격한 감소와 경기 위축, 대량 실업 등을 초래했다. 특히 중산층의 몰락과 사회적 양극화가 격화되었다. 경제의 구조 조정과 대외 개방이 가속화하는 가운데 소득과 자산의 빈익빈 부익부 현상은 심화되었고, 2006년 조사에 의하면 상위 10%에 해당하는 가구의 연평균 소득이 9,200만 원인 반면 하위 10% 가구의 소득은 180만 원으로 최상위 계층과 최하위 계층 간의 소득격차가 50배에 달했다. 또 자산 불평등도 심화되어 상위 10% 계층이 부동산과 금융자산 등 전체 자산의 절반을 넘게 소유하는 것으로 나타났다.

2002년 대선은 여당의 대통령 후보 경선에 국민경선이라는 참여 장치가 작동했고, 그 과정에서 당내 기반이 약했던 노무현이 여당 대통령 후보로 올라서는 이변이 일어났다. 16대 대선은 '노무현을 사랑하는 사람들의 모임(노사모)'의 활동에서 보듯이 젊은 층의 정치 참여가 두드러졌고, 보수·진보의 구도로 나뉘면서 진보를 표방한 노무현 후보가 대통령으로 당선됐다. 참여정부를 표방한 노무현 정부는 당정을 분리하여 막강한 대통령의 권한과 역할을 스스로 축소해 나갔다. 또한 국정 분권을 통해 총리와 각부 장관의 권한을 강화하면서 권력을 분권화하려고 노력했고, 탈권위주의를 표방하며 제왕적 권위주의 대통령에 익숙해 있던 정치문화의 쇄신을 시도했다.

노무현 정부는 2004년 일제강점하강제동원피해진상규명위원회, 2005년 진실·화해를위한과거사정리위원회, 친일반민족행위진상규명위원회, 2006년 친일반민족행위자재산조사위원회를 연이어 출범시켜 '포괄적 과거사 정리'를 시도했다. 또 국가정책 결정과정에 국민들의 참여를 확대하기 위해 전자정부 구축에 힘썼으며, 기업의 각종 불법행위를 막고 소액 투자자들을 보호하며 기업경영의 투명성을 확보하는 데 도움이 되도록 증권관련 집단소송제를 도입했다. 또한 1958년 제정된 민법이 규정하는 부계혈통 중심의 '호주제'가 폐지되고 개인을 기준으로 출생, 결혼 등을 기록하는 「가족관계의 등록 등에 관한 법률(가족관계등록법)」이 2008년 마침내 제정되었다. 노무현 정부는 아직은 시기상조라는 야당과 재계의 반발에도 불구하고 주 5일제를 적극적으로 추진했으며, 관련 법안을 통과시켜 이를 시행했다. 노무현 정부는 정치, 사회, 경제, 문화 등 각 분야에서 민주적 과정과 절차, 국민적 참여를 확대하려고 노력했다.

2003년 11월 새천년민주당, 한나라당, 개혁국민정당 등 여야 정당에서 정치개혁을 요구하던 개혁 세력들이 탈당하여 열린우리당을 창당했고, 노무현 대통령은 새천년민주당을 탈당하여 열린우리당에 입당했다. 노무현 정부가 출발한 지 겨우 1년이 지난 2004년 3월 여당인 열린우리당이 반발하는 가운데 야당의 주도 하에 노무현 대통령 탄핵 소추안이 통과되었다. 탄핵 소추안 통과는 그 타당성을 놓고 전국적으로 논쟁을 불러 일으켰고 탄핵소추안 통과에 반대하는 여론이 훨씬 높았다. 광화문 일대에서는 탄핵 반대 대규모 촛불 시위가 연일 벌어졌다. 2004년 4월 17대 총선에서 탄핵 역풍으로 야당이 대패하고 1988년 이래 최초로 여당인 열린우리당이 국회의 과반 의석을 차지했다. 헌법재판소는 5월 14일 탄핵소추안을 기각했으며 노무현 대통령은 탄핵 소추 64일 만에 다시 대통령 직무에 복귀했다.

열린우리당은 전국 정당을 표방하면서 지역주의 타파를 외쳤고, 노무현 정부와 함께 국가보안법, 사립학교법, 과거사 진상 규명법, 언론관계법 등 4대 개혁입법을 추진했으나 야당의 격렬한 반대에 부딪혔고, 여야는 국회 첫 회기부터 이를 둘러싸고 파행을 거듭했다. 열린우리당은 야당인 한나라당에 2005년 7월 대연정을 제안했으나 한나라당의 거부로 이루어지지 않았고, 4대 개혁입법은 여야 간에 적당히 타협하여 '누더기 법'으로 전락했다. 4대 개혁입법이나 행정수도 이전 논란 등과 같이 노무현 정부와 여당의 개혁 정책은 격렬한 여야 대결 구도 속에서 개혁을 위한 동력과 국민적 지지를 확보하지 못한 채 표류했다. 노무현 정부가 추진한 한미 FTA, 이라크 파병, 비정규직 보호법 등은 진보 세력으로부터도 비판을 받았으며, 부동산 투기를 잡기 위해 무수한 대책을 쏟아냈지만 큰 성과를 내지는 못했다.

2007년 12월 실시한 제17대 대선에서 이명박은 보수층과 노인층을 결집시켜 대통령에 당선됐다. 62.9%라는 역대 가장 낮은 대선 투표율이 드러내듯이 정치에 대한 국민의 불신과 무관심 속에 치러진 선거에서 이명박은 경제 살리기에 서민층이 걸었던 기대와 이전 정부에 대해 보수층이 가졌던 반발심을 적절히 활용했다. 이명박 정부는 선거운동 당시부터 실용주의와 경제 살리기를 국정지표로 내걸었고, 취임 후 각종 기업규제를 철폐하는 등 기업친화적인 정책을 노골적으로 추진했다. 취임 직후 추진한 한반도 대운하 사업은 일부 대형 건설사들을 위한 사업일 뿐 경제적 효율성이 낮고, 막대한 사업자금이 필요할 뿐만 아니라 생태계를 파괴한다는 이유로 반대여론이 거셌다. 하지만 이명박 정부는 명칭을 '4대강 살리기 사업'으로 바꾸어 밀어붙였다. 2008년 12월에 시작해 2012년 4월에 끝난 이 사업은 공사비만 22조 원에 달하는 방대한 규모의 국책사업이었다. 진행 과정에서 시공사들의 담합과 로비 의혹이 끊이지 않았으며, 수많은 보를 만들어 강물의 흐름을 끊는 바람에 오히려 수질을 악화시키고 결과적으로 생태계를 파괴했다는 비판이 이후에도 이어졌다.

이명박 정부는 인위적인 고환율 유지 등과 같이 대기업 위주 경제정책을 펼침으로써 대기업의 수출과 무역수지는 크게 늘었으나 중소기업과 소상인은 불황에서 좀처럼 벗어나지 못했고, 경제적 불평등과 사회적 양극화는 심화되었다. 또 이른바 광우병 파동과 촛불시위를 몰고 온 집권 초기의 미국산 쇠고기 수입 협상은 민심 이반에 중요한 계기가 되었다. 시민들의 자발적 참여로 시작된 미국산 쇠고기 수입 반대집회는 자

박근혜 대통령 탄핵을 요구하는 촛불시위(대한민국역사박물관)

연스럽게 전국적인 촛불 시위로 이어졌고, 2008년 6월 10일 서울시청 앞 시위에는 거의 100만 명에 육박하는 시민들이 모였다.

2012년 12월 18대 대선에서 여당 후보 박근혜가 당선됐다. 새 정부는 국민행복·복지정책·국민화합 등을 국정목표로 내걸고 출발했지만, 박근혜는 임기를 마치지 못한 채 4년여 만에 대통령직에서 파면됐다. 2016년 9월 박근혜·최순실(최서원)의 국정 농단과 헌법 파괴 실상이 언론을 통해 공개된 뒤, 12월 9일 국회의 탄핵소추안 가결, 검찰과 특검의 수사, 2017년 3월 10일 헌법재판소의 탄핵 인용과 대통령 파면 결정이 이어졌다. 이 과정에서 입법·사법·행정부의 주권활동이 제대로 작동할 수 있었던 것은 이른바 촛불혁명으로 상징되는, 광장을 가득 메운 시민들의 자발적인 참여에 의한 직접민주주의 덕분이었다.

박근혜 정부는 민생 살리기를 위한 경제개혁을 목표로 내걸었지만 취임 직후 3%를 상회하던 경제성장률이 집권 중반 2%대로 떨어졌다. 또 선거과정에서 공약했던 복지 확대는 집권 이후 복지 축소라는 결과로 나타났다. 내수 침체가 계속되는 가운데 집권 후반기에 들어서는 대외여건도 악화되어 국제수지도 불황형 흑자로 접어들었고, 경제가 성장 동력을 상실한 채 일본형 장기불황이 현실화되는 것이 아니냐는 위기의식까지 낳았다. 실업이 증가하고, 가계 부채가 급증하는 등 서민경제는 한계상황으로 내몰렸고, '헬조선'이라는 신조어가 상징하듯 사회활동에 정력적으로 참여해야 할 젊은이들의 절망감은 커져 갔다.

박근혜가 탄핵된 뒤 치러진 대통령 선거에서 문재인이 당선됐다. 문재인 정부는 한반도 평화체제 구축, 소득주도 성장과 포용적 복지, 검찰·언론 개혁, 에너지 전환정책 등을 주요한 정책으로 내걸고 임기를 시작했다. 취임 이후 북한의 거듭되는 중·장거리 미사일 발사 실험과 이에 대한 미국 신임 대통령 도널드 트럼프(Donald Trump)의 강경대응으로 북미관계가 심각한 갈등 국면으로 치달으면서 한반도 정세가 극히 위태로워지자 문재인 정부는 북미 간에 적극적인 중재외교를 가동했다. 북한이 이에 화답하면서 2018년 4월 판문점 남북정상회담, 6월 싱가포르 북미정상회담, 9월 평양 남북정상회담이 연이어 개최되는 등 남북, 북미 관계에 일정한 개선을 이루었으나, 2019년 2월 하노이 북미정상회담이 최종적으로 결렬되면서 남북관계와 북미관계의 개선은 더 이상 진전을 보지 못하고 정체상태에 들어갔다.

2020년에 발생하여 장기간 계속된 코로나19 팬데믹은 전세계적으로 의료 대란과 경제 위기를 초래하였다. 한국은 효과적인 방역으로 다른 나라들보다 상대적으로 피해가 적었고, 'K-방역'이 코로나19에 대한 모범적인 방역사례로 각국의 주목을 받았다. 하지만 문재인 정부는 코로나19로 야기된 중소 자영업자들의 경제적 처지의 악화에 효과적으로 대처하지 못했고, 최저임금 인상 등 소득 재분배를 위한 정책을 펼치기도 했으나 부동산 가격 상승을 방관했으며, 자산 불평등의 완화를 이루지 못했다.

1987년 6월민주항쟁은 이후 민주화운동의 양상을 크게 바꿔놓았다. 이제 민주화운동은 학생과 지식인 등 중간층 위주의 비조직적 저항운동에서 민중 주도의 조직적 투쟁으로 바뀌었고, 운동의 쟁점도 반독재 민주화에서 계층 간 사회경제적 갈등과 모순의 해결 등 보다 근본적 변혁을 추구하는 진보적 사회운동을 지향하게 되었다. 6월민주항쟁 이후 사회운동은 전국대학생대표자협의회, 전국노동조합운동협의회, 전국농민운동연합, 전국민족민주운동연합 등 부문별 전국 조직을 결성하면서 조직적으로 크게 발전했다. 1987년 이후 통일운동이 대중화되어 국민적으로 확산되었고, 사회운동의 한 축으로 자리 잡은 것도 이 시기 사회운동의 큰 특징이다.

1990년대 전반 동구 사회주의권이 몰락하고, 정부의 개방화 정책과 신자유주의의 공세 속에서 자본 공세가 강화되는 등 국내외 정세 변화는 한국 사회에 큰 영향을 주었다. 1990년대 이후 학생운동이 쇠퇴하기 시작했다. 대신 전국민주노동조합총연맹(민주노총)의 성장에 나타나듯이 노동운동이 사회운동의 중심으로 성장했다. 또 여성운동, 환경운동, 평화운동, 소수자운동 등 새로운 형태의 대중운동과 시민운동이 등

코로나19로 인해 한산한 노량진수산시장(서울역사박물관)

장했고, 진보정당운동도 등장했다. 대중운동, 시민운동은 기존의 정치적 색채를 강하게 띤 체제변혁적 운동을 지양하고, 각 분야별로 시민적 권리의식의 확대를 바탕으로 민주주의 정착과 제도화를 목표로 하는 운동을 본격적으로 전개했다. 대중운동, 시민운동은 정치적 민주화를 비롯해 경제적·사회적 민주화를 달성하기 위한 운동으로 발전했다.

1997년의 금융위기는 한국 사회에 엄청난 충격을 가져왔다. 부익부 빈익빈의 사회적 양극화가 가속화되었고, 실업자와 비정규직 노동자의 증대 등 노동자의 상태도 극히 불안정해졌다. 그러한 상황에서 사회적 양극화 해소와 경제적 민주화를 쟁취하기 위한 운동의 필요성은 점차 강화되었으나 노동조합운동의 개별화 등 사회운동이 이에 제대로 대응하지 못하는 상태가 이어졌다.

1990년대 이후 한국 사회는 선거를 통한 정권 교체가 일상화되었지만 박근혜 대통령은 측근의 국정 농단에 따른 탄핵으로 대통령직에서 쫓겨나고, 이명박 대통령은 퇴임 이후 뇌물 수수, 횡령 등의 혐의로 구속되는 등 권력의 사유화와 부정부패로 인한 소동이 끊이지 않았다. 또 집권세력에 따라 정책이 요동쳤으며 일관성을 잃은 정책으로 인해 그 피해가 국민에게 그대로 전가되기도 했다. 예를 들어 우왕좌왕하는 부동산 정책으로 집값이 좀처럼 안정되지 않은 채 계속 치솟았고, 남북 교류와 협력의 상징이던 개성공단이 하루아침에 폐쇄되어 입주기업들이 큰 피해를 입기도 했다. 국정 농단 사태나 권력의 사유화 등 민주주의가 제대로 작동하지 않을 때마다 이른바 촛불혁명으로 상징되는 광장을 가득 메운 시민들의 자발적인 참여 덕분으로 한국 사회는 위기를 극복할 수 있었다.

동구와 소련에서 일어난 사회주의체제 몰락과 냉전 해체라는 세계사적 변화는 한국 사회에도 영향을 끼쳤다. 1980년대 이후 운동을 주도해 온 민족민주주의, 민중민주주의 등 체제변혁적 성격을 가진 이념의 영향력이 약화되면서 사회운동은 새로운 모색이 필요했다. 1980년대 후반 이후 한국의 사회운동에서 중심을 차지한 노동운동과 더불어 1990년대에 들어오면서 환경운동, 여성운동, 평화운동 등이 주목받기 시작했다. 또 1990년대 들어 시민적 권리의식이 확대되면서 정치적 민주화를 비롯해 경제·사회적 민주화를 달성하기 위한 시민운동이 성장했다. 경제정의실천시민연합(1989), 참여민주사회시민연대(1994), 한국여성단체연합(1987), 조국통일범민족연합(1990), 인권운동사랑방(1993), 환경운동연합(1993), 녹색연합(1991) 등의 단체가 속속 조직되어 활동을 펼쳤다.

부패·반개혁 정치인들의 국회 퇴출을 목표로 하는 국회의원 낙천·낙선 운동, 여성운동권의 여성 인권증진과 고용촉진, 정치·정책결정 과정에서 여성의 대표성 제고 및 성차별 해소를 위한 법적·제도적 활동, 환경운동 단체의 주한미군 한강 독극물 방류 및 주한미군기지 환경오염 고발, 국가보안법 폐지 등 인권운동 단체들의 사상·양심·표현의 자유 수호와 관련한 운동, 여성·동싱애지·장애인·수인·양심적 병역거부자 등 소수자의 권익 옹호, 비정규직 노동자와 외국인 노동자 차별 철폐 및 인권 옹호 활동, 2002년 효순·미선 사건으로 촉발된 SOFA 개정 요구, 이라크 파병 반대운동 및 미군기지 평택이전 반대운동으로 촉발된 반미운동과 반전평화운동 등은 한국 사회 각 부문에서 제기되는 각종 현안들에 대해서 직접 참여를 통해 문제를 해결하려는 시민들의 노력을 반영했다.

1990년대 시민운동 단체의 증가와 성장에 이어서 2000년대 이후 시민운동은 각종 국내외 현안에 국민이 직접 참여하면서 확대·발전하는 양상을 보였다. 주요 사안이 있을 때마다 자생적으로 이루어진 촛불집회는 그 상징적 표현이었다. 촛불집회는 노무현 대통령 탄핵 반대, 국가보안법 반대, 용산 참사 추모, 국정원 댓글 공작 규명, 세월호 희생자 추모 및 진상 규명 촉구, 역사교과서 국정화 반대, 박근혜 대통령 탄핵 요구 등 국내의 정치·사회적 현안과 관련된 경우도 있지만 효순·미선 사건, 미국산 소고기 수입 반대, 이라크 파병 반대, FTA 반대 등 대외적 현안도 있다. 어느 경우에나 집회를 촉발한 구체적 계기가 있지만 각 집회가 해당 사안의 해결만을 목표로 삼은 것은 아니었고, 한국 사회가 안고 있는 구조적 문제를 해결하고 세계사 차원의 보편적 권리 신장, 한국 민주주의의 실질적 개선을 지향했으며, 그런 의미에서 정치·사회적으로 큰 파장을 일으켰다.

2000년대 촛불집회의 효시는 2002년 11월 효순·미선 사건이었다. 2008년의 미국산 쇠고기 수입 반대집회는 10대 여학생들이 처음 개최한 촛불문화제가 촉매 역할을 했다. 이전과 달리 특정 주도세력이나 시민운동 단체의 조직적 동원 없이 그야말로 중고등학생부터 대학생, 회사원, 유모차를 끄는 젊은 주부들까지 다양한 개인이 자발적으로 참여해 전국적으로 촛불집회를 이끌었다. 또한 기존의 시민운동이 오프라인 중심이었다면 촛불집회는 SNS 등 온라인 네트워크를 통해 참여자가 자발적으로 모이는 형식을 취했고, 집회 현장을 휴대전화 등을 통해 실시간으로 공유함으로써 집회를 시민들의 자발적 참여와 결합한 거대한 대중행동으로 이끌었다. 축제형의 비폭력 평화시위 형식을 취하면서도 집회 참가 인원과 규모, 기간의 지속성과 장기성, 행동의 집중성과 강렬함에서 다른 나라에서 찾아보기 힘든 독특한 대중적 행동양식과 문화를 만들어 냈다.

촛불집회는 국제적으로 대의민주주의의 한계를 극복할 수 있는 시민 참여형 직접민주주의의 새로운 형식으로 높이 평가받았고, 시민들의 참여가 정부나 정치권을 압박하는 대중적 압력으로 작용했다. 그러나 수많은 민중이 주말을 반납하고 광장으로 쏟아져 나온 것은 정부와 국회 등 기존의 정치제도가 국민의 요구를 제대로 수렴하지 못하고 있다는 반증일 수 있다. 또한 국민들이 일상에서 제도적으로 보장된 수단으로 문제를 제기하고 해결할 수 있는 가능성이 없거나 설사 있더라도 제대로 작동하지 않고 있음을 뜻한다고 할 수 있다. 촛불집회에 나타난 국민적 요구와 기대를 정치, 사회, 경제, 문화 등 제 영역에서, 또 일상에서 해소할 수 있는 제도와 절차의 마련이 필요하다.

1987년 6월민주항쟁은 민주주의의 제도화를 위한 결정적 계기를 제공했으며 이후 각종 사회운동과 시민운동의 성장은 한국의 민주화를 위한 사회적 토대를 강화했다. 국민적 참여의 확대 속에 이루어진 한국 사회의 민주화는 민주주의적 사상·의식의 개화와 문화적 다양성의 확대를 동반했다. 군사독재 체제하의 극심한 사상적 탄압에도 불구하고 장기간의 민주화운동 과정에서 민주주의 회복과 정치사회적 개혁을 위한 지적 탐구가 지식인과 학생, 문화인들 사이에서 계속되었다. 그리고 민주화운동이 6월 민주항쟁 이후 대중적 실천 단계로 접어들자 과거사 청산과 정리 작업이 본격화되는 등 시민의식과 역사의식도 한층 고양되었다.

한국의 민주주의는 국민적 참여 속에 전개된 민주화운동과 수많은 사람들의 희생 위에서 이루어졌다. 그러나 민주화 과정에서 한국 사회가 이룬 성취를 다지고 더욱 발전시키기 위해서는 여전히 많은 과제를 해결하지 않으면 안 된다. 지역주의와 권위주의적 정당운영에 의존하는 정당정치의 미숙성을 극복하고 정치개혁을 완수하는 문제, 민주주의의 제도화와 절차적 민주주의의 수립에는 성공했지만 이를 사회적·경제적 민주화의 달성으로 연결시켜 실질적 민주주의를 정착시키는 과제, 사회복지를 확대하여 사회적 안전망을 수립·확충하고, 그 토대 위에서 이제까지의 경제성장을 지속 가능한 경제 발전으로 전환시키는 문제, 김대중·노무현 정부 시절 개선되기 시작한 남북관계를 더욱 발전시켜 이를 제도화하고 구체적 통일방안을 마련하는 문제, 동북아시아의 패권구조를 극복하고 평화체제를 수립하는 문제 등 한국의 민주주의는 여전히 커다란 도전에 직면해 있다.

| 6 | 한국 민주주의의 성격과 특징

해방 직후 시기를 거치고, 또 반독재 민주화의 과제를 본격적으로 제기하기 시작한 4월혁명부터 정치적 민주주의와 절차적 민주주의를 일정하게 확보한 1987년의 6월민주항쟁에 이르기까지, 다시 정치적 민주주의를 공고히 하고 그 외연을 확장하여 사회적·경제적 민주주의와 실질적 민주주의를 확보하기 위한 노력이 계속되고 있는 최근에 이르기까지 한국의 민주화는 장기간에 걸쳐서 단계적으로 발전해왔다. 이러한 발전의 장기성과 지속성, 강인성이야말로 한국 민주주의의 첫 번째 특성이라 할 만하다.

둘째, 한국 민주주의는 장기간의 투쟁을 거쳐서, 특히 대중적 투쟁에 크게 의지하여 발전했다. 3·1운동, 4월혁명, 광주민주항쟁, 6월민주항쟁, 그리고 21세기에 들어 주요한 정치적·사회적 이슈가 제기될 때마다 일어나는 '촛불시위'에 이르기까지 대중투쟁의 역동성이야말로 한국 민주주의를 성장시키고 지탱한 커다란 동력이었다. 일제 식민지기와 해방직후 시기에 전위정당부터 전선조직, 대중조직에 이르기까지 다양한 운동·정치 조직이 있었고, 1960년대 이후 민주화운동 과정에서도 근대적 정당과 사회단체 이외에 종교단체는 물론 '재야'로 불리던 명망가와 정당·사회단체 대표들의 연합기구에 이르기까지 다양한 조직적 실험이 있었지만 결정적 국면에서 해당 시기의 민주주의적 요구를 해결한 것은 언제나 대중투쟁이었고, 대중투쟁이 정당과 사회단체의 조직적 투쟁을 압도했다. 대중투쟁의 역동성은 한국 민주주의의 고유한 특성이지만 다른 한편으로 한계를 노정하기도 한다. 즉, 대중투쟁이 이룩한 가시적 성과에도 불구하고, 역사적으로 대중적 명망성을 확보한 지도인물이나 대안세력의 형성으로 이어지지 못했고, 투쟁의 성과를 제도화하는데 실패했다.

셋째, 역사적으로 한국 민주주의의 실현 주체는 부르주아 계급이나 노동자계급의 어느 단일한 계급이 아니라 다양한 계급·계층의 연합으로 구성되었다. 이러한 사정은 일제 식민지기 전시기에 걸쳐 민족해방운동의 전략적 목표가 민족주의 운동과 사회주의 운동의 제휴와 연대에 기초한 좌우협동전선의 수립이었고, 해방 직후의 다양한 국가건설론과 개혁론이 '인민' 개념에 기초했던 것이나, 1970년대 이후 반독재 민주화운동의 이론적·실천적 구심 역할을 한 것이 '민중' 개념이었다는데 잘 나타난다. 또 하나 지적할 것은 각 계급·계층이 식민지와 분단 상황에서 자신의 이해관계를 반영할 정치조직을 미처 가지지 못한 상태에서 학생·청년이 한국 민주주의 실현을 위해 큰 역할을 했다는 점이다. 한국 민주주의의 발전과정에서 각 계급·계층이 맡은 역할을 역사적으로 파악하는 것이 필요하겠지만, 이렇게 학생·청년 계층이 해방 이전이나 반독재민주화운동이 본격화한 1960년대부터 민주화운동이 일정한 성취를 거둔 1990년대 전반까지 큰 역할을 할 수 있었던 것은 탄압이 극심한 조건에서 청년, 학생이 선진 사상·이념의 수용과 투쟁의 조직화에 가장 적극적이었고, 또 학생사회가 그것에 필요한 조직활동을 벌이기에 적당한 공간을 제공했다는 점을 들 수 있을 것이다.

넷째, 일제 식민지기에 전개된 좌우협동전선론이나 사회주의운동과 민족주의운동 내부의 다양한 노선투쟁, 또 해방 직후의 국가건설과 사회개혁을 둘러싼 정파들 사이의 논쟁, 1970년대 이후의 민중론, 1980년대 반제반봉건민족해방혁명론 대 반제반독점민중민주주의혁명론의 대립, 1990년대 이후의 시민운동론과 진보정당건설론 등 한국 민주주의의 발전과정에서 시기별로 다양한 실천 이론이 전개되었고, 그것은 민주주의에 대한 사상·이론적 이해를 고양시키는데 기여했다. 이러한 논쟁들은 해당 사회의 구조와 성격에 대한 해명, 운동의 전략·전술을 둘러싸고 전개되었지만 그 밑바닥에는 달성해야 할 민주주의의 성격은 물론 그 실현의 주체와 방식, 경로 등에 대한 이해의 차이가 함께 들어 있다. 한국 사회의 민주주의 사상·이념 수용, 전파와 관련해서 지적해야 할 다른 한 가지 특색은 실천가와 지식인의 사상·이론적 대안과 대중적 인식 사이의 낙차 문제이다. 일제의 패망이라는 조건에 대응해서 해방직후 대중의 폭발적인 정치적 진출이 있었지만 그것이 바로 시민사회의 형성으로 이어지지 않았던 것은 그 당시 농민이 전체 인구의 80% 이상을 차지하고, 도시화의 정도가 매우 낮았으며 문맹율 또한 80%를 상회했던 사회적 조건을 무시할 수 없을 것이다. 낙후된 사회적 조건에서 민주주의 사상과 제도를 도입 수용해야 했던 사정과 일제의 식민지 지배가 사회적 조건의 낙후성을 더 심각하게 만들었다는 점을 고려해야 하고, 더불어 일제가 한국인들 사이에 예속성과 패배의식을 조장함으로써 생긴 사상, 의식 측면의 식민성도 고려해야 한다. 해방 이후와 관련해서는 무엇보다 분단의 고착화 과정에서 수립된 극도의 반공주의 하의 독재체제가 학살의 무덤 위에서 겁먹은 대중들을 향해 자행되었고, 이러한 정치적·이데올로기적 상황이 한국 사회의 전도된 가치관을 유지시키며 대중들의 의식을 속박하는 역할을 했다.

다섯째, 한국 민주주의 발전의 세계사적 조건과 국내적 조건의 특이성이다. 한반도 분단은 냉전의 도래와 함께 시작되었지만 탈냉전 이후에도 한반도는 여전히 분단 상태로 남아 있다. 또 1987년 6월민주항쟁 이후 제도적, 절차적 민주주의가 어느 정도 실현되었고, 시민·민중사회가 역동적으로 움직이며 다양한 민주화운동을 통해 민주화를 심화시키기 위해 노력했지만 정치 영역에서 이러한 시민·민중사회의 요구를 수용하지 못하는 낙후성을 가지고 있고, 보수일변도의 정치권은 분단 이후 거의 바뀌지 않았다. 한국 사회는 분단이라는 특이한 조건에서 세계에서 그 유래를 찾기 어려울 만큼 빠른 시일 내에 산업화와 민주화를 동시에 성공시킨 역동성을 가지고 있지만 생활 속의 민주주의, 일상적 민주화는 여전히 도달해야 할 과제이다. 이와 같이 한국 민주주의에 독특한 성격을 부여한 식민성과 분단이라는 세계사적 조건과 그것이 국내에 관철되며 조성한 체제상의 문제와 역사적 조건의 극복이야말로 향후 한국 민주주의의 성격을 새로이 규정하게 될 것이다.

■ 참고문헌

강정인, 「민주주의의 한국적 수용: 서구중심주의에 비쳐진 한국의 민주화」, 『민주주의의 한국적 수용』 책세상, 2002.

김동춘, 「1960, 70년대 민주화운동세력의 대항이데올로기」, 역사문제연구소 편, 『한국 정치의 지배이데올로기와 대항이데올로기』, 역사비평사, 1994.

김동춘, 『시민운동과 민족, 민족주의』, 참여사회연구소, 『시민과세계』 창간호, 2002.

김삼웅 편, 『민족 민주 민중선언』, 한국학술정보, 2003.

김정인, 「해방 전후 민주주의'들'의 변주」, 『개념과 소통』 12, 2013.

민주화운동기념사업회 연구소, 『한국민주화운동사』 1, 돌베개, 2008.

민주화운동기념사업회 연구소, 『한국민주화운동사』 2, 돌베개, 2009.

민주화운동기념사업회 연구소, 『한국민주화운동사』 3, 돌베개, 2009.

박명림, 「1950년대 한국의 민주주의와 권위주의: 민주주의 '제도'와 권위주의 '실천'의 역사적 조건」, 역사문제연구소 편, 『1950년대 남북한의 선택과 굴절』, 역사비평사, 1998.

박명림, 「한국의 초기 헌정체제와 민주주의」, 『한국정치학회보』 37-1, 2003.

박명림, 「박정희 시대의 민중운동과 민주주의」, 『한국과 국제정치』 24-2, 2008.

백낙청, 『흔들리는 분단체제』, 창비, 1998.

백낙청, 『한반도식 통일, 현재진행형』, 창비, 2006.

서중석, 『서중석의 현대사 이야기』, 오월의봄, 2015-2020.

서중석, 『전환기 현대사의 역사상』, 역사비평사, 2021.

서중석, 『80년대 민중의 삶과 투쟁』, 역사비평사, 1988.

손호철, 「민주화운동, 민주화, 민주주의-개념과 한국적 특성을 중심으로」, 『한국과 국제정치』 19-4, 2003.

안병욱, 「한국 민주화운동에 대한 평가와 인식의 전환을 위하여」, 『역사와현실』 77, 2010.

이상록, 「1960~70년대 민주화운동 세력의 민주주의 담론」, 『역사와현실』 77, 2010.

이준식, 「민족해방운동의 유산과 민주화운동」, 『역사와현실』, 77, 2010.

조희연 편, 「한국 민주주의와 사회운동의 동학」 1~3, 나눔의집, 2001, 2003.

최장집, 『민주화 이후의 민주주의』, 후마니타스, 2002.

한국신학연구소 편, 『한국민중론』, 한국신학연구소, 1984.

한홍구, 「한국의 시민사회, 역사는 있는가」, 참여사회연구소, 『시민과세계』 창간호, 2002.

저자 소개(목차순)

■ 김상엽

단국대학교 인문과학대학 역사학과 졸업
고려대학교 일반대학원 사학과 서양사전공(문학박사)
서울시청 검수위원 및 출제위원 역임
한국서양고대역사문화학회 대외이사 및 감사 역임
현 한국서양고대역사문화학회 편집위원
현 단국대학교 자유교양대학 강의전담 조교수
augustus@dankook.ac.kr

■ 엄기표

한국교원대학교 역사교육과 졸업
단국대학교 사학과 고고미술사전공(문학박사)
문화재청, 서울시청, 경기도청 문화재전문위원 등 역임
한국미술사학회 섭외이사 등 역임
현 한국문화사학회 회장
현 단국대학교 자유교양대학 교수
pentieum@hanmail.net

■ 전덕재

서울대학교 인문대학 국사학과 졸업
서울대학교 국사학과 한국고대사전공(문학박사)
한국역사연구회 연구위원회 위원장, 한국고대사학회 회장 등 역임
서울대학교 규장각한국학연구원 책임연구원 역임
경주대학교 문화재학과 교수 등 역임
현 단국대학교 사학과 교수
dj8794@dankook.ac.kr

■ 최연식

서울대학교 인문대학 국사학과 졸업
서울대학교 국사학과 한국고중세사전공(문학박사)
불교학연구회 편집위원장, 한국목간학회 총무이사 등 역임
목포대학교 사학과 교수, 한국학중앙연구원 교수 등 역임
현 동국대학교 사학과 교수
soyowon@dongguk.edu

■ 김철웅

단국대학교 문과대학 사학과 졸업
고려대학교 한국사학과 고려시대사전공(문학박사)
현 단국대학교 동양학연구원 동아시아교류연구소 소장
현 단국대학교 자유교양대학 교수
kim9963@dankook.ac.kr

■ 강문식

서울대학교 인문대학 국사학과 졸업
서울대학교 국사학과 한국근세사전공(문학박사)
조선시대사학회·한국실학학회 총무이사 등 역임
서울대학교 규장각한국학연구원 학예연구관 역임
현 국사편찬위원회 위원
현 숭실대학교 사학과 교수
kangms70@ssu.ac.kr

■ **김문식**

서울대학교 인문대학 국사학과 졸업
서울대학교 국사학과 한국근세사전공(문학박사)
조선시대사학회·한국실학학회 회장 등 역임
서울대학교 규장각한국학연구원 학예연구사 역임
현 문화체육관광부 영정동상심의위원회 위원(위원장)
현 단국대학교 사학과 교수
kmsik@dankook.ac.kr

■ **임근실**

단국대학교 문과대학 사학과 졸업
단국대학교 사학과 한국사(조선시대사)전공(문학박사)
한국국학진흥원 국학기반본부 전임연구원 역임
현 조선시대사학회·한국서원학회 연구이사
현 단국대학교 자유교양대학 강의전담조교수
limgs23@dankook.ac.kr

■ **노관범**

서울대학교 인문대학 국사학과 졸업
서울대학교 국사학과 한국근세사전공(문학박사)
한림대학교 한림과학원 HK교수 역임
현 한국사상사학회 부회장
현 한국고전번역원 한국고전번역위원회 위원
현 서울대학교 규장각한국학연구원 교수
kunja17@snu.ac.kr

■ **김인호**

고려대학교 사학과 졸업
고려대학교 사학과 한국사전공(문학박사)
부산경남사학회 연구위원장 등 역임
동북아역사재단 일제침탈사편찬위원회 편찬위원 등 역임
동경경제대학 경제학부 객원연구원 역임
한양사이버대학교 교양학부 부교수 역임
현 동의대학교 역사학부 교수
kihkih82@deu.ac.kr

■ **정용욱**

서울대학교 인문대학 국사학과 졸업
서울대학교 국사학과 한국현대사전공(문학박사)
한국역사연구회 회장 역임
한국정신문화연구원 인문과학부 교수 역임
현 서울대학교 역사학부 명예교수
danggo@snu.ac.kr